本书的出版获得“中凯基金”的资助

# 责任理论的现代课题

钱叶六　主　编
郑　超　副主编

法律出版社
LAW PRESS·CHINA
北京

图书在版编目(CIP)数据

责任理论的现代课题 / 钱叶六主编 ; 郑超副主编
. -- 北京 : 法律出版社, 2024
ISBN 978 -7 -5197 -9198 -8

Ⅰ. ①责… Ⅱ. ①钱… ②郑… Ⅲ. ①刑事责任-研
究-中国 Ⅳ. ①D924.04

中国国家版本馆 CIP 数据核字(2024)第 105868 号

责任理论的现代课题
ZEREN LILUN DE XIANDAI KETI

钱叶六 主 编
郑 超 副主编

策划编辑 张 颖
责任编辑 张 颖
装帧设计 贾丹丹

出版发行 法律出版社
编辑统筹 法律应用出版分社
责任校对 晁明慧
责任印制 刘晓伟
经 销 新华书店

开本 710 毫米×1000 毫米 1/16
印张 25 字数 495 千
版本 2024 年 7 月第 1 版
印次 2024 年 7 月第 1 次印刷
印刷 天津嘉恒印务有限公司

地址:北京市丰台区莲花池西里 7 号(100073)
网址:www.lawpress.com.cn
投稿邮箱:info@lawpress.com.cn
举报盗版邮箱:jbwq@lawpress.com.cn
销售电话:010-83938349
客服电话:010-83938350
咨询电话:010-63939796


书号:ISBN 978-7-5197-9198-8
定价:98.00 元
凡购买本社图书,如有印装错误,我社负责退换。电话:010-83938349

## 主 编 钱叶六

钱叶六，华东师范大学法学院教授，博士生导师，刑事法治研究中心主任，教学委员会主任。中国人民大学法学博士，清华大学法学博士后，东京大学、台湾大学访问学者，主要研究方向为中国刑法学、比较刑法学。兼任中国刑法学研究会常务理事、上海市法学会案例法学研究会副会长，曾入选江苏高校“青蓝工程”中青年学术带头人。在《法学研究》《中国法学》《中外法学》等期刊发表论（译）文近80篇，近20篇论文被《中国社会科学文摘》《刑事法学》转载；出版、主编著作多部；主持国家社科基金项目2项，司法部、博士后科学基金项目1项。

## 副主编 郑 超

郑超，日本京都大学法学博士，华东师范大学法学院讲师，曾任日本学术振兴会特别研究员。在《法学研究》《中外法学》《清华法学》《政治与法律》等国内期刊以及日本京都大学《法学论丛》上发表论文10余篇，多篇论文被《人大复印报刊资料·刑事法学》转载。主持日本学术振兴会课题1项，参与多项国家社科基金、上海社科基金项目。

# 论坛综述

2021 年 5 月 15 日上午 8 时 30 分，以"责任理论的现代课题"为主题的第三届刑法专题论坛在华东师范大学教师之家宾馆举行。本次论坛由华东师范大学法学院刑事法治研究中心、上海市法学会刑法学研究会、上海市法学会案例法学研究会、上海市第一中级人民法院共同举办，盈科"刑动派"基金对论坛的举行提供了支持和助力。本次论坛包括主旨演讲单元和三个专题研讨单元，其中，专题研讨的三个专题分别为"责任基础理论"、"故意论与过失论"以及"违法性认识错误与期待可能性"。论坛采取了线上直播和线下会议同时进行的方式，其中，线下会议得到了来自全国 30 多家院校和 20 多家法检单位的近 80 名专家学者及实务人员的参会支持，线上直播更是累计吸引了 5000 多人次观看。

## 开幕式

本次论坛的开幕式由华东师范大学法学院刑事法治研究中心主任钱叶六教授主持，钱叶六教授首先对各位专家学者、实务精英的参会支持表达了衷心的感谢，并介绍了出席本次论坛的嘉宾。随后，在钱叶六教授主持下进入致辞环节。第一位致辞嘉宾是华东师范大学法学院党委的张惠虹书记，张惠虹书记首先感谢各位专家领导长期以来对华东师范大学法学学科发展的关心支持，并表示刑法专题论坛见证了华师大法学学科的发展历程，从某种程度上来说是学科发展的一个缩影，最后对今后论坛的持续举办和本次论坛的圆满成功表达了期盼和祝福。第二位致辞嘉宾是上海市第一中级人民法院的黄祥青院长。黄祥青院长表达了对论坛的三点感受。首先，本次论坛是一个绝好的学习机会，只有通过不断的切磋学习，才能产生高水平的刑法理论和司法实践；其次，本次论坛是一次增进友谊的机会，随着深入的讨论和充分的交锋,我们之间的友谊也会更上一层楼;最后,本次论坛是一次追梦的过程,带着对未来刑事法治的更好期待,我们一定会走得更远、更好。第三位致辞嘉宾是上海市法学会刑法学研究会的张建副会长。张建副会长高度肯定了华东师范大学法学院刑法学人为上海市刑法学的事业发展所做的成绩和贡献,指出本次论坛实际上是刑法学家庭的大聚会,本次论坛主题既是刑法学的基础理论问题,同时对实践中的疑难问题也有巨大的指导作用。第四位致辞嘉宾是上海市法学会案例法学研究会的孙万怀会长,孙万怀会长首先提到本论坛已经举办至第三届,三届论坛主题都离不开一个对"道"的追寻,每一届论坛都给大家留下了非常深刻的印象,也为上海刑法学界打造了一个非常灿烂名片;其次表达了对华东师范大学法学院刑事法学科所作成绩的敬意和钦佩,赞许刑事法学科给上海刑法学界乃至法学界带来了一股清新之风;最后以司马迁在《报任安书》中的"究天人之际,通古今之变,成一家之言"和在场诸君共勉,并对论坛的圆满举办表达了祝愿。

## 第一单元　主旨演讲

第一单元的演讲环节由上海政法学院终身教授严励老师主持。第一位演讲嘉宾是南京大学法学院的孙国祥教授,针对"违法性认识错误的新思考"这一题目,孙国祥教授主要从三个方面展开了精彩的演讲。第一,孙国祥教授提纲挈领地指出要在责任主义背景下把握违法性认识错误,违法性认识错误之所以受到关注,与社会的变迁、法律的繁杂和责任理论的发展有直接的关系。现代社会法律多如牛毛,公民有知道法律的义务这一观点不应当被严苛对待。若行为人没有及时接收法规范警告或者对法规范不可避免地陷入了错误认识,则实际上没有参与法规范交谈,这会影响对行为人的谴责非难。而违法性认识错误的讨论,实际上就是在法定犯泛滥的情况下为行为人的出罪或者从宽处理寻找法理依据。第二,针对如何确定行为人具有"违法性认识"这一问题,孙国祥教授从违法性认识的对象和程度两个方面展开了分析。具体而言,对于违法性认识的对象是指"社会危害性"还是指实定的法规范这一问题的回答,应区分自然犯和法定犯,对于核心刑法所规制的自然犯,由于其所维护的是人类群体生活的基础,价值判断通常不会由于立场的不同而形成偏离,因此,行为人作为人类群体生活的参与者,其所提出的违法性认识错误的辩解应被直接否定。而对于法定犯,价值判断的不统一性决定了对这些犯罪的违法性必须借助于刑法规范这一形式才能认识,因此,违法性的认识对象应该是法规范而非社会危害性。在违法性认识的“法”是否特指刑法这一问题上,孙国祥教授基于法秩序的统一性原理,主张刑法中大部分是法定犯,前置法具有定性的性质,原则上认识到前置法的性质也就具备了违法性认识的条件。孙国祥教授还指出大家对法的认识,不应仅是规范文本,还包括行动中的法。在认识程度问题上,孙国祥教授认为如果仅基于法规范模糊不清产生的违法性疑虑,则应属于对违法性没有认识。第三,对于违法性认识的不可能性问题,孙国祥教授提出对于相信政府部门司法机关所作的正式的错误解释的情形,应承认违法性认识的不可能性。但在信任律师等法律专家的咨询意见、参照被官方实际默许的行为、从事特定行业的知法推定以及合法转为非法的刑法扩张这几种情形下,能否承认违法性认识的不可能性还存有争议。

第二位演讲嘉宾是上海市第一中级人民法院的黄祥青院长,黄祥青院长理论结合实务,以“主观责任的实务问题检视”为主题,围绕以下三个问题分享了自己独到的见解。第一,讨论主观责任的目的为何的问题。黄祥青院长指出,讨论一个问题,首先需要明确研讨目的和讨论的方向。讨论主观责任的目的,可以概括两个目的:一是廓清主观责任各范畴之间的界限,明确讨论对象范围;二是弄清各主观责任要素对于行为人责任的“影响力”的大小。在此值得一提的是,将期待可能性作为主观责任要素是必要的,因为相较于故意、过失,期待可能性可以在人权保障的意义上起到良好的调节作用。第二,违法性认识问题。黄祥青院长指出,对于违法性的认识是必要的,但是应该看到两个方面的情况:一方面,法律的规定有时候是落后于社会变化的,为维护法律的权威性和稳定性,修订法律并不是一件轻而易举的事情,这往往使法律不能跟上新问题出现的步伐;另一方面,立法者也有能力上的局限性,不可能把包罗万象的实际问题毫无遗漏地加以规制,而这就会使对于什么行为是违法这一问题的回答上出现分歧或漏洞。针对法律本身存在滞后性和不完满性的情况,如何认定违法性认识的问题,黄祥青院长通过对操纵证券价格案的分析,提出在互联网时代犯罪的链条大大延长,各环节的行为人对自己的行为有清晰的认知,但是对于距离较远的其他环节的违法性则难以认识,此时,只要行为人对于整体行为的违法性有“概括的认知”即可。第三,行为的主客观不一致时如何处理的问题。对于现实中存在的一些主观犯意和客观的危害行为相分离,即发生了认识错误的情形,黄祥青院长主张在此种情形下应该坚持行为责任的基本立场,认为客观行为的危害性是决定刑罚的基础,主观责任只是在客观危害的基础上调节刑罚轻重的因素。此外,在被告人的主观如何证明问题上,黄祥青院长提出要善于运用经验常识来推翻被告人的不合理辩解。

第一单元的与谈环节由华东政法大学杨兴培教授主持。第一位与谈嘉宾是上海交通大学凯原法学院张绍谦教授,张绍谦教授首先对两场演讲的内容作了精要的归纳,指出孙国祥教授的演讲中最让人印象深刻的是对于什么是违法性认识中的"法"这一问题的探讨,而黄祥青院长的演讲中一个鲜明的线索就是在解决具体责任问题的时候,要平衡好保障人权和维护法益之间的关系。随后,张绍谦教授在以下几个方面提出了自己独到的观点。首先,张绍谦教授指出,我们先要搞清楚违法性认识错误这个概念的含义,大陆法系的三阶层理论和现在我们国家传统的四要件理论对违法性概念的说法不一致,前者是与构成要件该当性、有责性相并列意义上的违法性,后者是在与社会危害性、应受刑罚惩罚性相并列意义上的刑事违法性,违法性到底是在什么层面上使用是一个亟待解决的问题。其次,认识的对象到底是刑法的违法性还是前置法的违法性,如果是前置法的违法性则其规范层级应该到哪一地位,是否可以包括公安部的技术规范。再次,违法性认识错误会影响责任似乎已经是共识,但是在我国刑法框架下,由于犯罪故意只要求明知自己行为是危害社会的,并不要求是明知违法的,所以要与我国现行法相适应的话,就需要转移到危害性认识错误影响责任上,这一路径显然值得进一步探讨。复次,张绍谦教授指出在违法性认识错误的认定上要坚持如下两个原则,一是协调好责任主义和刑事政策的关系,两者都需要兼顾而不能过度强调其中一点;二是理论与实务相结合原则,可以在理论上充分探讨违法性认识与责任的关系,但是在实务中操作的时候,还要考虑理论能不能够在实践中得到充分的、正确的实施。最后,在违法性认识错误的判断步骤上要区分以下三个要件:(1)有没有真实的义务;(2)行为人有没有认识的能力;(3)有没有认识到违法性的客观条件。

第二位与谈嘉宾是华东政法大学的李翔教授,李翔教授从以下四个问题入手展开自己的分析。第一个问题是不知法不免责,还是不知法不为罪。李翔教授对此问题的基本结论是如果行为人缺乏对前置法律规范的认识,而导致无法认识到自己行为的社会危害,这时候就应当阻却责任或者至少阻却故意。第二个问题是应当是违法性认识,还是违法性认识的可能性。在是否需要违法性认识这一问题的立场上,学界先后的观点处在两个完全极端的位置上,先是强调违法性认识不要说,后是主张违法性认识必要说。李翔教授认为,相较而言违法性认识的可能性更加具有司法实务上的意义。第三个问题是是否有认识的判断标准或者依据。对于怎么去判断行为人对前置法律规范是否有认识,学说上存在主观说、客观说以及折中说。李翔教授认为,通常来讲我们可能应当以一般人的判断为标准,同时结合行为人自身的教育背景、社会阅历等方面来综合性判断行为人是否对前置性法律规范有违法性认识的可能性。第四个问题是发展方向问题,具体来说,就是理论目标是责任阻却还是责任的降低或者减轻。李翔教授指出有关违法性认识问题的条文曾经在刑法立法草案中出现,但最终被删去了,并援引了高铭暄教授对于这一立法变化的说明对这一条文上的缺失作了解释。

第一单元的自由讨论环节由上海市高级人民法院的罗开卷副庭长主持。第一位发言人是上海财经大学法学院的李睿副教授,李睿副教授首先从现在多发的"翻墙"行为切入,肯定了违法性认识的必要性;其次,在判断标准上,他主张对于传统的一般生活领域,应该以个别人的标准来判断,在专业领域则以专业一般人的标准来判断;再次,李睿副教授指出,如果将来司法或者学术当中对这一问题要有所推进的话,那么应该对以违法性认识不存在为出罪事由的情形加以类型化、具体化;复次,李睿副教授就 P2P 案件中,对某些触雷的贷款公司曾经一度是被政府鼓励和褒奖的企业,此时如何认定后来加入的从业者的违法性认识这一问题提出了疑问;最后,李睿副教授还就企业合规与违法性认识之间的关系问题发表了自己的看法。第二位发言人是上海市浦东新区人民法院的金果法官,金果法官就在帮助信息网络犯罪活动罪如何认定概括性故意问题提出了自己的疑问。黄祥青院长就李睿副教授提问的有关 P2P 案件中违法性认识的认定问题,提出对于决策者和业务人员应该区分讨论,对于决策者由于其明知自己所从事的业务没有经过相关国家金融监管机构的正式批准,也明知对于所吸收资金的高回报率是无法实现的,从这两点"明知"出发认定其具有违法性认识应该没有问题。第三位发言人是清华大学法学院的康子豪博士,康子豪博士提出从前述发言来看,实际上对于违法性认识的内容存在差异,有的认为是对行为的社会危害性的认识,有的认为是对条文法规的认识,这一问题的回答可能与责任的本质问题相关。康子豪博士还指出,对于违法性认识对象是刑法还是前置法这一问题的回答也可能与在法秩序统一问题上是采取一元论、多元论还是缓和的一元论有关。第四位发言人是华东师范大学法学院的钱叶六教授,钱叶六教授简述了责任论从心理责任论到规范责任论的发展,并就规范责任论中的违法性认识可能性和合法行为期待可能性的问题发表了自己的看法。

## 第二单元　专题研讨:责任基础理论

本单元的报告环节由复旦大学法学院汪明亮教授主持。第一个报告人是中南财经政法大学的童德华教授,童德华教授以“刑事责任的本质与本土化论纲”为题开始了精彩的发言。童德华教授首先阐明自己因期待可能性的研究而对刑事责任问题的思考由来已久,并认为刑事责任论是我国刑法学研究的“软肋”之一,目前对该理论内容的研究无法为司法实践提供有价值、有操作性的指引。具体而言,存在具体内容与基本主张相脱节、没有回应刑法规定所赋予的应有机能、内容不具体且无法为司法评价提供理论指导三个方面的问题。其次,童德华教授敏锐地指出刑事责任概念的使用存在混乱,并认为义务说、结果说、法律关系说不能凸显责任评价的独立地位,心理状态说、谴责说不能揭示责任应有的地位;进而通过追问量刑从宽的根据何在,提出责任评价既要服务刑罚个别化原则要求,又要凸显其独立地位的鲜明观点。随后,童德华教授简要回顾了责任理论的历史发展,并在以下三个方面表明了自己的立场。首先,从责任论的本质即确定行为人与刑法规范之间的应答联系出发,他详细阐释了责任理论发展的内在联系和不足,并指出交谈责任论在更大程度上为未来着重在社会团结层面理解公民与法律之间的关系提供了场景。其次,童德华教授认为责任的作用是将具体的行为从抽象的行为类型中标记出来,因此,责难可能性不仅存在有无问题,还存在程度大小问题。为此,他批判了德日构成要件理论并认为英美刑法中的宽恕事由可供借鉴。最后,童德华教授在坚持“不知法不赦免”规则的基础上,认为将违法性认识可能性作为故意要素存在诸多问题,从而提出违法性认识可能性应作为责任评价要素的观点。童德华教授引用德国学者的“责任理论是刑法进步的晴雨表”这一论断强调责任理论的重要性,呼吁刑法学界加强对责任理论的研究。

本单元的第二个报告人是上海师范大学法学院的崔志伟老师。崔志伟老师报告的题目是“不法是客观的、责任是主观的?——对当下归责理论的一种质疑”。首先,崔志伟老师对学界引入德日三阶层体系后所坚持的主客观二分立场以及所引申出来的先客观归责再主观归责的归责模式提出疑问,并引入快播案、刘某被控过失致人死亡无罪案来说明“不法是客观的、责任是主观的”之主张不切实际,进一步提出“主观要素是否一概属于有责性范畴”的核心问题。其次,崔志伟老师针对这一问题展开主观要素对界定不法具有不可或缺的作用的证成,从而否定主观要素一概属于有责性范畴。具体来说,崔志伟老师认为主客观二分的立场并不符合刑法规范的现实语义,主观要素可能决定着不法的有无,主观要素可能影响着不法的程度,主观要素还可能影响着行为的不法性质。此外,崔志伟老师指出不能犯未遂可罚的理由即行为人存在主观故意的事实以及特别认知成为客观归责理论"背上芒刺"的困境,均可证明在不法认定上不能忽视主观要素。最后,崔志伟老师总结道,纯粹从主客观区分的角度先客观归责再主观归责容易得出不合理的结论,应当重新衡量故意、目的等主观要素在三阶层犯罪论体系的定位。在得出结论后,他进一步思考并提出自己的一个困惑,即构成要件范畴的扩张是不是类似于传统上所讲的四要件犯罪构成,借此机会请教各位专家。

本单元的第三个报告人是上海政法学院的彭文华教授。彭文华教授以诙谐幽默的口吻,为大家呈现了一场关于"刑事责任年龄个别下调的合理性及其适用"的精彩报告。彭教授首先就《刑法修正案(十一)》关于刑事责任年龄个别下调的规定作了简要的背景介绍。接着,他梳理了目前学界关于刑事责任年龄的争议,主要有"降低论"、"维持论"和"弹性论"三种不同的观点。为探究何种观点更具有科学性和合理性,彭文华教授回归到刑事责任年龄的本质问题上,在追溯了早期惩罚从处罚无生命物体到限于有生命动物的演变之后,他提出刑事责任年龄的本质是自由意志,而启蒙思想家提出自由意志的目的是限缩人的处罚范围。基于此,他进一步主张,自由意志论和法律拟制论共同构成刑事责任年龄划分的理论依据,其中,自由意志论是刑事责任年龄划分的基础,法律拟制论是刑事责任年龄的框架。随后,彭文华教授批判了刚性刑事责任年龄制度,提倡刑事责任年龄弹性论,主张在一定程度和条件下适当地降低刑事责任年龄并不违背自由意志论。最后,彭文华教授从最低刑事责任年龄规定的特点、对降低刑事责任年龄规定的评价以及理解与适用三个方面重新聚焦我国《刑法》第 17 条第 3 款的适用问题。彭文华教授指出,"犯故意杀人、故意伤害罪"应当扩大解释为故意杀人和故意伤害的行为,而不是指具体的罪名;判断犯罪手段是否特别残忍侧重的不是对法益侵害程度和后果的判断,而是着眼于对一种善良风尚和伦理道德的违反;"情节恶劣"应当是"致人死亡或者以特别残忍手段致人重伤造成严重残疾"之外的限制性条件;追究已满 12 周岁、未满 14 周岁的人的刑事责任之核准追诉与超过 20 年的追诉时效的核准追诉有所不同。彭文华教授最后总结性地指出此次对刑事责任年龄的修改之象征意义远大于实质意义，肯定了修法的合理性，并重申了所主张的刑事责任年龄弹性论。

本单元的最后一个报告人是华中科技大学的李冠煜副教授。李冠煜副教授基于对民营企业家经济犯罪现状的反思，以“论民营企业家经济犯罪的责任判断”为题作了令人印象深刻的主题报告。报告主要分为三个部分。第一，优化营商环境政策指导下的刑法解释体系化之提倡，这主要是基于机能主义刑法解释论存在的诸多优势。但为了防止刑法解释的过度机能化，机能主义刑法解释论的体系性制约还需要满足逻辑性、明确性和实用性三个要求。在责任判断上，李冠煜副教授主张要考虑优化营商环境的合目的性，以经济刑法规范保护目的为指导，在保证刑法规范内部协调的基础上，研究主观归责所需的价值基准。此外，李冠煜副教授主张采取“犯罪客观要件—犯罪主观要件—犯罪排除要件”的犯罪论体系，以克服“四要件体系”和“阶层式体系”的缺陷。第二，民营企业家经济犯罪责任判断的刑法规范内部协调。他从三个方面来阐释。一是犯罪目的的判断，民营企业家实施的经济犯罪的非法占有目的都具有永久性或持续性的排除意思，这是其与财产犯罪非法占有目的的不同之处；而在遵从财物可能具有的用法进行利用的意思方面，二者并无显著差异。二是违法性认识的判断，李冠煜副教授指出法官能够站在行为人的立场上展开对违法性认识的判断，只是对于违法性认识的对象存在模棱两可之处。三是期待可能性的判断，他指出法官可能会承认期待可能性对经济犯罪主观方面的决定作用，但对其含义、功能认识不一。第三，民营企业家经济犯罪责任判断的价值基准展开。李冠煜副教授提出两种判断基准。一是以对经济危害行为的非难可能性作为主要判断基准。具体而言，根据民营企业家所处行业领域的一般认知能力，对其有无违法性认识可能性以及是否产生违法性错误进行消极判断；根据民营企业家当时附随经济状况的异常性，可对其期待可能性的存否、大小进行消极判断。二是将对应予非难行为的预防必要性作为次要判断基准。他主张以下三点：仍然坚持规范责任论，例外采取机能责任论；强调积极的一般预防，用客观危害性限制一般预防必要性；强调积极的特殊预防，用客观危害性、非难可能性限制特殊预防必要性。

本单元的与谈环节由上海市闵行区人民检察院曹化副检察长主持。第一位与谈人是东南大学法学院的李川教授。首先，李川教授对于童德华教授的发言给予高度评价，认为其报告涉及责任理论根本的问题，富有启发性。李川教授重点针对童德华教授所提出来的我国刑法中刑事责任的概念与德日刑法中罪责、责任概念的比较问题,作了进一步的阐释和与谈。李川教授充分肯定了童德华教授对我国刑事责任概念进行的历史性梳理和评价,以及对德日刑法理论中责任概念定位和要素的回顾与梳理。童德华教授得出的刑事责任、罪责和责任概念具有一致性的结论,李川教授在此阐释了其论证思路,认为童德华教授在批判式分析我国刑事责任几种观点的基础上推导出罪刑、刑事责任和刑罚是并立的,又在研究大陆法系对责任概念理解的基础上赞成责任是区别于心理事实的主观评价的观点,认定刑事责任并不需要再分析故意或过失,所以刑事责任的概念与德国刑法理论责任的概念是一致的。此外,李川教授表示十分赞同童教授关于区分责任和责任意思的主张,并认为童德华教授最终采取的是交谈责任论基础上的可答责性。最后,李川教授向童德华教授请教了三个问题。一是,李川教授指出,德日刑法本身有两种责任的含义,即犯罪论意义上的责任和刑罚论意义上的责任,犯罪论意义上的责任一般是指三阶层犯罪论体系中的有责性阶层,所以此种意义上的责任包含判断故意或过失、违法性认识可能性、期待可能性等,这与童德华教授所认为的德日刑法责任理论不去判断故意或过失存在分歧。李川教授同时指出,若童德华教授站在行为无价值立场把故意或过失作为违法要素,则其逻辑是自洽的。二是,关于德日刑法中故意的二重性问题,即构成要件的故意和责任的故意,此二重性在对应我国刑事政策时应当如何考量。三是,一般预防和特殊预防在责任论中如何安置的问题,德日刑法责任论一般不考虑预防,那么应当如何理解自首在有责性上并没有体现出来而在刑事责任上体现了出来。

第二位与谈人是华东师范大学法学院的张伟副教授。张伟副教授主要对崔志伟老师的报告和发言作了精彩与谈。张伟副教授开宗明义地指出崔博士所研究的问题,即违法性的判断是一个纯粹客观的过程还是必须结合主观要素进行一并考察,这极富争议性也具有极大研究价值。张伟副教授对崔博士的论证过程及论证结论基本赞同,同时认为,若不考虑主观因素则很难对客观行为进行准确定性。接着,张伟副教授针对这一问题谈了自己的一些见解。第一,其认为客观归责不是纯粹的客观归责,更不是事实归责,而是规范判断和规范归责。罗克辛也明确认可主观因素之于构成要件行为以及不法行为判断的积极影响。第二,其认同特别认知和主观故意之于行为不法认定的重要作用,并进一步提出关于特别认知和主观故意的关系以及二者在何种意义上发挥作用的问题,这同样值得深思。对此,张伟副教授认为特别认知首先应当作为厘定构成要件行为的要素,其次才作为不法判断的基础或素材来考量,最后仍是作为犯罪故意的组成部分来判断,但这又涉及故意在犯罪论体系中的地位问题,即故意是作为不法要素、责任要素还是具有双重指涉。第三,其认为应当明确区分责任非难的基础和责任非难本身,前者是规范事实,后者是法的规范性质的评价。评价的主体是裁判者,评价的对象是具体个案中的行为人。裁判者往往是基于社会一般人的标准进行评价,最终得出对具体个案中的行为人基于特定事实是否具有非难可能性、是否应当对其进行非难以及非难的程度的结论。

第三位与谈人是上海市静安区人民检察院的曹坚副检察长。曹坚副检察长主要从三个方面对李冠煜副教授的报告和发言作了与谈。首先,他高度肯定了本篇报告之于司法实务的现实价值,并主张应当对民营企业家经济犯罪问题进行源头治理,如最高人民检察院正在力推的企业合规的试点工作。曹坚副检察长基于实务工作的观察,认为企业家触碰刑事犯罪的警惕性不高,如将个人消费开支冲抵公司账目的行为就可能构成职务侵占罪,因此,他肯定了企业合规的必要性。曹坚副检察长总结民营企业家涉及犯罪主要分为四类:第一类是涉税犯罪,第二类是侵财犯罪,第三类是贪污贿赂犯罪,第四类是不正当的经营行为所涉犯罪。其次,需要从刑法解释和证据认定的角度妥善认定企业家涉罪,曹坚副检察长认为任何人为地扩大或压缩企业家涉罪的范围都是不正当的,应当严格依据刑法规定、贯彻罪刑法定原则的精神来准确认定企业家所涉犯罪。此外,曹坚副检察长强调从主客观两个方面来实质认定犯罪,主观方面的认定主要是犯罪故意的认定问题,客观方面的认定主要是判断行为人的行为是否实质危害到刑法所保护的客体,二者均需要结合证据予以认定具体事实。最后,其认为应从程序和工作流程上对涉企犯罪予以规制。曹坚副检察长指出侦查机关对刑事诉讼具有重要影响,检察机关在罪与非罪界限模糊的案件的分流过程中发挥了重要作用,检察机关所探索的以公开听证的方式导入民间评价也能有效防范错误认定犯罪的风险。曹坚副检察长总结道,依法妥当认定涉企犯罪不仅要依据刑法解释和证据认定,还需要从源头进行治理,也更需要依靠相关司法机关的制约和配合。

第四位与谈人是华东师范大学法学院的郑超老师。郑超老师主要对彭文华教授的报告和发言进行与谈。首先,郑超老师表示,他对刑事责任年龄个别下调是持保留态度的,但同时认为其也具有合理性。其次,对于彭教授论证的过程本身,郑超老师表达了肯定态度,并认为彭教授所提出的刑事责任年龄划分的依据即自由意志论和法律拟制论是有道理的。再次,对于彭教授所主张的刑事责任弹性论,郑超老师认为还需要进一步思考责任是什么、规范上的可交谈性是什么、人格是什么乃至什么样的人能对刑法中的行为规范或者制裁规范有正确的认识可能性。郑超老师认为,这离不开国家对每个人人格的尊重和对健全人格的培养所进行的必要投入。国家需要为健全人格培养和发展提供时间和机遇,如果行为人没有获得能够实施合法行为的时间就直接受到刑法的制裁,即是对该行为人人格的不尊重。反之,若行为人被赋予实施合法行为的时间,而仍然选择违法,则其受到刑法制裁是正当的。郑超老师主张,有资格接受刑法制裁恰恰表明国家对其人格的尊重,而尊重的前提即在于行为人在接受刑罚之前具有依法行事的自我决定权。未达刑事责任年龄的人尽管理解自然意义上的犯罪行为,但对行为背后所蕴含的行为规范或制裁规范很难具备完整的、正确的、社会化的认知,因为规范性人格的健全发展不仅需要时间,还需要契机。又聋又哑的人或者盲人若能获得国家对其健全人格发展的充分支持,《刑法》第 19 条的规定则不再有规制意义。最后,郑超老师认为刑事立法是一个系统工程,《刑法修正案(十一)》对刑事责任年龄调整后,如何能够与其他法律衔接成为问题,其在试图解决一个问题时也带来了很多其他问题。

本单元的自由讨论环节由上海社会科学院法学研究所陈庆安研究员主持。其中,华中科技大学的赵楚文副教授对于刑事责任能力的具体认定问题,发表了一些自己的看法。根据对域外刑事制度的考察,赵楚文副教授认为日本和德国均坚持对刑事责任能力的具体判断。具体来讲,日本是由少年法庭来进行判断,所以在具体审判过程中不再对这一问题进行讨论。德国也是类似情况,但即便是成年人也会对其刑事责任能力进行具体认定,若被认定为青少年级别的刑事责任能力,仍然适用未成年人的刑事制度。使他困惑的一点是,为什么同为大陆法系的中国不坚持对刑事责任能力的具体判断。赵楚文副教授同时指出,从制度构建来说,我国最高人民检察院是进行了具体判断的,但这会导致未成年人受处罚的个别差异。所以这又导致另外一个困惑,法院能否直接采用认定未成年人具有刑事责任能力的结论,若直接采用结论则有侵犯被告人的辩护权利之嫌;若法院继续认定这个问题,则对我国目前的司法现实来说是巨大的挑战。最后,赵楚文副教授总结道,这应当是我们今后共同面对的课题。

安徽大学法学院李婕副教授对彭文华教授进行了提问,她主要对彭教授所主张的刑事责任年龄弹性论提出疑问并发表自己的观点。首先,根据李婕副教授对专门学校教育矫治的调研,14 周岁以下的未成年人违法犯罪所涉主要是财产型和寻衅滋事型犯罪,所涉严重犯罪则主要集中在故意杀人罪、故意伤害罪。李婕副教授指出,刑事责任年龄弹性论与我国《未成年人保护法》第 4 条所规定的“教育与保护优先原则”是否存在冲突?其次,李婕副教授对弹性论从定性和定量两方面来认定的标准提出怀疑,若新的犯罪类型出现,弹性论是否会违反罪刑法定原则?

中南财经政法大学刑事司法学院的方向楠博士表示从各位老师的发言和讨论中受益匪浅,并借此机会发表了自己关于责任论的观点。方向楠博士认为韦尔策尔正确地批判新古典犯罪论的规范责任论混淆了评价的对象与对对象的评价,且韦尔策尔在将故意与过失前移至构成要件该当性阶层的同时却遗漏了同属于评价对象的责任能力,更为遗憾的是,居于德国通说地位的故意双重地位理论在某种程度上重蹈了规范责任论的覆辙。对此,方向楠博士鲜明地表达自己的立场,即主张将责任能力前移至构成要件该当性阶层中。第一,他引用蔡桂生副教授所言来说明立法者在设计构成要件时是以有责任能力者的行为作为样本的。第二,罪责阶层和违法性阶层之间是不协调的,因为违法性阶层仅承担违法性的阻却功能,而罪责阶层却需要承担责任评价全有与全无的功能,导致其在内容上臃肿、在功能上超载。第三,方向楠博士主张应当继续坚持区分评价的对象和对对象的评价。第四,基于卢曼的社会系统论,认为无责任能力者没有能力通过客观的方式对外表达出有意义的沟通,所以无责任能力者的危险举止并不属于社会系统之内的意义而是属于系统之外的、环境之中的自然。第五,雅各布斯借鉴卢曼的社会系统论,区分了意义和自然、不法和不幸,所以无责任能力者的危险举止不是不法而只是不幸,对此不能正当防卫,而只能进行防御性的紧急避险。第六,方向楠博士建议应当将责任能力视为不成文的构成要件要素。

彭文华教授对李婕副教授提出的疑问作了简要回应:首先,针对李婕副教授提出来的“教育与保护优先原则”,彭教授指出教育保护的方式多种多样,最重要的是观其效果;其次,对于刑事责任年龄弹性论违反罪刑法定原则的怀疑,他认为刑事责任年龄弹性论在判断上和条件上都是有限的,而且这与罪刑法定原则没有实质上的关联性。

## 第三单元　专题研讨:故意论与过失论

本单元报告环节由上海市人民检察院第四检察部的胡春健主任主持。第一位报告人是中国政法大学的曾文科副教授,报告的主题是“论犯罪故意概念中的‘危害社会’”。在《刑法修正案(十一)》已颁布的背景下,法定犯的数量在逐步增加,曾文科副教授首先考虑能否在已有故意概念的规定下,进一步讨论故意与违法性认识可能性的问题。曾文科副教授介绍道,与德国、日本等国家和地区不同,我国《刑法》明确规定了故意的概念,并随之从历史纵向的角度介绍了该条规定在我国的历史沿革。认为“危害社会”这一表述乃我国现行刑法中故意概念的大事因缘,但是围绕“危害社会”的许多关键问题没有得到令人满意的回答,如为什么要求认识到行为会发生“危害社会”的结果才能说有犯罪故意,“危害社会”只是对“行为”或“结果”属性的描述,还是与行为、结果同为故意的认识内容,“危害社会”这一评价以什么作为判断素材,又以何者作为判断标准等问题。随后,其对规范责任论进行了反思,认为责任要件中区分事实性要素与规范性要素并无实益,并且责任要件中的各要素应当都为“非难可能性”这一规范评价奠定基础,故均带有规范评价的色彩。因此,故意的判断不再是单纯的事实认定(故意心态),而是规范评价,而是能否将犯罪结果在主观上归属于具有形成反对动机余地的行为人(故意归责)。之后,曾文科副教授进一步推进了自己的论证,认为“客观标准说”、“行为标准说”和“兼用说”等既有的观点不能妥当地划定故意归责的范围,从而提出了将“国家标准说”作为“危害社会”的判断方法。具体而言,就是立足行为时以行为人认识的事实为判断素材,以国家为判断标准判断故意概念中“危害社会”的方法,并且,国家应当按照科学法则来评价行为人试图实施的行为是否具有“危害社会”的属性。在“危害社会”与违法性认识可能性的关系问题上,认为成立故意犯罪时需要具有实质违法性认识的可能性,而不需要具有形式违法性认识的可能性,形式违法性认识可能性只是用以辅助判断实质违法性认识可能性的资料。

在曾文科副教授精彩的讲述后,华南师范大学的邓毅丞副教授以“故意伤害(致人死亡)罪的主观可归责性”为题展开了报告。邓毅丞副教授从“不法者对不法行为产生的一切结果承担责任”这一法谚引入问题,认为在故意伤害(致人死亡)罪的认定中,无论是“过失不要说”还是“过失必要说”,都存在违反责任主义之嫌。其中,“过失必要说”存在违反责任主义之嫌的原因在于故意伤害(致人死亡)罪以引起他人死亡的高度危险性为行为要素,而行为人实施如此危险的行为,对他人死亡的结果不太可能没有预见的可能性。因此,所谓的过失要件就是多余的。“过失不要说”则可以根据我国《刑法》第16条“意外事件不是犯罪”的规定得出其有违反责任主义之嫌的结论。以此为背景,邓毅丞副教授提倡一种行为人对行为危险及结果发生所依赖的基础事实有认识的“重过失说”,从而将结果发生与危险事实相勾连。邓毅丞副教授认为,从保障人权的角度来看,“重过失说”此种标准可以扩展到其他过失犯罪,用以限制一般的过失犯,并指出此理论与我国目前对于过失犯罪的认定分为一般情节与情节较轻两个档次,且对于一般过失犯的把握较为宽松的实践存在一定的张力。随后,邓毅丞副教授还通过对两个案例的分析,展开了对“重过失说”的具体运用。

第三位报告人是清华大学法学院的蔡桑博士,报告的主题是“打击错误中的具体符合说与法定符合说之争——兼评故意归责理论”。蔡桑博士首先从司法实践出发,对为何现有研究基本不分析我国的打击错误实践这一问题进行了探索,得出了我国法院并未采用具体符合、法定符合的框架,而是注重对实质正义的追求这样一个观察性的结论。其指出德日两国虽然在打击错误的定义问题上存在不同,但在所欲解决的案件类型上拥有相同的本质:第一,行为人有对攻击对象的确定故意,且无未必故意、择一故意、概括故意;第二,对误击对象过失的错误打击使侵害结果发生在误击对象上;第三,行为与结果有相当因果关系或可以客观归责。因此,打击错误问题的特殊性应该归于裁判规范与行为规范的不同立场。随后,蔡桑博士对具体符合说与法定符合说进行了重新梳理,并指出具体符合说的真正问题在于具体化程度标准在一些场合无法贯彻。具体而言,第一,法益主体同一性标准无法贯彻到侵犯财产法益场合;第二,若着手时无法明确故意指向对象,难以判断因果流程是否发生偏离,存在具体化程度上“具体人”与“那个人”之间的对立,即“难以区分对象错误与打击错误”;第三,具体化程度还存在具体到哪个被害人的问题,即“具体符合说的故意个数问题”。而法定符合说的真正问题则在于脱离事实的评价故意在一些场合会得出不合理的结论。申言之,第一,数故意说将过失拟制为故意带来量刑问题;第二,法定符合说在正当防卫打击错误场合合理结论出现较晚,后者在构成要件符合性阶段即可得出过失致死的结论,而前者需进行到违法性阶段才可得出正当防卫打击错误属于过失致死的结论;第三,法定符合说扩张了结果加重犯范围。蔡桑博士随后对故意归责理论进行了分析,认为故意归责理论并未真正回应二者之“符合性”的问题。由此,蔡桑博士提出了自己对“具体符合说”的支持立场,理由在于法定符合说的定罪过程与量刑过程不协调;法定符合说的评价故意概念与我国《刑法》第 14 条的规定,以及刑法教义学的体系相抵触;此外,法定符合说还可能不当扩张未遂犯的处罚范围。

第四位报告人是华东政法大学的马寅翔副教授,其分享的主题是"整体主义视角下过失责任的规范论阐释",马寅翔副教授从对我国两次疫情的反思开始,引入了"风险社会"的概念,认为个人无法抵御系统性的风险,需要寻求一种在国家层面上对风险的抵抗。通过对我国立法过程的考察,揭示了我国安全型立法的立法理念,注重的是对法益的保护,而此种趋势则来自民众对于安全环境的诉求。与此相对,我国的理论研究则具有一种自由型的倾向,更加注重对个人权利的保障,该倾向沿袭于启蒙思想时期的主张。其认为在风险社会的大背景下,片面强调对个人权利的保障实际上会产生一种时空上的错位。随后,在总结过失责任论的研究现状的基础上,认为个人的意志自由是承担刑事责任的基础,从而倡导心理责任论并将违反结果预见义务作为过失责任的本质。以此为前提,马寅翔副教授提出了"自由与安全的衡平"这一研究目标,认为要实现此目标,在过失犯罪的认定中就要注重社会交往中风险的合理分配,适度增加一部分人的注意义务,以此降低对他人安全造成的风险。因此,其主张采取一种整体主义的研究方法,即应从社会整体出发,对个人的安全与自由进行综合考量,而不可一味主张维护个人自由。其认为责任非难的本质是一种体现社会基本道德要求的法规范评价,过失犯的非难基础是个人对法规范的漠视态度,过失犯预见可能性的判断则要以体现法规范合理期待的一般理性人为标准。

在马寅翔副教授的精彩报告后,清华大学法学院的黎宏教授以视频连线的方式参加了此次论坛,黎宏教授在报告"打击错误:从法定符合说到具体符合说"中,展示了自己在错误判断标准问题上的转变及其理由。黎宏教授以无辜第三人因正当防卫行为的打击错误而致死的这一具体案例为素材,此时,行为人意图追求的结果未发生,而由于方法的原因导致了另一结果的发生,按照法定符合说,行为人所追求的结果与实际发生的结果在故意杀人罪的范围内是一致的,因此不阻却故意,应成立故意杀人罪。黎宏教授认为法定符合说在该案例中难以得出一个令人满意的结论。黎宏教授随后以犯罪故意论为视角,从"错误是故意的反面"这一基本论断出发,认为只有在行为人对事实有认识的情况下,对所发生的结果具有追求或者放任心态,才可认为行为人具有故意。黎宏教授进一步提出,在打击错误的场合中行为人并不存在故意,只有在行为人对于事实的认识达到足以使其产生违法性认识可能性的程度,才能说明行为人存在故意,而法定符合说的要求无法达到此种认识程度。据此,黎宏教授提出了对具体符合说的支持立场,主张认定行为人的杀人故意不仅要求行为人在构成要件范围内进行了一种违反规范的行为,还要求行为人必须认识到其行为对象是一个特定时空环境下的“具体”的人,并且这个“具体”的人并未正在实施加害他人的行为(以《刑法》第232条为例)。根据以上主要理由,黎宏教授在错误判断标准问题上从法定符合说转向了具体符合说。

随后,由上海市杨浦区人民检察院的欧阳昊副检察长主持进入了本单元的与谈环节。欧阳昊副检察长首先从实务部门的角度出发,表达对本单元前述报告的感想。第一方面是责任论的讨论具有诸多现实需求,如创新活动行为在什么情况下可能会触犯刑法以及如何去评判其责任,如何把握非典型案件的入罪、出罪或者罪重、罪轻,如何把握各链条相关参与人的主观错误认识或者是主观的犯罪故意以及相关责任大小等。第二方面是司法理念的更新,在罪责刑相适应的基础上,最高人民检察院提出在实务中检察机关要少捕甚至不捕。在符合逮捕标准和起诉标准的情况下,在责任的区分上或者在责任的主观判断上是否可作进一步的探讨。第三方面是在具体的办案过程当中,在举出客观事实的基础证据情况下,需要向法庭展示其在主观上有过错的相应事实和证据,这涉及哪些事实和证据可能会影响责任。

第一位与谈人是上海交通大学法学院的于佳佳副教授。与谈对象是曾文科副教授。首先,于佳佳副教授就曾文科副教授的报告提出三点感受。第一,违法性认识错误是来自德日刑法的概念,在我国刑法的框架下,这里的“违法性”如何确定,首先成为问题。曾文科副教授根据我国《刑法》第14条对故意的定义(明知自己的行为会发生危害社会的结果,并且希望或者放任这种结果发生,因而构成犯罪的,是故意犯罪),探讨违法性认识与“危害社会的结果的认识”之间的关联性。第二,曾文科副教授为了建立起上述两者之间的关联性,在故意论中采用了动机说。故意的判断有两大基础学说:一是围绕认识因素的认识说(发展出盖然性说和动机说),二是围绕意思要素的意欲说(发展出希望说和容忍说)。曾文科副教授采用了以认识因素为核心的动机说,并结合我国刑法在定义故意的认识因素时的要求——“明知自己的行为会发生危害社会的结果”,从而构建起违法性认识错误和危害社会的结果的认识之间的关联性。第三,在判断的结论上,即在违法性认识可能性的有无影响责任这一点上,曾文科副教授的观点非常接近于德国刑法理论中责任说围绕禁止性错误的相关说明。但不同的是,在德国刑法中,故意作为行为构成要素,影响行为的违法性评价;责任说将禁止性错误作为影响责任判断的要素。而在曾文科副教授的理论体系中,故意的体系性位置是三阶层中的责任要素(结果无价值的立场),把违法性认识解释为故意的组成部分,违法性认识可能性的有无影响故意的判断,自然也影响责任的判断。其次,于佳佳副教授提出了两点困惑。第一,认识错误的分类对于准确判断具有重要意义,在禁止性错误的意义上谈违法性认识错误时,宜与以假想防卫为代表的允许性错误和行为构成的认识错误进行区分。第二,在体系性位置上,是否适宜把违法性认识错误置于故意的内部来讨论。在违法性认识错误相关的讨论中,围绕违法性会涉及刑法之内的违法和刑法之外的违法,涉及正当化根据的认识错误和禁止性错误等问题,超过了故意论所能覆盖的范畴。

第二位与谈人是复旦大学法学院的袁国何副教授,与谈对象是邓毅丞副教授。袁国何副教授指出,首先,邓毅丞副教授通过限制结果加重犯的范围来避免结果加重犯的领域内形成客观归罪的出发点是重要的。其次,邓毅丞副教授具备独特的视角,即贯彻刑法罪刑相适应原则,并发现我国故意伤害致人死亡罪和故意杀人罪基本犯的法定刑是一样的,并以此作为构造故意伤害致人死亡中主观归责要件的基础。同时清晰地区分两个重要问题,即结果加重犯的成立范围问题与结果加重犯的处罚严厉性问题。并在对既往学说批判的基础上,回归到"重过失说"。之后,袁国何副教授提出了几点商榷。第一,是否所有的结果加重犯都需要"重过失"抑或仅在《刑法》第234条的故意伤害致人死亡中要求有"重过失",即对于能否将其推而广之这一点值得商榷。第二,邓毅丞副教授的报告主要引用的是在故意伤害的结果加重犯中推行"重过失"的观点的文献,但并未明确表明在其他结果加重犯中,如抢劫致人死亡中持何种观点。此外,在所举的有些案件中可按照结果加重犯的因果关系这类客观要件来排除犯罪的成立,此时,"重过失"要件是否具有必要性值得进一步讨论。第三,若将主观归责要件限定为重过失可能导致认定故意伤害致人死亡的范围过窄。第四,即便采用"重过失说",也存在对结果有重过失的故意伤害的情形,相较于对结果有直接故意或者间接故意但情节较轻的情形处罚更重,而将导致罪刑不均衡的问题。

第三位与谈人是上海市第一中级人民法院的余剑庭长,其对本单元的各场报告都发表了自己的看法。余剑庭长提出基础理论的研讨要有"真问题",具体包括三方面:第一,要有源于实践的真问题,需要理论化体系化解决的问题;第二,真问题会有观点的碰撞和交锋;第三,形成基础理论体系的构建来解决真问题。余剑庭长指出,其违法性认识理论构建思路与曾文科副教授文章思路相通。就目前的犯罪构成体系而言,在实务中仍是将其归入故意中讨论。并且,他建议对于危害社会的结果判断能否从自然犯或者法定犯区分的角度作进一步的阐明。因为在危害结果的判断上,在自然犯状态下对于法益侵害的明确性相较于法定犯系对法规的违反来凸显其对法益的侵害和对法秩序的破坏,二者之间是存在区分的。对邓毅丞副教授的文章在其方法论上深表赞同,即先提出案例再提出学说来解释和分析问题。但认为邓毅丞副教授提出的"重过失"理论并不能很好的解决提及的两个案例。一是关于实行过限的问题,二是在轻微暴力致人死亡的案件中,没有阐明对70岁老人的殴打程度是一般殴打的程度还是达到轻伤的程度,二者显然是有区别的。就蔡桑博士的文章而言,在实践中打击错误和对象错误、因果关系错误应当做严格的界分,但一些论者出现了混淆。除此之外,打击错误的案例在实践中极少,需要思考是否值得深入研究。打击错误在实践中也不是从具体符合说或法定符合说,而是从是否符合故意的构成要件来作出判断的。并且,他不赞同打击错误中一定不存在故意的观点,认为还需要考虑是否存在间接故意,因此,其关键是如何理解间接故意的问题。最后,余剑庭长首先肯定了马寅翔副教授从现象到方法再到对理论的反思的方法论;认为传统的过失无法解决实践当中的疑难问题,过失论确实有重构的必要。

第四位与谈人是华东师范大学法学院的柏浪涛教授,与谈对象是黎宏教授。柏浪涛教授充分认可黎宏教授得出的结论,并结合张明楷教授的回应对黎宏教授的论证作进一步的延伸。对于黎宏教授的批判,张明楷教授的回应是,法定符合说又被称为等价值说,被防卫人因其行为的违法性处在可被防卫的地位,而路人处于不可被防卫的地位,二人地位性质不同,因而不等价,因此,按照法定符合说亦不能定故意杀人的既遂,最多也是过失。对此,柏浪涛教授回应道,被防卫人和路人的地位不等价这一结论的得出已经到达违法性阶层。但在讨论认识错误时,系主观要件对客观构成要件要素的认识。在客观构成要件阶层,被防卫人和路人都是抽象的"人",按照法定符合说仍然会得出等价的结论。因此,法定符合说仍存在将过失拟制为故意的弊病。打击错误讨论的典型案件是行为人对路人是过失或者是意外事件而非故意。因为如果存在故意(概括故意或是择一故意)的话,就没有主客观认识相一致,也就不存在打击错误。对此,张明楷教授批判称,此种观点系预设过失的结论,而错误论要研究的是究竟是故意还是过失,因此,存在以结论来论证理由的问题。柏浪涛教授则认为,按照法定符合说,如果甲有杀人故意,仍需区分系抽象故意还是特定故意。故意杀人在成立上系具体危险犯,就需要明确甲针对谁的故意而不能泛泛而谈。根据故意的规制机能,首先得判断客观上的危险是具体的危险还是抽象的危险。

第五位与谈人是中国海洋大学法学院的李波副教授,与谈对象是马寅翔副教授。李波副教授肯定了马寅翔副教授报告的学术性和理论性,认为其在许多方面已然超出教义学的范围,在某种意义上已经进入刑法哲学的范畴。对于马寅翔副教授提出的需兼顾个人自由和社会安全二者的观点,深表赞同。随后,李波副教授也对马寅翔副教授的报告提出了一些困惑:第一,马寅翔副教授认为讨论责任非难的时候,并不必然与意思自由相勾连,这会与其主张的道义责任相矛盾;第二,不以意志自由为前提却又假定行为人是负责任的理性人能够理解并遵守维护社会秩序的法律规则,并对自己破坏规则的行为负责,让人难以理解;第三,其主张的一阶层的过失模式存有缺点,因为一阶层的过失模式在责任判断中不考虑行为人本人的避免能力,而以一般水平要求可能低于一般水平的人,这可能会造成责任的不当扩张;第四,马寅翔副教授认为在过失犯的预见可能性判断上应当以一般理性人为标准,且将一般理性人理解为是“通情达理之人”。但事实上,理性人不一定是通情达理的,“通情达理之人”在道德层面此标准已高出了一般人的水平,应该属于“理想人”。故李波副教授认为马寅翔副教授的观点为社会安全让步,可能会极大限制个人的自由。虽说离开安全谈自由是奢谈,但是离开自由谈安全,亦要付出极大的代价。为避免这种情况,在实践中往往采纳具体的标准,这也说明一般理性人标准事实上并不可靠。

本单元的自由讨论环节由上海市浦东新区人民检察院第六检察部的赵静东副主任主持。赵静东副主任指出,随着上午的偏重基础理论专题转至下午的偏重实务与理论结合的专题,产生了诸多观点的碰撞,希望能在接下来的自由讨论环节再接再厉、锦上添花。第一位参加讨论的是来自中南财经政法大学的姚培培老师,其对柏浪涛教授的与谈内容提出了问题。姚培培老师指出与我国刑法学界不同的是,在日本刑法学界山口厚、西田典之、松原芳博这些结果无价值论者赞成具体符合说,大塚仁、大谷实、团藤重光这些行为无价值论者反而站在法定符合说的立场上,同时,日本判例的立场亦是偏向于法定符合说。在错误论立场上的具体符合说、法定符合说的结论与违法论上的行为无价值论、结果无价值论的关系如何。柏浪涛教授对此作简要回应,认为二者本身没有必然联系,主要与故意的体系定位有关。第二位参加讨论的是杨兴培教授,杨兴培教授向曾文科副教授提出形式不违法而实质违法性的情况是否存在以及是否存在形式违法而实质不违法的情况的问题。曾文科副教授对此作出回应,认为大家所讨论的概念可能有所不同。其报告主要探讨的是故意的认识对象需要认识到形式违法性或是实质违法性的问题,而杨兴培教授更多的是在违法性的问题上区分两者。钱叶六教授就该问题作补充发言,钱叶六教授举例在符合强奸罪的构成要件即形式违法的情况下,实质二人为夫妻关系,此时属于被害人同意不构成强奸。又如,打开胸腔切除胃符合伤害罪的罪状,但是实为经患者同意的医疗行为,不具有社会危害性,排除违法。

## 第四单元　专题研讨:违法性认识错误与期待可能性

本单元的报告环节由上海市金山区人民法院任素贤副院长主持。第一位报告人是厦门大学法学院的李兰英教授,李兰英教授以“违法性认识错误可避免性判断基准及其路径”为主题带来了一场精彩的报告。其主要从三个方面对该问题进行了阐明。首先,李兰英教授指出为何要在当下提出该问题,这是因为在当今法定犯尤其是经济犯罪泛滥的时代,明确违法性认识可能性作为责任要素、作为责任阻却事由尤其重要。其次,李兰英教授阐明了其在该问题的基本立场。第一,对于违法性认识的内容,学界主要存在以下三种观点:一是对前置性法律规范的认知;二是对一般法规范的认知;三是对刑法规范的认知。李兰英教授认为基于法秩序统一性的原理,违法性认识的内容应当限定在法律的范畴,对一般的法规范有认识即可。即只要行为人认识到自己的行为与法秩序冲突,便可认定行为人具有违法性认识。第二,对于违法性认识的体系地位,李兰英教授认为违法性认识可能性属于责任要素,与期待可能性具有异曲同工之妙,犹如一枚硬币的两面。第三,在违法性认识可能性与违法性错误可避免性关系上,李兰英教授指出两者是一体两面的关系,对违法性认识错误可避免性的审查就是辨别行为人是否具有违法性认识可能性的“试纸”,借助于对它的审查和判断,可以显示出违法性认识可能性有与无的“色彩”。再次,李兰英教授结合实践具体阐明了违法性认识错误可避免性的判断基准。其指出行为人是否具有违法性错误可避免性的判断主体是法官,具体的标准在学界主要有三点:一是行为人标准;二是一般理性人标准;三是行为人与一般理性人结合的标准。李兰英教授认为原则上应当以一般理性人的认知立场为标准进行判断,但是如果行为人处于特殊职业、地位,处在特殊情况具有特殊认知,则以行为人的认知标准进行判断。李兰英教授随后以厦门市中级人民法院所审理的一个具体案件为例进一步论证了其观点。最后,对于违法性认识错误可避免性的具体判断,李兰英教授主张分层次与分阶段判断。分层次是指在采取一般理性人标准时还需参酌行为人的年龄身份、职业类别、教育程度、社会地位、文化背景、生活环境等客观因素对行为人的认知能力(如高、中、低三个层级),并以其认知能力作为判断基准;分阶段则是指,对于行为人是否具有违法性错误可避免性需要采取正面考察与反面推定考察相结合进行实质认定的方式。

第二位报告人是上海政法学院的赵运锋教授,赵运锋教授以“违法性认识可能性的理论检讨与反思”为题对于我国目前的违法性认识可能性理论进行了反思。赵运锋教授以天津赵某华非法持有枪支案、内蒙古王某军非法收购玉米案、河南秦某某非法采伐国家重点保护植物罪案为例,指出了我国目前的违法性认识可能性理论存在“理论研究热,实践应用难”即理论与实践相脱节的问题。其主要从四个方面展开了精彩的报告。首先,赵运锋教授对于违法性认识可能性理论的发展进行了评析。违法性认识可能性理论的发展主要有内部动因与外部动因相互推动。违法性认识可能性理论的发展经历着心理责任论到规范责任论的发展过程,心理责任论难以适应当前理论的发展,主要基于三个原因:一是心理责任论不能合理解释正当化事由;二是心理责任论对无意识的过失行为不能做出有效回应;三是心理责任论不能为规范要素提供存在空间。违法性认识可能性理论的发展也离不开外部因素的影响,随着法律规范的增多,要求国民完全认识法律不具有现实可能性,此时,只要求国民对于法律具有认识可能性即可,而不要求国民完全认知法律。因此,违法性认识可能性的发展也体现着风险分配在国家和国民之间发生了转移,具体表现为法律认识义务在公民与国家之间的重新分配。其次,赵运锋教授对于违法性认识可能性的体系地位进行了说明。其认为,在四要件犯罪构成体系中,违法性认识错误属于犯罪故意的内容,行为人如果具有违法认识可能性就具有了犯罪故意。换言之,应将违法认识可能性置于犯罪故意之中进行考察,如果缺乏违法认识可能性则阻却犯罪故意,危害行为不能构成刑事犯罪。再次,赵运锋教授对于违法认识可能性判断标准进行了理性反思。赵运锋教授指出,在实践中违法性认识可能性理论存在适用难的问题主要是因为并不存在具体的判断标准。其赞同车浩教授的观点,即在违法性认识可能性判断上具有两个具体标准,具体而言,一个可以避免的违法性认识错误,必须满足以下两方面的条件:一是客观上存在查明法律以避免错误的机会;二是行为人没有努力查明法律去避免错误。但是赵运锋教授认为上述标准仍然过于抽象,也难以得出明确的结论。其主张采用德国的积极的一般预防理论,即用行为人是否具有处罚的必要性来检验上述标准所得出的结论。最后,赵运锋教授主张为了合理应对违法认识可能性问题,除了需要对违法认识可能性的体系地位和判断标准问题进行反思,还需要对事实错误与规范错误的区分问题进行检讨。对事实错误与规范错误进行合理区分,为违法认识可能性提供可行的判断标准,需从形式层面、实质层面及政策层面三个维度着手,进行递进式的全方位考察。

第三位报告人是华东政法大学的李迎寒硕士,她所报告的主题是"违法性认识错误避免可能性理论与司法实践"。李迎寒硕士着重介绍了关于违法性认识错误避免可能性的实质判断标准以及违法性认识错误避免可能性理论的实践运用。李迎寒硕士主张在实质判断标准中,主要有以下三个标准:一是判断行为人有无查明法律的客观机会;二是判断是否存在影响行为人违法性认知的主观障碍;三是判断行为人自身付出的努力程度。违法性认识错误避免可能性理论的实践运用,主要包含违法性认识错误避免可能性的适用方式以及适用效果两个问题。违法性认识错误避免可能性的适用方式主要包括,如沈何某芬走私国家禁止进出口的货物、物品罪一案中因违法性认识错误具有避免之可能而否认出罪,以及如在非遗传人制造烟花案中因违法性认识错误不可避免而予以出罪两种方式。违法性认识错误避免可能性的适用效果主要有否认故意、减免罪责以及量刑从轻三种,具体而言:一是违法性认识错误的不可避免是由于行为人产生了事实认识错误,不应以故意犯罪论处;二是因无客观机会、存在主观认知障碍或行为人付出相当努力程度后仍无法查明的违法性认识错误,应当减轻或免除处罚;三是行为人产生的违法性认识错误可以避免时,可以从轻处罚。

第四位报告人是上海市虹口区人民法院的肖晚祥副院长,肖晚祥副院长以"期待可能性理论在司法实务中的应用"为题给大家带来了一场耳目一新的报告。肖晚祥副院长主要从期待可能性理论对司法观念的影响和期待可能性在司法实务中的具体应用两方面展开。首先,就期待可能性理论对司法观念的影响,其认为主要包含两点。一是要求法官具有衡平观念。一般而言,适用期待可能性理论均是在个案中予以适用,即要求法官在处理具体个案时,在法律的普适性与个案正义之间达到一个平衡。肖晚祥副院长指出作为法官最大的智慧就是“在法律的普适性与个案正义之间达到一个最佳平衡,在最大限度维护法律普适性的同时,去追求个案正义;在最大限度地追求个案正义的同时又尽量维护法律的普适性”。此外,肖晚祥副院长进一步指出法官既需要在法律之内理解法律,也需要在法律之上理解法律,还需要在法律之外理解法律。二是要求法官在案件裁判中倾注道德判断。期待可能性理论,简言之就是指“法不强人所难”,是充满人性关照的一个理论。肖晚祥副院长指出法官在审理案件时既需要将案件事实与抽象的法律相结合,还需要充满人性温度。尤其是刑事法官既需要“嫉恶如仇”,同时也需要“悲天悯人”,拯救胜于惩罚。但是,需要注意的是,道德判断不能等同于道德审判,道德判断是从出罪角度而言的,而不能因为一个人并不符合犯罪构成,仅仅因为其可恶就对其定罪量刑。其次,对于期待可能性在司法实务中的具体应用,肖晚祥副院长主要从司法实务中运用期待可能性理论的基本指导思想和司法实务中期待可能性的具体判断与应用两方面展开。基本指导思想包括程序控制原则、充分论证原则以及区别对待、慎重适用原则。在期待可能性的具体判断与应用中,肖晚祥副院长着重介绍了司法实务中期待可能性判断需要考虑的具体因素:一是期待可能性理论需要考虑的是客观的附随情状,而不是行为人的内在素质;二是判断行为人是否具有期待可能性的标准主要包括行为人面临的客观情况的特殊程度、利益的比较、行为人在行为当时的可选择性;三是行为人行为当时所面临的客观情况的特殊性,而不是行为人性格形成的长期客观外在环境;四是需要注意的是,就期待可能性作为超法规事由进行评价的时候,只能将期待可能性缺失作为超法规的辩护事由,而不能将具有期待可能性作为超法规的入罪事由。

第五位报告的是山东大学(威海)的翟宇航硕士。翟宇航硕士所报告的题目是“期待可能性理论在刑事裁判中的应用研究——以412份裁判文书为研究样本”。翟宇航硕士主要以实证研究的方法从司法实践中期待可能性的具体运用情况、对司法实践中期待可能性适用情况的思考以及实践中如何适用期待可能性理论的建议三个方面对期待可能性理论在司法实践的具体应用展开报告。首先,就司法实践中期待可能性的具体运用情况,翟宇航硕士指出在对中国裁判文书网中涉及期待可能性理论的412份裁判文书进行总结梳理后发现主要具有以下6个特征:一是涉及期待可能性的裁判文书数目在逐年增多;二是期待可能性多由辩护方作为辩护事由提出;三是法庭对于期待可能性能否得到普遍的接受起着关键作用;四是实践中涉及期待可能性的罪名较多但也有部分罪名反复出现;五是既有被认为是易于适用期待可能性的罪名,也有其他常见罪名;六是司法实践中倾向于认定期待可能性是独立于故意和过失的构成要件要素。其次,翟宇航硕士基于裁判文书网的412份裁判文书对司法实践中期待可能性适用情况进行了理性化的思考,指出期待可能性理论只能存在于阶层论的犯罪构成体系之中,在此基础上进一步指出期待可能性理论作为辩护事由存在的诸多误区,主要包括以下四点:一是司法实践中作为辩护事由存在的期待可能性的适用标准较低;二是没有区分期待可能性是属于违法阻却事由还是责任阻却事由;三是没有区分期待可能性与违法认识可能性;四是将从犯应当从轻、减轻或免除处罚的依据理解为是期待可能性较低。除此之外,翟宇航硕士还对法庭适用期待可能性"事由"进行了分析,指出在被告人确有经济生活上的困难、受害人一方具有相应过错、亲属之间的妨害司法行为、加害行为人确有理由相信自己的行为是合法的这几种情形中往往法院多采用被告人不具有期待可能性用以减免处罚。最后,翟宇航硕士对实践中如何适用期待可能性理论提出了一些合理化的建议,其基于限缩适用期待可能性理论作为刑事出罪或罪轻事由和结合客观预防的必要性判断期待可能性理论的适用标准作为基本立场提出了以下几点具体的建议:一是需要明确个罪的具体构成要件;二是需要正确理解各个罪名背后所要保护的法益;三是需要正确认识罪数问题。

随后,在上海市博和汉商律师事务所林东品主任的主持下开启了第四单元的与谈环节。第一位与谈嘉宾是华东科技大学法学院的赵楚文副教授。赵楚文副教授指出,在上述李兰英教授、赵运锋教授以及李迎寒硕士的报告中存在理论共通性,这种共通性表现在违法性认识可能性判断基准要参考两大方面:一是对于法状况进行调查的契机;二是实际实施了法的调查行为(又称照会行为)。该种理论目前在偏向于规范论体系的日本以及德国学界均处于主流通说地位。其后,其提出三个方面的内容对于上述报告内容进行了一定的补充。首先,罗克辛教授观点的理论前提为在责任概念之中加入对刑事政策的考虑,从积极一般预防的角度,考虑行为人对遵法呼唤的回应,将责任概念用"答责性"概念替代。积极的一般预防刑论强调对规范的忠诚,如果行为人通过行为表现出对规范的足够的忠诚,即便行为本身满足责任要件,从积极的一般预防的角度从刑事政策上否定处罚的必要性。此即责任是存在的,但答责性受到阻却。其次,罗克辛教授的这种理论在我国的司法现实中进行运用可能面临如下三大挑战。第一,罗克辛教授理解的积极的一般预防刑论,可能与我国社会现状存在“水土不服”的问题。第二,该理论在理解“规范与法益关系”的问题时认为规范大于法益,为了维护民众对规范的信赖,只要行为人具备充足的对规范的忠诚并也能够容忍由此造成的法益侵害即可,这与刑法的目的在于保护法益的基本任务相违背,其以湖北发生的非法占用农用地案为例予以相应的论证。第三,如果全面肯定这种照会义务,意味着普法的职责不但不在国家,反而肯定公民存在知法的义务,这与“法律的错误如何存在免责的余地”这个根本性问题意识相矛盾。最后,赵楚文副教授指出罗克辛教授的该种理论对于我国学术体系的构建与司法实践具有重要的启示,主要表现在两个方面。一是纯粹的责任概念已经很难解决违法性意识的问题,责任论之中已经不可避免地需要考虑刑事政策对具体行为责任的影响。我们需要思考责任论是否应该在责任概念上进行像罗克辛教授理论一样的调整。二是违法性意识的可能性的判断问题,本质上是一个在责任阶段中对客观要素的判断问题。如何在不肯定照会义务的前提下进行这一理论展开,是我们解决这个问题的关键。

第二位与谈人是华东政法大学的毛玲玲教授。毛玲玲教授对于赵运锋教授的文章给予了高度的评价,其认为赵运锋教授文章中问题的提出是开宗明义的,对文中从心理责任论到规范责任论的发展的理论根据的梳理是非常清晰的,在操作层面所提出的解决方案达到目前理论研究的最高的技术标准。她对于该问题也提出了自己的思考,进一步回答了任素贤副院长提出的为何理论与实践出现的反差的问题。毛玲玲教授认为当下实践中争议较大的案件均体现了在“不知法者不免责”古老格言背景之下,国家所要求的公民承担的知法义务与个案当中的情理发生了矛盾和冲突。但是,在刑事诉讼过程中要求控方证明被告人是知法的这是极为困难和不现实的,这可能造成学法知法的人比不学法、不知法的人更具有承担刑事责任的风险,这明显不合理。还需考虑的是,我国与域外犯罪论体系在理论上的差别,在德日刑法理论体系下,存在实质出罪的理论抓手,具体而言存在违法阻却事由与责任阻却事由,即在德日的刑法理论中存在出罪空间且出罪事由不断扩张如超法规的阻却事由期待可能性等。然而,我国四要件体系是入罪体系,在结构上缺少出罪理由的存在空间。此外,在英美体系下,刑事辩护事由非常丰富,如正当事由、可得宽恕事由以及在实践中发展出来的未经严肃论证的辩护事由。期待可能性理论也是给予司法者在具体情况下具体实质判断的依据,司法者面临个案情况不同,在何种情况下可以适用期待可能性理论也交由司法者进行个体的裁量。因此,在我国目前的四要件犯罪构成体系中,需要保留出罪的空间,毛玲玲教授主张将行为限缩,行为需要以危害性作为其前提,从行为转化为危害行为。同时,主张在故意中纳入违法性认识错误的内容,希望能够将入罪和出罪的理论依据能够得以明确进而实现控辩的平衡。最后,毛玲玲教授以虚报注册资本案件、P2P 案件、非法经营案件、涉税案件中的走私普通货品案件以及注册制背景下证券市场信息披露等案件为例,进一步说明了其观点。

第三位与谈人是安徽大学法学院的李婕副教授。李婕副教授主要就积极的一般预防理论提出了自身的见解。首先,其以天津赵某华非法持有枪支案、内蒙古王某军非法收购玉米案以及鹦鹉案为例,具体展开与谈。李婕副教授主张在鹦鹉案与上述两个案件有本质区别,具体而言,枪支本身具有危险性,是限制物;玉米在日常生活中则司空见惯;然而,一般人很难明确认知自己所看到的鹦鹉物种是否为濒危物种。其次,就违法性认识错误避免可能性的实质判断标准,李婕副教授认为对于作者提出的三种观点背后的问题可以进一步进行刑事政策分析,即积极的一般预防理论在不同类案件中可能对于定罪量刑有不同影响。如对天津赵某华非法持有枪支案进行更深层次探讨则是违法性认识对象问题,在所涉案件存在集体法益的情况下,枪支管理制度这种集体法益很容易还原成为个人法益(个人的安全),但在鹦鹉案中,危害珍贵、濒危野生动物罪的法益是国家的野生动物保护制度或者我国的生态环境制度,这种抽象的制度能否还原为具体的个人法益,则存有疑问。再次,违法性认识错误的认识对象涉及行政违法与刑事违法案件时,行为人的认识内容与程度是有区别的,而这种区别对于积极一般预防理论的适用也是具有影响的。对行政违法行为进行规制的目的在于行政管制,而刑事处罚的目的在于犯罪预防,这两种目的具有截然不同的区别。如果刑事处罚过于提前,可能导致为了积极的一般预防即为了保护刑法规范的效力而违反人权保障的要求。最后,如何平衡公共利益与个人利益,即如何将公共利益明确化也是一个值得讨论的问题。虽然在天津赵某华非法持有枪支案中,可以将集体法益还原为个人安全,然而在内蒙古王某军非法收购玉米案中,李婕副教授指出国家对于粮食的管理制度是一种行政监管,不能为了行政监管的目的牺牲个人自由的。在鹦鹉案中,在国家林业局①发布的文件

① 现为国家林业和草原局。

中也在强调加强监管的问题,其认为该文件背后的规范目的在于保护公共卫生安全。

第四位与谈人是上海市人民检察院第二分院研究室的杨志国主任。杨志国主任指出,肖晚祥院长的报告不仅体现了其在长期的审判实践中所积累与形成的司法经验、司法技术,更多地体现了一种司法智慧与司法哲学。同时,其对翟宇航硕士的论文给予高度评价,指出这种基于实证研究的分析方法作出的结论很有价值,也引导我们深入分析在司法实践中如何应用期待可能性理论的问题。但其同时指出翟宇航硕士在论文中花了很大篇幅对辩护律师如何运用期待可能性理论进行了介绍,但是对于法官裁判理由的说明稍微欠缺,然而法官的裁判理由可能是更加值得我们关注的。关于期待可能性理论问题,杨志国主任认为确实存在“理论热实践冷”的问题,该问题如何解决也是在今后亟须解决的问题。杨志国主任主要从三对关系进一步分析了该问题,即“立法与司法的关系”、“定性与定量的关系”以及“实体与程序的关系”。第一个方面是在期待可能性理论应用问题上,解决理论热实践冷的问题,究竟是立法应当发挥更大的作用还是司法应当发挥更大的作用。在德日刑法中,类型化的缺乏期待可能性的行为已经被立法规定在《刑法》分则条文中,此时,分则中规定的情形并不属于超法规的责任阻却事由,而成为法定的阻却事由。如果说我国采取此种立法模式的话,则可能会出现“司法热”的情况,法官可能会大胆地予以适用。然而,在我国目前立法并未采取此种立法模式背景下,期待可能性作为责任阻却事由只能适用于极端个案中,更多地作为责任减轻事由而存在。第二个方面是“定性与定量研究的关系”,从研究的情况来看,期待可能性理论的误用在司法实践中多发。就定性角度而言,期待可能性与违法性认识欠缺理论、不可罚的事后行为的关系,在理论上还需继续厘清;就定量的角度而言,期待可能性不仅是有无的问题,还存在程度多少的问题。此即期待可能性理论究竟是责任阻却事由还是责任减轻事由?期待可能性有无对应着入罪出罪问题?期待可能性量的大小解决的是期待可能是属于减轻事由还是从轻事由?第三个方面是实体与程序的问题。期待可能性理论在刑法学界更多的是在实体层面予以研究其概念、体系地位等,但是在司法实践中,需要予以考虑更多的则是程序层面,在司法实践中,期待可能性作为辩护事由或者责任阻却事由,证明责任由谁承担、证明标准为何等都是需要继续研究的问题。

最后一位与谈人是上海大学法学院的张开骏副教授。张开骏副教授认为翟宇航硕士的论文有三点值得肯定:一是作者通过检索刑事裁判文书,予以归纳总结,这种实证分析的研究方法值得大力肯定;二是作者对涉及期待可能性(诉辩审三方提到了期待可能性)的412份裁判文书作了分析,工作量是很大的,可见作者治学很踏实、严谨,值得赞赏;三是作者作为一名硕士研究生,积极写作、投稿和参与学术研讨,可谓“初生牛犊不怕虎”,是青年学子的榜样。张开骏副教授也对翟宇航硕士的论文进行了简要的介绍与点评:作者通过对裁判文书的分析,归纳和总结出期待可能性理论在我国刑事审判的应用情况和特点;作者也在文中指出,我国律师在辩护时存在对期待可能性误读误用的情况;作者在文中归纳了法院适用期待可能性的情形。以上三方面的梳理、归纳和总结,都非常好。作者提出应该限缩期待可能性的适用主张借鉴功能责任论的理论,提出从预防的必要性出发,结合具体犯罪的事实情况和刑法条文的规范目的,判断是否有期待可能性。有点遗憾的是,作者对这一重要观点没有展开论述。最后,张开骏副教授也就该问题提出了自己的想法:期待可能性只能在于阶层论体系中作为责任要素。期待可能性在四要件体系中的体系地位非常尴尬。如果把期待可能性放在主观方面要件中,是存在疑问的,因为期待可能性属于犯罪的附随情状,是客观要素。如果硬要放到四要件体系中,那么将其放到客观要件中可能更为合适。如果采用犯罪成立条件和犯罪阻却事由这种体例,那么期待可能性可以放在阻却事由中,这种体例就像英美法系的双层次犯罪论体系。我国理论和实务界对期待可能性可能存在泛化理解的问题,把“事出有因”、“情有可原”以及“不都是被告人的错”的情事,都套用到缺乏或降低期待可能性,这种状况是需要纠正的。其赞成钱叶六教授在《期待可能性理论的功能定位与超法规事由的适用》一文中指出的,对期待可能性作严格地限缩理解:限于客观上存在异常情势,行为人遵守法规范的可能性小,遵守规范会给自己造成重大不利(遵守法规范与否存在利害冲突)的场合,适用期待可能性来阻却或者减轻责任。如上所述,期待可能性理论属于异常情势下对行为人阻却或者降低责任的事由,因此,它的适用范围是很小的。但是,在中国司法实践中,其建议实务人员大胆地适用。其指出司法人员可能在司法实践中存在认识误区:判决(不管是有罪还是无罪)都需要刑法条文依据。其实不是这样的,罪刑法定的精神是,定罪需要明确的刑法条文依据,出罪是不要求的,根据刑法理论即可出罪。所以,刑法总则中是否规定一般性的期待可能性出罪事由,是不重要的。恰如刑法学中有被害人承诺的理论,基于被害人承诺的伤害或者毁坏财物行为不构成犯罪,根据该理论即可出罪,是不需要根据具体的刑法条文的。

林东品主任对于本次论坛给予高度评价,其认为本次论坛围绕《刑法》总则中的基础理论展开探讨,为理论与实践搭建了桥梁。同时,也指出学者在刑法学的研究中所使用的有些术语过于晦涩、拗口,这或许对于刑法理论在司法实践中的具体应用带来困惑,希望刑法理论研究者对此予以关注。

### 闭幕式

华东师范大学法学院钱叶六教授对于本次论坛进行了总结与致谢。首先,其认为本次论坛非常紧凑也非常热烈,对于与会嘉宾的敬业、热爱学术的精神给予高度肯定。与会嘉宾探求学术的精神也值得广大同学学习。其次,其指出本次论坛的成功举办离不开各位嘉宾的支持;离不开刑法学科团队老师、科研秘书、会务同学的帮助;更离不开国内40多位专家学者以及年轻学生们的论文支持。再次,其很高兴看到在本次论坛中,违法性认识可能性理论能够在部分问题上能够达成共识;在期待可能性问题上,其认为在实践中期待可能性在实践中逐渐得以得到重视和应用,令人欣喜。最后,在本次的论坛的论文集中收录了部分硕士研究生的论文,其认为新生力量后生可畏,看到了中国刑法的未来和希望。

本次论坛圆满落幕!

# 目录

## 责任基础理论



## 犯罪故意与错误论



## 犯罪过失论

## 违法性认识错误与期待可能性

# 责任基础理论

# 当代中国的责任理论:一个学术史的研究

姚建龙[*]　潘孝舜[**]

**摘　要**　在当代中国刑法学责任理论的研究中,责任概念的转变使责任理论的研究从刑事责任理论转向了责任主义的立场。而随着责任理论研究进入责任主义时期,责任观念的选择也开始成为无法回避的问题。规范责任论和功能责任论在大陆法系的语境下围绕责任与预防的关系展开了争议。梳理分析责任观念的发展与变迁有利于把握现阶段我国责任理论发展的脉络。

**关键词**　责任理论　学术史考察　责任观念　责任主义　功能责任论

责任理论的研究,不论是与四要件犯罪构成理论并列的刑事责任,还是三阶层下必须坚守的责任主义,向来是刑法学界研究的重要领域。不同于德国责任主义经过百年发展,当代中国的责任理论实际自 20 世纪 80 年代中期至今仅发展了近 40 年,其中可划分为两个时期,划分依据为对责任概念的不同界定。由于在前期我国刑法体系本身的缺陷,在 21 世纪后对刑事责任的研究进入饱和状态,责任理论的发展也面临衰落的风险。而转变研究语境后,责任主义为责任理论的研究注入了新的动力,如何快速、有效地吸收外国责任理论之精髓,探寻我国责任理论的本土路径,并最终能指导实践便成了重中之重,因此,责任观念的选择便尤为重要。

---

* 上海社科院法学所研究员,博士研究生导师。

** 上海社科院法学所刑法学硕士研究生。

## 一、我国责任理论研究进展梳理

### (一)责任概念及时期划分

在我国刑法责任理论研究领域中,“责任”一词需向德日刑法体系追溯。德语中对于“责任”这一词实际使用的是“Schuld”,常用义为“债、债务”,另外还有“过错、过失、责任、罪责、有罪、罪孽”的意思,在法律用语,尤其是刑法语境下的适用“罪责、有罪”更为贴切。① 该词侧重指由于人的过错而引起的道义上、法律上的谴责性,因此,“责任”也被称为“罪责”。金德霍伊泽尔教授将“罪责”的概念分为形式意义的罪责和实质意义的罪责,形式意义的罪责仅说明了行为人要为不法现实在刑法上承担责任,而实质意义的罪责回答的则是为何可以期待行为人遵守刑法上的规范。②

日本在翻译“Schuld”这一词时,是按“责任”一词来翻译的,但其并未脱离非难可能性的范围。比如,大塚仁教授的观点就是“所谓责任,是指能够就犯罪行为对其行为人进行非难(Vorwerfbarkeit)”。③ 山口厚教授则认为责任是对作为犯罪予以规定的行为的非难可能性,正是因为具有非难可能性的责任使具有非难这一属性的刑罚之科处变得正当,责任就是作为这样的要件而要求的。④ 由此可见,德日刑法都将责任理解为狭义的责任,即行为人需为其犯罪行为承担的非难可能性。

因此,“责任”实际上有两层含义:广义上的“责任”就是行为人因其符合构成要件的行为所应承担的法律后果,即刑事责任;而狭义上的责任为德日三阶层理论中的有责性阶层所指向的责任,即就行为人所实施的犯罪行为对行为人实施刑罚的非难可能性。与之相对应的,自中华人民共和国成立以来,我国的责任理论研究经历了两个时期。一是苏俄刑法影响下的“刑事责任理论研究时期”。该时期责任理论研究的“责任”为广义的责任,研究主要集中在刑事责任的含义、根据以及体系地位等领域。二是德日刑法影响下的“责任主义理论研究时期”。该时期主要是受到

---

① 参见潘再平主编:《新德汉词典》(第3版),上海译文出版社2010年版,第1182页。

② 参见[德]乌尔斯·金德霍伊泽尔:《刑法总论教科书》(第6版),蔡桂生译,北京大学出版社2015年版,第209~210页。

③ [日]大塚仁:《刑法概说(总论)》,冯军译,中国人民大学出版社2003年版,第372页。

④ 参见[日]山口厚:《刑法总论》(第3版),付立庆译,中国人民大学出版社2018年版,第193~194页。

责任主义所影响，由此，期待可能性、违法性认识以及责任能力等逐渐成为研究责任领域的重点内容。

### （二）刑事责任理论研究时期

在中国期刊网上模糊搜索“刑事责任”，指向最早的是1956年刘焕文在《华东政法学报》上刊登的《犯罪动机与刑事责任》一文，该文可谓较早涉及刑事责任的论文，但后世学者认为其只是“将刑事责任基本等同于刑罚”[①]而并未对刑事责任的定义或本质有明确的论证分析，因此，尽管有“刑事责任”之名，但其并未有“刑事责任”之实。在此后的20余年，因各方面原因，我国刑法学研究遭到严重挫折，刑事责任问题的研究也陷入停滞。

时隔20年，责任理论的研究也开始走向复苏，1979年《刑法》将第二章第一节明确规定为“犯罪和刑事责任”，“刑事责任”这一概念开始受到学者的注意。同年，《吉林大学学报(社会科学版)》分别在第5期、第6期两期的版面上发表了李光灿、罗平的《论犯罪和刑事责任》，罗平在《学术研究》上分两期发表了《论刑法中一些不负刑事责任的情况》。这几篇文章虽然涉及了刑事责任，但其论述重点都非刑事责任，而主要是对与承担刑事责任有关的其他问题的研究，因此对刑事责任也尚未形成独立的认识。[②] 但从另一种意义来说，这也标志着中国学者开始接触对责任理论系统的独立研究。

但要论及真正意义上独立研究责任理论系统的文章，还需提及1984年敬大力先生的硕士学位论文《刑事责任一般理论研究——理论的批判与批判的理论》，[③]正是从此时起，学者们的视野逐渐回归到了刑事责任本身，关于刑事责任的基本理论开始被越来越多的学者关注，刑事责任的概念、本质、根据等诸方面研究也在逐渐推进。

发表于各类期刊的关于研究刑事责任问题高达数百篇，其中，张明楷的《刑事责任论》(中国政法大学出版社1992年版)；宣炳昭、黄志正的《犯罪构成与刑事责

---

① 高永明：《论刑事责任的生成》，知识产权出版社2018年版，第2页。

② 参见武小凤编著：《刑事责任专题整理》，中国人民公安大学出版社2007年版，第5页。

③ 陈兴良教授认为，该论文是“最早讨论刑事责任理论”的文章，并对其作出了“几乎确定了此后我国刑法学界关于刑事责任讨论的基本方向”的高度评价。参见陈兴良：《从刑事责任理论到责任主义——一个学术史的考察》，载《清华法学》2009年第2期。

任——刑法学研究综述》(中国政法大学出版社 1993 年版)都是在这一时期发表,由此可以看出该时期关于刑事责任理论的讨论究竟有多热烈。这一时期的研究出现了一个奇怪的现象,即研究人数众多、研究成果丰厚,但刑事责任研究却不可避免地进入了一个混乱的状态。引用黎宏教授的一段话来描述这个时期:

> 在我国的刑法学当中,没有哪个部分的研究比刑事责任论更凌乱不堪、更叫人摸不着头脑了。在以实定法作为对象的部门法研究当中,这种连最基本的研究对象为何都难以达成一致意见的情形,实属罕见。①

在这一时期,我国刑法理论界光是关于刑事责任的定义,就有 9 种之多。② 这些学说各有其支持者,并且这些支持者在批评已有定义时又提出自己的定义。光是刑事责任的定义就有如此之多的学术观点,在让人看得头昏眼花的同时不禁会有这样的疑惑:责任的概念为何如此难以确定呢?如果责任的概念无法被确定,在无共识的情况下的责任理论又如何发展呢?进入 21 世纪后,传统的刑事责任理论研究似乎进入一种"后继无力"的状态,"不仅在形式上不再成为研究的热点,而且现有理论始终停留在 20 世纪 90 年代的水平上无法更进一步"。③ 当然,也有学者仍在尝试将刑事责任理论进一步进行深化,在仍坚持广义的责任的基础上,接续对传统刑事责任的探讨:

> 赵微《徘徊于前苏联模式下的刑事责任根据理论及前景展望》(《环球法律评论》2002 年第 2 期);张旭《关于刑事责任的若干追问》(《法学研究》2005 年第 1 期);杨忠明《刑事责任与民事责任不可转换——对一项司法解释的质疑》(《法学研究》2002 年第 4 期)等。

但对于刑事责任的根据、体系定位以及与其他法律之间的关系的研究已逐渐走向没落。与之相对的是德日三阶层中的"有责性"概念逐渐被中国学者接受,由传统刑事责任理论向责任主义转变势在必行。

---

① 黎宏:《关于"刑事责任"的另一种理解》,载《清华法学》2009 年第 2 期。

② 分别是心理状态说、法律责任说、强制方法(刑罚处罚)说、法律关系说、否定评价(责难或谴责)说、双向说、法律(刑事)义务说、法律后果说、负担说等观点。参见王晨:《刑事责任的一般理论》,武汉大学出版社 1998 年版,第 41 ~ 58 页。

③ 高永明:《论刑事责任的生成》,知识产权出版社 2018 年版,第 2 页。

## （三）责任主义理论研究时期

2000年之后，德日刑法理论被大量引入中国，并被刑法学界快速吸收，违法性认识、期待可能性、责任主义等概念也开始被纳入责任理论的讨论范畴之中。在这一时期，学者们打破了传统刑法理论的樊篱，对责任理论的研究引入了大陆法系的学术话语，自2000年至今，也产生了诸多研究成果。

学术论文方面，马克昌的《责任能力比较研究》（《现代法学》2001年第3期）和《德、日刑法理论中的期待可能性》（《武汉大学学报（社会科学版）》2022年第1期）；劳东燕的《责任主义与违法性认识问题》（《中国法学》2008年第3期）；黎宏的《关于“刑事责任”的另一种理解》（《清华法学》2009年第2期）；张明楷的《期待可能性理论的梳理》（《法学研究》2009年第1期）和《责任问题的基本问题》（《比较法研究》2018年第3期）；刘源、赵宁的《刑事责任论的危局与解困》（《中国刑事法杂志》2010年第11期）；万志鹏、张异的《应受刑罚惩罚性：我国刑法中刑事责任的本质——兼论德、日刑法中的责任观》（《湖南大学学报（社会科学版）》2011年第3期）；邓崇专的《刑事责任论的地位守护与实践解危——以维持四要件犯罪构成理论为视角》（《政治与法律》2012年第1期）；张小虎的《当代刑事责任论的基本元素及其整合形态分析》（《国家检察官学院学报》2013年第1期）；佘博通的《论刑事责任的本质属性》（《理论与改革》2014年第2期）；车浩的《法定犯时代的违法性认识错误》（《清华法学》2015年第4期）；王钰的《功能责任论中责任和预防的概念——兼与冯军教授商榷》（《中外法学》2015年第4期）、《功能刑法与责任原则——围绕雅科布斯和罗克辛理论的展开》（《中外法学》2019年第4期）以及《适法行为期待可能性理论的中国命运》（《政治与法律》2019年第12期）；钱叶六的《期待可能性理论的引入及限定性适用》（《法学研究》2015年第6期）等。

除了上述论文外，武小凤编著的《刑事责任专题整理》（中国人民公安大学出版社2007年版）；高永明的《论刑事责任的生成》（知识产权出版社2018年版）等专著也为本文对学术史的考察提供了线索。

笔者所列出的仅是诸多研究成果中的一部分，但即便如此，也可看出德日责任原则对我国责任理论影响之强烈。但真正意义上宣告我国刑法责任理论转型的，还是陈兴良教授2009年在《清华法学》上发表的《从刑事责任理论到责任主义——一个学术史的考察》一文：

> 目前在我国刑法学中，尽管没有完全确立大陆法系三阶层的犯罪论体系，但责任主义的思想已经在我国各种犯罪构成体系中得以落实……尽管如此，责任主义在我国获得共识仍然是可期待的。①

作为刑法学术史研究的开篇之作，以我国刑法从20世纪50年代的苏俄化到20世纪80年代的学术重建再到20世纪90年代德日刑法的传入这一历史背景为主线，围绕刑事责任的概念、根据及其在刑法中的地位等具有争议性的话题进行了详细阐述，回答了造成责任理论乱象的原因。而该文最重大的意义在于得出了我国责任理论已经从苏俄刑法体系影响下的刑事责任理论研究转向德日刑法体系影响下的责任主义研究的结论。

从结果责任论向心理责任论发展的过程，就是责任由客观向主观演进的过程。心理责任论自19世纪末20世纪初提出之后，对德国刑法学和苏俄刑法学的责任理论都产生了极为深远的影响，但其后续的理论发展却走向了完全不同的道路。基于马克思主义的哲学观，苏俄刑法学强调主客观相统一原则。在对德国犯罪论体系，尤其是客观的构成要件该当性的批判下，苏俄学者将构成要件扩充，形成了四要件的犯罪构成体系，其称刑事责任的唯一根据就是犯罪构成。在这一命题之下，责任被排除在犯罪构成体系之外，责任主义由此消亡，而刑事责任理论由此构成。在四要件的框架中，犯罪主观方面是以行为人是否存在故意或过失的心理事实为基本内容确定行为人是否具有罪过，因此适用的是心理责任论。而德国责任理论在新康德主义的影响下发展出规范责任论，并在此基础上进一步将刑罚目的纳入责任之中，发展出来功能责任论。

## 二、从心理责任论到功能责任论：德国责任理论的发展

19世纪末20世纪初，古典派犯罪论体系登上了历史的舞台，其代表人物李斯

① 陈兴良：《从刑事责任理论到责任主义——一个学术史的考察》，载《清华法学》2009年第2期。

特和贝林奉行心理责任论。虽然李斯特的《德国刑法教科书》(1881 年)出版时间远远早于贝林的《犯罪论》(1906 年),但贝林的《犯罪论》被认为是古典派的犯罪论体系的标志,这从古典派犯罪论体系的另一个称呼——“贝林—李斯特体系”可见一斑。2006 年,王安异教授翻译了贝林的《构成要件理论》,但实际上本书是贝林《构成要件理论》和《刑法纲要》两大名著的合译。在本书中,贝林指出,广义上的责任同样也属于刑法意义上的犯罪要素,其将不法行为在精神方面的非难可能性表现为“主观欠缺瑕疵性”(Fehlerhaftigkeit)。因此,所谓责任是一种否定性的价值判断,与违法性同样的是属于法律价值上的评价,有所不同的点仅在于一个是对行为外在的评价,一个是对行为人内在的评价。①

贝林对于责任的这段定义正是心理责任论经典表达形式,贝林将责任与违法性放在同一地位进行考虑,认为两者都是对行为的否定性价值评判。不同的是,违法性是对行为的评价,而责任是对行为人内在世界的评价。值得一提的是,贝林认为构成要件具有客观性,因此,其并不承认主观的构成要件要素。由此,“不法是客观的,罪责是主观的”开始成为德国乃至大陆刑法理论中犯罪阶层体系中的通说。但心理责任论也存在其本身的缺陷,正如宾丁所指出“它(心理责任)不能说明,何种心理关系在刑法上被视为是重要的,为什么构成责任或者在缺少心理关系时阻却责任”②没有认识的过失如何归责?免责事由和责任排除事由如何区分?只考虑内心要素的心理责任论,无法作出很好的回答。

随着新古典派犯罪论体系的到来,弗朗克教授提出的“责任(Schuld)就是可谴责性(Vorwerfbarkeit)”标志着心理责任向规范责任转变。冯军教授所翻译的弗朗克教授的《论责任概念的构造》一文从学者对于责任的两种理解出发:一是勒夫勒和科尔劳什将责任概念限定在内心方面(Innenseite)的定义;二是李斯特教授提出的“责任是对已经实施的违法行为的答责性(Verantwortlichkeit)”。其中,弗朗克教授指出李斯特教授关于责任的定义混淆了构成要件和法律后果,所导致的后果就是循环的论证。即使李斯特教授在新版的教科书中将“答责性”归于“形式意义上的责任”,并提出“实质意义上的责任”,即“可以从危害行为中认识的社会情感的欠

① 参见[德]恩施特·贝林:《构成要件理论》,王安异译,中国人民公安大学出版社 2006 年版,第 95~96 页。

② [德]汉斯·海因里希·耶塞克、托马斯·魏根特:《德国刑法教科书》,徐久生译,中国法制出版社 2001 年版,第 504 页。

缺”,但其仍未考虑到“公民在个别情形中的过失行动”。[①] 而这就引出了弗朗克所提出的“可谴责性”,在此基础上他提出了根据某人违法的态度对该人进行谴责的三个前提:行为人具有归属能力,即行为人的责任能力、行为人对危害行为所具有的心理联系以及正常的附随情况。值得注意的是,弗朗克并未完全抛弃心理要素,而是在此基础上进一步提出规范要素,以正常的附随情况作为对心理联系的补充。

而威尔泽尔基于其提出的目的行为论的基本思想建立的目的行为论的犯罪论体系将不法分为了外在的构成要件和内在的构成要件:

> 责任的本体论对象与行为因此界限分明,即后者将意志结果的目的从属性作为特殊的决定的因素,而前者关系到有利于实际行为的价值内容特定的价值判断。[②]

威尔泽尔基于此逻辑结构,将故意与归责区分了区分开来,主张“故意既是行为的构成要素,同时,也是不法构成要件的要素”,[③]为纯粹的规范责任论奠定了基础。这也造成了后来德日刑法对责任构造的争议,心理要素究竟是归于责任要素还是构成要件争议中的重要问题。

相较于心理责任论,规范责任论解答了为何要对没有认识的过失进行处罚的问题,同时,以排除责任事由和阻却责任事由对心理责任论进行规范限制。规范责任论回答了“责任是可谴责性”,但“可谴责性”的内容是什么?又如何进行判断?对此,很多学者就实质责任的概念进行了探讨,而功能责任论将预防的概念带入责任概念的讨论中,对规范责任论产生了极大的冲击。

功能责任论的出现于20世纪70年代,罗克辛(Roxin)教授创立了目的理性的犯罪论体系,提出了将“预防必要性”纳入责任的范畴:

> 在这里,对于罪责这个各种刑罚必不可少的条件,总还必须补充进刑事惩罚的(特殊或者一般)预防必要性。[④]

---

① [德]弗朗克:《论责任概念的构造》,冯军译,载冯军主编:《比较刑法研究》,中国人民大学出版社2007年版,第129~130页。

② [德]阿恩特·辛恩:《德国犯罪理论的发展及现状》,徐久生译,载《国家检察官学院学报》2009年第1期。

③ [德]汉斯·海因里希·耶塞克、托马斯·魏根特:《德国刑法教科书》,徐久生译,中国法制出版社2001年版,第506页。

④ [德]克劳斯·罗克辛:《德国刑法学总论》(第1卷),王世洲译,法律出版社2005年版,第125页。

罗克辛将责任和预防性都作为刑罚的必要条件,认为责任和预防二者间是相互限制、共同作用的关系,实际上是对实施刑罚的进一步限制,即在行为人能肯定责任的基础上,还考察其是否有预防性的处罚必要性,在阻却责任的紧急避险等场合,如无预防性的处罚必要性,则阻却答责性。① 责任作为刑罚的必要条件,包含了两个方面的意义:从积极意义上来说有责任就需要负担刑罚;从消极意义上说就是无责任者无须负担刑罚。前者体现的是刑罚的报应功能,后者体现的是责任对刑罚的限制功能。罗克辛将刑罚的目的纳入责任讨论的范畴,主要是在责任范围之内考虑预防必要性,而将刑罚的报应目的排除在外。

雅科布斯的理论较之罗克辛在功能性上更加纯粹,提倡以积极的一般预防代替责任的内容,责任在其理论中仅是一般预防的衍生品,其认为"作为一般预防派生物的责任限定了为实现特殊预防所要求的刑罚",②雅科布斯从功能的角度理解刑罚,将刑罚理解为对由行为人的行为所表现出来的违反规范意志的否定,即一般预防的目的是使人们对于法规范具有忠诚并愿意去遵守,责任实质上可以被理解为在面对具有合法性的规范时却欠缺对法律的忠诚,③而要求人们忠诚于合法性的规范的原因在于这种规范是对人的平等和发展必不可缺的。由于作为社会结构中的人,其本身就具有遵守法规范的义务,因此,衡量责任的标准不在于行为人本身,而在于行为人是否破坏了人们对于法规范的信赖。

## 三、规范责任还是功能责任:我国责任观念的争议

深受苏俄刑法学的影响,我国传统刑法理论采取四要件犯罪成立理论,继承了心理责任论的立场。2011 年 6 月,在北京大学、清华大学、中国人民大学、中国政法大学四方联合主办的"当代刑法思潮论坛"上,冯军教授以"刑法责任原则"为探讨的主题,对刑法责任原则的演变历程作了详尽的梳理,其中特别介绍了德日刑法中的"功能责任论",而在主题之外,引起笔者注意的是本次论坛中陈兴良教授与梁根林教授现场点评的部分。其中,陈兴良教授指出了我国目前对于刑法意义上责任

---

① 参见张明楷:《刑法学》(上)(第 5 版),法律出版社 2016 年版,第 244 页。

② [德]格吕恩特·雅科布斯:《行为、责任、刑法——机能性描述》,冯军译,中国政法大学出版社 1997 年版,第 34 ~ 35 页。

③ 参见[德]乌尔斯·金德霍伊泽尔:《刑法总论教科书》(第 6 版),蔡桂生译,北京大学出版社 2015 年版,第 210 页。

的理论研究还是停留在心理责任论这一阶段,而对于责任的内容如何研究,正是中国的刑法学者应当重视的问题;梁根林教授也认为,虽然以中国目前的法治环境谈论功能责任论还过早,但随着刑法研究以及法治文明的不断进步,对于刑法中责任前沿理论的探讨是必经之路。① 该部分点评透露出两个信息:一是责任观念亟须转变,在四要件框架下的心理责任论已无法满足我国刑法发展的现实需要;二是中国刑法学发展的"后来者优势"在责任理论中体现了出来,对于责任观念(或称为责任内容)不同于德国的"线性发展",而是选择性适用。换句话说,我们不必如德国经历漫长的推导,心理责任论之后,也并非一定要适用规范责任论,这造成我国责任理论中对于责任观念的争议。鉴于规范责任论支持者众多,文章繁多,无法为此争议的梳理取得很好的效果,因此,本文以功能责任论的角度进行考察。

我国自20世纪90年代至21世纪初大量引入德日刑法理论,功能责任论自然也有提及,1997年冯军翻译了《行为、责任、刑法——机能性描述》一书,其中,雅各布斯将责任作为一般预防的派生物的功能责任论思想已有论述。但此时我国责任理论的发展处于由刑事责任理论转向责任主义的时期,其显著特征就是规范责任论逐渐取代心理责任论,②因此,功能责任论并未得到太多重视。在今后十数年的岁月中,对功能责任论鲜有学者问津。2009年,张明楷教授在《法学研究》上发表的《期待可能性理论的梳理》一文中谈及期待可能性理论在德国逐渐收到冷落的一个重要原因就是"部分学者采取了功能责任论,而没有(完全)采取规范责任论",使"非难可能性、他行为可能性、期待可能性概念没有存在的余地"③,并引用了德国学者许迺曼、韩国学者李在祥、德国学者施特拉腾韦特以及其他德国学者的观点对功能责任论进行了批判。但该文提及功能责任论仅为了是将其与期待可能性的衰落联系起来,以对功能责任的批判论证责任规范论的优越,从而论证期待可能性在我国的必要性。一方面,张明楷教授并未对功能责任论进行详细的介绍;另一方面,张明楷教授对功能责任论的批判主要还是引用其他学者对雅科布斯批判的观点。

2012年2月,冯军教授在《中外法学》上发表了《刑法中的责任原则 兼与张明楷教授的商榷》一文,拉开了功能责任论与规范责任论讨论的帷幕。该文旨在将功

① 参见张伯晋:《刑法功能责任论的理论与现实之惑》,载《检察日报》2011年6月16日,第3版。

② 参见陈兴良:《从刑事责任理论到责任主义——一个学术史的考察》,载《清华法学》2009年第2期。

③ 张明楷:《期待可能性理论的梳理》,载《法学研究》2009年第1期。

能责任论引入中国刑法学界的责任理论讨论之中,并对之后相关议题产生了极大的影响。

首先,本文对责任观念的演变作了梳理,主要梳理的是责任理论在德国的演变,因为大陆法系中的日本所采用的是规范责任论的立场,功能责任未能在日本得到发展。该节梳理的重点就在于对功能责任的描述,其认为,行为人对“法规范的忠诚”和“社会解决冲突可能性”可以决定行为人的责任。在这一核心主张下,行为人是具有忠于法规范和实施违法行为的两面性,若行为人在其主观及客观条件下可以选择忠于法规范却还是实施了违法行为,则其行为人责任不能免除,仍应当承担相应责任;而从社会功能来看,若不追究行为人的责任也能维护社会及法规范稳定,仅靠社会自治能力就可以消解冲突,则行为人也不必然承担责任。①

从该定义可看出,冯军教授将预防论中的特殊预防加进了对功能责任论的理解之中,即以行为人对法规的忠诚作为责任判定的依据。在后文他又指出,在多元的现代生活中,人们只有定位于法规范,才能够正确行动。人们的正常交往依赖于法规范,如果有人未按法规范行动导致社会其他成员期望落空,就需要借助刑罚保障法规范的实施,因为社会成员的“责任”就是遵守法规范,从而论证得出行为人对待法规范的态度对于责任的承担具有较大的影响,即行为人对法规范的忠诚程度可以判定其需在何种程度上承担相应的责任。在对功能责任论含义的解读中,冯军教授与雅科布斯所提倡的以积极一般预防替代责任内容的观点可能有所不同,但冯军教授所指出的“功能责任论的核心,就是使责任概念更好地依附于它必须解决的任务”②,并未脱离功能责任论的原教旨。

其次,该文以对责任与预防的关系这一责任论的核心问题进行了探讨。“如果以责任为基础的刑罚(责任刑)和预防犯罪所需要的刑罚(预防刑)不同时(如责任重大但预防的必要性小,或者相反),应当如何量刑?”③从张明楷教授所支持的点的理论看来,刑罚不能超出责任的上限,责任与预防在实质上是相互区分的;在冯军教授看来,综合刑论者们将责任与预防对立起来归入不同的范畴,并将事实上的犯罪可能性作为预防必要性的内容在确立责任大小以及预防必要性时产生混淆,而“责任与预防具有共同本质”这一功能责任主义的观点却能弥补这一漏洞。因为行

---

① 参见冯军:《刑法中的责任原则 兼与张明楷教授的商榷》,载《中外法学》2012 年第 1 期。

② 参见冯军:《刑法中的责任原则 兼与张明楷教授的商榷》,载《中外法学》2012 年第 1 期。

③ 张明楷:《责任主义与量刑原理——以点的理论为中心》,载《法学研究》2010 年第 5 期。

为人对法规范的忠诚以及忠诚的程度不仅决定了行为人是否要为过去的犯罪行为承担责任,也决定了行为人未来是否会实施犯罪行为、社会公众是否信赖法规范的预防效果。如果借用姜涛教授的话:“既然责任可以通过预防刑判断限定其大小,当某种责任的设定并无预防的必要性时,则意味着行为人并无承担责任的必要。”①

对此,张明楷教授2014年发表在《中外法学》第2期的《也论刑法教义学的立场 与冯军教授商榷》一文中,从三个方面对冯军教授所支持的功能责任论作了初步回应。一是对于功能责任论主张的以积极的一般预防替代责任这一点,张明楷教授从特殊预防的角度出发,认为功能责任论者将积极的一般预防作为行为人是否承担责任的标准,忽视了特殊预防的必要性,即为了培养人民对法的信赖和忠诚,不考虑犯罪人本身的行为是否应受刑罚惩罚,其最后导致的就是将人作为一个“纯粹的对象”,当作一个维护社会利益的工具,忽视了人的尊严;二是功能责任论对于责任程度的标准难以确立,科处怎样的刑罚才能起到积极的一般预防作用?换言之,对犯罪人科处怎样的刑罚才能稳定公众对于法秩序的信赖、培养公民对法规范的忠诚?另外,对于社会能自我消解的冲突该如何判断呢?这些都需要法官进行自由裁量,而这种自由裁量因无明确标准也无法受到有效的约束;三是以一般预防替代责任成为责任刑的界限不仅导致责任刑的模糊,更会导致责任无法限制刑罚,在量刑时超出正当的刑罚限度。② 责任向来对刑罚起到限制的作用,正如责任主义强调对行为人所科处的刑罚的上限应以其所应当承担的责任为限度,但是,若以一般预防为界限确定责任的限度则会出现一个问题,那就是这是否意味着只要是出于预防目的需要,便可突破责任的上限对行为人施以刑罚?正如韩国李在祥教授指出,功能责任论把责任概念替换为预防,从而在对一般预防的关系中使责任主义所具有的限制功能变得无力。③ 而陈兴良教授则认为:“无论是雅各布斯的功能性罪责概念还是罗克辛的实质性罪责概念,都是在罪责中引入预防目的,使罪责概念功能化,其结果是进一步限制了刑事责任的范围。”④他认为功能责任论是在规范责任论的基础上考量以法忠诚为主要内容的积极的一般预防,对法秩序的维护有益。特别是功能责任论提出的社会如果具有更好的冲突消解能力,在无须追

① 姜涛:《从定罪免刑到免刑免罪:论刑罚对犯罪认定的制约》,载《政治与法律》2019年第4期。
② 参见张明楷:《也论刑法教义学的立场 与冯军教授商榷》,载《中外法学》2014年第2期。
③ 参见张明楷:《也论刑法教义学的立场 与冯军教授商榷》,载《中外法学》2014年第2期。
④ 陈兴良:《风险刑法理论的法教义学批判》,载《中外法学》2014年第1期。

究行为人责任也能维护法规范稳定与社会秩序时行为人无责任,更体现了对罪责的严格限制。

对责任与预防之关系的严重分歧是责任论争议问题的主要来源,但也有一些学者从其他方面对功能责任论进行了批驳。如最高人民检察院检察理论研究所的陈磊就对冯军所提出的"规范的故意概念"①进行了批驳,指出功能责任论使行为的可罚性不再决定于行为人自身因素,而决定于法秩序的需要,忽视了人的尊严,并且"以预防的需要决定责任的有无"的立场很可能会导致刑法解释脱离罪刑法定原则滑向类推适用的深渊。② 张洁曾发文,从行为动机、个人归责与社会功能之间的关系以及社会主体三个方面论述我国确立功能责任论条件不足。他认为,功能责任论需要"社会主体具有相当高的法治素养"并且在"具有完善的冲突解决功能的社会环境"下才能适用。而在如今这个社会结构迅速变迁、多元价值冲突融合的时代,以行为人忠诚于法规范的动机作为判断责任的标准不仅难以确认,也无现实性。同时,功能责任论提出的社会解决冲突的可能性以社会功能的运转降低了个人对于责任的归属性,对社会形态的发达程度提出了很高的要求。③ 而随着风险刑法的提及,功能责任论也开始为部分学者所提及,其主要原因在于事后的风险防范已无法满足刑法的现行需要,刑法对于风险的防范逐渐走向了前台,而随之而变化的就是仅以非难可能性谴责行为人的不法行为难以涵盖责任的范畴,而功能责任论提出的以"法规范的忠诚和社会解决冲突的可能性"决定行为人责任的观点刚好符合这一趋势。④

在此情况下,功能责任论中将积极的一般预防作为责任的内容实际上为风险刑法提供了有力的理论依据。当然,在此基础上风险刑法理论的支持者所提出的"罪责功能化"⑤与功能责任论不同,正如陈兴良教授所说:"风险刑法的罪责功能

---

① 认定不存在犯罪故意的标准,不是行为人没有认识到结果的发生,而是行为人对没有认识到结果的发生不具有负责性。不能心理地把故意仅仅视为"已经知道",而是要规范地把故意视为"应该知道",即把故意视为"对不知道负责"。参见冯军:《刑法的规范化诠释》,载《法商研究》2005 年第 6 期。

② 参见陈磊:《纯粹规范性的故意概念之批判——与冯军教授商榷》,载《法学》2012 年第 9 期。

③ 参见张洁:《且缓确立功能责任论》,载法律图书馆 2014 年 5 月 6 日,http://www.law-lib.com/lwILW_view.asp?no=25637。

④ 参见姜涛:《风险刑法的理论逻辑——兼及转型中国的路径选择》,载《当代法学》2014 年第 1 期。

⑤ 罪责功能化,这是指行为人对其行为负责,是因为有防卫社会安全的需要,没有预防风险的必要,也就可能没有罪责。参见陈晓明:《风险社会之刑法应对》,载《法学研究》2009 年第 6 期。

化会扩张罪责范围,而德国学者具有预防必要性要素的罪责概念则会限制罪责范围。”①

有的学者将期待可能性分为外因和内因两种,以此论证功能责任论所要求的对法规范的忠诚实质上限缩了期待可能性的范围:其中,外因的期待可能性是由人身之外的客观外部原因所造成的无期待可能性事件;而内因是由人主观意志等相对主观原因造成的。②

如果从规范责任论者的角度看来,只考虑外因的期待可能性,即因为外因而导致行为人不具有非难可能性;而功能责任论者在此基础上仍要进一步考虑内因的期待可能性,即行为人出于自身意志对于法规范是否忠诚。从功能责任论者的角度看来,即使行为人由于外因造成其实施了符合犯罪构成要件的行为,但如果其在意志上存在对法规范的不忠诚,则其仍然具有非难可能性。较之规范责任论,功能责任论在赋予责任实质内涵的同时确实扩张了责任的范畴,但功能责任论对有责范围的限制使其能更明确地指导裁判。

2018 年,张明楷教授发表了文章《责任论的基本问题》,再次对冯军教授所提倡的功能责任论作了回应。其继续坚持“重视违法性认识的可能性与期待可能性的判断,明确区分责任要素与预防要素”③的观点,较之前对功能责任论的批判,此次回应论述更加详尽,逻辑也更为严谨。除了论述“功能责任论使责任主义限制的无力、对裁量的不确定性和有悖人的尊严”④等批判意见外,还对功能责任论的内容提出了怀疑。

首先,对于功能责任论有悖于人的尊严这一点,得从责任的根据谈起。与苏俄刑法中的刑事责任理论将犯罪构成作为刑事责任的唯一根据不同,⑤德日刑法理论体系中责任主义通常以宪法规定为根据,责任主义被作为宪法原则更是共识,⑥“宪法对人的尊严的保护,则使责任主义具有了宪法根据,因而成为宪法原则”。⑦ 张明

---

① 陈兴良:《风险刑法理论的法教义学批判》,载《中外法学》2014 年第 1 期。

② 参见李若蓝、陈万求:《影响激情犯罪量刑的正当性根据研究——以功能责任论为视角》,载《湖南社会科学》2014 年第 4 期。

③ 张明楷:《阶层论的司法运用》,载《清华法学》2017 年第 5 期。

④ 张明楷:《也论刑法教义学的立场 与冯军教授商榷》,载《中外法学》2014 年第 2 期。

⑤ 参见陈兴良:《从刑事责任理论到责任主义——一个学术史的考察》,载《清华法学》2009 年第 2 期。

⑥ 参见[德]乌尔斯·金德霍伊泽尔:《刑法总论教科书》(第 6 版),蔡桂生译,北京大学出版社 2015 年版,第 208 页。

⑦ 张明楷:《责任论的基本问题》,载《比较法研究》2018 年第 3 期。

楷教授强调责任主义的宪法根据在于维护人的尊严,实质上是在论证功能责任论出于一般预防的考虑将个人作为维护社会法秩序稳定的工具,有悖人的尊严,也有悖于责任主义、有悖于宪法原则。

其次,对于责任与预防的关系,张明楷教授先承认了预防犯罪的目的是责任的来源,“依据犯罪的法律后果给犯罪下定义。通常的提法是,犯罪是依法应受刑罚处罚的行为”。① 因此,德日三阶层的犯罪成立理论体系中构成要件该当性、违法性以及有责性实际上都源于刑罚目的,责任所要解答的不仅是在何种情况下行为人需要对其所犯罪行负担刑罚,还有在何种情况下对行为人适用刑罚才能实现刑罚目的,即预防犯罪。然而,“责任要件由来于预防犯罪的目的,并不意味着责任与预防等同,更不意味着一般防御的必要性有无决定责任的有无”。② 责任是对不法的责任,因此,其本身就具有报应刑的回顾性,对于预防的考虑更多是出于展望性的目的,前者对后者更多起到一种限制的作用。功能责任论将一般预防目的作为责任的判断标准,实质上已突破了责任本身的回顾性。责任对刑罚的预防目的限制由此削弱,而为了达到一般预防的目的而对无责任的不法行为进行处罚也将可能出现,这不能不说是对作为宪法原则的责任主义的一种违反。

最后,功能责任论所提倡的一般预防将目的设为维系国民对法秩序的信赖也存在一些问题。国民对法秩序的信赖固然重要,但维系这种信赖更多的是依靠对违反规范秩序、侵害法益之人实施刑罚。因此,这种信赖所指向的对象更多是社会守法公民,培养这种信赖更多是依靠刑罚的报应功能。而功能责任论也未能提供一个明确的标准,在这种情况下只能依靠法官或立法者的内心标准对责任予以界定,这也导致责任本身的不确定性。

此外,对于功能责任论的内容,张明楷教授也提出了怀疑,认为其内容只是对规范责任论的转换。冯军教授说:“如果行为人迫于内部压力和外部压力,即使忠诚于法规范,也不得不实施符合构成要件的违法行为,那么,行为人就不应受到谴责,行为人就是无责任地实施了不法行为,行为人的行为就不构成犯罪。”③在这句话中,如果将“即使忠诚于法规范”去掉,这句话就和规范责任论别无两样。同时,张明楷教授也提出了自己的反问:“倘若行为人迫于内部压力和外部压力,不得不

① 张明楷:《刑法学》(上)(第5版),法律出版社2016年版,第85页。
② 张明楷:《责任论的基本问题》,载《比较法研究》2018年第3期。
③ 冯军:《刑法中的责任原则 兼与张明楷教授的商榷》,载《中外法学》2012年第1期。

实施符合构成要件的违法行为,同时也具有不忠诚法规范的意思时,行为人是否应当承担责任呢?”[①]该反问巧妙之处在于无论是否承担责任功能责任论都无法解释“忠诚于法律规范”存在的必要性。因为如判定不能承担责任,则对法规范的忠诚无意义;如判定能承担责任,则结论不具有说服力,因为对不具有非难可能性的行为人处以刑法无法达到一般预防的效果。

回顾规范责任论与功能责任论的争议,可以看出整个过程实际上可归纳为“一篇文章,一个主线,一个语境”,“一篇文章”为冯军教授的《刑法中的责任原则 兼与张明楷教授的商榷》,该文对责任理论的研究产生了很大的影响,围绕该文,诸多学者就自己观点进行了探讨,对责任理论的完善起到了促进作用;“一个主线”为预防和责任的关系,该主线几乎串联了这场争议始终,并决定了争论的走向;“一个语境”是指在大陆法系的语境下对责任观念的探讨。

## 四、改进和融合:我国责任观念的发展

在责任观念发展的过程中有些学者也在尝试进一步完善功能责任论,如王钰教授提出的“经验功能罪责概念”,[②]认为:“刑罚是为积极一般预防服务的,刑法罪责应该被理解为虽然有相对自由还是实施不法行为。”[③]其所提倡的经验功能责任论介于罗克辛和雅各布斯之间,因为经验功能责任论与罗克辛责任概念中关于自由的结构和内容基本相等,与雅各布斯责任概念一样都承认自由意志与归责相关,采用与罗克辛罪责概念相同的架构,即仍保持“责任”的独立,但以雅各布斯所主张的积极的一般预防作为补充与前提,在归责中不采用“规范的可交谈性”,而是依赖经验的发现。冯军教授所提出的“激进的功能责任论”也被其进一步批驳,因为这种较为极端的功能责任论实际上很少有学者支持,责任中需要有预防的目的,但责任自身的功能无法被替代。[④] 以预防代替责任,看似是对责任赋予了实质内涵,实

---

① 张明楷:《责任论的基本问题》,载《比较法研究》2018 年第 3 期。

② 首先,需要说明的是,在本文中王钰教授认为将“Schuld”译为“责任”的含义过于宽泛,因此采用“罪责”这一译法,实际上“功能罪责概念”即为“功能责任论”。

③ 王钰:《罪责观念中自由和预防维度——以相对意志自由为前提的经验功能责任论之提倡》,载《比较法研究》2015 年第 2 期。

④ 参见王钰:《功能责任论中责任和预防的概念 兼与冯军教授商榷》,载《中外法学》2015 年第 4 期。

际上对责任原则是致命的打击,因为“无责任即无刑罚”,[①]责任对刑罚的限制正是责任主义存在,甚至作为宪法原则存在的根据,而冯军所提倡的贯彻责任原则,也需要在责任原则有其独立内容的前提下才能予以贯彻。2019 年,王钰又在《中外法学》上发文,对其提出的“经验的功能责任概念”进一步论述:

> 本文主张责任是对相对自由的滥用,这样责任就跟经验性的结果联系起来,预防不再独立于责任存在而是内嵌于责任之中。[②]

其主要是从国家刑罚的稳定性出发,指出责任的相对自由性,而这种自由性在期待与现实之中造成了一定的落差,因此,调和这种差距不妨承认经验在功能责任中的作用。

功能责任论的确在发展,但对功能责任论的质疑也在不断被提出,支持规范责任论者也在继续发声,论战仍未停止。如冯文杰、李永升就提出:“若要实现我国量刑的合理化,则量刑须坚持消极的责任主义,以点的理论处理责任刑与预防刑的关系。”[③]但在 2019 年 10 月,李永升、杨攀在《昆明大学学报(社会科学版)》所发表的《风险社会视域中的预防与责任主义关系研究》一文,虽仍反对以功能责任论取代规范责任论、将预防作为责任的基础,但对罗克辛所提出的将预防加入责任概念却表示部分认同。[④] 这体现了虽然对于责任内容的争议仍然存在,但不同的责任观念之间也在不断交融。

综上所述,我国责任理论中关于责任内容的争议仍在进行。回顾这一段历史,可以清晰地看出从 2012 年冯军教授的文章《刑法中的责任原则 兼与张明楷教授的商榷》一文开始,我国责任理论开始了规范责任论与功能责任论的争议之路,而与这段争议齐头并进的是部分功能责任论者对功能责任论的改进与发展。实际上,以现在我国的实际立法来看,所采用的主要还是规范责任论,仅在分则中有部分条款脱离规范责任论进入功能责任论的范围内,犯罪成立中涉及功能责任论的更是

---

① 陈兴良主编:《犯罪论体系研究》,清华大学出版社 2005 年,第 338 页。

② 王钰:《功能刑法与责任原则 围绕雅科布斯和罗克辛理论的展开》,载《中外法学》2019 年第 4 期。

③ 冯文杰、李永升:《消极责任主义的理论型塑与实践省思》,载《南通大学学报(社会科学版)》2019 年第 4 期。

④ 参见李永升、杨攀:《风险社会视域中的预防与责任主义关系研究》,载《昆明大学学报(社会科学版)》2019 年第 5 期。

几乎没有,反而在量刑中多会考虑功能责任论的思想。在现代刑法理论中,将刑事政策纳入刑法体系的观念已被普遍接受,刑法面临现代社会层出不穷的危险与冲突,也在“逐渐从古典时代消极保护法益的最后手段,演变为积极抗制风险的优选工具”,①在此环境下责任内容必将不断演进,责任观念也必将不断融合。

## 五、结语

本文简要梳理了我国责任理论发展的线索以及所取得的成果并划分了我国责任理论研究所经历的不同时期,并以责任观念的发展和变迁作为主线对责任理论的发展进行考察。如上文所述,我国责任理论研究已经从刑事责任理论的研究转为责任主义的研究,责任研究语境逐渐从四要件犯罪构成理论转向三阶层犯罪构成理论。在责任主义的立场下,对责任观念的选择主要集中在功能责任论和规范责任论上,而两者争议的核心问题在于预防和责任的关系上,从规范责任论者的角度来说,以一般预防替代责任内容实际上是突破了责任主义的限制;而功能主义者认为将预防纳入责任之中是对责任的进一步限制。功能责任论将对法规范的忠诚和社会解决冲突的能力作为责任标准确实受到较多批判,但在笔者看来最难以解释的是其内容与规范责任论的混淆。后续虽然有学者结合罗克辛的学说对功能责任论进行完善,将预防纳入责任之中并以责任主义为界限,但争议还未停止,并逐渐有融合的趋向。本文试图以对责任观念的发展变迁对责任本质进行探析,以梳理责任理论在中国的脉络。当然,以责任理论庞大的研究体量来说,本文篇幅难以概括全面,其中,责任能力、期待可能性、违法性认识等重点领域也待进一步地发掘与探讨。

---

① 陈璇:《责任原则、预防政策与违法性认识》,载《清华法学》2018 年第 5 期。

# 功能责任论中责任和预防的概念

王　钰*

**摘　要**　今天德国刑法的任务已经从罪责报应转变为预防。与此同时，规范责任论也被功能责任论所取代。预防的思想进入犯罪论体系后，作为刑法教义学传统概念的责任与预防的关系便成为争论的焦点。雅各布斯认为责任和预防有共同的本质，责任是由一般预防确定的。罗克辛采取了比较折中的做法，并且赢得了多数学者的支持。其主张在形式上完全保留责任，但要补充预防性处罚必要性的因素，并将这一综合体称为负责性。德国刑法教义学紧密结合立法的传统提醒我们，要从本国现行立法出发选择最切合实际的责任观念。我国刑法在犯罪论中原则上采用的是规范责任论，只在分则个别条文中突破规范责任论的范围，将预防的必要性纳入犯罪成立的前提。而在量刑规则上却全面体现了功能责任论的主张。

**关键词**　功能责任论　规范责任论　预防　定罪责任　量刑责任

受苏联刑法的影响，在我国刑事责任被长期视为“犯罪的法律后果”。“罪—责—刑”的刑法结构，将刑事责任的概念和功能限制在联结犯罪与刑事责任的纽带。但这个体系存在的根本问题是刑事责任无法实体化，其内容较为空洞。① 从以犯罪构成为根据的刑事责任向以主观可谴责性为内容的责任主义的转变，以冯军

* 慕尼黑大学法学博士、北京大学法学博士，维尔茨堡大学法学博士后。

① 参见陈兴良：《从刑事责任理论到责任主义——一个学术史的考察》，载《清华法学》2009 年第 2 期。

的《刑事责任论》(法律出版社 1996 年版)一书的出版为标志。[①] 冯军教授在责任领域的研究对我国刑法理论的拓展起了重要的推动作用,其发表在《中外法学》(2012年第 1 期)的论文——《刑法中的责任原则 兼与张明楷教授商榷》,进一步深化了责任理论的研究。在该文的基础上,笔者通过对德文文献的进一步梳理和总结,并进行了新的研究和思考,形成了拙文,以能求教于方家。

在研究责任这个宏大的命题之前,有必要对各个概念作出解释和区分。刑法学语境中所讨论的责任概念分为广义的责任和狭义的责任。广义的责任指的是责任原则,它跟罪刑法定原则同等重要,是奠定整个犯罪论体系的基本原则。[②] 责任原则存在的重要意义是,它涉及刑法归责的整体标准,即在什么条件下和在什么程度上才可以让一个人为一个刑法相关的事件负责任。而狭义上的责任概念是一个教义学技术性的概念,指的是构成要件符合性和违法性之后的一个犯罪成立的判断阶层。由于责任成为犯罪成立的本质要件之一,从而使犯罪与自然力量、命运区分开来。如果说构成要件该当性规定了违法、有责类型,是一个定性判断的过程,那么责任就是一个有内在量的变化,横跨可罚性判断的犯罪论和研究量刑规则的刑罚论的教义学范畴。所以,这样一个刑法技术性概念既是犯罪论中要讨论的问题,也是刑罚论必不可少的组成部分。在这个意义上责任就可分为定罪责任(Strafbegründungsschuld)和量刑责任(Strafzumessungsschuld)。[③] 在定罪责任概念下讨论的是责任能力、禁止错误和期待可能性等问题。在量刑阶段涉及的责任问题主要体现在,责任是否是量刑的唯一基础,从而产生了点的理论和幅的理论之争。

## 一、规范责任论

责任观念是责任原则的基础,是国家实施刑罚权的基础和界限,所以关系处罚的合法性问题。今天被广泛认可的一个责任观念是规范责任论(normativer

---

① 参见陈兴良:《从刑事责任理论到责任主义——一个学术史的考察》,载《清华法学》2009 年第 2 期。

② "Stratenwerth"称之为"总则整个教义学的指导原则"。Stratenwerth, Die Zukunft des strafrechtlichen Schuldprinzips, 1977, S. 12.

③ Lenckner/Eisele, in: Schönke/Schröder, 28. Aufl., 2010, Vor § § 13ff, Rn. 111f.

Schuldbegriff)。[①] 规范责任论认为责任并不是行为人的主观本身而是对行为人主观的评价,因而区分了"评价的对象"和"对象的评价"两个价值判断不同的阶层,因此奠定了今天德国刑法犯罪阶层体系的基础。规范责任论并不是一个已经被淘汰的理论,它的重要性将在本文中被进一步确认。

从名称上就可以将规范责任论跟古典学说的心理责任论区分开。心理责任论遭到很多批评,因为古典学说眼中的责任只考虑内心的要素,这种古典责任概念不能很好地解释没有认识的过失,不区分免责事由和不具有归责能力的阻却责任事由。规范责任论认为,责任不仅是行为人心理构成要件(也就是责任事实),也是关于这个构成要件的价值评价(责任评价),所以就此而言它是一个规范性概念。从内容上看,它的意义不仅在于从责任事实到责任评价的转变,而且在于对责任事实的定义:行为人心理只是一个它的要素,其他要素还有成立责任要素(阻却责任事由、不具有归责能力特别是没达到法定责任年龄)和减轻责任要素(没有认识的过失,可以避免的禁止错误)。虽然目的行为论将故意完全从责任中排除出去[②]是对规范责任论很大的冲击,但是借助通说所承认的"双重地位"理论,故意重新找到自己在责任阶层的位置。

但有一点规范责任论与心理责任论具有共通性,即责难是对违反规范的意志做出的评价:虽然行为人能够实施合法的行为,即能够站在合法的一边,但他还是决定实施不法的行为。无法避免的禁止错误、无责任能力,都可排除责任。在道德和思想上都没有成熟的青少年,只要他们没有不法认识且按照认识来行为,就没有责任。[③] 因为在上述情形下,缺少一个反抗法律的决定。

相对于心理责任论,规范责任论一个重要的规范性扩展表现在处罚没有认识的过失上。如果坚持心理责任论,那么就会得出这样的结论,没有可能认识到结果的人也就没有反对法律做决定(这同样也适用于在可以避免的禁止错误中过失导致对合法性没有认识),所以此种情形下的责任需要被否定。但是自始至终,通说都认为对没有认识的过失也要处罚,心理责任论是无法对此做出解释的。而规范

---

① 参见梁根林:《责任主义原则及其例外——立足于客观处罚条件的考察》,载《清华法学》2009 年第 2 期。

② Welzel, Das deutsche Strafrecht, 11. Aufl.,1969, S. 140.

③ § 3 JGG: Ein Jugendlicher ist strafrechtlich verantwortlich, wenn er zur Zeit der Tat nach seiner sittlichen und geistigen Entwicklung reif genug ist, das Unrecht der Tat einzusehen und nach dieser Einsicht zu handeln.

责任论从个人的可责难性角度来论证没有认识的过失也是可罚的。

对心理责任论的规范限制还表现在，尽管在有些情况下行为人有不法认识，并且能够按照他的认识行为，但还是应该在一定的情形下将责任排除出去的规则（阻却责任事由或称免责事由）。阻却责任事由有禁止性错误、未达到责任年龄、无责任能力等。规定 14 岁以下的未成年人不具有责任能力是对心理责任论限制的最有力注解。因为一个 13 岁的孩子能认识自己行为的不法并按照这种认识行为，是很可能的事情。尽管如此，该规定还是有它刑事政策上的合理性的。阻却责任事由更多地限制了对责任的心理性的理解，如阻却责任的紧急避险、防卫过当、超法规的阻却责任的紧急避险或义务冲突等，都是从规范的层面上讨论责任的阻却。

由于在对规范责任论的讨论中，责任经常被定义为可责难性。接下来要回答的问题是，责任和可责难性这两个概念是什么关系。虽然这两个概念经常是替代使用的，但是他们不能完全等同，因为可责难性是责任的后果，而不是责任本身，这个情况跟“违法性”和“不法”这两个概念的关系类似。可责难性是指“会如何”，而责任是指“是什么”，责任是可责难性的上位概念。所以要区别以下三个层次：作为评价客体的责任构成要件，作为评价本身的可责难性和作为对象连同评价结果的责任。可责难性的对象是广义上的整体要件（不法以及特定的责任要素），而责任构成要件是狭义上由除不法之外对可责难性有意义的要素。因而，同时作为评价的客体和对客体的评价的责任概念因此有一个复杂的性质，不存在一个没有实体要件的责任概念。

## 二、实质责任概念

形式责任概念是指现行法要求的责任的前提条件；实质责任，是指在什么前提下行为人有责任。规范责任论只要求有责的行为是可责难的，但是内容上却没有确定这样的有责行为的前提是什么。解释什么是责任苛责的实体基础，这就是实质责任概念的任务。

### （一）思想责任

“责任是法不允许的思想”，这个观点是由加拉斯（Gallas）提出的。该说认为，责任是通过违法行为所表现出的行为人反对法秩序的态度。行为人通过他的行为将作为刑罚前提的法所不允许的思想表现出来。① 通过态度的有价值性和无价值性,行为人对于法所提出的要求所具有的整体观点就很明显了。对于行为人来说,行为的无价值就等于思想的无价值,只有当阻却责任事由存在时才能否定思想无价值。②

耶塞克(Jescheck)也是思想责任的支持者。他认为思想不是长期不变的观点,而是在做出行为决定时的"当下考虑"。③ 因为思想上轻视法益保护的义务,所以要对行为人进行或轻或重的谴责。责任是通过一般性判断来定义,只要有"恶的思想",这个人就是有责任的。一个"反价值的意志确认"要被证明,行为人自己供认并不能作为他有责任的证明。换一种说法是,责任并不由行为人个人来确定,而是通过"反社会的思想"来确定。④

该理论还是没有脱离形式化的定义,因为它本身并没有提供一个标准来说明,什么样的行为人的思想是法律不允许的。只要当立法者承认一个行为的可罚性的时候,行为人态度的法不允许性就可以存在了。思想无价值本身如果不通过行为无价值表现出来,是没有可谴责性的。而当行为无价值被肯定之后,行为人的思想无价值自然而然就存在了,行为无价值的大小也决定了思想无价值的大小,所以思想无价值就沦为附庸或形式概念,本身并没有区分功能。并且,法不允许的思想这个定义也不能解释为什么要处罚无意识的过失,因为这时行为人根本没有形成态度,所以也谈不上存在"恶的思想"。

### (二)他行为可能性

该说认为,虽然行为人可以避免做出违法行为但还是实施了该行为时,他就是有责任的。德国联邦法院采用了这个学说:"责任是可责难性。通过责任上的无价值判断就可以谴责行为人,因为他没有合乎法律规定的行为,也就是自己决定实施不法行为,虽然他可以合法行为,也就是有决定站在法律一面的可能性。"⑤

但是所谓的"他行为可能性"是建立在人有自由意志的前提下的。而人拥有自

① Gallas, Zum gegenwärtigen Stand der Lehre vom Verbrechen, ZStW 67(1955), 1, 56.
② Gallas, Zum gegenwärtigen Stand der Lehre vom Verbrechen, ZStW 67(1955), 1, 45.
③ Jescheck/Weigend, Lehrbuch des Strafrechts AT, 5. Aufl., 1996, S. 422.
④ Hirsch, Das Schuldprinzip und seine Funktion im Strafrecht, ZStW 106(1994), 746, 746.
⑤ BGHSt2, 194(200).

由意志是无法在科学上被证明的。鉴于“他行为可能性”的无法证明，所以该论者又用“平均人的他行为可能性”替代之。① 但是这样的解释并没有将问题消除或者简化。因为，首先，社会平均人做出他行为的可能性也是无法在科学上证明的；其次，这样的取代设置了另一个问题，什么时候行为人才能和社会平均人等价。所以一个本来属于行为人个人归责的问题，变成了平均人的认识和行为能力的问题，背离了责任所讨论的问题。

### （三）生活方式责任

该说主张，刑法责任就是“生活方式责任”或者“性格责任”。② 该说认为，每个人都要对他的存在方式负责任，因为每个人对他之所以成为这样的人负有责任。但是该说忽略了“责任是指单个的、需要被处罚行为的责任，而不是泛泛的行为人责任”这一点。另外，更有疑问的是，个人性格是否能通过一次犯罪行为被反映出来。这样一种以错误的生活方式或性格为基础的责任，对其他人来说是不明显的。为了认识行为人生活方式中的不当，除了刑事追诉过程中发现的证据还需要数不清的个人生活的调查。这样，刑法的对象就变成调查这个人的人品如何、性格怎样，而不是去追究他做了什么。如果一个人平素生活方式和性格无可挑剔，那么即使他犯了罪也没有责任；反之，没有犯罪的人也可能因为不良的生活作风被诬告成功，所以该说难以被获得认同。

另外，还有两种影响力较大的有关实质责任概念的学说，由于它们将刑罚目的带入责任概念讨论，给刑法理论带来了变革性的冲击，已经超出了规范责任论的范畴，被称为功能责任论，以下主要介绍两种理论：一种是以雅各布斯为代表的学者所主张的功能责任概念；另一种是以罗克辛为代表的学者主张的“规范的可交谈性”理论以及负责性概念。

## 三、雅各布斯的功能责任论

该学说站在积极的一般预防的角度：当违法行为存在，并且主观没有背离行为的不法时，行为人的责任就存在。③ 行为人的意志构成具体情况并不重要，对于责

① Lenckner, Strafe, Schuld und Schuldfähigkeit, in: Göppinger/Witter (Hrsg.), Handbuch der forensischen Psychiatrie Bd. 1, 1972, S. 3ff.

② Cerezo Mir, Der materielle Schuldbegriff, ZStW 108 (1996), 9, 9f.

③ Jakobs, Strafrecht AT, 2. Aufl., 1993, § 17, Rn. 4.

任有无的判断至关重要的是,是否明显缺乏法忠诚。不需要问行为人是否有意志自由,只要存在不合法的行为就可以了,因为违法行为存在就表明了法忠诚的缺失。

雅各布斯深受卢曼(Luhmann)的系统理论的启发,①他认为犯罪行为是"有缺陷的交流"(fehlerhafte Kommunikation),而刑罚是对其的"自我校验"(selbstvergewisserung)。② 导致罪过的不是人的意识,而是在体系中的交流。③ 在该系统中,每一个个体,不管是行为人、受害人还是法官,都通过规范被集合起来,从而组成了社会。"负责"这个概念的意义和构成要通过它的作用来定义,"负责"的作用就是为了从规范的角度巩固一个"失落的期望"。④ 犯罪行为人的主观状态也在一定的范围内有意义,因为它对重树对规范的忠诚是有必要的。在系统理论的意义上,一个主体可罚的行为不重要,重要的是这个违反刑法规范的个人,因为对他的处罚对于其他公民要求的确认内化的价值秩序是必要的。⑤ 需要刑法处罚的犯罪应该被看作违反了个人在社会系统中应该扮演的角色,而跟行为人可能具有的主观情节并没有关系。⑥

这样,雅各布斯就将责任通过纯粹的目的来定义。根据雅各布斯的说法,责任仅仅是"一般预防的衍生品",应把责任理解为"训练法忠诚"以及"获得整体的规范信任"。⑦ 通过执行与规范相关的刑事处罚来维护规范,目的是从一般预防的角度巩固规范有效性。责任的问题就不再是研究行为人心理的或意愿的方面,而是变为社会概念,从保护社会的角度来说明刑罚的合理性。所以责任就是一个跟意志自由不相关的规范性的归因。

"实施违法行为的行为人只有在下列情况下才有责任,当这个违法性行为不仅反映出缺乏主导性的合法动机(因此是违法的),并且当行为人对这个缺失是要负责的。这种负责性在下列情况下存在,也就是当缺乏受相关规范驱动的准备,并且

---

① Vgl. Luhmann, Soziale System: Grundriss einer allgemeinen Theorie, 1984; Jakobs, Das Strafrecht zwischen Funktionalismus und „alteuropäischem" Prinzipiendenken, in: ZStW 107 (1995), 843, 843.

② Jakobs, Das Strafrecht zwischen Funktionalismus und „alteuropäischem" Prinzipiendenken, in: ZStW 107 (1995), 843, 844.

③ Jakobs, Das Strafrecht zwischen Funktionalismus und „alteuropäischem" Prinzipiendenken, in: ZStW 107 (1995), 843, 867.

④ Günther, Schuld und kommunikative Freiheit, 2005, S. 41.

⑤ Jakobs, Das Strafrecht zwischen Funktionalismus und „alteuropäischem" Prinzipiendenken, in: ZStW 107 (1995), 843, 866.

⑥ Lüderssen, Das Strafrecht zwischen Funktionalismus und „alteuropäischem" Prinzipiendenken. Oder: Verabschiedung des „alteuropäischen" Strafrechts?, ZStW 107(1995), 877, 884.

⑦ Jakobs, Schuld und Prävention, 1976, S. 22.

这种缺乏不能被合理地解释为,它不影响一般的规范忠诚。”①责任即“缺乏法忠诚”,而责任要由行为人来偿还。不是行为人对行为的个人关系和心理概括决定了“责任”,而是被行为引发的、巩固规范的必要性给予责任以内容。责任要在讨价还价中确定,有多少社会强制力可以加在行为人身上,行为人的不安分品质必须在多大程度内被国家、社会和第三人接受。② 刑罚的限制只有在目的中才能找寻出来,通过准确把握什么对保持规范的忠诚来说是必要的,这样就限制了刑罚的量。③

但将责任通过刑罚的预防目的来规定这个观点遭到普遍的反对,因为用预防代替责任使责任的实体内容全部丧失,责任原则也失去了自身的意义。并且不存在一个标准来判断某种刑罚对增强民众的法忠诚是不是必要的,所以责任概念也无法被确定。

首先,该学说是建立在一个循环论证基础上的,因为预防的概念作为刑罚目的依赖于责任:预防是指防止犯罪行为的发生,而犯罪行为是以责任为基础的;责任将犯罪跟不可抗拒的自然事件区分开,对后者不需要人来负责。从刑罚理论的角度看,预防就是防止责任。所以根据功能责任概念的逻辑就出现:什么是责任?责任是预防所需要的。那么什么是预防?预防是防止责任。在这样的循环论证中,预防和责任的内容都没有得到说明。准确地说,积极一般预防的目的是增加遵守规范的守法人,而只有当一个人看到有责任的规范违反行为被用刑罚威吓的时候,他的法信心才能被加强。对无责任的人的处罚只能让受责难的人成为倒霉的人,这样的刑罚不能加强规范信心只能增加恐惧心理。所以积极的一般预防是以责任概念为前提的,而绝不能反过来成为责任概念的前提。

其次,放弃经典的责任观念会威胁到法治国刑法。用一般预防的必要性取代责任将会把责任概念所内含的、法治国刑法基本的价值结构破坏。因为一般预防的思想虽然能够说明刑法的有目的理性的实用性(zweckrationale nützlichkeit)但是不能解释刑法的价值理性的合理性(wertrationale vertretbarkeit)。④ 一个“目的至上的工具”不能作为国家行动最高的方针,只有尊重和保护人权才能成为国家的目

① Jakobs, Strafrecht AT, 2. Aufl., 1993, §17, Rn. 1.

② Jakobs, Strafrecht AT, 2. Aufl., 1993, §17, Rn. 21.

③ Jakobs, Schuld und Prävention, 1976, S. 33.

④ Schünemann, Die Funktion des Schuldprinzips im Präventionsstrafrecht, in: Schünemann (Hrsg.), Grundfragen des modernen Strafrechtssystems, 1984, S. 153.

标。施加刑罚作为最严重的权力措施，除要有目的理性的实用性外，还要具有以下合法性：对单个公民实施刑罚和对这个单个人的社会存在的摧毁，对这个人来说是合理且公平的。这种合法性问题必须在实施有预防必要性的刑罚时提出，而不能急于追求犯罪学效果而滥用刑罚。①

另外，放弃责任概念就不能说明在什么条件下刑法有一般预防的效果，而且不能解释为什么在有些情况下国家放弃处罚却不影响刑法一般预防的效果。因为刑罚的合法性除预防实用性外还需要一个自洽的合法性原则，而只有责任能够担当起这个任务。在责任原则之下，个人才可以主张，他在行为时知道或可能知道行为的结果是什么，所以他才可以预见和可以避免结果发生。只有责任观念才可以使国家的行为合法：因为行为人有责任，所以要他为自己的犯罪行为负责并受到处罚；也只有责任原则才能防止国家基于有效的预防性法益保护而对那种行为人不能避免从而也不用负责的行为处罚。责任作为合法性原则同时也必然作为限制原则发挥作用。例如，通过结果加重犯的设置来纠正结果责任（Erfolgshaftung）造成的不当归责；又如，根据是否与不法有关，进而是否需要被责任涵盖而区分真实的和非真实的客观处罚条件。责任原则在刑法教义学的体系发展中起到关键作用，结出丰硕的教义学成果，它对刑法学的贡献直到今天都是其他任何冲突解决体系概念所无法达到的。

## 四、罗克辛的负责性阶层

罗克辛并没有称自己的观点为“功能责任论”。相比于雅各布斯将整个责任的概念用一般预防来替代这样比较极端的做法，罗克辛采取了一个折中观点。他试图将责任和预防作为相互制约的综合体来打造。体系性概念“责任”是以人的规范可交谈性为基础，补充预防性处罚必要性的因素，并将这一综合体称为负责性。行为人具备负责性的前提是，首先存在有责任的行为，其次有处罚这个行为的预防必要性。

罗克辛的学说是从法解释学角度紧密结合立法所提出的。他认为，规范责任论所谓的可责难性仅仅是一个必要的却不是充分的有责性的前提。因为规范责任论无法解释，比如，为什么防卫过当行为虽然被评价为有责任，但是却不受处罚

① Schünemann, Die Funktion des Schuldprinzips im Präventionsstrafrecht, in: Schünemann(Hrsg.), Grundfragen des modernen Strafrechtssystems, 1984, S. 171f.

(《德国刑法典》第33条规定,防卫人由于慌乱、恐惧、惊吓而防卫过当的,不负刑事责任)。他认为这些一般被归结在责任项下讨论的条款只能依靠刑罚目的学说(既包括一般预防也包括特殊预防)来补充才能得到更好的教义学解释。①

他进而认为有些免责事由,如紧急避险、防卫过当根本不建立在他行为可能性的否定之上,而是纯粹基于刑事政策的考虑而排除可罚性的。② 如果行为人由于强大的动机压力不能被期待遵守规则,并正巧更强的规范忠诚没有被期待,这时从一般预防和特别预防的角度看都不需要刑罚。但是在免责的紧急避险中,如果行为人是消防员或警察就不能免责,因为立法者基于刑事政策原因认为一般民众的行动自由的减少是可以接受的,但是消防员避险行为违反了职务义务,虽然他们的行动自由也降低了,但还是要处罚。其背后的思想是,社会依赖于这些人员来保护法益,所以有必要限制他们的动机自由。立法者并不是因为行为人的决定自由全部失去而不处罚,只要这个自由严重减低,从一般预防的观点看来,刑法威胁对法益保护不必要时就可以放弃处罚。如果以往认为依现行法进行刑事处罚是因为行为人要对他的所作所为负责,那么罗克辛对这个问题的观点恰恰是相反的,他认为之所以行为人要对其行为负责是因为有处罚他的必要性。③

罗克辛认为刑罚只有在有预防必要性时才可以施加,并且要在责任的范围之内进行。由预防观点来决定处罚的界限这一规则并不能将责任原则取而代之,因为由责任来划定的可罚性范围更加准确、严格,也更符合法治国精神。相反,由预防性决定的犯罪圈更多地导致不明确的结果,因为人们关于预防效果并没有一个很确定的认识,并且一般预防和特殊预防之间也常常相互冲突。更关键的一点是,预防都倾向于扩大处罚范围,而这在一个自由法秩序中是不能被接受的。④

笔者认为,通常的责任应该用预防意义上的处罚必要性来补充,这个观点是完全合理的。因为其一,法定免责事由不能用完全否定他行为可能性来解释,而是因为行动自由显著减小致使基于一般预防的处罚必要性失去,从而成为国家放弃刑罚的理由;其二,这一问题思考方式使刑罚目的理论实现了报应刑法与预防刑法的

---

① Roxin, Kriminalpolitik und Strafrechtssystem, 1973, S. 10, 33.

② Roxin, Strafrecht AT Ⅰ, 4. Aufl., 2006, §19, Rn. 3.

③ Roxin, „Schuld“ und „Verantwortlichkeit“ als strafrechtliche Systemkategorien, FS - Henkel, 1974, S. 181ff.

④ Roxin, Zur jüngsten Diskussion über Schuld, Prävention und Verantwortlichkeit im Strafrecht, FS - Bockelmann, 1979, S. 279ff.

调和。在刑法中,不仅责任而且预防的刑罚必要性都是可以消除处罚需求的因素。正因如此,罗克辛的观点将体系性概念责任通过预防刑罚必要来补充,并为二者建立一个新的体系范畴,得到了无数的支持。

## 五、我国刑法的责任立场

笔者认为,通过保留责任独立的意义,并采用预防观念补充责任的做法比将责任用一般预防代替要合理得多,所以也就不能同意"冯文"在责任和预防关系上有关责任完全可以被预防替代,两者具有相同的本质的观点。事实上,这种激进的功能责任论并没有太多的支持者。大多数学者主张,虽然预防的效果要在犯罪论中被强调,但是责任仍然有其自身的功能,是不能被完全替代的。

加入预防思想的功能责任论是德国学者紧密结合立法提出的,标志着德国刑法犯罪论部分正渐渐从罪责报应刑法向预防刑法发展。但德国立法者在量刑部分却显得格外保守,明文规定行为人的责任是量刑的唯一标准(《德国刑法典》第 46 条)。

相比而言,一个有趣的现象是,我国《刑法》在总则犯罪论部分没有预防刑法的痕迹,但在量刑规定中有大量的减免刑罚的规定,则是明显加入了刑事政策的考量,特别是包含了预防的思想。另外,《刑法》分则中也有个别罪名在犯罪成立的设定上明显加入了基于刑法目的的考量因素,因而超出了罪责报应原则可以解释的范畴。

例如,我国《刑法》第 20 条第 2 款规定:"防卫明显超过必要限度造成重大损害的,应当负刑事责任,但是应当减轻或者免除处罚"。应"负刑事责任"说明已经构成犯罪,防卫过当只是在量刑阶段要减轻或免除处罚。而按照《德国刑法典》第 33 条,防卫过当的不成立犯罪。所以在我国,防卫过当不影响定罪责任,只减轻量刑责任。在这种情况下应当减免刑罚,显然是从预防的角度必然得出的结论。

又如,我国刑法中也没有免责的紧急避险的规定。《刑法》第 21 条第 2 款规定:"紧急避险超过必要限度造成不应有的损害的,应当负刑事责任,但是应当减轻或者免除处罚。"当行为人为了自己或跟自己关系密切的人的生命权免受正在进行的侵害,而危害他人生命时,根据我国刑法就应当负刑事责任,也就是构成犯罪。因为"我国刑法理论认为避险所保护的法益应当大于所牺牲的法益,如果两者是同等的法益,也会被认定为避险过当"。[①] 而按照《德国刑法典》,上述行为构成免责

---

① 陈兴良:《教义刑法学》,中国人民大学出版社 2010 年版,第 369 页。

的紧急避险阻却责任,因而不成立犯罪。依上述我国《刑法》第 21 条第 2 款,生命换取生命的紧急避险虽然构成犯罪,但属于法定减免刑罚事由。合理的解释是,在这种情况下基于特殊预防和一般预防的处罚必要性都降低了。所以,这也是一款在量刑阶段加入预防性考虑的条文。

我国《刑法》分则第 201 条第 4 款规定:"有第一款行为,经税务机关依法下达追缴通知后,补缴应纳税款,缴纳滞纳金,已受行政处罚的,不予追究刑事责任;但是,五年内因逃避缴纳税款受过刑事处罚或者被税务机关给予二次以上行政处罚的除外。"正如"冯文"列举的理由那样,如果行为人第一次被税务机关查办有偷逃税款行为,在符合补缴税款以及受到行政处罚等条件时不构成犯罪:"只要行为人通过事后行为充分表达了对禁止逃税的刑法规范的尊重,那么,就可以不对其动用刑罚;相反,即使行为人被迫补缴了应纳税款,由于在其多次逃税的行为中表达了对禁止逃税的刑法规范的否认,也要对其动用刑罚。"①冯军的论述虽然成立,但是从特别预防的角度论述的,并不是雅各布斯功能责任论所主张的一般预防角度,因为一般预防目的旨在培养一般人的规范忠诚而不是行为人个别的规范忠诚。按照雅各布斯的理论,在这种情况下,因为行为人已补缴税款并已受到行政处罚,满足了法社会的期待,巩固了公众的法忠诚,没有一般预防的必要性,所以没有刑罚处罚的必要性。但是"冯文"从特殊预防角度的论证也非常有道理,这就证明了罗克辛的观点,在责任之后加入特殊预防和一般预防的考量来进一步限制可罚性范围是合理的。

同样,我国《刑法》第 241 条第 6 款规定:"收买被拐卖的妇女、儿童,对被买儿童没有虐待行为,不阻碍对其进行解救的,可以从轻处罚;按照被买妇女的意愿,不阻碍其返回原居住地的,可以从轻或者减轻处罚。"该条的规定也是出于预防的考虑,排除收买行为的可罚性。故意的收买行为虽然是有责任的,但是由于行为人不阻碍被拐卖妇女返回原居住地,或不阻碍对被买儿童的解救,对其本人既没有特殊预防必要性也没有一般预防必要性,所以不成立犯罪。这是典型的否定预防必要性而不是单纯的否定责任从而排除犯罪成立的例证。

由上可见,中国刑法将预防观念大量运用于量刑规则,但反观德国刑法在量刑方面,却并没有将预防的思想贯彻到量刑规则中。通说认为,根据《德国刑法典》第

---

① 冯军:《刑法中的责任原则　兼与张明楷教授商榷》,载《中外法学》2012 年第 1 期。

46 条的规定,行为人的责任是量刑的唯一标准。法院判决也同意学界公认的这一标准,即所处刑罚不能高于或低于与责任相适应的刑罚范围。[①] 但由于德国联邦法院支持“幅的理论”,认为与责任适应的刑罚是有一个区间的,所以在这个量刑区间内预防性的刑罚目的就可以被考虑进去,从而影响量刑。“与责任相适应的刑罚界限不能被向上突破。各种刑罚目的,比如积极和消极的特殊预防、一般预防和保持法社会中对法律的忠诚,只在与责任适应的刑罚幅度内发挥作用,也就是可以在具体确定刑罚时,在责任确定的上限和下限之间加大或减小处罚力度。”[②]这一司法实践总结出的量刑原则也与罗克辛的学说十分协调。[③] 因为罗克辛不主张用预防直接代替责任,而是肯定了责任的独立价值,预防目的奠定了刑罚的必要性,罪责限制了刑罚的容许性,[④]预防必要性所要求的刑罚不能突破责任确定的范围。

我国《刑法》第 5 条规定了量刑原则:“刑罚的轻重,应当与犯罪分子所犯罪行和承担的刑事责任相适应。”这一总的量刑原则通过一定的解释,就可以与现代预防刑法的观念相适应。笔者认为,“所犯罪行”对应的是行为的不法以及行为人的责任,因为行为人虽然有规范可交谈性但还是做出不法行为,他违反法秩序的程度决定他责任的大小。行为人的责任与所犯罪行是一一对应,不受外部参数影响。“承担的刑事责任”要从行为不法外部。也就是说,从刑罚目的的角度评价是否应该对行为人进行处罚以及刑罚应该轻缓还是严厉。“所犯罪行”决定了责任,从而限制了处罚范围。在行为人责任的范围内,从对行为人的处罚是否有一般预防和特殊预防的效果来看,如果预防的要求高,要承担的刑事责任就大,处罚就重;如果预防的要求低,刑事责任就小,处罚就应该轻。这样,我国刑法规定的量刑原则就完全符合预防刑法对责任和预防目的对量刑应起作用的设想。[⑤]

---

① Schünemann, Die Funktion des Schuldprinzips im Präventionsstrafrecht, in: Schünemann (Hrsg.), Grundfragen des modernen Strafrechtssystems, 1984, S. 158f.

② BGHSt 7, 88 (89); BGHSt 20, 264 (267).

③ Roxin, Sinn und Grenzenstaatlicher Strafe, in: Strafrechtliche Grundlagenprobleme, 1973, S. 20ff; ders. Festgabe für H. Schultz, SchwZStR. 94 (1977), 463, 476ff.

④ Schünemann, Die Funktion des Schuldprinzips im Präventionsstrafrecht, in: Schünemann (Hrsg.), Grundfragen des modernen Strafrechtssystems, 1984, S. 187.

⑤ Schünemann, Die Funktion des Schuldprinzips im Präventionsstrafrecht, in: Schünemann (Hrsg.), Grundfragen des modernen Strafrechtssystems, 1984, S. 187f.

## 六、对法条的另一种解释

刑法释义学(德国所称的教义学)不能脱离法律文本本身进行解读。我国立法没有在总则犯罪成立的部分给予预防以地位,而是将预防的作用贯彻到量刑情节中,除上文列举之例,如我国《刑法》第 17 条之一规定:“已满七十五周岁的人故意犯罪的,可以从轻或者减轻处罚;过失犯罪的,应当从轻或者减轻处罚。”以及第 17 条第 4 款规定:“对依照前三款规定追究刑事责任的不满十八周岁的人,应当从轻或者减轻处罚。”我国《刑法》没有直接将 75 周岁以上老人和未成年人犯罪直接排除负责性,而是规定在法定量刑情节中。所以,在我国刑法犯罪论中,原则上还是坚持规范责任论的,只是在分则的个别条文中突破了规范责任论的范围,将预防的必要性纳入犯罪成立的前提。只有在分则具体条文存在的前提下,才可以因为缺乏预防必要性而排除负责性,从而否定犯罪。

关于冯军列举的我国刑法创造性运用功能责任论的例子,笔者认为,第 449 条对战时缓刑的规定体现的并不是功能责任论,而是军事刑法区别于普通刑法的特殊之处。军事刑法服务于特殊的国防和军事利益,适用于特殊的犯罪主体,军事刑法处罚的目的也不同于普通刑法。因为军人具有保卫国家的义务,尤其在战时更是担负着一般公民不具有的责任,如何处罚和赦免军人在战时具有重要的战略意义。所以军事刑法尤其是战时刑法对普通人没有一般预防的作用。可罚性前提是出于刑法以外的目的性考虑。在这个意义上,该条规定类似于客观处罚条件的反面,即刑罚排除事由(Strafausschließungsgrund),只要立功行为客观存在,就阻却犯罪成立。但特殊之处在于,刑罚排除事由的存在否定犯罪成立,而该条是在已成立犯罪之后(宣判之后),再撤销原判不认为是犯罪。这种立法方式在普通刑法中不能采用,因为这对法院判决的公信力和权威性造成损害。

冯军认为,累犯应当从重处罚的规定违反责任原则。其用于论证的例子是,“行为人因为实施伤害罪被判处一年有期徒刑,刑满释放后一直表现很好,却在第四年因为母亲被人无故辱骂,而在与辱骂者的争吵和打斗中将辱骂者打成重伤”。[①]“行为人是因为母亲被人无故辱骂才实施伤害行为的,值得原谅,可谴责性小”,所以并非在所有的累犯案件中,行为人都应当受到更严厉的谴责。笔者文认为这个

① 冯军:《刑法中的责任原则 兼与张明楷教授商榷》,载《中外法学》2012 年第 1 期。

证明过程是有问题的。首先，从案例本身来看，如果行为人母亲被辱骂的情节严重、紧急，行为人为制止辱骂行为才动手打人，那么打人行为是正当防卫，不构成犯罪，所以没有累犯处罚的问题。其次，如果辱骂行为不严重，没有正当防卫的必要，而行为人还是事后实施伤害行为。在此种情况下，行为人的责任，也就是可责难性是不减弱的。因为其虽然有法规范的可交谈性，还是违反法律（不存在责任阻却事由和排除责任事由）。而期待可能性的降低在故意犯罪中不能作为阻却责任事由来排除责任。但从一般预防必要性来看，就连雅各布斯本人都同意通说的观点，主张要对累犯加重处罚，理由是，“如果严重罪行被宽大处理，是不能被接受的，所以遵从法律的困难性就是行为人自己的问题，而不能减轻责任。行为人心理的状况不是关键的，关键的是行为人对事实上严重缺乏的法忠诚的责任”。[①] 我国《刑法》将累犯的规定对象限定为“被判处有期徒刑以上刑罚的犯罪分子，……在五年内再犯应当判处有期徒刑以上刑罚之罪的”，也就是对严重不法行为的累犯才加重处罚，不管是从行为人缺乏法忠诚的严重程度还是从预防角度分析，都有更高的处罚必要性，所以笔者认为这条规定是正确的。

冯军认为醉酒驾驶行为应该在行为人没有反对法规范的有效性，亦即无预防必要性时自动出罪，如为了给母亲买药而醉酒驾驶。[②] 笔者认为，该结论有所不妥。任何阻却责任事由包括超法规的阻却责任事由，都应当像阻却违法性事由一样要类型化。我国《刑法》中没有规定阻却责任事由，学界也没有一致认定此类超法规的阻却责任事由，所以在判断行为人是否有责任时，不能在缺乏阻却责任事由的情况下任意否定其责任。冯军教授所列举的案例，倘若在母亲病情较重的情况下违法醉酒驾驶去买药，成立紧急避险阻却违法性，从而不构成犯罪。

## 七、小结

预防的思想被运用到犯罪论体系中肯定是当代预防刑法与以往的罪责报应刑法相区别的标志。然而怎样基于预防改造犯罪论，特别是改造责任理论，存在两个影响力较大的学说。

雅各布斯认为“责任由一般预防构成并通过预防来测量”。[③] 冯军教授接纳雅

---

① Jakobs, Strafrecht AT, 2. Aufl., 1993, §17, Rn. 26.

② 参见冯军：《刑法中的责任原则 兼与张明楷教授商榷》，载《中外法学》2012 年第 1 期。

③ Jakobs, Schuld und Prävention, 1976, S. 9; ders. Strafrecht AT, 2. Aufl., 1993, §17, Rn. 18f.

各布斯的观点认为责任和预防有共同的本质,责任是由一般预防确定的,也就是为了培养社会公众的法忠诚意识。一般预防的对象是“一般公众今后对法规范的态度”,①培养法忠诚是就一般人而言而不是个别的行为人。以对个别行为人改造以使其重新融入社会为目的的特殊预防并不被雅各布斯认定为责任的内容。雅各布斯虽然也承认责任原则,但是给责任概念一个全新的内涵,也就是完全从刑罚的一般预防目的来构建,“只有目的才能给予责任概念赋予内涵”。

罗克辛的主张是责任在形式上完全保留,不加入刑罚目的的责任是“有规范可交谈性的不法行为”。② 他认为,规范可交谈性是指能认识不法的能力和控制行为的能力。但是他却不认为这样的责任理论可以解释现行法规定,在责任之外还有一些因素对于刑罚苛责是必要的,他认为这些因素就是刑罚目的。于是,罗克辛在犯罪构成体系中引入了一个新的范畴,即“负责性”,它的内容是从刑罚目的中推导出来的。属于这个范畴的有防卫过当、阻却责任的紧急避险和行为中止。在这些情况下,虽然行为人有规范可交谈性但是其行为也不构成犯罪,因为对这类行为处罚没有预防的意义,所以要排除负责性。罗克辛认可的刑罚目的既有特殊预防也有一般预防,报应思想被他全盘放弃了。

采用预防代替责任的观点,其实是消除了责任的实体内容,从而瓦解了责任原则,不为我们所主张。笔者认为,坚持责任原则首先要有独立的责任内容,而不能将责任和预防循环论证式地相互替代。罗克辛主张的加入预防观念的负责性范畴对具体条文的解释力更强,保留责任概念更有利于坚持责任原则,所以应被采纳。

---

① 冯军:《刑法中的责任原则 兼与张明楷教授商榷》,载《中外法学》2012 年第 1 期;Müller – Dietz, Integrationsprävention und Strafrecht, FS – Jescheck, 1985, S. 813ff.; Dölling, Generalprävention durch Strafrecht, ZStW 102 (1990), 1, 1; Baurmann, Vorüberlegungen zu einer empirischen Theorie der positiven Generalprävention, GA 1994, 368, 368ff.; Schumann, Positive Generalprävention, 1989, S. 7。

② Roxin, Strafrecht AT Ⅰ, 4. Aufl., 2006, §19, Rn. 36f.

# 刑事责任理论的普适性及本土性

## ——历史是现实的影子

童德华*

**摘　要**　在刑法理论中存在刑事责任、责任和罪责三个概念。德国刑法学中的罪责和日本刑法学责任的含义应该是一样的。就刑事责任而言，我们学者的表述与德日学者完全不同。但是，根据我国《刑法》的规定，刑事责任应该和罪责、责任一致，它应当作为一种确定行为人与刑罚规范之间联系的概念。英美刑法中的宽恕事与期待可能性具有相通性，可显示责任大小评价的应有地位，我国《刑法》规定罪行、刑事责任与刑罚的独立表明责任大小评价的必要性。可以借鉴英美刑罚的宽恕事由架构刑事责任的内容体系。此外，违法性意识的可能性也应作为责任评价要素，而不是犯罪故意评价中的要素。

**关键词**　刑事责任　期待可能性　违法性认识可能性

## 一、序言

刑事责任是刑法学中的重要概念，罗克辛认为："不法是对构成行为的无价值评价，相反，罪责是对行为人的无价值评价。"①但是，与罪责有关的概念还包括"责任""刑事责任"，考虑翻译的差异，可以认为德国的"罪责"即日本所谓的"责任"。德日学者通常认为，责任是指根据行为人实施的符合构成要件的违法行为，可对其

---

* 中南财经政法大学刑事司法学院教授，博士研究生导师。

① [德]克劳斯·罗克辛：《德国刑法学总论》(第1卷)，王世洲译，法律出版社2005年版，第124页。

施加作为无价值判断的非难或有非难的可能性。①

在大陆法系刑法中,责任论是十分重要的理论范畴,“罪责学说的发展是衡量刑法进步的晴雨表”。② 在德国刑法理论的发展史中,规范责任论替代心理责任论,奠定了新康德主义刑法理论的地位;之后,机能责任论替代规范责任论,树立了目的合理主义理论体系。③ 德国刑法史侧面显示责任理论的意义,可以断言,责任论的新思潮成为驱动德国犯罪论体系创新的核心因素。造成这种现象的原因或许与各个国家、地区刑法体系的差异有关系,但无论如何,刑法都应充分展开“行为人的无价值评价”。

“刑事责任”在我国刑法学中也是常见的概念,但是其未能发挥实体法上限制犯罪的意义。笔者在15年前就曾经提出,刑事责任理论是我国刑法学的“软肋”之一。④ 令人遗憾的是,到今天为止,这个现象并没有得到太大的改善。其实,上述看法并非个别观点,有学者也提出,“我国司法人员和学者都有必要强化罪责实质化评价的理念”。⑤ 但必须承认,刑事责任基本理论依旧没有得到我国刑法学界应有的重视。虽然说在一段时期内,国内一些学者出版了一些专著,发表了一些论文,但是,当前的研究有难以令人满意之处。一是刑事责任的含义没有得到统一,要么依循传统概念,将其与犯罪后果等同,无法提供具有现实操作意义的概念和理论体系;要么沿袭德日的理论套路,将其包裹在犯罪论体系之内,难以充分发挥刑事责任评价的应有功能。二是刑事责任作为个性化评价的重要性没有受到应有重视,近年来,学者关于行为违法性的研究无论是在深度上还是广度上都远远超过了刑事责任的研究,例如,我国学者对于防卫过当问题的研究主要集中于过当的界限这个属于违法性领域的问题,而很少对防卫过当是否应该宽恕以及宽恕程度这个属于责任论领域的问题展开讨论。三是在一些刑法学教科书中,刑事责任论甚至已经失去理论地位的独立性了。⑥ 如果简单认为这种现象不正常也不尽然,因为当传

---

① 参见[日]木村龟二主编:《刑法学词典》,顾肖荣等译,上海翻译出版公司1991年版,第218页。

② [德]李斯特:《德国刑法教科书》,徐久生译,法律出版社2006年版,第265页。

③ 参见童德华:《哲学思潮与犯罪构成——以德国犯罪论的谱系为视角》,载《环球法律评论》2007年第3期。

④ 参见童德华:《规范刑法原理》,中国人民公安大学出版社2005年版,“前言”部分。

⑤ 阮齐林、耿佳宁:《中国刑法总论》,中国政法大学出版社2019年版,第57页。

⑥ 参见张明楷:《刑法学》(第5版),法律出版社2016年版;黎宏:《刑法学总论》(第2版),法律出版社2016年版;林亚刚:《刑法学教义(总论)》(第2版),北京大学出版社2017年版;阮齐林、耿佳宁:《中国刑法总论》,中国政法大学出版社2019年版。

统刑事责任体系隐退的时候,德日刑法学中的“责任”概念开始崭露头角。

在理论研究中,就我国学者而言,首先要回答的一个问题是,刑法中的“刑事责任”和刑法教科书中的“责任”可否统一使用?基于上述考虑,本文将分析如何根据刑法教义学的属性,依从我国《刑法》的规定,厘定责任概念的含义,并据此重构我国刑法中的刑事责任论。

## 二、刑事责任、责任与罪责概念的一致性

### (一)概念指称的一致性

刑法中的责任概念毫无疑问与刑事责任有关系,但是能否将其理解为刑事责任,则需要从这两个概念的实质含义出发进行分析。迄今为止,我国学界关于刑事责任的含义不仅与德日刑法学不同,而且内部也没有达成共识,存在多种不同的理解。

关于刑事责任的概念,过去较有影响的几种观点有:(1)义务说,认为刑事责任“就是犯罪分子因其犯罪行为而负有的承受国家依法给予的刑事处罚的特定义务”;(2)谴责说,认为“刑事责任是指犯罪人因实施刑法禁止的行为而应承担的、代表国家的司法机关依照刑事法律对其犯罪行为及其本人的否定性评价和谴责”;(3)心理状态及法律地位说,认为“刑事责任是犯罪人在犯罪后应受社会谴责和法律制裁的一种心理态度以及与这种心理态度相适应的法律地位”;(4)法律关系说,认为“刑事责任就是因为犯罪行为而产生的国家与犯罪人之间的一种否定性评价和被否定性评价、谴责和被谴责的刑事法律关系”;(5)责任说,认为“所谓刑事责任,是指行为人因其犯罪行为所应承受的、代表国家的司法机关根据刑事法律对该行为所作的否定评价和对行为人进行谴责的责任”;(6)后果说,认为“刑事责任是依照刑事法律规定,行为人实施刑事法律禁止的行为所必须承担的法律后果”。①

以上有些观点或许已经没有那么大的影响力了,但是,它们对刑事责任概念的理论共识的形成依旧构成具有消极影响的观念。今天,后果说就保持着相当明显的影响,如有学者认为,“刑事责任,是指行为人因其犯罪行为所应承受的、代表国家的司法机关根据刑事法律对该行为所做的否定评价和对行为人进行的谴责的责

① 冯军:《刑事责任论》,法律出版社1996年版,第23~31页。

任。刑事责任本身具有实体的惩罚性意义”。[①] 再如,谴责说也有新的发展,如有学者认为“在刑法理论上,刑事责任作为一种主观谴责,是行为人对所在的客观侵害,主观上必须受到谴责的依据,属于犯罪的成立要件”。[②] 依照最新的主流性观点,“刑事责任,在我国是指依据刑事法律规定和实际发生的犯罪事实而产生的,由代表国家的司法机关依法确认的,犯罪人因实施犯罪行为而应当承担的以刑罚处罚、非刑罚处罚或者单纯有罪宣告等否定评价为具体内容的法律责任”。[③] 但从文字上看,最新的主流观点将刑罚处罚之外的几种犯罪法律后果囊括在刑事责任概念之下,虽然在文字上回避了将刑罚混同于刑事责任的问题,但是无法为刑事责任评价内容提供实质的指引。

关于刑事责任的本质,义务说认为它是一种应该负担的义务,这与刑事法律的禁止或命令规范相重复,就没有独立的必要,所以,义务说并不可取,故此,绝大多数学者认为它是一种后果,这一点在谴责说、责任说、法律关系说以及后果说之中均是如此。但是,由于刑罚、非刑罚处理方法都是犯罪的后果,如此而言,就难以划分刑事责任与刑事处罚的界限,也就不能将刑事责任与刑罚分割开来。所以,笔者认为,无论将刑事责任视为哪种后果,在结论上都不能显示刑事责任的独立地位的必要性。鉴于这一点,结合上述有关刑事责任的地位,笔者认为,刑事责任只是对行为人或他的行为所进行的评价,它是刑罚和非刑罚处罚的前提。

概念的分歧明显弱化了刑事责任的机能研究。上述观点值得注意的还有三点:其一,在当前的理论中,对刑事责任可能达成的唯一共识是,它是一种否定性评价或者谴责;其二,刑事责任究竟是谴责本身还是谴责的依据,尚存在分歧;其三,这种观点有可能将责任与刑事责任等同。因为“责任也称为有责性,是指就符合构成要件的违法行为对行为人的非难。简单地说,是指非难可能性”。[④] 鉴于理论纷争过大,因此,我们有必要确定界定刑事责任的基本规则:首先,应遵从刑法的规定,这是刑法教义学的规范性要求;其次,要依照刑法结构的功能要求,这是科学性要求。

---

① 张明楷:《刑法学》(第5版),法律出版社2016年版,第446页。

② 黎宏:《刑法学总论》(第2版),法律出版社2016年版,第1页。

③ 贾宇主编:《刑法学》(上册总论),高等教育出版社2019年版,第274页。

④ 张明楷:《刑法学》(第5版),法律出版社2016年版,第222页;林亚刚:《刑法学教义(总论)》(第2版),北京大学出版社2017年版,第309页。

根据刑法教义学的特性，界定刑事责任首先要遵循法律规定将其与犯罪的法律后果（刑罚）区别开来。“刑事责任”是我国刑法立法中的一个重要的概念，但当前的理论现状在很多场合缺乏对刑法规定的必要关照。我国《刑法》第 5 条明确规定：“刑罚的轻重，应当与犯罪分子所犯罪行和承担的刑事责任相适应。”据此，可以认为罪行、刑事责任和刑罚是并立的。一切解释都应当遵从这个基本原则的规定，且不能将刑事责任与刑罚等同起来。

但是，这样理解是否会造成刑法基本原则规定和有关条文无法衔接的问题呢？因为《刑法》第 14 条第 2 款规定：“故意犯罪，应当负刑事责任。”与之相似的规定还包括《刑法》第 15 条、第 17 条、第 18 条、第 19 条、第 20 条、第 30 条等诸多条款。有学者提出，刑事责任本质上是探讨“人在实施危害社会或者侵害法益的行为之后，国家为什么能够将该行为作为犯罪而科处刑罚”。[①] 这种观点虽然将刑事责任作为犯罪的要素，但是亦将其作为刑罚的前提和基础，不仅化解了基本原则规定与具体条文之间不衔接的问题，而且将责任作为犯罪和刑罚的一个中间连接点，更为明确地基本阐明了罪责刑相适应原则规定的含义。在此意义上，结合德日刑法学中的一般性观点，即“无罪责即无刑罚”或者“没有责任就没有刑罚”，[②]刑事责任概念可能与责任或者罪责的含义是一致的，因为在德国或者日本刑法学中，一般认为责任或者罪责就是犯罪的基础。

上述结论显然还比较苍白，因为在刑法教义学中界定刑事责任，必须遵循刑法的结构功能要求，即应确定刑事责任应该在定罪或者量刑中发挥何种功能。对于这个问题，德日学者也存在诸多争论，提出了消极意义的责任概念和积极意义的责任概念、形式意义的罪责和实质意义的罪责概念，等等。由于前一组概念只决定责任判断的标准，所以暂时不予讨论。对于判断内容而言有意义的是后一组概念，形式意义的罪责是“将某个犯罪归属到某个行为人”之后作为犯罪结果而出现的概念。形式的概念只能表明行为人要为不法的实现在刑法上承担责任。[③] 它和我们通常所谓的后果说刑事责任概念不谋而合，都没有且无法表明为什么人们可以期待行为人必须遵守刑法上的规范这个核心问题。

---

① 黎宏：《刑法学总论》（第 2 版），法律出版社 2016 年版，第 165 页。

② ［日］山中敬一：《刑法总论》（第 3 版），成文堂 2015 年版，第 622 页。

③ 参见［德］乌尔斯·金德霍伊泽尔：《刑法总论教科书》（第 6 版），蔡桂生译，北京大学出版社 2015 年版，第 209 页。

事实上，在费尔巴哈时代的德国刑法学中，人们并没有对罪责概念有专门论述，只是对故意和过失有一定的论述。① 其中一个很重要的原因是，人们通常从形式意义上来理解责任，其可能导致刑法中的罪责概念与刑事诉讼法中的罪责概念的混同。还有一个原因在于，早期责任概念是在多种场合表述的，如法律责任、宗教责任或者伦理责任，它们各自指涉的对象也不一样。如在宗教领域，它针对上帝；在伦理领域，它针对自我(良知)；在法的领域，它针对法所体现的大众意志。各种不同的责任的先决条件是，可从某一规范领域的立场出发提出罪责问题。首先，必须确定一定的人的行为必须做否定评价，其次，从不同领域的规范进行责任区分，只是邪恶的行为开罪于上帝；只是不道德的行为使我们的良心不安；只是违法行为招致法律社会对自己的责难，即构成法秩序意义上的罪责。② 罪责概念存在于涉及人类行为(评价目的)的规范范围内。后来人们意识到，第一，刑法中罪责概念与刑事诉讼法中罪责概念不同，“需要作完全独立的探讨和解释”；③第二，在行为人的罪责中，行为人的内心世界与将该行为评价为非法的法律规范之间具有联系。④ 这两个发现无疑是重要的，因为它们改变了责任的本质，不仅确定了责任概念独立发展的基本面向，而且也确定了责任概念如何独立发展这个方向。需要看到，责任概念的不统一在大陆法系是一个十分严肃的问题，即便在英美法系也有多重表述。尽管早在18世纪的行为理论中，在英美刑法学中就确立了这样的观点：责任成立除了需要关于环境和对结果预见的要素，除所谓心理事实(mens rea)之外，还需要其他精神的或者心理的要素。⑤ 哈特认为，与犯罪和刑罚有关的个人责任，依赖一些心理条件，“这些条件最好被当作宽恕条件以消极形式表现出来”。⑥

从关注心理条件视角看，英美刑罚中的责任概念与德日刑罚中的责任概念有其共同点，因为在德日流行的一个刑法法谚是“不法是客观的，责任是主观的”。

而刑事责任的内容，狭义上理解为主观责任，但广义的刑事责任是主客观统一的责任。我国学者由于认为刑事责任是犯罪的必然后果、刑事处分的当然前提，所

① 参见[德]安塞尔姆·里特尔·冯·费尔巴哈：《德国刑法教科书》，徐久生译，中国方正出版社2010年版，第58～66页。

② 参见[德]李斯特：《德国刑法教科书》，徐久生译，法律出版社2006年版，第251页。

③ [德]李斯特：《德国刑法教科书》，徐久生译，法律出版社2006年版，第251页。

④ 参见[德]李斯特：《德国刑法教科书》，徐久生译，法律出版社2006年版，第250页。

⑤ See H. L. A. Hart, *Punishment and Responsibility*, Oxford University, 2008, p. 90.

⑥ H. L. A. Hart, *Punishment and Responsibility*, Oxford University, 2008, p. 28.

以,多自广义上加以理解;而类似心理状态说,将它视为单纯主观要素的理论并不多见。但据雅科布斯教授介绍,根据现代德国刑法学的理解,责任不是心理事实,而是基于行为对行为人做出的评判的内容。① 德国学者耶塞克认为,所谓责任,“就是意志形成的非难可能性”,它意味着对行为人在意志形成过程中施加影响的标准进行否定评价。② 由此可见,在德国刑法理论中,将刑事责任理解为一种区别于心理事实的主观评价。

德国学者的见解较为恰当,原因如下。第一,责任的本质说明,主观责任在责任中占有越来越重的比重。在人类历史上,责任的本质经历了从客观责任到主观责任的过程。在古代社会,行为人承担责任的条件,一般是发生了危害社会的结果,通常并不追究行为人在主观方面的原因。但是,现代社会,行为人承担一定法律后果必须具有相应的主观原因,这在英美法系中的严格责任和代理责任之中也不例外。现代法律的实际价值,业已发生了变换,“犯罪不是法益侵害(Rechtgutsverletzung),而是规范否认(Normdesavouierung)”,③即它从对于特定法益的保护,转为对于规范的确认和维护。这表明,让行为人承担特定的法律后果,是透过客观事实所表现的行为人的主观状态,客观事实的作用降低为责任归属的限制性前提。

第二,刑法的构成模式表明,责任论中没有探究客观责任的必要。犯罪有不同类型,这个类型也成为相关犯罪的一般或抽象的标准。在这个标准中,犯罪的客观性因素,如行为、结果都为法律所类型化,这些因素造成的社会危害也是客观的,所以在规范分析时,只需要进行抽象性符合的判断就可以。但是,法律所规定的故意过失,只是一般层面上的责任要素,至于行为人产生犯罪的主观危险性,还没有完全反映出来,因而尚不足以确定行为人的责任,因而在一般的判断之后的具体判断,是围绕主观内容展开的,即刑事责任的内容是主观的。而且,“因为不可能追溯到动机赋予上的行为缺陷可以用其他的方式来消除”,“责任概念只具有归属于主体的最低内容,它表明不是只需要对因果关系进行调查”,“只有目的,才给责任概

① 参见[德]格吕恩特・雅科布斯:《行为、责任、刑法:机能性描述》,冯军译,中国政法大学出版社1997 年版,“中文序”第 1 页。

② 参见[德]汉斯・海因里希・耶塞克、托马斯・魏根特:《德国刑法教科书(总论)》,徐久生译,中国法制出版社 2001 年版,第 490 页。

③ [德]格吕恩特・雅科布斯:《行为、责任、刑法:机能性描述》,冯军译,中国政法大学出版社 1997 年版,“中文序”第 2 页。

念提供了内容”。[①] 当然,在个别犯罪中,目的是犯罪的构成要素,而且目的并不能完全反映动机赋予的缺陷,如非法占有的目的,有的行为人出于挥霍的动机,有的出于治病救人的动机。所以,将目的作为责任的唯一主观内容的说法,也不可信。

第三,不应将心理事实一概当作责任要素。故意过失是刑事责任的心理条件,也是一般的心理事实,由于该事实在法规范中已经抽象化,成为一般的条件,所以只要进行符合性的判断即可,没有具体分析的必要,而且它们也不能反映主观责任的内在归属能力,如故意杀人,只能说明行为人具有杀人的意图并实施或放任了杀人的行为,至于行为人为何杀人、可不可以不杀人,并不能被反映出来,所以在责任论中,已经没有继续讨论责任意思的必要。责任论中的要素是除了故意过失,以及构成要件目的之外的其他一切主观性因素,包括责任能力、违法性认识和期待可能性。正是这些事实能够反映行为人主观恶性的大小,从而更现实、更具体地反映行为人的刑事责任。由此可进一步发现,刑事责任并非犯罪的结果,也不以犯罪为前提;对于刑事责任的评价,则是以行为符合犯罪构成为前提,是对犯罪进一步评价的必然要求。因此,尽管各国刑法理论的结构不全然相同,但实际价值,即它所要揭露的问题是一样的。

### (二)刑事责任的本质内涵

首先,责任概念处理的是个人和刑法规范之间的某种关系,法律规范作为社会共同意志的结果,尽管以正式的形式向国民公开表明何种行为是正确的(合法的),何种行为是错误的(不法的),但是,这并不意味着一个有责任能力的行为人,只要故意地或过失地实行了不法行为,就可以追究其形式意义上的责任。根据“存在不产生当为”的新康德主义的思想,正如戈尔特施密特所主张的那样,“除每一个要求具体的人为一定外在行为的法规范外,未讲明还存在一个法规范。它要求具体的人根据需要调整其内在行为,以适应由法秩序向其外在行为提出之要求”。[②] 可见,责任概念和不法概念评价的内容不同,不法概念评价的是行为人的行为和客观外部刑法规范的一致性问题,而责任应当评价的是行为人的内心意思可否和刑法规范相一致的问题。今天,通俗地讲,责任和承担责任原则的构建基础,是人的能力,

---

① [德]格吕恩特·雅科布斯:《行为、责任、刑法:机能性描述》,冯军译,中国政法大学出版社 1997 年版,第 14 页。

② [德]李斯特:《德国刑法教科书》,徐久生译,法律出版社 2006 年版,第 253 页。

“即人可以自由地和正确地在合法和不法之间作出决定的能力”。① 这就是后来责任概念不仅独立开来,而且很多心理责任论学者将责任能力和故意、过失一并作为决定行为人可以自由地决定自己行为的评价要素。心理责任论曾长期居于主导地位,但是,仅仅从外表看到了责任的心理特征,并将责任置于“意思自由”这个难以得到证实的假设之上,不仅令人费解,而且容易僵化责任评价,不考虑行为人在某些场合的实际行为可能性,如在防卫过程中难免出现过当情形,司法人员如果仅仅根据心理责任理论,就可能无视受害人过错在责任评价中应有的地位,简单将其作为故意犯罪处理,结论自然难以具备合理性,其被规范责任论取代是历史的必然。

其次,责任概念不仅决定行为人是否应承担法律后果,而且还成为确定法律后果轻重程度的依据。根据刑罚个别化原则,在不同犯罪中的刑罚显然是有差异,即便在同一犯罪中,不同行为人的刑罚也应有轻重不同的差别。但在心理责任论中,很难对刑罚轻重给予应有的理由,而规范责任的观念中则隐喻着减免责任事由的必要。其实质理由在于,“减免罪责事由的思想是与普通公民的依据经验所期望的命运的脆弱性联系在一起。在具体情况下不是根据个人的心理物理能力,而是根据应当受处罚行为的原因上的解释来认定”。② 在法律实践中,每个行为人应当根据法律中的禁止性规范或者命令性规范从事活动,此刻,“每个人”是作为一般意义的社会成员被约束的,而且立法者也是根据行为的一般性情境设定规范的。但是,很多时候,行为人的行为情境与立法预设规范的一般性情境有很大差异,司法评价就应当考虑这样的一个基本事实,即人不仅仅是社会成员,而且也是具有殊异性的社会个体,而作为社会个体,就可能无法满足社会的集体要求。所以,在司法实践中,司法人员将面临行为人作为个体和社会成员的行动能力无法匹配的矛盾,并且要采取合理方式消除这一矛盾。“现代刑法中罪责的本质恰恰在于,这一矛盾已被认识,人们承认在具体情况下不愿将个体简单地视同团体之成员,当他尚未完全满足团体规范时,不能要求其立即负责。”③所以,“只有当法规范在行为人的理解范畴和动机过程中,违背法规之期望,不能实现关于对合法行为的阐述所应当具有的功能时,我们才可能……谈及个人的罪责问题”。④ 最终,罪责的实质内涵演化为,“它

---

① [德]约翰内斯·韦塞尔斯:《德国刑法总论》,李昌珂译,法律出版社 2008 年版,第 213 页。

② [德]李斯特:《德国刑法教科书》,徐久生译,法律出版社 2006 年版,第 254 页。

③ [德]李斯特:《德国刑法教科书》,徐久生译,法律出版社 2006 年版,第 254 页。

④ [德]李斯特:《德国刑法教科书》,徐久生译,法律出版社 2006 年版,第 255 ~ 256 页。

存在于可从已实施的行为(反社会行为)中看出行为人的反社会思想之中;也即他缺乏人们在一个国家中共同生活所必需的社会义务感和因此而产生的反社会动机(与集体目的相矛盾的目的取向)”。①

再次,责任概念试图在行为人与法律规范的联系之间找到较为确定的联系和根据。规范责任理论认为,行为人的可责难性是指违法地实现了构成要件,明确表明了行为人对于法律规范的错误态度。但是规范责任理论具有不确定性且内容也较为空洞,难以为适法行为的可能性提供现实标准。所以,后来有越来越多的学者开始提倡根据预防的需要确定行为人的责任。如机能的责任理论认为,罪责乃是刑罚的一种机能,这个机能是在积极的一般预防的意义上说的。依据该理论,依照积极的一般预防这一目的设定的标准,若有必要处罚行为人,那么行为人就是有罪责的。实质的罪责就是面对具有合法性的规范时,欠缺对法律的忠诚。在民主社会,法律不再被简单定义为强制性的规范,所以对法律的忠诚是现代刑法必须予以合理说明的问题。但是问题在于,人们为什么要遵守法规范?这个问题恰恰是机能责任理论没有回答的问题。

最后,现代责任概念还应准确反映非暴力性刑罚的特质以及恢复性司法理念的根据。“当一个法律制度从人人平等出发时,它建立的并不是人们在事实上一律平等这样一种无意义的原理,而是规定人们在法律面前应当得到一种相同的处理。”②这表明责任评价还隐含一定的政治功能。根据金德霍伊泽尔和罗克辛的观点,人们不仅是法律上的受责难的(规范)接受者,他还是缔造这种被他破坏的规范的主人。这种缔造规范的活动,存在于法治国的民主之中。在一个民主的社会中,自治而有人格的各个个人对于其利益(可能的)应当得到怎样的协调和处理有着相应的理解,当这种理解以法律的形式明确表示出来后,就成了各种规范。当行为人作为规范的缔造者这个角色时,他和别人之间就确立(或固定)了这种理解,因此,他只能以理解(交谈)的方式,与法律规范发生偏离。如果行为人破坏了规范,他就否定了规范赖以存在的根基——诸参与者的理解。行为人由此表明自己的不诚

① [德]李斯特:《德国刑法教科书》,徐久生译,法律出版社 2006 年版,第 261 页。

② [德]克劳斯·罗克辛:《德国刑法学(总论)》(第 1 卷),王世洲译,法律出版社 2005 年版,第 568 页。

实。这种责任理解被定义为交谈责任理论。①

我国是一个强调集体主义精神的国家,所以刑法评价尤其注意制度要求与现实的差异。在我国刑法基本原则的立法规定中,将刑事责任独立于犯罪,有助于更好实现刑罚轻重的评价,特别是结合现实问题,有机契合刑事政策的要求,为是否需要判处刑罚以及判处刑罚的轻重提供合理根据,所以立法科学地表征了刑事责任概念的应有含义,其基本含义与德日刑法责任或者罪责概念并无本质上的区别。

## 三、刑事责任概念的理论地位

### (一)刑事责任概念地位的比较性考察

关于刑事责任在刑法中的地位,在理论上很不一样,大致来说,主要如下。

1. 英美法系刑法学模式。一般认为,英美刑法中的刑事责任,以犯罪行为和犯罪心态为本体要件,即它们是刑事责任的基础,但是,这是从广义上进行的理解,②还有一种并不少见的主张,就是在犯罪心态中研究责任,这时,责任是一种主观的责任,它包括一般心理要件,也包括严格责任和代理责任,后两者通常被统称为无过错责任。此外,还有学者在犯罪行为、犯罪心态和因果关系之后研究责任(Responsibility)。它主要讨论精神病、自卫等责任阻却或减免的抗辩事由。③

2. 大陆法系刑法学模式。德日刑法学者倾向于将责任作为犯罪的要件,即"罪责是犯罪的概念特征,无罪责即无刑罚,是一个很长的且目前没有结束的发展的结果。犯罪概念只是慢慢地吸收罪责特征于自身的"。④ 以德日为代表,将责任作为犯罪成立的第三要件,即通过构成要件的符合性—违法性—责任性,依次排除非犯罪因素,其中责任与违法性相对应,违法性是对行为客观的、具体的判断,而责任是对行为所做的主观的、具体的判断。但它究竟是积极的判断还是消极的判断,尚有争议。⑤ 一般来说,责任论用于说明故意过失、责任能力、期待可能性等问题。但是,在违法性中说明故意过失的倾向也有所表现。如耶塞克教授,将故意犯罪的故

---

① 参见[德]乌尔斯·金德霍伊泽尔:《刑法总论教科书》(第6版),蔡桂生译,北京大学出版社2015年版,第209~211页。

② 参见储槐植:《美国刑法》,北京大学出版社1996年版,第51页。

③ See Steven L. Emanuel, *Criminal Law*(3d Edition), Emanuel Publishing Corp., 1992, content.

④ [德]李斯特:《德国刑法教科书》,徐久生译,法律出版社2006年版,第265页。

⑤ 参见张明楷:《外国刑法纲要》,清华大学出版社1999年版,第189页。

意当作不法的构成要件要素,而在责任论中讨论的实体问题是责任能力、违法性意识及禁止错误、防卫过当、免责的紧急避难等免责事由。①

3. 法国学者以行为人为中心,构建刑法理论时,是将刑事责任与犯罪人放在一起,置于犯罪构成的事实要件和心理要件之后,再进行讨论。其主要说明犯罪主体、不负责任或责任从轻的原因。②

4. 我国刑法学中的刑事责任。在我国刑法中,刑事责任是和犯罪的定义一起规定在第二章(犯罪)中,故它没有独立的地位,是依附于犯罪而存在的概念。但在理论上,它的体系地位如何,则有如下观点:(1)刑事责任即刑罚说,认为刑事责任是刑罚的代名词,是行为人依法所承担的刑罚处罚;(2)罪、责、刑平行说,认为刑事责任是刑法理论中的一个独立的组成部分,有的学者明确提出,从刑事立法的角度看,由于刑事责任在先,犯罪在后,所以应该按照"责、罪、刑"的逻辑结构建立刑法学体系;(3)最上位概念说,认为刑事责任是刑法学中最上位的概念,而将刑事责任作为独立部分,置于犯罪论之前予以解决;(4)罪、责平行说,认为犯罪是刑事责任的前提,刑事责任是犯罪的结果,所以将刑事责任作为刑罚、非刑罚处罚方法以及其他刑事责任实现方式的上位概念,将刑罚论置于刑事责任论中。③ 目前,对于这一问题,还没有一种观点获得大多数人认可。

以上不同的处置意见,有一个共同的特点,就是倾向于将责任同责任意思分离,并以独立的实体,作为责任的范畴。刑事责任理论是全部刑法学理论中的重要组成部分,而确定刑事责任理论在刑法学中的独立实体地位,有助于正确认识犯罪的概念及其特征,有助于正确认识刑法原则。④ 或者如德国学者所说:通过责任从令人失望的行为的各种已存条件中,把一个条件即动机赋予,作为刑法上重要的东西独立出来,并且同时不考虑产生动机赋予缺陷的原因。探究动机赋予缺陷,就意味着试图免责。责任概念的目的,是将行为人个别化,把冲突从一个需要维持的秩序转移到一个可以孤立的下层构造、一个亚系统中,即促成亚系统运用其遵守规范

---

① 参见[德]汉斯·海因里希·耶塞克、托马斯·魏根特:《德国刑法教科书(总论)》,徐久生译,中国法制出版社 2001 年版,"目录"部分。

② 参见[法]卡斯东·斯特法尼等:《法国刑法总论精义》,罗结珍译,中国政法大学出版社 1998 年版,"目录"部分。

③ 参见王晨:《刑事责任的一般理论》,武汉大学出版社 1998 年版,第 118 ~ 121 页。

④ 参见王晨:《刑事责任的一般理论》,武汉大学出版社 1998 年版,第 117 页。

的自治能力上稳固与亚系统相对立的外在条件。[①]

我国《刑法》第 5 条规定:“刑罚的轻重,应当与犯罪分子所犯罪行和承担的刑事责任相适应。”这可理解为,我国刑法赋予了刑事责任独立于犯罪、刑罚的实体地位。刑事责任的独立性地位,也应当在刑法理论中表现出来。

首先,就德日犯罪论体系构造而言,责任一般是判断行为是否有阻却犯罪的主观因素的层次,在有责性阶段,既要判断责任的有无,又要分析期待可能性的大小,进而判断行为人责任的大小,必然将犯罪的定性与量刑的判断混淆起来,这在理论上并不彻底。所以,许多日本学者在责任论中论述责任阻却事由和责任减免事由,导致和责任判断的目的相违背。相较而言,耶塞克教授在这方面的论述就彻底多了,而法国学者的观点与他类似,这应该值得借鉴。但是,他们将正当防卫、紧急避难以及依据上级命令的行为一概作为刑事责任的要素,这却是值得商榷的。

其次,就我国以往的观点而言,认为刑事责任即刑罚的观点,肯定是错误的,对此无须赘言。但最上位概念说与“罪、责、刑”平行说,其结论无非是将刑事责任置于犯罪论和刑罚论之前。从实质上讲,这种观点无可非议,它们侧重于立法思路,进言之,就是遵循行为人构成犯罪的条件的先后次序。这种逻辑思路,和我国刑法结构理论中“行为发生论”如出一辙。[②] 不过,其将责任作为心理事实,就不能准确把握行为人和规范之间的应答关系。刑法理论的主要目的,应该方便于刑事司法发现案件、处理案件的需要,即应该沿着司法机关发现案件、侦查案件、确定性质、确定后果的逻辑。在刑事实践中,我们最初面对的往往是犯罪的结果,然后就沿着结果分析行为表现,锁定行为人,进而对行为人的主观责任进行全面的衡量,最后,才能确定行为人是否实施了犯罪的行为、是否应当承担刑事责任、需要承担什么样的刑事责任。刑事责任的认定,是以犯罪的确定为前提的,且是刑罚个别化评价的基础。所以,笔者认为应在犯罪论之后、刑罚论之前,单独地论述刑事责任。此即笔者也不能赞同将刑事责任作为刑罚的上位概念的观点。

在前面,笔者提出,刑事责任的认定,是以犯罪的确定为前提的;在我国刑法理

---

① 参见[德]格吕恩特·雅科布斯:《行为、责任、刑法:机能性描述》,冯军译,中国政法大学出版社 1997 年版,第 12 ~ 13 页。

② 刑法结构中的“行为发生论”,就是依据行为发生的先后次序,建构犯罪论体系,即依据“犯罪主体—犯罪主观方面—犯罪客观方面—犯罪客体”,其代表参见赵秉志主编:《新刑法教程》,中国人民大学出版社 1997 年版。

论中,通说的观点认为,犯罪是刑事责任的前提,刑事责任是犯罪的结果。这两个命题,是有区别的。这涉及如何界定刑事责任的内在含义。笔者认为,考虑刑事责任时,应该着重从以下几个方面进行分析。第一,行为人行为时所处的社会环境,包括政治环境、经济环境、法律环境等。人是各种社会关系的总和,也是社会的产物。人的行为在很大程度受到周围社会环境的引导。如果周围社会环境比较良好,那么,对行为人的期待可能性程度就比较高;相反,如果周围社会环境比较差,对行为人的期待可能性就比较低。所以政治形势动荡不安、经济秩序混乱、不依据法律办事等现实情况都能导致行为人没有期待可能性。如行为人曾经犯了罪,但是在法庭审判后,法官认为他的行为不构成犯罪,这就直接造成行为人对于行为的违法性错误,以后难以期待他不实施类似的行为。第二,行为人行为时所处的自然环境,包括犯罪的时间、犯罪的地点。犯罪的时间、地点,对于犯罪的发生具有一定的诱发作用,对此,不能再依据期待可能性阻却那些恶意犯罪的人的责任,如专门在夏天进行性犯罪的。这里的时间地点,是影响行为人的认识,使其对于事实的认识发生错误的具体时间地点。这时,要依据错误是否可以避免或者避免的可能性的大小,确定行为人的责任有无及其大小。第三,行为人行为前后与行为对象的状态环境。行为人在特殊宏观环境中,能够出现没有期待可能性的问题,或者期待可能性较通常降低。即使在宏观的环境比较正常之际,还要看行为人与行为对象之间的状态。例如,行为人与被害人之间的关系,是不能不考虑的,对此,许多从事被害人研究的学者已经指出,被害人在犯罪中也可能有责任。显然,上述因素在绝大多数场合并不能决定行为人的行为是否构成犯罪,但是,它们都是有刑法意义的评价因素,问题在于它们可以发挥哪些机能?目前在德日刑法中看不到这些因素的影响,或许英美刑法可以为我们提供一些指引。

### (二)宽恕事由与刑事责任

在英美刑法中,要认定一个犯罪行为的最终刑事责任,还必须排除特定的免责或者正当条件,即不存在刑事辩护事由(criminal defenses)。通常认为,刑事辩护事由包括正当化事由(justification)和宽恕事由(excuse)两类,它们的内涵、外延以及各自在刑法中的机能是不同的。笔者认为,否定正当化事由与宽恕事由的区别的观点,无论在理论上还是实践中都难以成立。

普通法在实践中很早就意识到区别两种事由的必要性,这一点在杀人罪中有明显的表现。在理论上,弗兰西斯·培根是英国最早区分正当化事由和宽恕事由的学者。在研究所谓的“保护生命之必要”的问题时,培根举了三个例子:第一个是行为人极其饥饿而盗窃;第二个是囚犯趁监狱发生火灾而逃走;第三个是两个落难者在海中争夺一个浮板时,其中一人将另一人推下水。他认为,第一个和第三个属于可宽恕的辩护事由,第二个则属于正当化的辩护事由。[①] 可惜的是,培根没有提出很充分的理由。如何从实践上明确两种辩护事由的界限,还存在一定难度。故有学者认为,“就目前的法律现状而言,任何试图将辩护理由分为正当性辩护理由或可宽恕性辩护理由的尝试都是不成熟的”。[②] 区分难的主要原因是,其一,在道义论中,授权的行为范围包括哪些应当受到赞同和鼓励的行为尚不明确;其二,哪些结果是由于人性和环境的相互作用致其无法避免,因此,行为人可以被谅解亦不清楚;其三,两类事由在实践中存在重叠现象,如判决确定被告防卫过当,被告在正当化辩护失败之后,转而寻求部分的宽恕或者部分的正当,前者的理由是当时很难正确估计防卫所需要的力度,后者的理由是防卫不法侵犯的事实足以减轻客观责任。[③] 但是,这并不能成为阻挡辩护事由区分为正当化事由与宽恕事由的必要性和重要性的决定性因素。根据现代英美刑法理论,区分正当化事由和宽恕事由的基本理由如下。

第一,两种事由的刑法机能不同。刑法不仅惩罚犯罪之人,而且强调和突出社会的价值及其期待,所以它应该分别确定行为的道义特征和将特定的人从刑事责任和刑罚之下解脱出来的道义基础。正当化事由表明,行为是国家或社会承认的或者至少是允许的,它向社会公众提供了明确的指导性规范;宽恕事由表明,行为是非法的,行为人尽管免于责难,但应当尽可能避免类似行为的发生。此即“正当化的要求就是表明行为在所有环境中都是被允许的。它不一定是道德上被赞同的行为,但却必须是法律所许可的。正当化事由不否定受害人有问题,但是表明有抵消性的环境使行为有正当可能……另一方面,宽恕要求承认行为是不正当的,但是认为在当时条件下,被告不应当受到有关的刑事责难,行为是可谅解和可宽恕的”。[④] 如果不区分正当化事由和宽恕事由,就会向社会传递混乱或者矛盾的信息。

---

① See George Mousourakis, *Criminal Responsibility and Partial Excuses*, Athenaeum, 1998, p. 15.

② [英]J. C. 史密斯、B. 霍根:《英国刑法》,马清升等译,法律出版社 2000 年版,第 217 页。

③ See George Mousourakis, *Criminal Responsibility and Partial Excuses*, Athenaeum, 1998, p. 26 – 27.

④ Jonathan Herring & Marise Cremona, *Criminal Law*, Macmilllan Press Ltd., 1998(2nd), p. 269.

进而,我们可发现,区别两种辩护事由有助于完善刑法立法,因为立法可以将一些比较成熟的辩护事由以制定法的形式确定下来,从而克服适用中的严重分歧。

第二,两种事由的规范性质不同。英美刑法中的规范分为禁止性规范和归属性规范。正当化事由对称于修正的禁止性规范,宽恕事由对称于归属性规范。禁止性规范强调社会成员的一般义务,但在特定条件下,一般义务也应有例外,必须允许存在修正性的规范。作为正当化事由的道义基础,无论是实用主义理论还是非实用主义的理论,都反映了这种实践需求。一是以罪恶减少原理(principle of lesser evil)为基础的实用主义认为,在不可避免利益冲突的情形下,保护较大利益的行为是正当的,尽管它在一定意义上是有害的,但在当时的条件下,要优先考虑对更大危害的预防或者对更优越社会利益的保护。二是以丧失理论(the forfeiture theory)为基础的实用主义认为,对非行者施加危害是正当的,因为非行者放弃了自己的权利。自卫常常以此为理由。三是非实用主义理论认为,如果一个人为了保护自己被认定的权利,就有必要对未经授权的侵犯施加一定危害,因此,预防侵犯是道义上的权利或者许可。① 上述观点都为正当化事由寻求合法的根据,认为正当化事由不是非法的,它是针对一般违反禁止规范的行为,为了在特殊前提下修正为合法行为而提出来的。而归属性规范作为特殊的规范,不修正禁止规范,它对在特定情形下实施的有害行为,给予和通常情形下发生的行为不一样的评价。此即对那些虽然触犯了法律禁令的行为人,提供法律宽恕的基础。与正当化事由不同,归属性规范的角色不是引导行为,而是容许将道义谴责作为法律惩罚的先决条件的例外。② 宽恕也可被视为"对人性脆弱的让步"。③

第三,两种事由的评价对象不同,正当化事由与行为的客观特征有关;而宽恕事由与行为人的主观状态有关。如保罗·洛宾逊所说:"行为是正当的,行为人是可宽恕的。"④当然,以宽恕事由为基础的辩护,并非单纯依靠主观认识,它也要以客观要件为基础。什么是可宽恕的行为环境,通常是由裁判者根据为社会所接受的道德标准和共同认识来决定的。不过,法律有一些起码的限制,如在运用"胁迫"进行辩护时,英国法律规定行为人必须当时面临突然而至的死亡或者伤害威胁。由

---

① See George Mousourakis, *Criminal Responsibility and Partial Excuses*, Athenaeum, 1998, p. 8 – 10.

② See George Mousourakis, *Criminal Responsibility and Partial Excuses*, Athenaeum, 1998, p. 7.

③ Nicola Padfield, *Criminal Law*, Butterworths, 2000, p. 91.

④ Jonathan Herring & Marise Cremona, *Criminal Law*, Macmilllan Press Ltd., 1998(2nd), p. 269.

于正当化事由与行为的客观评价有关,导致正当化事由的条件被认为与错误的或者不法行为的前提不同,所以,一个通常被视为犯罪的行为,在正当化事由下,可以被认为是合法的,或者至少也是法律许可的。而合法的宽恕用于将一个具有刑事责任的人解脱出来,即便他承认自己有犯意。通常,行为人在对环境、可能的结果等事实有错误认识、不能意识或者不能控制自己的所作所为、受到特定的胁迫等场合,他可以不承担刑事责任,但是他的错误的行为是不可否认的。

第四,两种事由的司法效果不同。例如,在由于胁迫和缺乏主观状态被判定为宽恕事由的场合,同案主犯可能被宽恕,但是从犯不一定被宽恕;相反,如果主犯的正当化事由得以认定,那么从犯就应当免除刑事责任。又如,执行国家法律的行为不能受到暴力抵制,当国家法律的执行被委诸于第三人时,第三人的行为就是正当的,因此不能受到暴力抵制。假如行为人用暴力抗拒第三人的合法逮捕,就是不正当的;但宽恕事由的非法性质并未被否定,所以,一个人可以用暴力对一个可宽恕的侵犯者进行打击。再如,一个辩护事由是正当的还是可宽恕的,在涉及经济赔偿时,也会产生明显不同的后果,宽恕事由不免除赔偿责任,而正当化事由一般不存在向受害者赔偿的问题。①

虽然在实践上存在一些疑难,但是一般认为,典型的正当化事由包括自卫和保护他人、保护财产和预防犯罪,这和大陆法系国家的违法性阻却事由的确很相似,大陆法系的违法性阻却事由分为正当行为和紧急行为,前者包括法令行为、业务行为以及其他正当行为,如为社会认可的承诺行为;后者分为正当防卫和紧急避险。此外自救行为和义务冲突属于紧急行为。② 所以,大陆法系的正当化事由内容更为具体,种类更多。

但是,在宽恕事由方面,英美刑法的规定则比较系统和具体。宽恕事由大体上分为三种类型。第一种是无意识。该类型包括一个人没有控制其身体的运动,如 A 将拿在 B 手上的刀子刺在他人的背上。这类物理强制的案例比较容易确认,因为我们实际上可以看到外力。不过,当行为人失去身体控制是由于内在原因时,如梦游或者癫痫发作,也可以同样适用。第二种是道义或者规范的无意识,包括一个人

① See George Mousourakis, *Criminal Responsibility and Partial Excuses*, Athenaeum, 1998, p. 13 – 14; Nicola Padfield, *Criminal Law*, Butterworths, 2000, p. 91; Jonathan Herring & Marise Cremona, *Criminal Law*, Macmilllan Press Ltd., 1998(2nd), p. 270 – 271.

② 参见[日]大谷实:《刑法讲义总论》,成文堂 1994 年版,第 256 页。

在严格意义上可以控制自己的身体运动,但是他没有选择行为过程的自由,此时,行为人的选择自由受到环境限制,以至于他的错误行为无法避免,其中包含两种可宽恕事由:由认识缺陷导致局限和由意志缺陷导致的局限。前者包括事实错误和意外事件;后者包括必要和胁迫。第三种是无责任,即当行为人由于精神状态或者年龄原因不能正确认识或者控制自己的行为时,就不应当受到责难,其适例是精神病人和未成年人。精神病人被宽恕,是因为他显示了与一般人有明显的差异,所以道义上或者法律上的责任就不适用于他。

上述几种宽恕事由,第一种在大陆法系刑法中没有明确的指称,第二种中除错误和意外事件外,必要和胁迫在大陆法系刑法中也没有明确的对应制度,第三种则对应于责任能力。关于第二种中的错误和意外事件有人认为,不应当作为宽恕事由;而有的则提出,如亚里士多德所指出,基于错误的行为应当被当作无意识的,同没有意识或者强迫的行为是无意识的一样。所以也如同无意识行为的辩护一样,应该说错误和意外事件阻却道义和法律责任,因为它们通过否定必要的心理要素否定了被指称的非行是事实问题。所以,当 A 由于意外射中了 B 使之死亡,A 没有实施杀人行为,因为相关罪行要求行为人必须意识到他在干什么。① 错误在大陆法系刑法中也是责任要素,但是错误以及意外事件可以阻却犯罪是不争的事实,在这点上,应该说是有差别的。它在责任能力方面的表现也是这样的。这或许可以用来解释在美国为何要强制将犯罪的精神病人送往精神病院治疗。在胁迫和必要事由中,行为人主张意志缺陷,说明他认识到自己的所为和意图,但是在当时除此之外他别无选择,这也是没有选择自由的例证,胁迫和必要的主要区别为:胁迫的威胁来自他人;必要的威胁不是来自人。

至此,可以看出英美刑罚中的宽恕事由和德日刑法中的责任阻却事由在本质上具有一致性和相通性。昆士兰大学乔治教授对此有比较充分的论说。他认为:在大陆刑法的心理责任论中,只求对于条文形式要件的充足,而忽视不法的不同条件,所以难以寻求上述两者之间的共同点。但是自规范责任论之后,除了考虑心理要素,还要评价行为人的能力和控制行为的可能,因此,可以在此基础上认识宽恕事由和责任阻却事由的共同点。他还认为,德国刑法的正当防卫要分为正当化的

① See George Mousourakis, *Criminal Responsibility and Partial Excuses*, Athenaeum, 1998, p. 12.

必要和宽恕的必要。① 这反映出英美刑法理论也在试图和大陆法系刑法理论进行沟通。不过将正当防卫和必要结合在一起,则与将必要当作宽恕事由的主张相矛盾。众所周知,规范责任论与心理责任论的主要区别是期待可能性,对此,乔治教授没有明确指出来。

笔者认为,期待可能性正是辩护事由与犯罪阻却事由的契合点。因为正当防卫、紧急避险、责任能力等事由,可以说是以期待可能性思想为前提确立的,而那些没有为成文法所确定的超法规的责任阻却事由,例如,胁迫、必要以及错误等情形,都能通过运用期待可能性理论得以合理解决。②

### (三)宽恕性刑事责任事由的类型

我国刑法在总体上属于大陆法系,但是在具体制度上则有独自特点。就犯罪阻却事由而言,立法上包括意外事件、正当防卫、紧急避险以及无责任能力,所以,在具体评价犯罪时,还是以心理责任论为理论指导,缺乏对规范问题的评价,刑法判决不能充分实现罪责刑相一致的要求,所以很有必要引用期待可能性理论。而大陆法系期待可能性理论也存在类别化问题,因此,在司法实践中借鉴英美法系的刑事辩护事由,尤其是宽恕事由,具有明显的现实指导意义。

1. 自卫。自卫是为了保护自己或者他人或者财产,对他人或者他人财产施加合法强制力的情形。自卫有四个构成条件:(1)对被告人或者某人的不法威胁;(2)为了避免威胁,有必要使用强制力;(3)被告人使用的强制力是适当的;(4)被告人是为了保护自己或者他人,而不是因为其他原因。一般认为,自卫属于正当化事由,但是正如前文所述,也有个别学者认为自卫属于阻却犯罪构成的行为事由。

2. 无意识。无意识是指一个不受思维控制的身体举动,包括反射运动、睡眠状态下的举动等。如A将拿在B手上的刀子刺在他人的背上。这类物理强制的案例比较容易确认。不过,当行为人因内在原因致其失去身体控制时,如梦游或者癫痫发作,也可以同样适用。值得注意,部分学者认为无意识属于宽恕事由,部分学者认为无意识属于阻却犯罪构成的行为事由。

3. 事实错误。如果证明行为人对事实有错误,就意味着控方没有提出犯罪所

---

① See George Mousourakis, *Criminal Responsibility and Partial Excuses*, Athenaeum, 1998, p. 21 - 23.

② 相关理论请参阅童德华:《刑法中的期待可能性论》,中国政法大学出版社2004年版。

必要的心理事实。例如,在A(男)违背B(女)的意思,与之发生性关系的时候,误认为B是C,对此错误,不影响A的心理事实;但是,如果A同B发生性行为时,对于B是否同意存在错误认识,则可以否定指控的心理事实。错误只在与行为人的心理状态有关联时,才对刑事责任产生影响。法律错误一般不影响刑事责任,除非刑法条文有特别规定,或者该错误可能导致心理事实的缺失。事实错误一般属于阻却犯罪构成的罪过的事由。

4. 醉酒。如果将犯罪分为"具体意图"(specific intent)的犯罪和"基本意图"(basic intent)的犯罪,那么,"基本意图"(对称于鲁莽)的被告人不能以有幻觉为由否定必要的心理态度。而"具体意图"(对称于故意)的被告人可以有幻觉为由否定必要的心理态度。如果被告人是故意使自己陷入幻觉状态的话,虽不能否定他的鲁莽,但是可以表明他没有必要的意图。如果被告人不是故意使自己陷入幻觉状态的话,就可以否定他在主观上存在基本意图或鲁莽,且未能预见到其行为的后果。幻觉一般也属于阻却犯罪构成的罪过的事由。

5. 挑衅。挑衅只能作为谋杀的宽恕事由。在所有的情形(包括影响行为严重性的任何个人性格)中,挑衅对于失去自控提供了充分理由。但是,理论上关于挑衅的性质有争议。一种观点认为,挑衅是特殊的正当化事由,其理由之一是,挑衅人通过挑衅行为自招侵害。当受害人是哭泣的婴儿时,该理由就不能接受了;其理由之二是,当面对严重侵犯时,展示正义的威严是正确的。但是,如果某人告诉一个孩子的母亲,他伤害了她的孩子,孩子的父母亲却没有显示必要的震惊和愤怒,这在某种意义上是不道德的,而杀害挑衅者则不恰当地展示了正义的愤怒,这也正是其为特殊正当化事由的道理之所在。另一种观点认为,挑衅是宽恕事由,理由是,被告人失去自控意味着杀人不是其真实的选择。如果一个人不尽合理地失去自控,显然不能等同于合理地失去自控,可见这种解释不充分。

6. 责任耗弱(diminished responsibility)。责任耗弱能将谋杀减化为杀害。责任耗弱通常要求三个方面的要件:(1)在事件发生时,行为人的心理状态不正常;(2)行为人心理状态不正常的原因是精神发育不健全或者为疾病、伤害所致的其他内在原因;(3)行为人不正常的心理状态客观上削弱了被告人对自己行为的责任。责任耗弱不构成免除责任的事由。免除责任的事由主要是未成年和精神病。

7. 自杀关联(suicide pact)。自杀关联的适用受到了严格限制。如果被告人杀害了他人时,即便得到了他人的请求,也将受到处罚,因此,故意的安乐死构成谋杀或者杀害。但是，如果他人执意自杀，被告人对其自杀予以协助的，他可以请求将其犯罪由谋杀减化为杀害。

8. 杀婴。杀婴作为宽恕事由，需要具体如下条件：(1)母亲杀害了自己的婴儿；(2)该婴儿出生不到12个月；(3)被告人没有更小的孩子；(4)被告人因为产后心理压抑且未能完全康复。过去，杀婴曾被认为是正当化事由，但今天一般认为杀婴只能减少责任。

9. 承诺。承诺究竟是阻却犯罪构成的要素还是辩护事由，在理论上还有争议。一种观点认为，辩护事由是心理态度的一部分，对他人使用暴力一般是非法的，但是基于被害人的承诺，在某种情形下能被正当化；另一种观点认为，缺少承诺是行为事实的一部分，如果行为人得到了被害人承诺，就应认为没有发生不法事实，除非法律有特别原因认为其为不法。这两种观点将导致不同的举证责任。以下行为一般认为是被许可：(1)体育竞技、身体游戏和危险表演；(2)文身、男性割礼仪式、穿耳以及身体装饰；(3)宗教禁忌；(4)高难度的马戏表演；(5)具有资格的人实施的外科手术等。

10. 受到他人的胁迫。作为辩护事由，受到他人的胁迫。是指被告人不得不实行犯罪，因为一旦他不遵照他人的命令实行犯罪的行为，本人或者他人就将死亡或者遭到严重伤害。和自卫一样，受到他人的威胁是一个完全的辩护事由，一旦辩护成功，被告人将被宣判无罪。但是，它究竟是正当化事由还是宽恕事实，尚无明确界定。

11. 受到环境的束缚。受到环境的束缚源自对受到他人的胁迫的分析，它被意识到是一种辩护事由的时间并不长。受到环境的束缚明显不同于受到他人的胁迫。后者受到的是他人的威胁，而前者受到的危险一般来自环境，而不是人。受到环境的束缚不适用于谋杀或谋杀预备。被告人可以运用它表明，自己实行犯罪是必要的，如酒后为了躲避死亡或者严重伤害的危险，必须驾驶。

12. 强制。强制是一种特殊形式的胁迫，其适用场合是，妻子受到丈夫的威胁，不得不实行犯罪。在这类情形中，妻子不必证明威胁的内容是死亡或者严重伤害，任何可以迫令她实行犯罪的威胁都可以构成强制。故此，强制作为辩护事由只适用于结婚的配偶，而不是长期不结婚的伴侣之间。

13. 必要（紧急避险）。必要有时候指称受到环境的束缚，但是，有时候指称完全合法的辩护事由，而不是受到环境的束缚，它适用于被告人的行为方式产生的危害是最小的场合。在普通法中,有三种情形可适用必要:(1)未获他人同意,实行了保护他人的生命或者利益的行为;(2)为了保护财产而损毁其他财产;(3)为了避免伤害他人而损毁财产。后两种在制定法上也构成必要。

14. 上级命令。在警察机关或者武装部队里,一个级别较低的人接受上级的命令实行犯罪的话,他可以否定有必要的心理事实,或者运用胁迫进行辩解。①

## 四、违法性认识在犯罪构成中的地位

### (一)问题所在

违法性的认识,是认识到自己的行为为法所不容许,或者实质上是违法的。围绕违法性认识的问题主要有两个:一是它是否为犯罪构成的必要因素;二是违法性认识的错误如何处理。为了解决后一个问题,必须先解决第一个问题,所以,违法性认识的首要问题是它在犯罪构成中的地位。在德日刑法学中,围绕违法性认识是不是作为犯罪要件的责任故意的评价对象,存在违法性认识必要说、违法性认识可能性必要说和违法性认识不要说三种学说。但刑事责任在我国刑法通说中是独立于犯罪的范畴,那么,能不能认为违法性认识是我国犯罪故意的评价对象呢?

对此,陈兴良教授发表了《违法性认识研究》(以下简称"研究")一文,辨析了国内外的理论分歧,提出违法性认识是犯罪故意的要素的观点。② 在我国当前的刑法理论中,这个观点很有代表性。"研究"的基本逻辑顺序和理由主要包括:第一,国外立法例表明,"不知法律不免责"在刑法中的影响弱化了,违法性认识有从不要到要的趋势;第二,违法性必要说比不要说更为合理,通过规范责任论和折中说可以反映其中的问题;第三,违法性认识作为犯罪故意的要素,具有较为充分的法律根据,因为违法性认识的内容就是刑事违法性,它和社会危害性认识是一致的。

以上论述的确有一定说服力,可是,如果我们从刑法的一些基本观念出发,就不由会形成这样一些疑问。其一,立法确定了有关违法性认识中的问题的处理办法,这是否意味着"不知法不赦免"的法格言丧失意义?假定答案是肯定的,现代刑法立法究竟又为违法性认识确定了什么样的地位?其二,在必要说的理论基础上,是否隐喻着必要说难以超脱的困境,以至于它无法消解理论上和实践中的难题呢?

---

① See Jonathan Herring & Marise Cremona, *Criminal Law*, Macmilland Press Ltd., 1998, p. 269 – 299.

② 参见陈兴良:《违法性认识研究》,载《中国法学》2005 年第 4 期。

其三，如果对社会危害性和刑事违法性做一致性解释，这样的必要说（本文称第二种必要说）是否背离了必要说本来的主张并倒向了不要说？

在这个问题上，笔者倾向于违法性认识不是犯罪论的对象的观点（不要说），但主张它是刑事责任论的要素，因此，笔者立足于一种新不要说立场，同时结合刑法立法和基本理论的辨析，就"研究"中的一些看法进行商讨，形成这篇文章，期望沟通关于该问题的一些分歧观点，深化对违法性认识的理论认识。

### （二）必要说的理论缺陷

在犯罪论中探求必要说的合理性，其语境可归结为德日刑法中"犯罪构成要件的符合性—违法性—有责性"这样的犯罪构造。在这个问题上，不仅"研究"无形中是以这个理论体系为出发点的，我国许多学者也都无意地因循了德日刑法理论体系思维定向。笔者认为，这是一个潜在的陷阱，它是以承认德日刑法理论构造比我国刑法理论构造完善为前提而展开的。踏入此陷阱之后，我们就被局限在犯罪论的范畴中讨论违法性认识的问题。可是，这种做法是否可行呢？

众所周知，在德日刑法理论构造中，犯罪构成要件包括犯罪构成要件的符合性、违法性和有责性，只有当这三个要件都得到确定，一个人的行为才能被认定为犯罪。此即为了成立犯罪，一个符合构成要件的行为不仅必须是违法的，而且必须是可以非难的，[①]所以还要考察责任。在责任论部分，通常要讨论责任故意、过失、责任能力和期待可能性，而所谓必要说是针对故意、过失展开的讨论。必要说认为违法性认识是故意的要素，有违法性认识才能确证犯罪的故意，进而确定故意犯罪的成立；如果没有故意，就不能构成犯罪。但是，也有学者将违法性认识当作独立于故意之外的责任条件，[②]依此理论，没有违法性认识虽不阻却故意，但是因为责任要素不充足，行为人就欠缺责任，其行为就不是犯罪。可见，即使不主张必要说，违法性认识在刑法中还有两种"命运"：一是作为责任要素阻却犯罪，二是不作为责任要素而为现代刑法所抛弃。这点是由"犯罪—刑罚"的刑法理论构造所决定的。

考虑我国刑法理论构造的特点，在我国犯罪论中，犯罪成立的积极要件体现在"四个方面"，其中，似乎只有故意才为违法性认识提供了讨论的"土壤"，所以，我国

---

① 参见［日］西原春夫：《刑法总论》（改定准备版）（下卷），成文堂1993年版，第435页。

② 参见［日］西原春夫：《刑法总论》（改定准备版）（下卷），成文堂1993年版，第465页。

学者主要在故意犯中论述该问题。可见,我国持必要说的学者也是在“犯罪—刑罚”的体系中考量违法性认识,而没有充分挖掘“犯罪—刑事责任—刑罚”理论体系的优点。在笔者看来,德日体系存在混淆责任大小评价和犯罪定性评价的缺陷,它不能显示行为人的特性;如果在犯罪之后进行刑事责任评价,特别是考虑期待可能性和违法性认识的可能,有助于依据具体情形确定责任大小。① 这样,违法性认识问题即使在犯罪论不被考虑,但它在犯罪之后的刑事责任评价中找到了自己的归宿。这种思路,跳出德日理论的思维束缚,克服了必要说或者违法性认识可能性必要说中难以避免的问题,不失为一种解决违法性认识问题的办法。

“研究”承认必要说的主要依据是:必要说是以规范责任论为根据,而不要说以社会责任论为根据,结果,“违法性认识必要说与违法性认识不要说的对立实际上是道义责任论与社会责任论之争的表现”。

的确,必要说是以规范责任论为依据的,这点在其内部的严格故意说和准故意说中都是一致的。如严格故意说认为,仅仅认识犯罪事实还不够,行为即使违法,但当超出了规范的抵抗力而实施行为之时,就不可以作为故意犯加以非难。此即故意责任的本质,是对法规范的有意识的抗拒,而犯罪事实的认识本身并没有意义。在此基础上,准故意说认为,行为人如果有违法性的现实认识,在其内心就可以形成不为该行为的反对动机,尽管如此他还是实行了该行为,就产生故意责任。如果行为人没有违法性的认识,但如果有违法性认识的过失时,成立过失犯。② “研究”也认为,“在规范责任论成为通说的情况下,违法性认为确立了其在归责要素中的地位”。同时,“研究”针对传统的“自然犯中不需要违法性认识”观念,提出“所谓自然犯不要求违法性认识,实际上是推定自然犯具有违法性认识”的论点。

但是,随着理论的发展,作为理论根据的规范责任论不再是必要说的专利,不必要说一样可以以规范责任论为依据来完成自己的理论使命。对此,我们应澄清以下观点。其一,不要说与必要说之争,不是通过道义责任论与社会责任论反映出来的。道义责任论与社会责任论的基础是人的意志是否自由,在道义责任论看来,凡达到一定年龄、精神正常的人原则上均有依理性而行动的自由意思,而具有自由意思的人,因其自由意思决定而为一定的行为,并发生一定的犯罪结果,就应对该

---

① 参见童德华:《规范刑法原理》,中国人民公安大学出版社 2005 年版,第 27 页。

② 参见[日]松原久利:《违法性的意识可能性》,成文堂 1992 年版,第 11 ~ 13 页。

行为进行道义观念上的否定评判，并让行为人负担一定的刑事后果。[①] 因此，违法性认识被假定在理性之中，在决定对具有健全理性的人的责任非难时，违法性认识是无须考察的因素。可是，依据社会责任论的观点，人犯罪是被决定的，其中包含社会、自然和素质等方面的因素，所以对于犯罪人采取不同措施时，就必须考虑包含违法性认识的能力因素，如根据木村龟二博士的观点，“社会的责任论，……盖人就自己之行为负担责任，乃系由于彼营社会生活，本应依从社会生活规范之要求（法规范之要求）而为意思决定，然竟未依从此要求而为意思决定。若认为在此有社会的非难之责任时，则刑事责任之本质，即应解为系如此的意义之社会的责任”，[②]这就难从社会责任论否定违法性认识的内容。其二，社会责任论与规范责任论并不对立。规范责任论是相对于心理责任论而言的，“作为历史的产物，它首先是道义责任论为了回应社会责任论所做的反省与发展，……其次，它是社会责任论自觉演绎的结论”，[③]因此，即便退而认为不要说是以社会责任说为根据，也不能就此认为不要说和规范责任论是矛盾的。相反，我们也可以运用不要说来处理好规范的责任问题。因此，在规范责任论中也可能存在必要说和不要说之争，关键问题是刑法体系如何处理根据规范责任论的一般理论安排犯罪的评价机制。

如果运用必要说，在实践中将面临一些难以克服的问题。当单纯将违法性认识当作故意的要素时（严格故意说），至少存在两个问题不能解决：第一，刑法中的行政犯大多并不是作为过失犯加以处罚规定的，如果根据严格故意说，欠缺违法性认识，就不能处罚，这就不能达到行政取缔的目的，从而导致处罚的分裂；第二，如果将违法性认识作为故意的要素，必然要求起诉者对违法性认识进行举证，这不仅增加了有关机关、人员的司法负担，降低了诉讼效率，而且在经验上很难确证违法性认识的存在，虽然“研究”提出“证明困难不等于没法证明”，可是，其结果将使刑法司法陷入无止境的证明纠缠中，社会也将直面相当多行为人以无违法性认识为借口而逃脱法律制裁的风险。

正是基于以上原因，准故意说提出当行为人存在违法性认识的过失时就成立过失的主张，但是，将违法性的过失和没有认识事实的本来的过失同样处理，这在概念上是不明确的。而且如果有违法性的过失，认为构成过失犯，则当没有过失犯

① 参见马克昌等主编：《刑法学全书》，上海科学技术文献出版社 1993 年版，第 631 页。

② 洪福增：《刑事责任之理论》，台北，刑事法杂志社 1988 年版，第 16 页。

③ 童德华：《刑法中的期待可能性论》，中国政法大学出版社 2004 年版，第 78 页。

的明确处罚规定时,就是不可罚的,这样的结论也有缺陷。①

综上所述,必要说不仅理论的前提和基础都不充分,而且在具体问题的处理方面存在不可克服的矛盾。

## (三)对违法性认识立法例的审读

那么,必要说在理论上的不足能否通过立法得到了弥补,且取得了立法上的依据呢?对此,“研究”结合意大利、德国、日本、法国以及俄罗斯的立法例作了分析,提出“从立法史的角度来看,违法性认识存在一个从不要到要的缓慢而又有力的演进过程”的看法。这足以强化违法性认识必要说的论据。鉴于“在俄罗斯刑法中,违法性认识也是一个没有得到科学解决的问题”的原因,在下面我们仅仅就意大利、德国、日本、法国等国刑法立法进行评判。

《意大利刑法》第5条规定,不得因不知法律而免除刑事责任。这个规定可以说严格遵循了“不知法不赦免”确立的原则。与意大利的规定相比较,法国、德国刑法的规定则完全是另一番景象。《法国新刑法典》第122-3条规定,能证明自己系由于其无力避免对法律的某种误解,以为可以合法完成其行为的人,不负刑事责任。《德国刑法典》第17条规定,行为人行为时没有认识其违法性,如该错误认识不可避免,则对其行为不负责任。如该错误认识可以避免,则依第49条第1款减轻处罚。另外,该法第35条第1款、第2款中也有关于错误认识的规定。可见,法国、德国刑法的规定似乎在一定程度上抛弃了“不知法不赦免”的传统。而日本刑法在这方面比较谨慎,《日本刑法典》第38条第3款规定,即使不知法律,也不能据此认为没有犯罪的故意,但可以根据情节减轻处罚。

笔者认为,就法、德刑法规定而言,其中有两点值得注意:一是法国刑法中的举证责任倒置于被告人;二是关于“不可避免”或者“无力避免”的评价标准。关于举证问题,如上所述,是违法性认识中的一个实践问题,如果将违法性认识作为犯罪的基本要素确定下来,那么举证能不能倒置便成为问题。而关于可否避免的评价标准,如果采取德国理论中的所谓“普通人的认识”标准,②那么立法的意义将大打折扣。因为立法本身就是针对一般人,且以通常人可能并且应当知晓法律为前提。

---

① 参见[日]曾根威彦:《刑法的重要问题》(总论),成文堂1996年增补版,第192~193页。

② [德]汉斯·海因里希·耶塞克、托马斯·魏根特:《德国刑法教科书》(总论),徐久生译,中国法制出版社2001年版,第540页。

在理论上考察违法性认识问题,不是针对一般人的违法性认识程度,而是针对具体情形下行为人究竟是否能认识到自己的行为具有违法性。这是例外性的讨论。在有责性领域,其实也是根据立法的规定实施的类型化判断,虽然要联系案情进行具体分析,但它的确是以一般人为标准进行操作的,因此,它更多地体现为抽象性的、形式上的考察。所以,以"普通人的认识"为标准,是犯罪论上必须采取的标准,结果,如果一般人可能知晓某规定,行为人就应当知晓该规定。这样的立法实际上没有突破"不知法不赦免"的传统。

当然,所谓的法定犯时代,由于依据行政性刑法和临时性预防的需要而规定的犯罪情形越来越多,许多规定的确不为行为人所知道,所以司法机关不得不采取和缓的措施,消解上述法谚的不合理。如在意大利司法实践中作出了一些妥协性解释。① 对此,帕多瓦尼教授指出,"严格地说,这种解释肯定不符合原刑法典第五条规定的精神,因为根据该条的规定,对法律的认识错误并没有可原谅与不可原谅的区别"。② 然而,在 1988 年第 364 号判决中,意大利宪法法院认为,其刑法典第 5 条部分违宪,违宪部分是该条不承认对刑法不可避免的认识错误有可原谅性。理由是"不知法不赦免"的法谚,不符合宪法确定的罪过原则,如果根据主体和法律之间的关系,以及由此决定的主体和行为的联系,不可能发现可从法律的角度视为无价值的事实,行为人与行为之间的心理联系就不能作为决定主体刑事责任的根据。从宪法中的罪过原则出发,主体不了解法律不是出于过失时,因为行为人不是故意践踏法律所维护的价值,就没有必要用刑罚进行再社会化。此外,在宪法框架内,仅当公民有认识刑法规定的可能性,从而能自由选择行为,才能发挥罪刑法定保护公民自由的作用。所以,上述刑法典第 5 条的实际内容应该是,除不可避免的情况外,不知道刑法不是辩护的理由。③ 意大利宪法法院的判决,曾经获得了帕多瓦尼教授的高度评价,他说:"宪法法院的上述决定,使我们的刑法制度得以跻身于当代

---

① 意大利司法机关将后述三种情形作对行为人有利的处理:其一,行为得到了有关主管机关的许可;其二,对同一主体以前实施的同一性质的行为,法院曾以"行为未被法律规定为犯罪"为由,宣判无罪;其三,有关主管机关对行为长期容忍,不加干涉。参见[意]杜里奥·帕多瓦尼:《意大利刑法学原理》,陈忠林译,法律出版社 1998 年版,第 258 页。

② [意]杜里奥·帕多瓦尼:《意大利刑法学原理》,陈忠林译,法律出版社 1998 年版,第 258 ~ 259 页。其中,原《意大利刑法典》第 5 条的规定是,"任何人都不得以不知道刑法作为自己辩护的理由"。

③ 参见[意]杜里奥·帕多瓦尼:《意大利刑法学原理》,陈忠林译,法律出版社 1998 年版,第 259 页。

最先进的、承认对法律认识的错误也可成为辩护理由的刑法制度之列。”①

可是,为什么对这个现实矛盾一定要通过阻却犯罪来实现呢?难道我们不能通过在认定犯罪成立的前提之下免于现实刑罚的方式对这个现象进行救济吗?笔者认为,在这里,我们应当检讨“不知法不赦免”的含义。这个法谚来自“ignorantia legis non excusat”,其最宽泛的含义是不免除对行为人的处罚。但是,随着社会的进步,刑法文明化的趋势在不断增加,人类也要求刑法要宽容和谦抑,在这样的社会背景下,再继续持守“不知法也不免除处罚”的传统的确不合时宜。不过,一般人都知道的违法行为,行为人因为不知道违法而实施的,如果认为其行为不构成犯罪,这无助于强化公民履行知法、守法的义务。② 鉴于此,我们可以通过不赦免行为人的犯罪但免除对他的处罚的方式来解决这个矛盾。这样,在现代社会,“不知法不赦免”的含义就是“不知法不赦免行为人的罪行”。进而,我们就没必要在犯罪构成的范畴中讨论违法性认识。这种方法不仅满足了关于违法性认识的个别化要求,而且对应于我国在《刑法》中尚无明确“违法性认识”规定的现实,不违背罪刑法定的原则,对于强化公民履行知法、守法的义务,合理处罚违法性认识的错误问题,也提供了一个能为社会接受的途径和幅度。

### (四)第二种必要说的归结及其困顿

“研究”提出违法性认识是故意的规范要素,其中一个根据是,违法性认识和社会危害性认识是一致的,因此,“社会危害性认识……其法理上的含义应当是违法性认识”。认识到社会危害性却没有认识到违法性,或者认识到违法性却没有认识到社会危害性,这只是一种逻辑上的分析,在现实生活中其实并不存在。这样的结果是,“在一般情况下,行为人只要对行为的社会危害性,即对构成犯罪的事实有了认识,也就意味着对其行为的违法性有了认识。所以,在认定行为人主观上有无故意时,通常只需要查明他对行为的社会危害性具有认识,就足以说明他对行为的违法性有认识,而不需要另外特别去查明他对行为的违法性是否有认识”。③ 最终,违法性认识在事实的认识中被消解了,不具有独立的评价意义。

在笔者看来,这样的违法性认识必要说并不是本来的违法性认识必要说,而是

① [意]杜里奥·帕多瓦尼:《意大利刑法学原理》,陈忠林译,法律出版社 1998 年版,第 260 页。
② 参见张明楷:《刑法学》(第 2 版),法律出版社 2003 年版,第 228 页。
③ 马克昌主编:《犯罪通论》(第 3 版),武汉大学出版社 1999 年版,第 336 ~ 337 页。

违法性认识不要说的主张。因为违法性认识不要说认为,有犯罪事实的认识,就可以认为故意责任成立。其理论根据也在于,对成为犯罪的事实,“只要有认识,就具有形成通常抑制感情或者反对动机的期待可能性,所以认为有法律责任,对该犯人要加以非难和处罚”。具体说,就是在一般情形下,只要行为人认识到犯罪的事实,就有违法性认识。在一些国家的判例中认为,只要行为人认识到犯罪的事实,就可以期待他避免违法行为,因此,没有违法性的意识也可以确认故意。① 因而,大陆法系刑法学中所谓的违法性认识不要说,并不是在犯罪的要件中完全抛弃违法性认识,而是不把违法性认识当作独立的评价要素,并从事实认识中得出有违法性认识的结论。可见,“研究”所主张的“必要说”与大陆法系的“不要说”别无二致。

如果采用“犯罪—刑罚”的体系,在犯罪论中采取“第二种必要说”(不要说),存在两难问题。一方面,在违法性认识的归责中会形成心理责任论的结论。此时,“第二种必要说”是真正的不要说。可是,责任的本质是规范的责任论,现在基本上没有异议。因此,为了成立故意责任,仅认识犯罪事实是不够的。因为违法性的认识可能性也可能例外地不存在,即由于没有认识到违法性,行为人不能做出适法行为的决意,那么在该场合,不要说和规范责任论是不相容的。此外,上述理论的根据是:有法的判断能力的责任能力者,也就具有认识违法性的能力,因而无须讨论违法性的意识可能性。然而,违法性认识的问题,并不可能等同为完全的责任能力问题,一般人毕竟不是法律专家,他们即使有责任能力,在具体的场合也可能不能认识到行为的违法性,责任能力的存在和违法性的认识可能性并不能完全重合;而且,即使在不能认识违法性的场合,“违法是否完全不能判断的精神状态,和没有违法的判断的精神状态之间是不同的”。将两者等同视之是不当的。特别是对没有违法性的认识有相当的理由时,即没有违法性认识可能性的场合,如果也成立故意犯,就可能违反了责任主义。② 例如,“大义灭亲”,在现实生活中,杀人犯法与大义灭亲就不能完全被一体评价,又如,在某地就出现了父母将在外作恶的儿子杀死的案例,父母被公安机关逮捕后,当地群众写联名信,认为这是大义灭亲,不是犯罪。这说明不能将违法性认识和事实认识绝对一致化。另一方面,在犯罪论中,无论是将违法性认识作为责任构造中要考虑的一个要素,或者是故意的前提,或者是单独

① 参见[日]松原久利:《违法性的意识可能性》,成文堂1992年版,第8~9页。
② 参见[日]曾根威彦:《刑法的重要问题》(总论),成文堂1996年增补版,第189~190页。

的责任阻却事由评价要素,都不影响犯罪的成立,但关键的问题,即如何对没有违法性认识进行处理,并没有得到明确的解决。而且,这也显示出德日理论的烦琐。

不过,需要指出的是,(1)在所谓法定犯的场合考虑违法性认识与违法性认识不要说是不矛盾的:有观点认为,自然犯的成立不需要考虑违法性的意识,而法定犯的成立则应当考虑违法性意识。其依据是,自然犯和法定犯关于犯罪事实的认识意义是不同的,有必要在和违法性的联系中考虑作为故意要件的犯罪事实的认识意义,从而,"在行政犯中,即使仅仅认识到外在的犯罪事实,也不能形成反对动机,因此,非常需要违法性认识加以沟通"。① 但是,法定犯和自然犯的界限在理论上不仅难以完全明确区分,也欠缺具体条文的区别根据,如通常认为经济刑法中很少包括自然犯,可是金融诈骗既是经济刑法的对象,也是诈骗的特殊类型,因此,很难说它是自然犯还是法定犯。此外,所谓法定犯并非和伦理、道德观念没有关系,法定犯最终将强化人们的社会伦理观念感,随着时间的变化,法定犯和自然犯的界限将变得越来越模糊,因此,真正意义上的法定犯相当少,所以,笔者认为,就犯罪成立而言,所谓法定犯的场合也无须考虑违法性认识。(2)因为不知道法律的存在而不能认识行为的危害性和由于误解法律的内容而不能认识行为的危害性场合,阻却犯罪。② 这种观点很有见地,但是理论依据还是不足,也不能得到严格的贯彻。例如,与不满14周岁的幼女发生性行为的时候,不是每个人都知道只要与不满14周岁的幼女发生性关系就是犯罪的,但是法律只要行为人在事实上和不满14周岁的幼女发生性关系,且有事实性认识,就应当处罚。又如,在一些封闭的地方有买卖妇女的情形,买方没有人口不得成为商品进行买卖的法律意识,倒认为自己掏钱了就合法,对此,法律没有因为行为人确实不知道这样的规定而认为这样的行为合法,只是在处理的时候尽量从轻。所以以违法性认识为犯罪的构成要件,哪怕作为特例,也存在反论的可能。因此,在个别场合以违法性认识的欠缺阻却犯罪,还缺乏统一的标准。

基于上述分析,虽然"德国已无学者持不要说,日本现在也只有个别学者持此见解,表明了这一观点的没落",③违法性认识有考察的必要,但是,在犯罪论中处理

---

① [日]松原久利:《违法性的意识可能性》,成文堂1992年版,第9页。

② 参见张明楷:《刑法学》(第2版),法律出版社2003年版,第228页。

③ 马克昌:《比较刑法原理》,武汉大学出版社2002年版,第484～485页。

违法性问题要克服相当多的困难，所以，这也预示着违法性认识在犯罪构成中难以获得恰当而合理的定位，而不等于违法性认识从刑法学中被“流放”了。

### (五)结论：违法性认识问题在刑事责任中的破解

在犯罪论中不便于考察违法性认识的结果是，违法性认识要么不能得到评价，要么只能在犯罪论之外的理论范畴中寻求自己的归宿。而在德日刑法学中，违法性认识除了犯罪论就无立足之地，因此，它就真正被刑法学遗弃了；但如果将刑事责任论作为独立于犯罪论的范畴，就可以考虑在刑事责任论部分评价和处理违法性认识问题。这样，所谓违法性认识不要说只是犯罪论中的不要说，而在刑法理论中还有评价的余地，在这个意义上，不要说反而成为本文所提倡的新不要说。

将违法性认识问题在刑事责任论中解决，取决于两个前提：一是刑事责任论是独立于犯罪论的范畴；二是违法性认识属于责任论考察的内容。就第一个前提而言，众所周知，在我国刑法理论中，关于刑事责任论与犯罪论和刑罚论的关系，存在刑事责任即刑罚说、责罪刑平行说、罪责平行说，罪责刑平行说等诸多主张，[①]其中有一个明显的特点，就是倾向于将责任同责任意思分离，并以独立的实体作为责任的范畴。将刑事责任论作为一个独立于犯罪论和刑罚论的范畴，其中原因之一是，刑事责任理论是全部刑法学理论中的重要组成部分，而确定刑事责任理论在刑法学中的独立实体地位，有助于正确认识犯罪的概念及其特征，有助于正确认识刑法原则。[②] 还有一个法律意义上的原因，就是我国《刑法》第 5 条规定：“刑罚的轻重，应当与犯罪分子所犯罪行和承担的刑事责任相适应。”这可理解为，我国在刑法上赋予了刑事责任作为独立于犯罪、刑罚的实体地位。刑事责任的独立性地位，也就应当在刑法理论中表现出来。因此，认为刑事责任即刑罚的观点，肯定是错误的，对此无须赘言。而主张以刑事责任论替代刑罚论，在逻辑上是正确的，但是，“从刑法立法来看，这种体系明显与刑法体系不符……在刑法理论中刑罚理论内容丰富，占有很大篇幅，非刑罚处理方法内容单薄，所占篇幅很小，使两者处于同等地位，未必合理”。[③] 而“责、罪、刑”平行说，其结论无非是将刑事责任，置于犯罪论和刑罚论

---

① 参见王晨：《刑事责任的一般理论》，武汉大学出版社 1998 年版，第 118 ~ 121 页；高铭暄、马克昌主编：《刑法学》，北京大学出版社、高等教育出版社 2000 年版，第 211 ~ 212 页。

② 参见王晨：《刑事责任的一般理论》，武汉大学出版社 1998 年版，第 116 ~ 117 页。

③ 高铭暄、马克昌主编：《刑法学》，北京大学出版社、高等教育出版社 2000 年版，第 212 页。

之前。从实质上看,这种观点无可非议,它们侧重于立法思路,和我国刑法结构理论中“行为发生论”如出一辙。其理由是,刑事责任并不是国家刑法立法之后才存在和发展的,而是在国家刑事立法过程中就存在。[①] 但是,笔者认为,刑法理论的主要目的,应该方便于刑事司法发现案件、处理案件的需要,即应该沿着司法机关发现案件、侦查案件、确定性质、确定后果的逻辑。在刑事实践中,我们最初面对的往往是犯罪的结果,然后就沿着结果分析行为表现锁定行为人,进而对行为人的主观责任进行全面的衡量,最后才能确定行为人是否实施了犯罪的行为、是否应当承担刑事责任、需要承担什么样的刑事责任。刑事责任的认定,是以犯罪的确定为前提的。而且,“将刑事责任看作凌驾于犯罪和刑罚的最上位概念,它的内容包括犯罪论,刑罚论和刑法各论,就无异于将刑事责任等同于刑法,这样扩大刑事责任的内容,既不符合我国刑法关于刑事责任的规定,在理论上也难以在刑法学体系上给刑事责任以应有的地位”。[②] 所以,笔者赞同多数学者的意见,即认为在犯罪论之后、刑罚论之前,单独地论述刑事责任,无论在理论体系的协调方面,还是在实际运用中,都比较理想。另外,这样处置刑事责任,并不影响刑事责任对于刑法立法的指导作用。

就第二个前提而言,认识可能性和刑事责任也有关系,这种联系主要是通过它作为期待可能性的认知前提实现的。[③] 而将期待可能性和违法性认识定位于我国刑法的刑事责任论部分,有助于弥补刑事责任评价要素空虚的不足,发挥刑事责任的机能,在实际应用中,它不违背罪刑法定原则,能对违法性认识不足做出合理的处置。如此一来,违法性认识不要说虽然在犯罪论中没落了,却在我国的刑事责任论中获得了新生。

---

① 参见李文燕主编:《中国刑法学》,中国人民公安大学出版社 1998 年版,第 233 页。

② 高铭暄、马克昌主编:《刑法学》,北京大学出版社、高等教育出版社 2000 年版,第 212 页。

③ 参见童德华:《刑法中的期待可能性论》,中国政法大学出版社 2004 年版,第 158 页。

# “不法是客观的、责任是主观的”观念之反思

崔志伟*

**摘　要**　“不法是客观的、责任是主观的”之主张无法合理应对“中立”帮助行为的可罚性以及行为人主观上存在特别认知的侵害情形，也不契合处罚不能犯未遂的司法现状。“先客观后主观”的自然科学上的合理基础不复存在，权利保障理念与客观不法间也不存在必然关联。客观优先的审查顺位的优势主要在于程序法而非实体法。主客观二分法并不现实：“目的性动词”使主客观要素无法完全割裂；主观要素缺位可能无法评价不法的有无；主观要素还能够影响具体的不法类型判断以及行为危险的程度。主观故意和行为人的特别认知在不法判断中的地位已然无法撼动，至少在故意的作为犯中，客观归责论已名实难副。主客观二分式的犯罪构成模式并不符合事物的本来面目，两者也不存在绝对的先后次序，主客观相结合的不法判断才更加贴合实际。因此，应当重新审视责任要素的范畴，故意、目的等要素实际上应归入构成要件的领域。否定客观不法论，“区分不法与责任”才得以真正确立。

**关键词**　不法　责任　客观归责　主观归责　故意的作为犯

## 一、问题意识：“客观优先于主观”的实践困境

在我国当下犯罪构成模式的选择上，德日三阶层理论因其内在逻辑的严谨性、要素定位的清晰性而备受推崇。但是，对于三个层次间的关系及其中布置尤其是

* 上海师范大学法学院讲师，法学博士。

责任要素的范畴,一直存在着聚讼。"不法与责任相区分"可谓阶层论的内在属性,加之学界较为普遍的"客观优先于主观"情结,两相结合便推导出"不法是客观的、责任是主观的"这一有力论调。张明楷教授便主张,"认定犯罪必须从客观到主观、从不法到有责,而不能相反","必须先讨论行为的客观不法,后考察行为人的有责性",而不法的本质即行为是否侵犯法益是一种客观事实,不取决于主观上的非难可能性因素。① 黎宏教授也认为,对于行为社会危害性的判断,只能考虑结果、行为形态等客观因素,而故意、过失、动机等主观要素则只能在责任层面加以斟酌。② 即便是行为无价值论的主张者周光权教授也认为,应坚持遵循"先客观后主观,先违法后责任"的判断标准,③即先判断行为在客观上是否符合构成要件,而后判断行为在客观上是否具有实质的违法性,最后判断主观上的个人责任。④ 随着客观归责理论的引入,"先客观归责后主观归责"的归责模式也与此形成了相互映照。客观归责论正是立足于不法与责任相区分,主张客观归责是关于不法的归责,而作为主观归责,则是对责任的归责的描述。⑤ 这种极具体系化的布置虽具备了逻辑上的严谨性且一目了然,在映射到具体实例中却难免出现不合理结论。

**【案例一】**在王某伟贩卖毒品罪案中,检察机关控诉,被告人王某伟明知杨某去购买、贩卖毒品,仍接受其邀约,驾车搭载杨某送至指定目的地,成立贩卖毒品罪的帮助犯。被告人及其辩护人主张,王某伟对杨某购买、贩卖毒品的事实主观上不明知,驾车搭载只是"中立"帮助行为,不应成立犯罪。审理法院就此指出,驾车搭载既可以是正常的民事行为,也可以是贩毒的帮助行为,两者的界限在于是否明知杨某贩卖毒品具有法益侵害的紧迫性而为其提供帮助。⑥ 可见,司法者将罪与非罪的界分重点放在了是否主观"明知"上。在本案中,如果按照先客观归责再主观归责的逻辑,由于驾车搭载属于日常的"中立"行为,即便事实上为贩卖毒品提供了帮助却不属于"制造法所不容许的风险",因而阻却客观归责。既然不成立客观不法,也就没有进入主观有责评价的余地,因此,该案不可能认定为犯罪。可见,如果按照

① 参见张明楷:《刑法学》(上)(第5版),法律出版社2016年版,第104、127页。

② 参见黎宏:《结果无价值论之展开》,载《法学研究》2008年第5期。

③ 参见周光权:《现代刑法的理念与方法》,载《法治研究》2020年第6期。

④ 参见周光权:《刑法方法论与司法逻辑》,载《现代法学》2012年第5期。

⑤ 参见[德]阿恩特·辛恩:《德国犯罪理论的发展及现状》,徐久生译,载《国家检察官学院学报》2009年第1期。

⑥ 参见重庆市第五中级人民法院刑事裁定书,(2019)渝05刑终1112号。

“不法是客观的、责任是主观的”这一主张，就无法逻辑自洽地处罚现实生活中的“中立”帮助行为，这不符合司法中的实际操作状况。

这种实践处境当然也会延伸到《刑法修正案（九）》增设的帮助信息网络犯罪活动罪当中。有学者按照行为被非法利用的程度将网络帮助行为分为三种类型：偏重非法利用的帮助行为、易于滥用的帮助行为以及偶被非法使用的帮助行为。其中，第二种属于典型的表面“中立”的帮助情形。该学者指出，客观不法论无法解决后两种行为类型的可罚性问题，应引入主观不法论。① 还有学者将本罪的行为类型分为“漠不关心”的分离射线型和“心照不宣”的链条型，对于前者，论者认为并不属于网络黑灰产业链的一环，行为性质不能一概而论，更类似于“中立”帮助行为，“考察其刑事可罚性不能单从客观行为入手，而要更偏重考察其主观心态”。② 以上具体分类虽然不同，却共同确证了一点，“中立”技术帮助属于帮助信息网络犯罪活动罪构罪情形的重要的一部分。如果按照以上归责模式，便会有很大一部分网络帮助犯罪无法惩处，这显然不符合立法的初衷以及惩治网络犯罪的实际需要。

如上归责理论的实践困境还体现在行为人具有特别认知的案件情形。

**【案例二】**在刘某被控过失致人死亡宣告无罪案中，被告人刘某与张某因让车问题发生争吵，刘某动手推了张某的肩部并踢了张某腿部一脚，张某报警后警察将双方带至派出所，警察调解纠纷时张某感觉胸闷不适，到医院经抢救无效死亡。经法医鉴定，张某因患冠状动脉粥样硬化性心脏病，致急性心力衰竭死亡。③ 对于此类案件，客观归责论者会认为，行为人的轻微殴打、推搡行为没有制造被害人死亡的风险，被害人的死亡结果不能归责于行为人的殴打行为。④ 该观点在解决该具体个案上没有太大问题。但我们设想，如果行为人对被害人的特殊体质存在特别认知甚至有意利用其身体“缺陷”实施殴打，按照以上归责模式，客观归责即被否定，也就失去了整体上的归责根据。这种认定结论便有欠合理。因为某种行为虽然在

---

① 参见李长兵：《网络中立帮助行为刑事处罚的边界新论——以帮助信息网络犯罪活动罪为视角》，载《法学杂志》2020 年第 4 期。

② 江溯：《帮助信息网络犯罪活动罪的解释方向》，载《中国刑事法杂志》2020 年第 5 期。

③ 参见最高人民法院中国应用法学研究所编：《人民法院案例选 · 刑事卷》（4），人民法院出版社 2017 年版，第 1769～1771 页。

④ 参见孙运梁：《致特殊体质被害人死亡案件中的刑事归责问题》，载《法学》2012 年第 12 期；周光权：《客观归责论的中国实践》，载梁根林、［德］埃里克 · 希尔根多夫主编：《刑法体系与客观归责——中德刑法学者的对话（二）》，北京大学出版社 2015 年版，第 86 页。

一般情况下不会因为相对人特殊体质的存在就被视为制造了受非难的死亡风险，但如果个案中存有可得认知的根据，就不应仍旧贯彻这种思维模式。① 同样的问题也体现在名噪一时的借虎杀妻案中。如果纯客观地分析，带妻子去动物园以及争吵行为显然属于日常行为，没有制造法不容许的风险而否定客观归责，刑法评价便到此为止。但是，如果考虑丈夫对妻子的弱点十分知悉且有意使之陷入自己谋划的局势，径直得出无罪结论便难言合理。

此外，客观优先于主观的归责模式在认定不能犯未遂时所得出的结论也会与实践状况存在脱节。

**【案例三】**在刘某网购毒药意图杀夫案中，被告人刘某因婚外情及生活琐事与丈夫感情不和，欲将丈夫毒死，2019 年某日，被告人刘某通过网上搜索，向 QQ 昵称“特殊药”的商家购买致人死亡的药水 1 瓶，后将该药水投放于丈夫的食物内让其食用，欲将其毒死，因该药水无毒性而未能得逞。2020 年某日，刘某又向 QQ 昵称“曼陀罗”的商家订购药水 2 瓶，欲再次毒杀丈夫。经事后鉴定，查获的药水中均未检出毒性成分。法院认定刘某成立故意杀人罪未遂，判处其缓刑。② 如果先纯客观地分析行为不法，由于不具有致人死亡的现实可能性，自然不会在意杀人的故意，从而认定为无罪。这便是客观不法论在处理不能犯未遂上的一贯立场。但是，这种观点起码在目前是不符合我们司法实践的现实状况，自然也就难以被司法者所接受。

以上个例所映射出的实践困境尚需要学理上的系统解读。笔者借此意在表明，纯粹的客观不法论之主张以及刻意区分客观与主观的思维，在解决现实问题上未必是可行的。这里首先需要交代两个论述前提。其一，本文反对“客观优先于主观”之主张并非意在表达重回意思刑法，也无意于挑战“刑法规制的对象是行为”，主观的状态当然也需要外在的客观事实佐证。其二，鉴于故意的作为犯与过失犯、不作为犯存在不同的不法构造，③本文不将所有的犯罪类型放在一起笼统地一概而论，主要以故意的作为犯这一基本的犯罪类型为视角。

---

① 参见[德]沃尔夫冈·弗里希：《客观之结果归责——结果归责理论的发展、基本路线与未决之问题》，蔡圣伟译，载陈兴良主编：《刑事法评论》第 30 卷，北京大学出版社 2012 年版，第 234～235 页。

② 参见江苏省仪征市人民法院刑事判决书，(2021)苏 1081 刑初 5 号。

③ 参见劳东燕：《刑法中的客观不法与主观不法——由故意的体系地位说起》，载《比较法研究》2014 年第 4 期；崔志伟：《“制造法所不容许风险的行为”的构造与定位——以故意的作为犯罪为视域》，载赵秉志主编：《刑法论丛》2019 年第 2 卷·总第 58 卷，法律出版社 2019 年版，第 460～462 页。

## 二、刑法上"客观优先于主观"的滥觞及流变

一般认为,古典犯罪论体系是区分不法和责任且秉持客观不法论的滥觞,德国学者称其为"最为重要的发现之一"。[①] 百余年后,这种"发现"依然具有广阔的市场,足见其影响力。这背后有着较为深厚的思想根基。远在此之后产生的客观归责论只不过是对这一论调的重拾。其间,这种模式一度饱受争议,即便是在客观归责理论如火如荼的今天,主观归责论与之产生的对峙也依然未消。那么,为什么在犯罪论体系的发展史上,人们如此青睐这种主客观二分的模式,这种模式又是从哪个角度被突破的呢?这就需要对其缘起及流变进行简要的梳理。

### (一)古典犯罪论体系与主客观二分论的由来

古典的三阶层犯罪论奠定了当下的体系范本,其形成背后则深受自然科学和权利保障理念两股思潮的影响。时至今日,我们可以理性地发现,自然科学式的社会科学研究早已退出历史舞台,而究竟是"先客观后主观"还是"先主观后客观"与权利保障所警惕的罪刑擅断也没有必然关联。

1. 客观优先与定罪模式(自然)科学化的需要

得益于快速的科技进步,17世纪、18世纪人类进入自然科学理性时代,观察和实验作为一种求实精神备受推崇。[②] 这种思维也被带入社会科学的研究,三阶层犯罪论的形成就是明证。从便于观察的角度来说,客观外在的事物容易辨识,而主观内在的心理因素则易变难测。从正常的证据规则来看,必然也是先从客观着手。这样,客观与主观在程序意义上就需要呈现一种先后顺序。此外,在自然科学领域,各个科学元素井序排列、位置固定、非此即彼且丝毫不可颠倒。出于对这种研究范式的崇拜,以贝林和李斯特为代表的学者也试图在刑法领域仿照设计出一种可以作机械式切割、分析和检验的犯罪论体系,客观与主观的绝对区分模式便由此形成。[③] 在这种犯罪论体系下,犯罪各个要素犹如被装入不同的抽屉,三个层次严格区分、互不重叠,呈现了一种各要素归属明确的清晰层次和美观结构。这种直观

① 参见[德]阿恩特·辛恩:《德国犯罪理论的发展及现状》,徐久生译,载《国家检察官学院学报》2009年第1期。

② 参见赵敦华:《西方哲学简史》,北京大学出版社2001年版,第169~170页。

③ 参见许玉秀:《当代刑法思潮》,中国民主法制出版社2005年版,第388~389页。

上的一目了然也正顺应了自然科学上便于观察的需要。

以自然科学哲学为思想基础的法实证主义取得了一度的辉煌。“贝林—李斯特”的构成要件理论便是实证主义的产物。该法学流派研究的范畴限制为实在的、事实的、经验上可确定可描述的,关于价值、目的等均应被排除在外。[①] 本着观察优于想象的理念以及对研究对象数值式的可测量精确的追求,法实证主义者极为注重不带价值判断的对行为的外在客观描述。李斯特在1884年对诽谤罪的定义(符合构成要件的、违法并且有责的空气振动而对被害人神经系统产生精神变化[②])就印证了这一点。通过这种诽谤罪的定义可以发现,李斯特便是优先审视易于观察、易于测量的外在的客观因素。例如,贝林将盗窃的构成要件描述为“拿走他人的动产”,并且认为非法占有目的既不是主观的构成要件也不是主观的不法要素,而应属于主观责任的范畴。[③] 由于不存在法定的违法阻却事由,这种“拿走他人的动产”便成为不法的全部内容。由此可见,两人都极为重视构罪的客观成分,都欲纯粹客观化地描述行为的不法性质,因而两人坚持的是一种纯粹的客观不法论立场。

归纳以上分析,古典犯罪论体系的“先客观后主观”其实是受到了自然科学“观察优先”的启发。这种极为清晰的体系构造表面上符合定罪模式(自然)科学化的需要,但其科学成分多大程度契合刑法层面上事物的本来性质却不无疑问。

2. 权利保障理念兴起与对主观归罪的矫枉过正

刑法学界之所以极力渲染客观优先的犯罪实体认定思维,在笔者看来,很大程度上是基于对历史上经验教训的总结,人们产生了一种并非完全多余的警觉:一旦强调内在主观要素的作用,便近乎打开了潘多拉的魔盒而使司法者朝着主观归罪甚至思想犯罪的方向下滑。中国历史上为了纠正秦代司法“只看客观危害不看主观罪过”的现象,董仲舒提出了“必本其事而原其志”,其中,“事”与“志”更接近于当下所倡导的主客观相统一。但是,本着打击犯罪的便利性考虑,加之刑权力缺乏制约,便一步步滑入“志善而违于法者免,志恶而合于法者诛”这种主观归罪的泥潭。[④] 这是因为客观外在的事物固然易于观察(查明犯罪)却难以获取,而主观要素

① 参见[德]伯恩·魏德士:《法理学》,丁晓春、吴越译,法律出版社2013年版,第208页。

② 参见李海东:《刑法原理入门:犯罪论基础》,法律出版社1998年版,第26页。

③ 参见[德]恩施特·贝林:《构成要件理论》,王安异译,中国人民公安大学出版社2006年版,第17页。

④ 参见李鼎楚:《“春秋决狱”对中国传统法制的影响》,载《光明日报》2007年12月21日,第9版。

虽然难以捉摸却容易取得。所谓“欲加之罪何患无辞”,在定罪欲望比较强盛的君本位统治下,主观要素便成为破案最佳的突破口,甚至都无须过多考虑行为人的真实意思。近代以来,人们对传统政治的批判很大程度上就是这个原因。[①] 这种主观归罪现象不唯出现在我国封建历史上,据孟德斯鸠描述,“一位名叫马尔西亚斯的人做了一个梦,他在梦中割断了狄奥尼西乌斯的喉咙,狄奥尼西乌斯为此把他处死,理由是如果白天他不这样想,夜里就不会做那样的梦”。孟德斯鸠批评道,“这是可怕的暴行,因为即使他确实这样想过,他也没有付诸行动。法律只惩处外在的行动”。[②] 可见,基于对意思刑法的警惕,孟德斯鸠主张的是行为刑法。

也正是意在将人权从神权中解放出来,18 世纪权利保障理念得以兴起,刑法学者极力倡导罪刑法定,即将客观的危害行为转化为成文的法律规定。出于对意思刑法纠偏的考虑,启蒙思想家们以及刑法学者开始极力倡导刑法规制的重心在于客观而非主观。贝卡利亚便主张对社会的危害而非犯罪时的主观意图是衡量犯罪的真正标尺,因为后者具有多变性和很大的个体化差异。[③] 贝卡利亚既然认为应以客观危害作为衡量犯罪的唯一标尺,可见,其观点也接近于客观不法论的立场。将定罪的依据转至从客观着手,在很大程度上便能够约束法官的自由裁量从而杜绝恣意判断,也就契合了罪刑法定原则之人权保障的机能。贝林对构成要件“客观”“记叙”“去价值”的设定也正是为了落实罪刑法定。

所谓“不过正无以矫枉”,出于对随意出入罪的警惕,近代以后的刑法学者对主观归罪采取了“过正”的“矫枉”路径,客观主义刑法得以确立,也就有了“客观优先”“不法是客观的”之主张,主观要素在定罪中的作用被排至末节。每当强调“主观”的作用,人们就会产生主观归罪的联想。正如有的学者所总结的,“自从行为刑法原则成为法治国刑法的基石之一以来,人们普遍对客观的范畴抱有好感,认为‘客观’代表着公正、不偏不倚,对贴上了主观标签的范畴却怀有本能的警惕和排斥,觉得‘主观’总是与专断、任意相挂钩”。[④] 也正是由于将贝林的构成要件之客观、形式特征与法治、公正建立了一种必然性关联,即便古典犯罪论体系已然难以

① 参见龚建平:《“知行合一”与“原心定罪”思想逻辑的现代反思》,载罗安宪主编:《儒学评论》第 13 辑,社会科学文献出版社 2019 年版,第 227 页。

② [法]孟德斯鸠:《论法的精神》(上卷),许明龙译,商务印书馆 2012 年版,第 233 页。

③ 参见[意]贝卡利亚:《论犯罪与刑罚》,黄风译,中国法制出版社 2002 年版,第 78 页。

④ 陈璇:《不法与责任的区分:实践技术与目的理性之间的张力》,载《中国法律评论》2020 年第 4 期。

为继的今天,仍有学者主张"回归贝林",重寻旨在反对封建刑法的启蒙。①

### (二)目的行为论的兴起、客观归责论的提出与"综合的不法论"立场

"构成要件的客观性是贝林的构成要件论最遭人诟病之所在",②主要原因显然在于不法评价的基础或对象的残缺。新古典犯罪论体系也正是从目的犯的主观要素出发开始对"不法是客观的"这一论调进行突围。与一味强调客观因素在不法中的作用不同,康德曾一并提出"没有客观就没有主观""没有主观就没有客观",后者作为新康德主义的思想之一被运用到新古典犯罪论体系的构造中。③ 这种犯罪论对"贝林—李斯特"体系的重要发展就是在目的犯等个别犯罪中例外承认了主观的不法要素,"不法是客观的"这一主张开始动摇。与新古典学派游移不定的缓和立场不同,韦尔策尔(Welzel)对既往的"物的不法论"展开了全方位的批判,在他看来,不法的实体内容并不限于客观呈现的法益侵害事实,而是存在行为人的因素,"人的不法论"被正式提出。④ 借由目的行为论的提出,韦尔策尔将传统责任范畴的目的、故意甚至过失一并纳入不法的范畴,实现了主观要素的大迁徙。也正是从这开始,不法进一步主观化而罪责进一步去主观化且规范化,就此,这种目的性的体系与古典体系是针锋相对的。⑤ 韦尔策尔不仅全面肯定了主观的不法要素,还认为主观构成要件和客观构成要件是不可能完全拆开的,⑥从而试图构建不法的一体化认定模式。他所提出的目的行为论虽然未取得多大的认可,但其构建的犯罪论体系以及由此带来的构成要件和责任阶层的内在变化却是影响广泛且深远的,"不法是客观的"变得难以为继。

主观不法所取得的崇高地位并没有持续多久,随着 1970 年后客观归责理论的提出,韦尔策尔所确立的重视主观不法的趋势被扭转,客观归责成为解释整个构成要件的理论核心,重新确立了客观不法的决定意义。⑦ 以侄子劝叔叔乘坐飞机后发

---

① 参见邓子滨:《回归贝林》,载《法治现代化研究》2017 年第 3 期。

② 陈兴良:《构成要件:犯罪论体系核心概念的反拨与再造》,载《法学研究》2011 年第 2 期。

③ 参见[日]西原春夫:《构成要件的概念与构成要件的理论》,陈家林译,载《法律科学(西北政法学院学报)》2007 年第 5 期。

④ Vgl. Welzel, Das Deutsche Strafrecht, 11. Aufl., Walter de Gruyter, Berlin, 1969, S. 62.

⑤ Roxin, Strafrecht Allgemeiner Teil, Band 1, C. H. Beck, 2006, § 17, Rn. 18.

⑥ 参见许玉秀:《当代刑法思潮》,中国民主法制出版社 2005 年版,第 75 页。

⑦ 参见何庆仁:《特别认知者的刑法归责》,载《中外法学》2015 年第 4 期。

生空难导致叔叔死亡案为例，按照韦尔策尔的主张，这种行为符合了客观的构成要件，只应通过否定故意进而否定不法评价。因为即便行为人主观上存在一种希望的意志因素，却没有犯罪故意所需的对结果的发生产生真实影响的强大意志。罗克辛对此持反对态度，认为这种纯属偶然性导致死亡的行为并非刑法意义上的杀人行为，以此为目的的故意就不是一种杀人故意。① 由于他的这种归责理论完全隐去了行为人的主观侧面，所以被称作为客观归责。② 这意味着对构成要件尤其是主观故意的判断实现了从本体论向规范论的转变。此即不再从主观心理事实这个角度判断是否存在故意，而是从对危险的实质性判断角度限定犯罪故意的范畴。在韦尔策尔那里，人的意志支配可能性（主观）决定了行为不法的取向；罗克辛则反其道而行，认为客观上对法益的侵害具有法律上的重要性时才可能是人的意志可支配的，才具有故意的成立空间；反之，如果行为产生法益侵害具有偶然性，则否定故意。从此，扭转了主观不法和客观不法的地位。③ 将乘坐飞机案稍作修改，如果侄子知道恐怖分子将在某个时间段袭击客机仍给叔叔买票劝其乘坐，发生事故便是意志可支配的，按照韦尔策尔的观点，这种认知在不法认定中便起到了决定性作用；但是按照罗克辛的观点进行推理，由于在客观归责层面不考虑行为人的主观侧面（或者说主观侧面本身不具有决定意义），劝他人乘坐飞机而引发死亡结果就仍旧是偶然的，就此便应否定故意。一方面，这种客观归罪论对构成要件进行实质的规范化判断，不同于古典犯罪论体系；另一方面，又试图重拾、维护该体系所留下的主客观相分离、“先客观后主观”的遗产，回到了“不法是客观的、责任是主观的”这种犯罪认定轨迹。④

以上分析可见，不法的构造经历了由“纯客观”向“容纳主观”再向“客观化”的演变，主观不法与客观不法的争执一直未停息。之所以称现代客观归责理论为“客观化”的不法构造，如下文将述，事实上客观归责论者承认存在主观的构成要件要素，也不否定特别认知在不法判断中的作用，由此，与古典论体系“纯客观”不法的立场呈现明显差异；但是，他们在学理阐述中又试图掩饰或回避这种主观要素本身

① Roxin, Strafrecht Allgemeiner Teil, Band 1, C. H. Beck, 2006, § 11, Rn. 44.

② 参见[德]沃斯·金德霍伊泽尔：《故意犯的客观和主观归责》，樊文译，载龙俊主编：《清华法律评论》第3卷第1辑，清华大学出版社2009年版，第152页。

③ 参见许玉秀：《当代刑法思潮》，中国民主法制出版社2005年版，第443～444页。

④ 参见陈璇：《不法与责任的区分：实践技术与目的理性之间的张力》，载《中国法律评论》2020年第4期。

的作用,意图通过客观的故意概念等重塑“先客观后主观”“不法是客观的”这一历史遗留主张。伴随这种争论,不法评价中主客观区分不要论的观点应运而生。施密特豪伊泽(Schmidhäuser)认为,区分“客观的”构成要件和“主观的”构成要件是完全错误的。耶塞克教授也采纳了这种观点,“构成要件中的‘客观’概念不能径直划入外在的表象范畴,而是经常与主观要素以及规范的评价夹杂在一起,因此试图在构成要件的客观要件与主观要件之间划出一道严格的形式界限是根本不能实现的”。① 魏根特同样表示,主观与客观并不能真正做到彼此分离,构建一个不考虑行为人的人格与认知的“客观的”归责面没有实际意义。② 在笔者看来,这种区分不要论的观点并非主张事实上无须区分具体构成要素的主客观性质,而是意在表达,在犯罪行为的归责模式中既无法也无须在客观归责和主观归责之间划出一道绝对的先后顺序,对行为不法的评价是主客观综合作用下的结果,单纯的主观不法或客观不法均不可行。相较主观不法与客观不法,笔者暂将其称为“综合的不法论”。这种观点在我国刑法学者的表述中可能体现得更清晰一些。如台湾学者林钰雄就表示,人的行为始终是由主观与客观交织而成,而客观归责亦具主观要素。③ 何庆仁教授则更加清晰地指出,区分客观归责还是主观归责没有多大的实益,“不法归责的对象既不是孤立的客观要素和主观要素,也不是分离的客观构成要件和主观构成要件,而是二者的整体”。④ 杨兴培教授站在批判三阶层犯罪论体系的立场上也指出,行为的法律意义在于其主观与客观不可分割,“主客观一致的基本要求已经根本不在乎前后的机械排列”,主客观哪个在前哪个在后并不重要,“如果说先审查主观罪过或客观行为,就会导致主观主义或者客观主义,恐怕也是一种纯粹主观的臆想”。⑤

### (三)基于其产生根据对“客观优先论”的简要评析

上文已述,古典犯罪论体系所建构的“客观不法优先于主观有责”立场既受到

---

① Jescheck/Weigend, Lehrbuch des Strafrechts Allgemeiner Teil, D&H, 1996, S. 273.

② 参见[德]托马斯·魏根特:《客观归责——不只是口号?》,王静译,载梁根林、[德]埃里克·希尔根多夫主编:《刑法体系与客观归责——中德刑法学者的对话(二)》,北京大学出版社 2015 年版,第 97 ~ 98 页。

③ 参见林钰雄:《新刑法总则》,中国人民大学出版社 2009 年版,第 136 页。

④ 何庆仁:《特别认知者的刑法归责》,载《中外法学》2015 年第 4 期。

⑤ 杨兴培:《“三阶层”犯罪结构模式的中国语境批判》,载《东方法学》2021 年第 2 期。

自然科学式研究风潮的影响,也与权利保障理念的兴起有关。此外,这与构成要件在程序法上的本来含义也存在关联。从这三个方面来看,均不能与客观不法论的合理性建立一种必然关联。

其一,哈耶克曾将"狭义的科学方法和技术对其他学科的专制",即试图以自然科学的客观性、形式性、纯粹逻辑性特征和方法来进行对社会科学研究的现象,界定为"滥用理性的极端表现"。[①] 法学研究的纯粹自然科学实证主义注定成为一种过去,以此为仿照对象所建构的主客观二分的不法认定模式也就值得反思。构罪判断层次的清晰性与要素归属的明确性固然重要,但这不应以牺牲法律规制对象的判断的特殊性为代价。自然科学重点研究显性的外在现象,这种研究具有固定的程式;刑法意在规制的是危害行为,这种行为却绝非一种纯粹的外在客观事实,主观因素在危害性的评价中也绝非不起任何作用。对于具体案件的判断也就绝非像数学方程题目那样,存在一个主客观之间的固定不变的顺位。[②]

其二,权利保障与主观不法、客观不法并不存在必然关联。受权利保障思想影响,人们一度认为只有外在行为才是法律处理的对象,[③]貌似这样就能将认定犯罪的标尺精准化,这显然是种误解。主观主义不等同于主观归罪,客观主义也绝非客观归罪,这在刑法学界早已得到了澄清。在"客观"与"公正"、"主观"与"恣意"间建立一种关联只能归结为一种人为的臆测。权利保障理念所反对的封建时期的主观归罪、意思刑法,只是意在抵制将仅有主观犯意(甚至这种主观情状都未查清)而没有实施任何客观危害行为的人绳之以法。如果认为在不法评价中就需要与主观因素撇清干系显然也是走向了极端。其实,韦尔策尔等人主张在不法认定中全方位引入主观要素,也绝非意在将客观要素排挤在外。无论是从客观到主观还是从主观到客观,只要这套认定流程走完而非偏执于一端,就不会对权利保障形成威胁。"现代客观归责理论对'客观'近乎洁癖一般的追逐,恐怕在一定程度上误解了刑法中客观主义的真实含义","并不是客观要件囊括的内容越多、主观要件涵盖的

---

① 参见[英]弗里德里希·A. 哈耶克:《科学的反革命:理性滥用之研究》,冯克利译,译林出版社2012年版,第8~26页。

② 参见杨兴培:《"三阶层"犯罪结构模式的中国语境批判》,载《东方法学》2021年第2期。

③ 参见劳东燕:《刑法中的客观不法与主观不法——由故意的体系地位说起》,载《比较法研究》2014年第4期。

要素越少,就越符合客观主义”。[①]

其三,程序法意义上的主客观顺位不宜照搬到实体法领域。德国学者费尔巴哈率先在刑法实体法层面使用了“构成要件”这一概念,该概念起源于中世纪意大利宗教裁判所纠问式诉讼程序中的“犯罪之确证”,意在指涉行为人所犯之罪的外部痕迹,用以服务于证明存在犯罪行为的、所有客观的东西。[②] 可见,这种“确证”主要指向的是客观(外在)事实,而非主观(内在)事实。直至贝林以此为基础建构犯罪论体系,便忠实保留了这种本意。贝林和李斯特的主要问题在于将这种程序或证据规则层面的主客观顺位直接照搬到实体法上的构罪要素布置上。在证据规则上,行为人的内心世界若不通过客观外在的事实(并不限于构成要件事实)就难以查明,因此,奉行的必然是由客观到主观的顺位;但在实体法层面,撇弃主观的客观要素能够在多大程度上表明行为的性质则不无疑问。正是由于这种差异,由客观到主观的审查顺位的优势仅仅体现在程序法和教学法方面,不能延伸至实体法领域。[③]

总结上述可见,自然科学实证主义绝非客观不法论的正当化基础,权利保障理念与该不法论也无必然关联。即便客观归责理论貌似取得了广阔的学界市场,伴随具体实践问题的追问,其内在的破绽也变得愈加明显。“不法是客观的、责任是主观的”这一命题需要进一步反思。

## 三、不法界定中主观要素必要性之初步证成

在德国刑法学理论中,制造法所不容许的风险成为界定构成要件行为的实质内容,而在日本刑法理论中则转换成实行行为的表达,实际上两者均在表述行为产生的法益侵害的有无及其程度。换言之,两套不同学术话语体系其实均在为不法的界定提供根据。行为人主观方面的要素对不法的界定是不可缺的,通过以下几个方面予以说明。

---

① 陈璇:《不法与责任的区分:实践技术与目的理性之间的张力》,载《中国法律评论》2020 年第 4 期。

② 参见蔡桂生:《德国刑法学中构成要件论的演变》,载陈兴良主编:《刑事法评论》第 31 卷,北京大学出版社 2012 年版,第 2 页。

③ 参见陈璇:《不法与责任的区分:实践技术与目的理性之间的张力》,载《中国法律评论》2020 年第 4 期。

## (一)“目的性动词”使主客观要素无法完全割裂

试图在不法与责任间作出明确的主客观界限的努力注定不会成功,刑法中的很多用词将主观要素与客观要素融合到一起。此时,自然科学式的外在客观描述便无法阐述概念的内涵。罗克辛本人也意识到,即便德国学界主客观构成要件的区分已经得到了普遍的认同,但仍应特别留意除纯粹的客观要件(如物品)以及纯粹的主观要件(如非法牟利的目的)外,还存在主观与客观要素在语言上交织在一起而无法分割的情形,刻意区分此要素究竟属于客观还是主观就是无益的。当外在和内在的区分与概念的理解相矛盾时,这种区分就应取消。[①] 韦塞尔斯(Wessels)认为,尤其在目的犯中主观要素是作为主观不法而存在的,此时,对于构成要件行为的认定(如盗窃、勒索等)就需要外加考虑行为人特别的对结果或目标的想象。与韦尔策尔对盗窃罪不法完全客观的描述不同,韦塞尔斯认为,客观上的观察对于行为犯罪类型的确定没有任何启发,只有明确主观要素存在与否才能确定。[②] 耶塞克将德国刑法中诸如诈欺罪中的欺骗、盗窃罪中的占为己有以及侵占罪中的侵占等归类为目的性动词(finalen Tätigkeitsworten),并指出,行为不失去其应受刑罚处罚的不法的本来含义,行为人的主观想法和意图就不能不加以考虑。因为在这种目的性动词中,行为的描述与行为人的意志完全结合在一起,以至于在不法认定中,客观的构成要件与行为人自身心理中的主观要素共同起着决定作用。[③] 耶塞克并以盗窃罪加以具体说明,一个剥除掉占有目的的纯客观的盗窃概念是没有意义的,此时,占有目的应当属于盗窃罪的构成要件而非归入责任的范畴。[④]

这种目的性动词在我国刑法中也大量存在,诸如诈骗、抢劫、抢夺、盗窃、勒索、猥亵,等等。要想完整表达该规范用语的现实语义,就无法作出截然的主客观划分。就此而言,将不法视为客观上符合构成要件且无违法阻却,人为地切割客观与主观都不合适。

## (二)没有主观要素的介入可能无法评价不法的有无

在客观不法论者看来,仅仅通过外在的客观行为描述便可得出不法存在与否

---

① See Roxin, Strafrecht Allgemeiner Teil, Band Ⅰ, C. H. Beck, 2006, § 10, Rn. 53.

② See Wessels, Strafrecht Allgemeiner Teil, C. F. Müller, 2013, § 5, Rn. 18.

③ See Jescheck/Weigend, Lehrbuch des Strafrechts Allgemeiner Teil, D&H, 1996, S. 242、273.

④ See Jescheck/Weigend, Lehrbuch des Strafrechts Allgemeiner Teil, D&H, 1996, S. 206.

的结论,主观要素便留待之后的责任阶层予以评价。但是,这种设想可能并不完全符合认知事物的正常规律。当完全不考虑行为人的主观意思时,行为不法的结论可能无法得出,按照阶层论犯罪体系的逻辑也就无法顺利过渡到第三个阶层。例如,某人在与室友同乘电梯时趁室友不备,悄悄将他口袋中的手机拿出。仅从这一客观外在的行为来看,并不能判定这是一种不法,行为人很可能是基于与室友非常要好的关系而开的一个玩笑。又如,行为人下班后骑上停在楼下的他人的自行车便自行离开,也不能当然认定为盗窃罪的不法,有可能是基于该车与自己的自行车外形相同产生的错误认识。同样,如果仅从某人抱着他人小孩过火车站安检的外在行为看,并不能判定属于拐骗、拐卖层面上的不法,雷锋同志生前就帮助过妇女抱小孩。再加设想,某人在地铁站见到有老人提着行李包非常吃力便上前拿过手提包,仅此也无助于得出任何有用的结论。贝林将盗窃罪的不法描述为"拿走他人的动产"显然不合适。

需要在此说明,笔者表达的是,没有主观要素的加入便可能无法得出不法是否存在的结论,而非主张以上行为就必然是合法或非法。可能有人反驳,现实中的行为事实是一连串客观情状的组合,通过观察整个链条便能够得出结论。但是,在现实中能够观察到的链条可能仅仅是某一段,此时不考虑主观上的想法便当然不宜下结论。以发生在本人身上的一则真实事例加以说明。某日,本人妻子抱着1岁6个月的女儿去家附近的大食堂吃饭,妻子正在排队拿饭的时候,一位60来岁的老者抱起了女儿,妻子发现后立即制止却也没有苛责,因为她也无法确定该人究竟是有非法企图还是基于对小孩子的怜爱而真心想抱一抱。显然,单纯就这一外在的客观事实来认定不法显然是不够的,行为人固然有存在非法企图的可能性,那得查明其主观目的才能得知。对于司法实践中的帮助信息网络犯罪活动罪的认定也是如此。如果行为人客观上为违法犯罪提供了技术支持,如开发棋牌软件、为朋友提供支付宝账户等,此时,由于行为类似于一种"中立"帮助,仅凭借客观也就无法得出是否存在不法的结论,只有通过查明行为人的主观状态才能确定行为是否不法。

### (三)主观要素能够影响行为的不法类型判断

在客观不法论看来,不法的本体是一种纯客观的法益侵害事实,行为人的主观侧面对不法认定不产生影响。持客观归责理论者也是区分客观归责与主观归责,认为前者是关于不法的归责,而后者则是对责任认定的描述,借此,客观不法论重新占据了上风。但是,客观不法论无益于准确识别不法的性质或具体类型。例如,从行为人持枪射中被害人腿部这一客观事实来看,客观归责论会认为这仅仅是制造了一种法不容许的伤害风险而并未危及生命,即这是一种伤害的不法。但是这完全可能存在两种主观状态,A. 行为人主观上就是想教训下被害人而让其受到伤害;B. 行为人主观上是想击毙被害人,只是由于被害人躲闪未击中。经过这种责任阶层的考察后才能得出最终结论,A 情形是制造了一种伤害的风险,属于故意伤害罪既遂;B 情形是制造了一种致人死亡的风险只是这种风险未实现,这就是一种杀人的不法,成立故意杀人罪未遂。B 情形说明,"客观面和主观面分离判断中,客观面的判断在经过主观面的判断之后,有可能被推翻"。①

可见,按照客观不法与主观有责相割裂的评价思路去认定犯罪,会出现客观与主观相一致、客观与主观不一致两种情况。对于前者,只能说是主观侧面的认定印证了客观;而对于后者,显然是以主观侧面的认定为准,客观的认定被推翻。无论哪种情况,都不能说主观侧面在不法认定中不起作用。恰恰相反,"从行为主观面开始判断,才知道要选择哪一个客观的构成要件作为判断的依据,因为着手实施的行为究竟是什么样的行为(不法的性质——引者注),必须从行为人的故意才能得知"。② 这一点在目的犯中也是如此,如客观上同样是"偷盗婴幼儿",主观上究竟是出卖、勒索钱财、索债还是抚养,会得出拐卖儿童、绑架、非法拘禁抑或拐骗儿童的不同的不法性质的结论。

我国有学者将以上现象归因于杀人、伤害等罪的实行行为缺乏定型性。在该论者看来,一个比较具有支撑性的假设是:甲将乙打伤入院,乙在住院期间,丙对医院放火,导致乙死亡,就此人们一般都会认为甲的行为仅是伤害行为,而非杀人行为,甲的行为与乙的死亡之间没有因果关系;在客观行为完全相同的情况下,增加一个情节,甲偶然得知与自己不相识的丙要对医院放火而故意伤害乙,并利用丙的放火行为导致乙死亡,人们会认为甲的行为是杀人行为,甲的行为与乙的死亡之间具有因果关系。对客观上完全相同的行为为何能够得出两种不同的不法类型?该论者将这种现象描述为实行行为定型性的缺失,并认为客观归责理论可以很好解决这一问题。③ 这其实属于上文所述的 B 种情形,即在后的主观认定推翻了在先的

---

① 许玉秀:《当代刑法思潮》,中国民主法制出版社 2005 年版,第 466 页。

② 许玉秀:《当代刑法思潮》,中国民主法制出版社 2005 年版,第 466 页。

③ 参见张明楷:《也谈客观归责理论 兼与周光权、刘艳红教授商榷》,载《中外法学》2013 年第 2 期。

客观认定结论。认为客观归责理论可以解决这一问题恐怕是种误读,相反,这种局面恰恰是先客观归责后主观归责的主客观二分论导致的。在该虚拟案例中,如果在不法评价上首先增加考虑行为人的主观计划,自然会得出前者属于伤害行为后者属于杀人行为,两种情形明显具有不同的不法性质。就此而言,所谓的实行行为是否缺乏定型性与其坚持的不法构造以及对实行行为本身的理解直接相关。如果打破客观不法论的惯性思维,在不法认定中加入主观要素,自然可以实现实行行为的定型性即成功锁定行为的不法性质。

### (四)主观要素能够影响行为的危险程度

不法的本质是行为对法益产生的实害或者危险。对于实害结果的归责判断固然是应持一种实然的事后立场,但对危险的判断节点则见解不一。罗克辛认为应当同样坚持事后判断;①金德霍伊泽尔则认为危险的判断节点与因果关系是相反的,因果分析是在结果发生之后的事后判断,而危险判断是从事前角度作出的。②在笔者看来,危险既然是一种结果发生的可能性,就不应持“事后诸葛亮”的立场,否则就不再属于一种应然的可能性而变成了实然的必然性。行为人违反禁止侵害的法规范的意志越强烈,一般而言对法益产生的危险就越大。③ 就特定案件中受侵害的具体法益而言,一心一意地对付它的人,显然比经过它身边不小心撞到它的人可怕,就此,“对具体特定的受害法益而言,故意犯的危险性定然高于过失犯”。④ 例如,在他人毫无提防的情况下持刀向他人头部砍去(直接故意)和在与他人扭打中不计后果、持刀乱舞(间接故意)以及在挥刀砍柴时不小心砍向他人(过失甚至意外事件),从行为时(事先)来看,三种不同的实行行为对他人的生命造成的危险是不同的。又如,驾驶汽车故意朝他人身上开去,危险转为实害几乎是必然的;而仅仅是违反道路交通法规(如开车打电话、发微信)能够发生交通事故的概率毕竟仍是很低的。在这个层面上看,主观要素可能会影响危险的程度,这便从另一个侧面印证了客观不法论的欠合理性。

经由以上论述可见,主观要素在不法认定中的作用是全方位的,它既会成为判

---

① Roxin, Strafrecht Allgemeiner Teil, Band Ⅰ, C. H. Beck, 2006, § 11, Rn. 94.

② Vgl. Kindhäuser, Strafrecht Allgemeiner Teil, Nomos, 2015, § 11, Rn. 6.

③ Jescheck/Weigend, Lehrbuch des Strafrechts Allgemeiner Teil, D&H, 1996, S. 238.

④ 许玉秀:《当代刑法思潮》,中国民主法制出版社 2005 年版,第 201 ~ 202 页。

断不法存在与否的重要根据,也会影响不法的具体类型和危险程度。此外,就故意的作为犯而言,主观故意和特别认知在不法判断中的作用也是客观不法论无可规避的问题。

## 四、主观故意、特别认知在不法认定中的具体意义

在当今德国刑法学界,故意作为主观的构成要件要素已然成为通说,我国刑法学界也有不少学者坚持这种见解。然而,为了重新确立客观不法的决定性意义,客观归责理论的主张者将此故意化身为一种趋近于客观的要素,即出现了故意的客观化趋势,"故意"的"主观"定位名存实亡。对于特别认知的问题,客观归责论者也采取了迂回规避的策略。通过以下具体分析可以发现,主观故意和行为人的特别认知在不法判断中的地位已然无法撼动,所谓的客观归责已经显得名实难副。

### (一)故意的客观化及其欠妥当之处

一方面,罗克辛本人承认符合构成要件的犯罪类型须通过主观故意才能得以最终确定,贝林的构成要件客观性理论已被新的学说取代;[①]另一方面,为了维持客观归责理论的逻辑一致性,其拒绝承认主观故意本身在不法判断中的决定性意义,而是认为主观故意取决于客观目的性即其所构建的风险制造理论。例如,在暴风雨案或者劝人乘坐飞机案中,罗克辛不是从存在论意义上的行为人的心理事实角度来认定故意,他认为,既然这种对造成结果具有客观偶然的行为不属于制造法不容许风险的行为,以此为目的的故意就不是杀人故意,这不是一个主观故意的问题,而是客观归责的问题。[②] 在反驳韦尔策尔存在论上的故意概念之后,罗克辛力图对主观故意进行规范论的重构。他认为所谓的故意应当是以行为人有可能促成一个实际结果发生为前提的,只有在客观上存在风险实现的相当性,才有成立故意的可能。行为人是否具备故意,正是决定于客观构成要件客观上有无实现可能,这正好证明客观归责理论是对的。反之,即便行为人存在心理上的认知和意欲,"行为人所认识和意欲的对象,如果不可能由行为人操纵实现,则行为人并不具备构成要件的故意"。[③] 果真如此,故意就不再属于主观的范畴,而是被客观上可归责所决

---

① Roxin, *Strafrecht Allgemeiner Teil*, Band Ⅰ, C. H. Beck, 2006, §10, Rn. 9.

② Roxin, *Strafrecht Allgemeiner Teil*, Band Ⅰ, C. H. Beck, 2006, §11, Rn. 44 – 45.

③ 许玉秀:《当代刑法思潮》,中国民主法制出版社 2005 年版,第 367 ~ 368 页。

定,由此便出现了故意的客观化或者客观的故意概念,主观故意在客观归责中的地位明显受到冷落。张明楷教授也持有类似见解。在张教授看来,“即便承认主观的违法要素(如目的、未遂犯的故意等),也不影响客观的违法性论的成立。因为在将行为人的上述内心作为违法判断的对象时,不是从责任评价的观点进行评价的,而是从有无法益侵害及其危险这种事实进行评价的”。① 张教授与罗克辛其实坚持了一样的思路:虽然故意本身是主观的,但其本身并不直接作用于不法判断,不法是以客观可归责或者法益侵害为判断标准,故意必须通过客观可归责才能发挥作用;由于后者是客观的,所以经过客观筛选(决定)后的主观便不影响客观不法论的成立。问题是,客观归责或者法益侵害果真是客观的吗?这里就涉及一个基本的逻辑顺位,究竟是先有主观判断后有不法判断,还是先有不法判断后有主观判断?上文已经初步说明了主观要素在不法判断中的先决性意义。此外,将故意视为一种被客观不法所决定的存在,在具体实践案件的判断上也是不合理的。

在案例一中,纯粹地从客观角度分析,这种开车搭人的行为属于一种极为日常化的行为,这种日常行为被犯罪所利用是不相当的,否定风险的“不允许”也就否定了客观归责,那么主观上的故意是不是一并被否定?帮助信息网络犯罪活动罪的构罪要素主要包括两个,即主观上明知他人利用信息网络实施犯罪,客观上为之提供了互联网接入、服务器托管、网络存储等技术支持。上文已述,这种技术支持有一部分属于“中立”帮助情形,是不是说在这种情形中就能否定“明知”呢?按照客观的故意概念的逻辑,立法者似乎没有规定这种主观明知要素的必要了。在案例二中,否定了客观上的可归责便一概否定主观故意的话,对于明知被害人具有特殊体质甚至有意利用其身体“缺陷”实施殴打的情形,刑法就无法规制了。问题最突出的还在于案例三这种不能犯情形。由于客观上不能实现风险或者不能产生法益侵害的实际结果,认为否定了客观不法便连同否定了主观故意恐怕不合适。如果通过妻子与情人的聊天记录或者妻子网购毒药时与卖家的咨询,能够明确锁定她主观上存在杀死丈夫的故意,这能够取消评价吗?“将故意危险认作客观构成要件的一要素,可能是种误解。故意危险乃是个依行为人认识而可能存在的事实情状的一风险征兆。故意危险的可能存在,可以和客观相符,但不是必定如此,不能犯

① 张明楷:《刑法学》(上)(第5版),法律出版社2016年版,第110页。

未遂就是其例。”[①]

客观不法论者对未遂犯的处罚根据持客观未遂论立场,认为之所以处罚未遂犯,在于行为产生了法益侵害的客观危险,出于贯彻不法认定的客观性,拒绝将行为人的主观认知作为危险的判断依据。其中,结果无价值论者会主张对危险的有无应立足于事后判断,而行为无价值论者则主张事前判断。[②] 可以说,前者是一种非常纯粹的客观论立场,后者实际上是向主观论作出了某种程度的让步。从事后的节点判断,一个已经过去的未遂总是有其不能达于既遂的原因,即未遂犯在事实上永远客观不能,所有未遂犯都会被认定为不能犯。[③] 鉴于这种明显的不合理,即便是主张结果无价值论的张明楷教授也转变了立场,认为行为是否产生了法益侵害的客观危险,应以行为时存在的所有客观事实为基础,站在行为时(事前),根据客观的因果法则进行判断。[④] 黎宏教授也持完全相同的观点。[⑤] 但是,事前判断与以所有客观事实为基础是无法共存的。道理非常简单,客观事实包括了事前能够观察到的事实和事后所查明的事实,如果认为应当以所有客观事实为基础,自然是前后事实均包括在内,那么这怎么还能称得上是事前判断呢?正如黄荣坚教授指出的:“采取事后判断的意义是根据全部存在的事实资讯来做判断,采取事中判断的意义是根据行为时不完整的事实资讯来做判断……既然要以不完整的资讯作为判断基准,那么还能自称‘客观’吗?”从这种立场的转变可以看出,“客观理论者当中自始就有人已经忐忑不安而起心逃离真正的客观理论了”。[⑥]

除了以上内在矛盾,客观论在“危险”的判断基础上拒绝加入行为人的认识,以此显示自身的客观不法论立场,这与我国当下的司法实践显然不符。众所周知,《德国刑法典》规定了行为人由于对行为对象和手段的认识错误,其行为根本不能实行终了的,也是犯罪,只是可以免除或酌情减轻其刑罚。立基于此,德国大多数学者坚持偏向于主观说的印象理论(Eindruckstheorie),即只要行为动摇了公众对法

---

① [德]乌尔斯·金德霍伊泽尔:《犯罪构造中的主观构成要件——及对客观归属学说的批判》,蔡桂生译,载陈兴良主编:《刑事法评论》第30卷,北京大学出版社2012年版,第201页。

② 参见[日]野村稔:《刑法总论》,全理其、何力译,法律出版社2001年版,第353页。

③ 参见黄荣坚:《基础刑法学》(下)(第3版),中国人民大学出版社2009年版,第338~339页。

④ 参见张明楷:《刑法学》(上)(第5版),法律出版社2016年版,第358页。

⑤ 参见黎宏:《刑法总论问题思考》,中国人民大学出版社2007年版,第460页。

⑥ 黄荣坚:《基础刑法学》(下)(第3版),中国人民大学出版社2009年版,第340页。

秩序的信赖,就有作为未遂犯处罚的必要。[①] 该理论是对客观不法论的颠覆,认为对于未遂犯的危险,应以行为人认识的事实为基础,立足于事前以社会一般人为标准进行判断。并且,在判断顺位上,该理论也站在了“客观优先于主观”的反面,从行为人的主观要素开始审查是否具有不法。[②] 我国刑法虽不存在类似的直接规定,但从《刑法》第 23 条关于未遂犯的普遍处罚以及得减主义规定来看,客观未遂论并不具备扎实的立法基础;且与处罚不能犯未遂的司法实践不符。[③] 须知,刑法教义学所精心塑造的知识产品是为司法实践而服务的,当这种理论主张无法得到实践的印证,起码可以说从当前来看是不甚合适的。

复以本文案例三为例,如果按照客观未遂论的主张,应将所有客观事实作为判断基础,由于没有毒性的物质不能致人死亡,便断然否定了案例三行为人的可罚性。这种结论是否符合个案合理性的需要便不无疑问。行为人没有得逞仅仅是由于在具体情境下遇到了一个“黑心”商家买到了假的毒药,只不过事后鉴定方知没有毒性成分。这种行为没有导致他人死亡仅仅是出于偶然,反而致人死亡具有一般可能性,从事前来看,显然不能否定致人死亡的危险的存在。在该个案之外,处罚不能犯未遂还有一般预防的考虑,“这样的行为模式如果重演,在不同的时空背景下,谁也无法保证下一次的法益不被侵害。刑法不愿意把人们的法益当作轮盘上的赌注,因此刑法处罚未遂犯,这是刑罚与法益保护之间的技术关系”。[④] 这里的法益不只包含了当下个案中的具体法益,也包括了未来法益。这也可以得到司法实践的印证。如在韩某贩卖毒品案中,法院便认为,虽然韩某在案发当天没有毒品可供交易,并不能表示他以后也没有毒品可供交易,更不能表示他绝对搞不到毒品,因此不是绝对不能犯。[⑤] 就此而言,处罚不能犯未遂与刑法保护法益的立场完全吻合。

我国学者将主观的未遂论斥之为主观归罪,在行为没有法益侵害危险的情况

---

① Stratenwerth/Kuhlen, *Strafrecht Allgemeiner Teil* Ⅰ, Heymanns, 2004, § 11, Rn. 21.

② 参见张志钢:《我国刑法语境中主、客观要件的审查顺位研究——基于方法论角度的考察》,载陈兴良主编:《刑事法评论》第 40 卷,北京大学出版社 2017 年版,第 465 页。

③ 参见张志钢:《论未遂犯处罚根据的中国立场——以不能未遂的可罚性为中心》,载《中国刑事法杂志》2020 年第 4 期。

④ 黄荣坚:《基础刑法学》(下)(第 3 版),中国人民大学出版社 2009 年版,第 338 页。

⑤ 参见安徽省高级人民法院刑事裁定书,(2016)皖刑终 318 号。

下,只是因为行为人主观上具有犯罪故意,就认定为犯罪未遂。① 这显然是将主观主义等同于主观归罪。德国刑法学界普遍坚持印象说,即便从纯粹客观角度审查没有法益侵害的危险(根本不能实行终了),也有成立犯罪的余地。对此,德国学界却没有人将之视为主观归罪。在判断基础上引入行为人主观认知,并不是说只要有了犯意表示便可认定为犯罪,在客观上也需要具备相关的行为,只是主客观的审查顺位发生了变化。换言之,客观未遂说是坚持由客观到主观,而印象说是由主观到客观,印象说在审查的阶段上并未缺失。以案例三作说明,并非只要有了主观上的犯罪故意便可认定为未遂,也需要行为人实施了将"毒药"投放于丈夫的食物内让其食用的行为。只不过对于相同外观的行为的判断结果存在差异而已。就此可见,强调主观要素在不法判断中的地位并非就是主观归罪,主观不法论从来没有表示在不法判断中可以省却客观。

总而言之,客观归责理论将主观故意视为受客观可归责所决定的存在,其实就是否定了主观要素在不法判断中的作用。按照这种客观的故意立场,先纯粹客观地分析是否制造了法不容许的风险即存在实行行为,如果答案是否定的便连同主观故意一起否定。这不仅不能处理"中立"性帮助行为的可罚性问题,与普遍处罚不能犯未遂的司法现状也不相符合。相反,帮助信息网络犯罪活动罪的设立以及处罚不能犯未遂的实践,恰恰印证了主观故意在不法判断中的重要地位。

### (二)特别认知是不法认定中无法规避的因素

另一个使客观不法论十分尴尬的问题是行为人具备主观上的特别认知时如何归责,许玉秀教授将此视为客观归责理论"在背的芒刺"可谓十分贴切。② 关于特别认知与主观故意的关系,存在较大的争议,③在笔者看来,不能完全否定二者间的内在联系。特别认知既可能出现在过失犯的情形也可能存在于故意犯罪当中。前者主要是对犯罪行为的附随情状存在认知而对行为所引发的结果却是认识不清晰的,后者是对行为的危害性以及产生结果的可能性均存在主观明知。例如,在朱某平过失致人死亡案中,被告人为了拆迁,从拆迁市场买来旧砖头、旧楼板等材料交给没有建筑资质的于某建两层楼,并吩咐节省资金。在施工过程中由于挑梁断落

---

① 参见陈兴良:《不能犯与未遂犯——一个比较法的分析》,载《清华法学》2011 年第 4 期。

② 参见许玉秀:《当代刑法思潮》,中国民主法制出版社 2005 年版,第 458 页。

③ 参见欧阳本祺:《论特别认知的刑法意义》,载《法律科学(西北政法大学学报)》2016 年第 6 期。

导致一工人死亡。法院审理认为,由于被告人朱某平平时用自家的吊车帮别人上下楼板,对建房安全性的认知应当高于常人,因此他对行为可能导致施工人员死亡是能够认识的。[①] 这种特别认知便是作用于过失犯的判断。在故意犯罪中,譬如,德国刑法教科书中的枪击火灾案,行为人想开枪杀死被害人,被害人被枪击中却只受了轻伤。在医院治疗过程中,被害人因医院火灾而丧命。行为人对于该火灾是否存在事先认知,可能决定着能否将被害人的死亡结果算在行为人头上。本文重点讨论的是后一情形。我国刑法将故意的认识因素界定为“明知自己的行为会发生危害社会的结果”,这显然是以行为人自己的特别认知(而非一般人的认识)为判断根据的,如果行为人特别认识到了自己行为与危害后果的相当性关联,显然就可以认定为具备了故意的认识因素。从这个层面上讲,“故意是特别认识在刑法上的规范化、术语化的表达”。[②] 由于围绕特别认知所产生的聚讼较多,有对其单独阐述的必要。

罗克辛对于特别认知在故意犯归责中的作用体现出了明显的矛盾立场。一方面,他认为即便行为人在枪击被害人时就预先认知医院会发生火灾并将之作为一种备选方案,也不能认为实现了杀人罪的构成要件。因为行为人所创设的风险并未在相当性的范围内实现,这是一个客观归责的问题。[③] 另一方面,他又举例指出,行为人建议他人去散步并且预先知道该道路边埋伏着杀手,此时应当肯定危险的创设,如果散步者被杀死,该行为人便具有了谋杀或杀人的刑事可罚性。[④] 可见,此处他又承认了特别认知在客观归责中的决定性作用。前后两个案例分别属于风险实现和风险创设的领域,似乎不应出现如此截然相反的差异。为了贯彻其归责理论的客观性、掩盖这种特别认知的作用,罗克辛从两个方面进行了解释说明。

其一,罗克辛认为,客观构成要件之所以称作是客观的,并不是由于据以归责的基础完全是客观的,而是因为归责的结论(如杀人行为还是伤害行为等)是客观的。[⑤] 这种辩解显然难以成立。如果认为只要结论是客观的,整个构成要件判断就

---

① 参见最高人民法院刑事审判第一、二、三、四、五庭主办:《中国刑事审判指导案例》(第2卷)(第3版),法律出版社2017年版,第514~516页。

② 蔡桂生:《非典型的因果流程和客观归责的质疑》,载《法学家》2018年第4期。

③ Roxin, Finalität und objektive Zurechnung, Gedächtnisschrift für Armin Kaufmann, Heymanns, 1989, S. 241.

④ Roxin, Strafrecht Allgemeiner Teil, Band Ⅰ, C. H. Beck, 2006, § 11, Rn. 56.

⑤ Roxin, Strafrecht Allgemeiner Teil, Band Ⅰ, C. H. Beck, 2006, § 11, Rn. 57.

是客观的,恐怕在整个犯罪论体系中就没有主观要素的存在余地了。因为判断行为人是否存在主观认知或者是否存在故意,得出的结论也是客观的。“判断结论的客观性,并不表明判断过程也是客观的”①,既然在客观归责过程中将主观要素作为判断基础,这本身就说明了客观归责与主观归责无法截然区分。这便印证了客观不法论起码在故意犯罪中是无法得以一以贯之的。

其二,罗克辛试图引入虚拟的客观观察者这一角色来冲淡特别认知在归责判断中的作用。他在列举上文劝人散步案时提前做了铺陈,风险的创设在于从一个理性的观察者角度,是否事前已经认识到相关的行为是存在风险的。这里的观察者也需配备具体行为人可能具有的特别认知。② 这种虚拟出来的客观观察者角色是为了配合论证构成要件解释之客观目的性的需要。③ 但是,在笔者看来,这种论证路径有些欲盖弥彰的意味,非但不能否定特别认知的真实作用,反而更加暴露了客观归责理论内在的缺陷。相较行为人本身的实际认知这种“真实人格”,理性的观察者这种“虚拟人格”根本无法发挥作用。因为,当前后两者相一致时,自然无须对此作出区分;当实际认知低于观察者认知时,出于责任主义的要求,显然不会认定为故意犯罪;当实际认知高于观察者认知时,客观归责会导致不合理的出罪。④需要重点讨论的是最后一种情形。例如,医生 A 基于巧合得知 B 患有严重糖尿病,某天当 B 感冒前来就诊时仍然给 B 注射了葡萄糖水。对于 B 的特殊体质,一般的理性观察者事前根本无法预测,如果据此否定客观归责进而认定为无罪,恐怕是难以令人接受的。又如,教授甲在一次重要学术论坛中负责安排与会学者的住宿,甲私下得知某宾馆将隔离留观从国外搭乘飞机回国的若干人员,仍安排与会人员入住,最终导致有人感染了相关疾病。此时,如果不从具体行为人的特别认知角度进行不法判断,显然会径直否定掉客观不法的存在,也就失去了评价责任的必要,这种认定结论难言合理。一个日常性的社会行为按“正常情况”(完全)是没有危险的,但不能就此推论该行为在具体情况下也是没有危险的,关键得看行为人是否认知到相关的危险要素。⑤ 在本文案例一和案例二中,搭载他人和轻微推搡都算是日

---

① 蔡桂生:《非典型的因果流程和客观归责的质疑》,载《法学家》2018 年第 4 期。

② Roxin, Strafrecht Allgemeiner Teil, Band 1, C. H. Beck, 2006, § 11, Rn. 56.

③ 参见[德]沃斯·金德霍伊泽尔:《故意犯的客观和主观归责》,樊文译,载龙俊主编:《清华法律评论》第 3 卷第 1 辑,清华大学出版社 2009 年版,第 153 页。

④ 参见蔡桂生:《非典型的因果流程和客观归责的质疑》,载《法学家》2018 年第 4 期。

⑤ Kindhäuser, Strafrecht Allgemeiner Teil, Nomos, 2015, § 11, Rn. 11.

常性的行为,从理性观察者角度难以认识到风险的存在,但只要在具体个案中存在行为人具备特别认知的事实根据,当然应以该特别认知作为认定不法的基础和根据。对此,许迺曼(Schünemann)便指出,"因为每个人所能使用的就是自己本身的知识和本身的认识能力,所以从任何一个被想象成理想观察者的知识基础中得出行为规范,会是完全没有意义的……因此,在描述行为规范时考虑所谓行为人的特别认知,便毫无困难"。① 此外,以客观观察者角色进行不法判断也有违罪责自负原则。因为该原则要求以行为人自身的行为和主观认识作为认定犯罪的依据,当该观察者的认知与行为人的实际认知不一致时,"法官就可能根据一个与行为人无关的观察者的错误判断,来确定行为人的责任,这是十分危险的"。②

对于客观归责论在处理特别认知问题上的弱点,雅科布斯更加不如罗克辛勇于面对,罗克辛在具体案例中尚且承认了特别认知的归责意义,雅科布斯则花费极大力气试图将特别认知转化为保证人地位这一问题。③ 雅科布斯认为保证人地位或曰角色是不法判断的基础,而不能仰仗于特别认知这种内心的状况,否则,会导致什么都不会、不知的人不容易受处罚,反而知道得越多越容易受处罚。④ 我国也有学者接纳了这种观点。⑤ 由于雅科布斯将作为犯和不作为犯皆视为违反保证人地位的犯罪,⑥通过以上转换,特别认知便既与故意的不作为联系在一起,也与故意的作为犯建立起了关联。

在前一类型中,固然不应仅仅基于存在特别认知便予以归责,尚需要考虑这种特别认知是否与角色有关,即行为人是否具有作为义务或曰保证人地位,否则可能出现"知道越多责任越重"的不正常现象。例如,一个工程系的研究生在路过一处施工现场时发现了工程隐患,即便事故确实发生,也不能就此追究该学生的刑事责任。但是,仅仅具有保证人地位也不能肯定归责,主观上的认知仍然不得不予以考

---

① [德]许迺曼:《关于客观归责》,陈志辉译,载许玉秀、陈志辉:《不移不惑献身法与正义——许迺曼教授刑事法论文选辑》,台湾,新学林出版股份有限公司2006年版,第553页。

② 庄劲:《客观归责还是主观归责?——一条"过时"的结果归责思路之重拾》,载《法学家》2015年第3期。

③ 参见许玉秀:《当代刑法思潮》,中国民主法制出版社2005年版,第459页。

④ Vgl. Jakobs, Tätervorstellung und objektive Zurechnung, Gedächtnisschrift für Armin Kaufmann, Heymanns, 1989, S. 271f.

⑤ 参见冯军:《刑法的规范化诠释》,载《法商研究》2005年第6期;何庆仁:《特别认知者的刑法归责》,载《中外法学》2015年第4期。

⑥ Vgl. Jakobs, Strafrecht Allgemeiner Teil, Walter de Gruyter, 1991, 7/56.

虑。又如,父亲对孩子无疑具有保证人地位,当父亲将从野外采摘来的毒蘑菇做给孩子吃时,有无认知显然决定着归责判断。因此,不应以所谓的保证人地位掩盖特别认知的重要性,即便具有相关角色,也不一定产生归责。对于后一类型则关系着,即便没有特殊的保证人身份,是否意味着可以利用特别认知而主动加害于他人。雅科布斯在其教科书中所列举的,诸如某具有机械工程专业知识的人,买二手车试开发现问题后未予指出便退回,便属于前一类型;诸如对叔叔有继承权且具有生物学知识的侄子将含有毒蘑菇的罐头端给叔叔吃,以及生物系的饭店实习生发现菜品中含有一种有毒的蘑菇仍端给客人吃等,更接近于后一类型。在后一类型中,归责评价关注的重心不是行为人有没有作为义务,而是在认知到行为的危险后是否应当停止侵害行为,这属于作为犯的范畴。“在毒蘑菇案中,Jakobs 的理论混淆了‘认知风险的义务’与‘认知风险后避免结果的义务’之间的区别。服务员基于对厨师的信赖,没有义务去检验食物是否有毒;但当其发现食物有毒时,就有义务防止客人食用。”①因为“对于故意犯,义务只能是知道特定行为导致特定结果的人不应该去实施这种行为。除此之外的其他结论完全不符合刑法法益保护的意义和目的”。②

由上可见,罗克辛与雅科布斯都在刻意回避甚至掩饰主观要素进驻不法评价,雅科布斯甚至意图将话题转移至保证人地位这另一领域,但是终归无法否定“主观具有不法定向作用”这一事实。

故意以及特别认知在不法判断中无可替代的地位昭示着客观不法论的失败,也说明了所谓的客观归责名不副实。否定客观不法论并不是意味着在不法判断中排斥客观、主观独大。将不法与责任分别对应于客观与主观的主客观二分式的犯罪构成模式并不符合事物的本来面目。纯粹的主观不法或客观不法均不可取,主客观相结合的不法判断模式才更加贴近实际。在这个过程中,除了程序法或证据规则上必然坚持由客观到主观,在实体认定上,两者就没有必要决出个先后次序。

## 五、结语

只有坚持一种主客观相结合的不法判断模式,才符合以刑法规制“中立”帮助

---

① 欧阳本祺:《论特别认知的刑法意义》,载《法律科学(西北政法大学学报)》2016 年第 6 期。

② [德]沃斯·金德霍伊泽尔:《故意犯的客观和主观归责》,樊文译,载龙俊主编:《清华法律评论》第 3 卷第 1 辑,清华大学出版社 2009 年版,第 154 页。

行为的立法和司法实际,才能解决行为人存在特别认知情形的刑事可罚性问题,同样,也只有如此才契合我国司法中普遍处罚不能犯未遂的立场。在作为处罚未遂犯根据的法益侵害危险判断中,以行为人的主观认识为基础,并不等同于主观归罪,主观要素本身当然不能单独成为不法认定的依据。否定客观不法论后,我们就应重新审视故意、目的等主观要素在三阶层犯罪论体系中的定位。由于这些主观要素能够影响不法的有无及程度,就不应属于有责性的范畴,而应将其置于构成要件的领域。无可否认的是,"区分不法与责任"是阶层论体系的内在优势。这有助于理解区分我国《刑法》中多次出现的不法层面的犯罪与真正意义上的犯罪;这种区分也意味着会产生是进行保安处分(如专门矫治教育)还是进行刑事处罚两种不同的法律后果。但是,如果在客观不法论的语境下,笔者便反对"不法优先于责任"。因为,上文已经较为系统地说明了没有故意、目的等"责任要素"的介入便无法准确界定不法,此时,从实然上,不法与责任两个阶层就无法截然区分。换言之,"不法是客观的、责任是主观的"这种主客观二分的不法与责任区分模式过于理想化,在应对具体实践问题时,要么为了沽取"客观"之名而不惜以刑法上的归责原理遭受扭曲为代价,[①]要么不得已打破不法与责任的设想边界从而产生不法要素与"责任要素"的混同。否定了客观不法论,故意、目的等这种被原先设定的"责任要素"就不属于责任阶层而应进驻构成要件领域,此时,"区分不法与责任""先不法后有责"无论从应然上还是实然上才得以真正确立。

---

① 参见陈璇:《不法与责任的区分:实践技术与目的理性之间的张力》,载《中国法律评论》2020年第4期。

# 犯罪故意与错误论

# 论犯罪故意概念中的“危害社会”

曾文科*

**摘　要**　“危害社会”是现行刑法故意概念中最具特色的表述。在规范责任论下,故意的判断不再是单纯的事实认定,而是规范评价。故意概念中的“危害社会”表明,故意归责时行为人必须具有形成反对动机的可能性。成立故意时,只要求行为人明知构成要件事实;“危害社会”不是明知的内容,只是对行为或结果属性的修饰与表达。应当根据法规范标准说,立足行为时,以行为人认识的事实为判断素材,由作为法规范总和的国家对故意概念中的“危害社会”作出符合科学法则的判断。成立故意犯罪时,行为人不必具有现实的违法性认识,形式违法性认识可能性只是用以判断实质违法性认识可能性的资料。“危害社会”在故意概念中留下了实质违法性认识可能性的一席之地,不必在故意之外再讨论违法性认识可能性。

**关键词**　犯罪故意　危害社会　反对动机　法规范标准说　违法性认识(可能性)

## 一、“危害社会”是故意概念中的大事因缘

众所周知,我国已进入法定犯立法活性化时代。《刑法修正案(十一)》增设、修改的大部分条文都与法定犯有关。在评价法定犯的主观方面时,一直以来最困扰

* 中国政法大学副教授、博士研究生导师、日本早稻田大学法学博士。

学界与司法工作人员的，当属故意与违法性认识（可能性）的关系问题。[①] 解决该问题的前提是，准确把握我国刑法中故意的概念本身。关于犯罪故意的理解，刑法理论上呈现纷繁复杂的学说争议。评判学说优劣时，除了考虑观点本身的逻辑性与解决问题的合理性外，还必须考虑其与本国刑法规定的契合度。[②] 根据罪刑法定原则，刑法解释只能在刑事立法的框架内展开。现行《刑法》第 14 条第 1 款规定："明知自己的行为会发生危害社会的结果，并且希望或者放任这种结果发生，因而构成犯罪的，是故意犯罪。"该款是关于故意犯罪的总则性规定，也可以说通过立法方式定义了故意概念。此外，我国台湾地区"刑法"明确界定了故意的内容，其第 13 条规定："（第 1 款）行为人对于构成犯罪之事实，明知并有意使其发生者，为故意。（第 2 款）行为人对于构成犯罪之事实，预见其发生而其发生并不违背其本意者，以故意论。"所以，在我国台湾地区"刑法"看来，故意的认识内容仅限于构成犯罪的事实，而不包括对该事实的评价。

从横向对比来看。《日本刑法典》第 38 条第 1 款只笼统地规定，无犯罪意思的行为，不处罚。但是，法律有特别规定时，不在此限，并没有明确规定故意的内容。《德国刑法典》虽然也没有明确规定故意的内容，但其第 16 条第 1 款规定，行为时未认识该当构成要件之事实者，无故意。该行为是否以过失论，不受影响。第 17 条第 1 句则规定，行为时欠缺不法意识且无法避免者，无罪责。综合这两条规定可知，德国刑法区分构成要件错误（Irrtum über Tatumstände）与禁止错误（Verbotsirrtum），构成要件事实是故意的认识内容，不法意识则不是。与上述规定相比可以看出，我国刑法中故意概念的特色在于，并非单纯要求行为人明知自己的行为会发生作为事实的结果，而是要求行为人明知自己的行为会发生具有某种属性的结果，即"危害社会"的结果。

从纵向比较来看。自清末沈家本修法起，我国刑法开始了近代化进程。在此过程中，刑法典几易其稿，有关犯罪故意的规定也呈现不同样貌。最初，在 1905

---

① 也有学者反思，比起违法性认识（可能性）的体系性位置，更重要的是为司法实践提出切实可行的、调和刑事政策与责任主义冲突的技术机制（参见劳东燕：《责任主义与违法性认识问题》，载《中国法学》2008 年第 3 期；车浩：《法定犯时代的违法性认识错误》，载《清华法学》2015 年第 4 期）。

② 在解决故意相关问题时，以"不采所谓'结果无价值'论的德国刑法乃系大陆法系之鼻祖，其在大陆法律传统中有着不可忽略的深远影响"（蔡桂生：《违法性认识不宜作为故意的要素——兼对"故意是责任要素说"的反思》，载《政治与法律》2020 年第 6 期）为由，当然地采取德国主流学说的立场，这种做法并不妥当。

年《刑律草案(稿本)》中采用的是上述日本刑法模式,即单纯规定故意是成立犯罪的条件之一,没有明确其内容。这种状况一直持续到1918年。当年,《刑法第二次修正案》以“原案于故意及过失之范围未尝确定,解释上一伸一缩,即易出入人罪,其关系匪浅。且故意与过失法家学说各有不同,若不确定其范围,匪独律文之解释不能画一,而犯人之处罚尤患失平”为由,采上述我国台湾地区“刑法”模式。1928年民国时期旧刑法与1935年的《中华民国刑法》沿用该模式至今。① 及至中华人民共和国成立后,在1950年7月25日中央人民政府法制委员会《刑法大纲草案》、1954年9月30日中央人民政府法制委员会《刑法指导原则草案(初稿)》以及其后的《刑法(草案)》各稿中,虽然表述略有不同,但都明确规定了故意的概念,且在规定故意的认识内容时均采用了“危害社会的结果”或“社会危害结果”等表述。1979年《刑法》第11条的规定则与现行《刑法》第14条的内容完全一致。② 不难看出,中华人民共和国成立后刑法的一大特色正是在刑法中明确规定了故意概念,并将“危害社会”的结果而不是“构成犯罪的事实”规定为故意的认识内容。

总之,无论是横向对比还是纵向比较,“危害社会”这一表述乃我国现行刑法中故意概念的大事因缘。但是,围绕“危害社会”,许多关键问题没有得到令人满意的回答。如为什么要求认识到行为会发生“危害社会”的结果才能说具有犯罪故意?“危害社会”只是对“行为”或“结果”属性的描述,还是与行为、结果同为故意的认识内容?“危害社会”这一评价以什么作为判断素材,又以何者作为判断标准?不对这些基础问题做出合理回应,构建的故意理论只能是脱离刑法文本的“空中楼阁”。另外,一旦妥当把握了故意概念中“危害社会”的应有之义,就有可能从正面探寻出一条处理故意与违法性认识(可能性)关系的新路径,不再受困于德日刑法学依托错误理论处理该问题的学说迷局。所以,本文首先明确我国故意概念中“危害社会”的存在意义(下文“二”)与判断方法(下文“三”),然后将研究所得应用于故意与违法性认识(可能性)的关系处理上,进一步阐明“危害社会”在故意论中的解释学价值(下文“四”)。

---

① 参见黄源盛纂辑:《晚清民国刑法史料辑注》,台北,元照出版有限公司2010年版,第23、630、884、1191页。

② 关于中华人民共和国成立后各刑法草案中犯罪故意的规定,参见高铭暄、赵秉志编:《新中国刑法立法文献资料总览》(第2版),中国人民公安大学出版社2015年版,第74页以下。

## 二、“危害社会”与反对动机

### (一)规范责任论下故意的理解

根据行为人实施犯罪的主观心态,犯罪分为故意犯与过失犯。关于故意犯与过失犯在评价上的不同,存在行为无价值论与结果无价值论的对立。前者主张故意、过失是违法要素(或者同时是责任要素),故意犯与过失犯在违反法规范的程度上存在区别;[①]后者即本文赞同的立场则认为故意、过失与违法性无关,是责任要素,故意杀人与过失致人死亡的法益侵害性相同,只是可谴责性存在高低之分。[②]

在学术史上,责任论经历了从心理责任论到规范责任论的变迁。[③] 前者认为当行为人具备一定的心理状态(如对事实的明知或预见)时就有责任,后者则还要求具有他行为的可能性。[④] 可问题是,规范责任论是在心理状态之外要求一些规范性的责任要素,还是将规范性的评价也贯彻到心理状态中对该要素进行规范改造?质言之,是否有必要在责任要件中区分出事实性要素与规范性要素?对此,陈璇教授认为,“随着刑法理论日益朝目的理性的方向发展,故意概念已无法再拘泥于事实本体和日常用语,而必须根据实质的可谴责性这一规范标准来加以构建”。[⑤] 与此相对,周光权教授则指出,“规范责任论是在心理责任论的基础上融入了规范分析,并不意味着对作为心理事实的故意、过失概念要加入规范判断的内容”,“在故

---

① 参见周光权:《刑法总论》(第3版),中国人民大学出版社2016年版,第151~152页;井田良『講義刑法学・総論』(有斐閣,2版,2018年)168頁等。另外,参见柏浪涛:《违法性认识的属性之争:前提、逻辑与法律依据》,载《法律科学(西北政法大学学报)》2020年第6期,主张“责任”不是实体概念而是评价活动,故意不是责任要素只是责任评价的对象。

② 参见张明楷:《刑法学》(上)(第5版),法律出版社2016年版,第249页;西田典之『刑法総論』(弘文堂,3版,2019年)225-226頁等。

③ 继规范责任论之后出现了向功能责任论转变的动向(参见冯军:《刑法中的责任原则 兼与张明楷教授商榷》,载《中外法学》2012年第1期;王钰:《功能责任论中责任和预防的概念 兼与冯军教授商榷》,载《中外法学》2015年第4期;张明楷:《刑法的基本立场》,商务印书馆2019年版,第268页以下),但目前多数学者仍然支持规范责任论。

④ 参见张明楷:《外国刑法纲要》(第3版),法律出版社2020年版,第165页;车浩:《责任理论的中国蜕变——一个学术史视角的考察》,载《政法论坛》2018年第3期。

⑤ 陈璇:《责任原则、预防政策与违法性认识》,载《清华法学》2018年第5期。另外,李世阳:《故意概念的再定位——中国语境下“盖然性说”的展开》,载《政治与法律》2018年第10期。其也认为,“无论是故意还是过失,都不仅仅是一种心理事实,而是一个需要被规范性评价的实体概念”。

意、过失内部,本身只含有事实认识的内容,不含有规范评价的内容”。①

在不法要件中,细分该当客观构成要件的事实性要素以及对客观事实的违法性评价要素,或许有一定道理。此即一方面,通过该当构成要件的事实性要素勾勒出大体的犯罪类型以满足罪刑法定原则的需要;另一方面,则通过对客观事实的违法性评价要素来维持法秩序的统一性。但是,在责任要件中区分事实性要素与规范性要素并不存在上述实益,只留下割裂评价素材与对素材的评价这一缺点,影响判断的经济性。另外,即便是该当构成要件的所谓事实性要素,因受可罚的违法性论、客观归责论等影响,大多也带有规范评价色彩。例如,作为财产犯罪对象的财物不能是价值极其轻微的财物,实行行为必须具有导致结果发生危险的属性,犯罪结果必须能够在客观上归属于行为人,等等。因此,在规范责任论下,责任是指对该当构成要件的违法行为的非难可能性,责任要件中的各要素应当都为“非难可能性”这一规范评价奠定基础,即带有规范评价的色彩。

如此一来,“在关于有无故意这一本来纯粹的事实认定问题的事项当中,不可避免地介入了‘如果存在某某认识就可以认定为有故意’这一规范考察的视角”。②较之过失犯,故意犯之所以违反法规范程度更高或者非难可能性更大,并非仅仅因为故意犯对犯罪行为与结果等客观事实具有认识与容忍,而是因为故意犯中更加容易形成反对动机(不实施犯罪行为的动机),行为人却仍然突破了法规范的要求,更加值得谴责。前田雅英教授指出,“在故意中,比起‘认识到了’,责任的核心转移到了‘尽管认识到了却没有形成反对动机来打消犯罪的念头’这一点上”。③ 例如,【案例 1】甲瞄准乙的头部开枪将其击毙,甲之所以应当承担故意杀人罪的刑事责任,并非仅仅因为甲认识到“正在扣动扳机”(行为)以及“乙的生命从有到无”(结果)这两项事实,而且因为甲能够容易地在内心形成“不扣动扳机”的动机。当甲突破该动机选择继续实施扣动扳机的行为时,甲突破了故意杀人罪中“不得杀人”的规范要求,从而可用故意杀人罪来谴责甲。

故意的提诉机能(Appellfunktion)也要求,追究故意犯罪的刑事责任时,行为人

① 周光权:《违法性认识不是故意的要素》,载《中国法学》2006 年第 1 期。另参见付立庆:《刑法总论》,法律出版社 2020 年版,第 247 页。

② 植村立郎『刑事事実認定重要判決 50 選(上)』(立花書房,3 版,2020 年)183 頁。

③ 前田雅英『刑法総論講義』(東京大学出版会,7 版,2019 年)155 頁。另外,黎宏:《刑法学总论》(第 2 版),法律出版社 2016 年版,第 179 ~ 180 页,从形成反对动机的角度阐述犯罪故意的本质。

需存在形成反对动机的余地,即行为人必须认识到唤起违法性认识可能性从而使责任非难成为可能的事实。[①] 正是在此意义上,《刑法》第 14 条第 1 款"所记述的明显是一个更具实质性和规范性的故意概念",[②]除了要求行为人认识到作为事实的犯罪结果,而且要求该结果的发生"在评价上"不是价值中立的,而是具有负面价值即"危害社会"的。总而言之,在规范责任论下,故意的判断不再是单纯的事实认定(故意心态),而是规范评价,即能否将犯罪结果在主观上归属于具有形成反对动机余地的行为人(故意归责)。

## (二)关于"危害社会"的既有见解

值得进一步追问的是,为了留有形成反对动机的余地,是否需要行为人对"危害社会"这一行为或结果的属性本身也具有认识?若不需要,那么这种"危害社会"的属性应否纯客观地判断?关于这些问题,既有的见解大体可归纳为以下两种立场。

第一种立场(客观标准说)主张,成立故意时,只要求行为人明知自己的行为会发生作为事实的构成要件结果;"危害社会"只是对行为或结果属性的修饰,并不是明知的内容;行为与结果客观上被刑法规范评价为具有危害社会的属性就足够了。采用这种立场的学者,多特别指出故意概念中明知的内容是该当构成要件的事实性要素。[③]

第二种立场(行为人标准说)则主张,成立故意时,除了要求行为人明知自己的行为会发生作为事实的构成要件结果,而且要求行为人明知"危害社会"这一属性(实质违法性、法益侵害性)本身;"危害社会"是行为人本人对所实现的构成要件的评价。采用这种立场的学者,多特别指出"无违法性阻却事由的认识"属于犯罪故意中认识因素的内容。[④] 该立场沿袭自苏联刑法理论,认为"无论是直接故意,还是

① 山中敬一『刑法総論』(成文堂,3 版,2015 年)315 頁参照。

② 陈璇:《责任原则、预防政策与违法性认识》,载《清华法学》2018 年第 5 期。

③ 参见吴学斌:《规范责任论视野下的违法性认识与违法性认识的可能性》,载《清华法学》2009 年第 2 期;陈兴良:《教义刑法学》(第 3 版),中国人民大学出版社 2017 年版,第 465 页;贾宇:《犯罪故意研究》,商务印书馆 2020 年版,第 82 页;周光权:《刑法总论》(第 3 版),中国人民大学出版社 2016 年版,第 154 页;蔡桂生:《论故意在犯罪论体系中的双层定位——兼论消极的构成要件要素》,载《环球法律评论》2013 年第 6 期等。

④ 参见高铭暄、马克昌主编:《刑法学》(第 8 版),北京大学出版社 2017 年版,第 108 页;贾宇主编:《刑法学》(上册),高等教育出版社 2019 年版,第 167 页;曲新久主编:《刑法学》(第 5 版),中国政法大学出版社 2016 年版,第 104 页;黎宏:《刑法学总论》(第 2 版),法律出版社 2016 年版,第 185 页;付立庆:《刑法总论》,法律出版社 2020 年版,第 195 页等。

间接故意,主体都认识到了自己行为的社会危害性,预见到了结果对社会所具有的危害性”,[①]并得到我国传统刑法学理论支持。

上述两种立场的分歧在于,如何确定“危害社会”的判断素材与判断标准。在典型的故意犯罪案件中,上述两种理解并不会导致结论上的不同。如案例1中的甲,不仅认识到作为构成要件事实的死亡结果,而且开枪导致死亡这一事实本身在客观上具有危害社会的属性,甲本人也能认识到开枪导致死亡结果具有危害社会的属性。因此,无论采用客观标准说还是行为人标准说,甲都存在形成反对动机即不开枪的余地,逃脱不了故意归责。但是,当有无危害社会的属性在客观评价与行为人的主观认识之间不一致时,两种立场会得出不同结论,并暴露出各自的弊端。

一方面,客观标准说的主要问题在于,难以妥当处理假想防卫案件。【案例2】甲误以为乙正举枪试图射杀丙,实际上乙只是拿着玩具枪与丙开玩笑,甲出于保护丙生命的目的向乙投掷砖块将其砸死。根据行为人标准说,由于甲自以为在正当防卫,意在实施为刑法所允许的、保护法益的行为,没有认识到自己行为的实质违法性,所以不具有杀人的故意,至多只能追究过失致人死亡的刑事责任。而根据客观标准说,由于甲认识到“正在向他人头部投掷砖块”(行为)以及“乙的生命消失”(结果)这两项构成要件事实,且投掷砖块致乙死亡客观上具有危害社会的属性,所以会得出甲具有杀人故意的结论,但最终以故意杀人罪追究甲的刑事责任难以令人接受。于是,像假想防卫这样,在出现容许性构成要件错误的案件中,行为无价值论的学者为得出合理结论多主张采用“二重故意”理论,将故意区分为作为主观构成要件要素的故意与作为责任要素的故意。[②] 根据该理论,首先肯定案例2中甲具有构成要件故意,然后又在责任阶段否定甲具有故意杀人的非难可能性,转而筛查过失犯的成立条件。[③]

但是,“二重故意”理论未必适合我国。第一,我国《刑法》第14条明确给出了故意的定义,在此之外另立一个故意概念未必妥当。第二,“二重故意”理论几乎只在容许性构成要件错误的情形中才讨论责任故意,在其他情形中只对构成要件故

---

① [苏]H. A. 别利亚耶夫、M. Л. 科瓦廖夫主编:《苏维埃刑法总论》,马改秀、张广贤译,群众出版社1987年版,第150页。

② 采用行为无价值论却反对“二重故意”理论、否定“责任故意”概念的见解,参见柏浪涛:《错误论的新视角》,中国民主法制出版社2020年版,第345页以下。

③ 关于“二重故意”理论的详细讨论,参见蔡桂生:《论故意在犯罪论体系中的双层定位——兼论消极的构成要件要素》,载《环球法律评论》2013年第6期。

意进行判断。为了解决某个特定问题而将故意一分为二,其合理性存在疑问,有损犯罪论体系的统一性。第三,之所以需要先认定构成要件故意再否定责任故意,是因为支持“二重故意”理论的学者主张构成要件故意是违法要素。当正犯假想防卫时,为了在限制从属性原则下追究未出现“假想”的其他共犯的刑事责任,必须首先肯定正犯具备了包括构成要件故意在内的所有违法性要素。但是,如果将故意定位为责任要素,那么正犯是否出现“假想”都不影响共犯连带正犯的违法性。反过来看,“二重故意”理论的出现恰好说明,故意不仅仅是对事实的主观认识,不可以只评价为(甚至不必评价为)违法要素,而应当含有规范的非难可能性评价。因此,案例 2 中认定甲具有杀人故意,要么(作为最终结论)不合理,要么(作为中间结论)不必要。

另一方面,若将行为人标准说应用到所有案件中,往往会因为行为人偏执的好意、确信或者根本没有思考过或来不及思考行为是否具有侵害法益的性质,而不当限缩故意的认定范围。例如,【案例 3】甲为了让乙摆脱吸毒、卖淫的不良习性,即便遭到乙的强烈反对,仍然强行将乙关押在屋内禁闭长达半年之久。根据客观标准说,由于甲认识到非法拘禁乙、剥夺其人身自由的事实,且该事实客观上不满足正当防卫等违法阻却事由的条件,具有危害社会的属性,所以甲存在非法拘禁罪的故意。与此相对,根据行为人标准说,甲虽然认识到非法拘禁乙的事实,但甲完全是为了乙着想,认为拘禁乙半年以换取戒除不良习性的效果于乙有利,主观上不存在危害社会的认识,所以不具有非法拘禁罪的故意。对此,黎宏教授主张以刑事违法性的认识替代饱含道德内容的对社会危害性的认识,以违法性认识对含义模糊的“社会危害性认识”作出限定,试图说明大义灭亲的激情犯或者政治、宗教上的确信犯也具有犯罪故意。[①] 该做法确实对“危害社会”的认识程度作出了有益限定,即“有关社会危害性的认识,并不仅仅只是对一般具有社会危害性的事实的认识,而必须是对于该种刑罚效果相称的事实的认识,即对值得处以该种刑罚的事实具有认识”。[②] 尽管如此,该做法仍然是以行为人本人作为“危害社会”的判断标准。当行为人真诚地确信其用心良苦的行为是被刑法所容许时,根据黎宏教授的观点,由于行为人对于其行为不属于排除社会危害性事由不具有认识,应当否定犯罪故意。[③] 但是,如果将法益衡量完全交由行为人自行判断,放弃客观标准,那么几乎所

---

① 参见黎宏:《刑法学总论》(第 2 版),法律出版社 2016 年版,第 187 页。
② 黎宏:《结果本位刑法观的展开》,法律出版社 2015 年版,第 32 页。
③ 参见黎宏:《刑法总论问题思考》(第 2 版),中国人民大学出版社 2016 年版,第 246 页。

有犯罪人都会主张自己是为了某个更大的利益而不幸被认定为犯罪。

当然,为了同时在案例2与案例3中得出妥当结论,也可能兼采上述两种立场。张明楷教授一方面认为我国刑法规定的是实质的故意概念,故意的成立要求行为人认识到实质的违法性,当行为人认识到正当化事由时,缺乏对实质违法性的认识,不具备故意的非难可能性,从而案例2中的甲不构成故意杀人罪。另一方面则又指出,“一般来说,只要行为人认识到自己行为的社会意义,就能够认识到自己行为的结果是危害社会的。而且,故意认识内容是构成要件事实,并不要求行为人对事实予以评价。某种结果是有利于社会还是不利于社会,不能由行为人评价,只能根据刑法规定予以评价”,从而案例3中的甲构成非法拘禁罪。① 但是,根据案件需要对故意的认识内容进行宽严不同的认定,在案例2中强调对“实质违法性”的认识,而在案例3中转而只关注对“构成要件事实”的认识,这种做法是否过于随意?另外,行为人认识到自己行为的社会意义或实质违法性,与行为人对自己行为与结果的评价又有何本质区别?可见,这种各取所需的做法实际上没有真正统合客观标准说与行为人标准说,反而放弃了对故意认识内容的统一说明。

综上所述,故意概念中的“危害社会”表明,故意归责时行为人必须具有形成反对动机的可能性。但是,既有的观点不能妥当地划定故意归责的范围。一直以来对“危害社会”的理解存在偏差,必须探寻一种新的理解方式。

## 三、“危害社会”的判断方法

### (一)法规范标准说的理论构成

刑法学中关于某个概念的判断方法主要由三方面的要素构成:判断时点、判断素材与判断标准。② 具体到故意的判断中,由于犯罪故意必须存在于结果出现之前,甚至是着手之前,所以对故意概念中包括“危害社会”在内各要素的判断,必须

---

① 张明楷:《刑法学》(上)(第5版),法律出版社2016年版,第258、261页。

② 当然,形式上还存在判断主体这一要素。但严格来说,判断主体与判断时点、判断素材及判断标准并不是同一层面的独立要素。判断主体的区别事实上的确存在:当刑法发挥裁判规范的作用时,由裁判者担任概念的判断主体;当刑法发挥行为规范的作用时,则由行为人担任概念的判断主体。可是,无论是裁判者还是行为人,对同一概念做出规范判断时,应遵循相同的判断时点、素材与标准。如在因果关系的“相当性”判断、过失犯的“预见可能性基准”判断等问题中,常常争议行为人标准、一般人标准等,看似是判断主体的区别,实则是判断标准的差异。

立足行为时点而不是裁判时点,对此应无争议。在理解“危害社会”时,客观标准说的问题在于,未考虑反对动机的形成很大程度上取决于行为人对行为与结果的认知情况,而是将“危害社会”的判断素材完全取之于客观事实。与此相对,行为人标准说的问题则在于,无论要求行为人认识到一般意义上的社会危害性,还是要求行为人认识到达到动用刑法来应对程度的刑事违法性,都着眼于通过行为人本人对行为与结果性质的评价来决定故意归责与否,却忽视了故意归责的主体不是行为人本人而是国家。简言之,客观标准说在判断素材上存在缺陷,行为人标准说则在判断标准上存在不足。

因此,必须将故意概念中的“危害社会”理解为不同于客观的法益侵害、以行为人的认识内容为基础的“评价”;而且,这种评价不同于行为人本人的评价,而是作为法规范总和的“具体国家”指导理念之下的评价。① 在违法性判断中,是以现实发生的事实为素材,判断行为在客观上是否造成了危害社会的结果;而在故意归责中,是以行为人认识到的事实为素材,判断主观上能否因认识到的事实可评价为“危害社会”(具有违法性)而形成反对动机。两者只是在判断素材上存在差别,判断行为人主观上认识到的事实可否评价为“危害社会”时,其评价标准与违法性的判断标准是一致的。例如,以案例 2 中甲认识到的事实即“乙正举枪试图射杀丙”为判断素材,甲试图实现的乙的死亡结果并非“危害社会”的结果,而是法规范所允许的正当防卫结果,所以甲欠缺杀人故意。又如,以案例 3 中甲认识到的事实即“乙身染吸毒、卖淫的不良习性”为判断素材,立足国家的立场来评价,为了帮人改过自新而在未经他人有效同意的情况下剥夺他人人身自由的,在法规范中不能认定为具备违法阻却事由。所以,甲认识到的非法拘禁事实在国家的法规范评价下具有“危害社会”属性,应当认定其具有故意。换言之,既然在违法性判断中不考虑行为人的动机以及行为人本人对行为性质的评价,那么在判断故意概念中的“危害社会”时也不能把善良动机等纳入考虑之内。

这种立足行为时、以行为人认识的事实为素材、以法规范(国家)为标准,来判断故意概念中“危害社会”的方法,笔者称为法规范标准说。如前所述,故意概念中的“危害社会”具有归责机能,即“危害社会”承担着规范责任论下判断行为人形成

① 在此借鉴了佐伯千仞教授阐述期待可能性判断中的国家标准说时所用的表述[佐伯千仭『刑法における期待可能性の思想』(有斐閣,1947 年)334 頁]。

反对动机可能性的任务。法规范标准说顾及了归责的主体(国家)与被归责的对象(行为人),[①]同时满足了“主观”与“归责”的需要:第一,“主观”决定了必须以行为人对事实的认识为判断素材,从而确保形成反对动机的认识基础,故有别于客观标准说;第二,“归责”意味着必须以法规范(国家)作为判断标准,而不是以行为人自己的评价来判断是否“危害社会”,故也不同于行为人标准说。《刑法》第14条第1款中“明知自己的行为会发生危害社会的结果”这一表述正是通过将评价对象(行为与结果)与对对象的评价(危害社会)结合在一起,构筑了一个既包含行为人心理上的事实认识,又包含国家有关形成反对动机可能性评价的规范故意概念。[②]

这种区分判断素材与判断标准分别考虑行为人与国家的做法,有利于妥当地区分处理有关正当化事由错误的案件。正当化事由的错误大体分为两类:一类是正当化事由本身的错误,即行为人错误理解了正当化事由的要件,把准确认识到的事实错误地归入正当化事由当中;另一类则是正当化前提事实的错误,即行为人因发生事实上的错误认识,导致误以为满足了正当化事由的要件。例如,行为人误以为只要存在不法侵害无论是否具有紧迫性都属于正当防卫的,属于正当化事由本身的错误;而行为人误以为发生了紧迫的不法侵害从而假想防卫的,则属于正当化前提事实的错误。在德日刑法学界,关于正当化事由本身的错误,一般按照违法性错误来处理;而关于正当化前提事实的错误,究竟定位为事实错误还是违法性错误,抑或独立的第三种错误,存在激烈争论。[③] 在法规范标准说下,这两种错误存在明显区别:前者是有关“危害社会”判断标准的错误,不直接影响故意的认定;后者则是有关判断素材的错误,会起到直接否定犯罪故意的效果。具体而言,发生正当化事由本身的错误时,行为人没有对客观发生的任何事实产生错误认识,对是否构成正当化事由的错误理解反映的是行为人自身对“危害社会”的评价有误。可是,故意概念中“危害社会”的评价是由国家根据法规范做出的,与行为人的评价无关。与此相对,发生正当化前提事实的错误时,国家据以评价是否“危害社会”的判断素

① 正如判断期待可能性时一样,不能只关注期待的一方(国家)或被期待的一方(行为人),而是要在两方的紧张关系中去把握期待可能性的有无与程度[参见张明楷:《期待可能性理论的梳理》,载《法学研究》2009年第1期;山口厚『刑法総論』(有斐閣,3版,2016年)270頁;松原芳博『刑法総論』(日本評論社,2版,2017年)226頁]。

② 主张过失的认定是事实要素与规范要素相结合的观点,参见陈毅坚:《过失犯归责构造之反思与重构》,载《国家检察官学院学报》2021年第4期。

③ 曽根威彦『刑法原論』(成文堂,2016年)414頁以下参照。

材受到行为人错误认识的影响。误以为面对不法侵害(现实危险)而实施防卫(避险)行为的,若以行为人主观上认识到的事实为判断素材,则不欠缺正当防卫(紧急避险)的条件,反映到故意的认定上,则不能说行为人明知的事实能被国家评价为会发生"危害社会"的结果。

综上所述,根据法规范标准说,成立故意时只要求行为人明知构成要件事实;①"危害社会"不是明知的内容,只是对行为或结果属性的修饰与表达,是由国家针对行为人的认识内容做出的规范评价。虽然"危害社会"本身不是明知的内容,但行为人对构成要件事实的明知为国家作出是否"危害社会"的评价提供了基础的判断素材。

### (二)危害有无的判断须符合科学法则

法规范标准说能够很好地说明,当行为人就自身行为的客观属性产生错误评价时,若行为人认识到的事实在国家的法规范评价中并不"危害社会",则阻却故意的成立(如假想防卫式杀人);反之,仍然构成故意犯罪(如大义灭亲式杀人)。但是,法规范解决的是价值(衡量)问题,作为价值判断的前提,还存在危害有无的事实判断。法规范标准说下对"危害社会"与否的判断,不能违背危害有无的事实。例如,朝着人头部开枪的行为之所以会被评价为"危害社会",是因为一般人事实上都能认识到开枪射击头部会导致人死亡这一科学法则。可是,当行为人认识到的事实有无危害,根据一般人的看法还是按照科学法则会得出不同结论时,应当以何者为标准呢?试对比以下一组案例。【案例4】A因迷信以为花生糖可以杀人,于是将花生糖投入B的饮料中,具有特殊体质的B饮用花生糖水后猝死,但A不知B有此特殊体质。【案例5】A因迷信以为花生糖可以杀人,却误将砒霜当作花生糖投入B的饮料中,B饮用后毒发身亡。【案例6】A本想以砒霜杀人,却误将花生糖当作砒霜投入B的饮料中,具有特殊体质的B饮用花生糖水后猝死。【案例7】A根据一般人的看法误以为硫黄可以杀人,却误将花生糖当作硫黄投入B的饮料中,具有

① 既包括记述的构成要件事实,也包括规范的构成要件事实。另外,虽然《刑法》第14条第1款规定了"会发生",但能否据此认为行为与结果之间的因果关系也是故意中明知的内容,理论上还存在争议(肯定的观点参见付立庆:《刑法总论》,法律出版社2020年版,第195~196页;否定的观点参见黎宏:《刑法学总论》(第2版),法律出版社2016年版,第184~185页)。该争议与本文探讨的问题关系不大,不做详细讨论,结论上笔者支持否定说,认为因果关系不是故意的认识内容。

特殊体质的 B 饮用花生糖水后猝死。事后查明,服用与本案中花生糖等量的硫黄根本不会致人死亡。

首先需要明确,因果关系具有客观性,[①]上述四例中 A 的行为与 B 的死亡结果在客观上均存在"非 P 则非 Q"的条件关系,且 B 的特殊体质存在于 A 的行为之前,不属于能够中断因果关系的介入因素。所以,无论 B 是否具有特殊体质,也无论 A 是否认识到 B 的特殊体质,A 向 B 的饮料中投放各种物质的行为与 B 的死亡结果之间均存在因果关系,B 的死亡结果客观上应当归属于 A。简言之,这四例均不属于不能犯。问题是,能否追究 A 故意杀人罪既遂的刑事责任?单从主观上看,A 均有杀人的想法,但仅凭此尚不足以认定 A 具有杀人故意。否则,【案例 8】A 试图杀害 B,驱车前往 B 家途中因闯红灯撞死路人,事后查明死者正是 B 时,也会得出 A 故意杀人既遂的结论,这明显不当。刑法中的故意不同于日常用语中的故意。必须检验 A 在实施杀人行为当时是否明知自己的行为会发生"危害社会"的结果。

在案例 4 与案例 5 中,无论 A 客观上投放的是花生糖还是砒霜,其主观上认识到的事实均为"投放花生糖给正常人服用"。根据法规范标准说,在判断杀人故意中的"危害社会"时,就应当以"投放花生糖给正常人服用"这一事实作为判断素材。此时,无论是按一般人的看法,还是按照科学法则,都不会得出"投放花生糖给正常人服用会发生危害社会的结果"这一结论,因此,在案例 4 和案例 5 中,A 均不明知自己的行为会发生"危害社会"的结果,欠缺杀人故意。与此相对,在案例 6 中,由于 A 主观上认识到的事实是"投放砒霜",在一般人看来或在科学法则看来,都会得出"投放砒霜会发生危害社会的结果"这一结论,所以即便 B 并非被砒霜毒死,仍能认定 A 具有杀人故意。

案例 4、案例 5、案例 6 中一旦确定行为人主观认识的事实后,按照一般人看法得出的判断与根据科学法则得出的判断是一致的。与此不同,案例 7 中作为判断素材的 A 的主观认识为"投放硫黄"。但是,投放硫黄是否会发生危害社会的结果,一般人的看法与科学法则之间存在冲突。按照一般人的看法,服用硫黄后会致人死亡,从而应当认定 A 具有杀人故意;而按照科学法则,既然服用硫黄后根本不可能导致 B 死亡,那么 A 就没有明知自己的行为会发生"危害社会"的结果,欠缺杀人故意。笔者认为,此时应当采用科学法则的标准。

---

① 参见王作富主编:《刑法》(第 6 版),中国人民大学出版社 2016 年版,第 54 页。

第一,科学法则具有明确性,而一般人的看法过于模糊难以限定,甚至“一般人”的标准本身就难以确定。第二,当深谙药理的行为人使用某种罕见的毒物 X 来杀人时,提取出行为人的认识内容“投放物质 X”作为判断素材,若不按照科学法则评价,而是考虑一般人的看法,完全可能出现因一般人根本不知该物为何而难以决断甚至做出错误判断的情形。第三,倘若将案例 7 稍作改变,【案例 7′】A 按照其犯罪计划投放了硫黄,B 服下后毫无症状,就转化为了不能犯的案件。在案例 7 与案例 7′中 A 的主观认识是一样的,两案中 A 是否具有故意的结论也应当一致。围绕不能犯的可罚性问题,存在主观主义立场与客观主义立场,以及各立场下不同见解之间的激烈争论。① 如果立足客观主义立场,采用修正的客观危险说,着眼于行为导致法益侵害紧迫性的有无,②那么在案例 7′中由于客观上不存在导致 B 死亡的具体紧迫危险,最终 A 不构成故意杀人罪未遂。刑法中的责任是指对该当构成要件的违法行为的非难可能性,③“故意既称为对实现构成要件的知与欲,行为人就必须认识客观上有实现构成要件可能的事实,如果行为人所认识的事实,不是客观上可能实现构成要件的事实,故意即不成立”。④ 案例 7′中连杀人的法益侵害性都没有,也就欠缺相应的杀人故意。⑤ 既然案例 7′中不能认定 A 具有杀人故意,案例 7 中的 A 也同样不具有杀人故意。该结论与案例 7 中依据科学法则得出 A 不明知自己的行为会发生“危害社会”的结果从而欠缺杀人故意的结论一致。⑥

最后仍需注意的是,由于故意必须存在于实行行为当时,所以即便按照科学法则来评价行为人试图实施的行为是否“危害社会”,这种评价仍然是立足行为时而

---

① 参见王复春:《不能犯未遂的规范论研究》,法律出版社 2018 年版,第 22 页以下。

② 西田典之『刑法総論』(弘文堂,3 版,2019 年)332 頁;山口厚『刑法総論』(有斐閣,3 版,2016 年)290 頁;松原芳博『刑法総論』(日本評論社,2 版,2017 年)336 頁等参照。

③ 当承认作为责任要素的主观超过要素时,例外地存在责任超过不法的现象[小林憲太郎『刑法総論の理論と実務』(判例時報社,2018 年)295 頁参照]。

④ 劳东燕:《刑法中的客观不法与主观不法——由故意的体系地位说起》,载《比较法研究》2014 年第 4 期。

⑤ 申言之,包括迷信犯在内的不能犯除了客观上没有侵害法益的具体危险,而且主观上也不具有与之对应的犯罪故意。只不过由于判断犯罪是否成立时遵循从客观到主观、从违法到责任的顺序,所以不能犯在客观违法层面就不成立犯罪未遂,不必再对故意进行判断。

⑥ 在笔者看来,不能犯问题中判断是否存在对法益的“危险”与故意问题中判断是否“危害社会”,二者只是判断素材不同(前者以事后查明的所有客观情况为判断素材,后者以行为人认知的事实为判断素材),判断标准(科学法则)与判断时点(行为时)则是一致的。也正因如此,在不能犯问题中基于行为人认识到的事实来判断有无作为未遂犯结果的危险,这种做法有混淆客观构成要件要素的判断与故意判断之嫌。

非裁判时的判断。也就是说,故意概念中的“危害社会”,是指根据科学法则判断行为人试图实施的行为在行为时具有侵害法益的高度盖然性,而非具有侵害法益的必然性。例如,【案例9】甲本想将10g毒药a投入乙的饮料中,却错投入了10g毒药b,最终将乙毒死。事后查明,毒药a的一般致死量为12g,毒药b的一般致死量为3g。本案中的判断素材是甲认识到的事实,即“投放10g毒药a”。即便按照科学法则来判断,随着行为时被害人身体状况的细微变化,10g毒药a也具有致人死亡的高度危险,所以仍然能够将“投放10g毒药a”的行为评价为具有侵害他人生命的高度盖然性、会发生“危害社会”的结果,甲具有杀人故意。倘若事后查明,毒药a的一般致死量为100g,10g毒药a造成人死亡的概率极低甚至趋近于零,那么该案就与案例5没有本质区别,应当认为甲没有认识到自己的行为会发生“危害社会”的结果,不具有杀人故意。

综上所述,为了合理划定故意归责的范围,判断故意概念中的“危害社会”时应当采用法规范标准说。法规范标准说没有超出《刑法》第14条文本可能具有的含义。“明知自己的行为会发生危害社会的结果”这一表述可以拆解为以下三层含义:(1)行为人明知自己的行为会发生(作为构成要件事实的)结果;(2)“危害社会”是法规范下对行为人认识到的行为与结果的评价,不是明知的内容;(3)行为人认识到的事实在行为的时点可被评价为具有“危害社会”的属性。

## 四、“危害社会”与违法性认识(可能性)

明确我国犯罪故意概念中“危害社会”的存在意义与判断方法,有利于简洁明了地处理故意与违法性认识(可能性)的关系。关于该问题,德日刑法学理论中呈现复杂的学说对立,复杂程度取决于有关犯罪故意的具体规定状况。例如,在刑法将故意的认识内容明确限定为“构成犯罪之事实”的我国台湾地区,以及区分构成要件错误与禁止错误的德国,要将违法性认识(的可能性)完全解释进故意概念中无疑存在巨大障碍,所责任说成为通说,严格区分故意与违法性认识(可能性)。[①]

---

① Vgl. Claus Roxin/Luís Greco, Strafrecht Allgemeiner Teil, Band I, 5. Aufl., 2020, §21 Rn. 8; Hans-Heinrich Jescheck/Thomas Weigend, Lehrbuch des Strafrechts, Allgemeiner Teil, 5. Aufl., 1996, S. 452. 另参见黄荣坚:《基础刑法学》(下)(第4版),台北,元照出版有限公司2012年版,第657页;林钰雄:《新刑法总则》(第6版),台北,元照出版有限公司2018年版,第342页。

与此相对,《日本刑法典》没有明确规定故意概念,第 38 条第 1 款中的“犯罪意思”既可以理解为单纯对构成要件事实的认识,也可以解释为包含不法意识。所以,围绕故意与违法性认识(可能性)的关系,日本学者间的见解分歧更大。[①] 既然我国《刑法》第 14 条明确给出了故意的定义,且没有将认识内容限定于该当构成要件的事实,而是介入了“危害社会”这一评价性用语,那么一方面,在解释学上就没有必要沉溺于外国的学说争鸣去反复讨论不符合本国故意规定的理论学说;另一方面,则应从“危害社会”出发单刀直入地讨论故意与违法性认识(可能性)的关系。简言之,二者的关系如何确定,其实是故意概念中“危害社会”在解释学上的具体应用问题。

### (一)成立故意犯罪不需要具有现实的违法性认识

关于故意与违法性认识(可能性)的关系,以往的讨论主要集中于以下三个具体问题:(1)违法性认识(可能性)中的“违法性”是指形式违法性(对刑法规定或其背后刑法规范的违反)[②]还是实质违法性(法益侵害性或客观的社会危害性)?(2)成立故意犯罪时必须具有现实的违法性认识还是只需要存在违法性认识的可能性?(3)欠缺违法性认识(可能性)时是否还存在犯罪故意,或者说违法性认识(可能性)是否独立于故意之外?[③] 从形成反对动机可能性的角度来看,故意概念中的“危害社会”不要求行为人将违法性本身作为现实的认识对象,而是由国家以行为人认识到的事实为素材作出规范判断。所以,现实的违法性认识不是故意的认

---

① 髙山佳奈子『故意と違法性の意識』(有斐閣,1999 年)53 頁以下;高橋則夫『刑法総論』(成文堂,4 版,2018 年)376 頁以下参照。

② 虽然刑法规定不同于刑法规范,但涉及违法性认识问题时,几乎无人主张要求行为人认识到具体违反了刑法的哪个条款。表述为认识到违反“刑法规定”还是“刑法规范”,没有太大差别,都意味着认识到行为不被刑法所允许,故本文统称为形式违法性的认识。另外,早期也有学说主张,违法性认识中的“违法性”包括违反刑法规范之外的一般法秩序甚至是前法律规范,如伦理道德规范等(相关学说介绍参见刘明祥:《刑法中违法性认识的内容及其判断》,载《法商研究(中南政法学院学报)》1995 年第 3 期)。违反这些规范的认识也属于形式违法性的认识,与违反刑法规范的认识之间只是程度上的差别。

③ 严格故意说认为,违法性认识是故意的要素,欠缺现实的违法性认识时不具有故意。与之相对,限制故意说与责任说则认为,只要存在违法性认识的可能性就可以构成故意犯罪。不存在违法性认识的可能性时,限制故意说否定故意,责任说则在认定故意的前提下否定责任。另外,违法性认识不要说仅仅表达了成立故意犯罪不需要违法性认识这层意思,并没有进一步回答是否需要违法性认识的可能性。所以,只有严格故意说完全站在违法性认识不要说的反面,限制故意说与责任说都可以看作对违法性认识不要说的完善。

识对象。但是,行为人现实地认识到形式的或实质的违法性,是否属于独立于故意之外的责任要素呢?

一方面,要求行为人必须现实地认识到形式违法性,显然不合理。的确,我们与“不知法不免责”(Ignorantia juris non excusat)的时代渐行渐远,绝对的知法推定早已动摇,各国采取种种制度技术来求取刑法规制与责任主义之间的平衡,试图在国家和公民之间分配风险。[①] 但是,诚如车浩教授所指出的,“在观念上要破除‘不知法者不免责’与‘不知法者不为罪’二元对立的观念误区,明确违法性认识错误并不必然导致无罪的法律后果,两者之间没有‘直通车’。换言之,不知法者未必不免责,不知法者也未必不为罪”。[②] 可见,对追究行为人的刑事责任而言,认识到形式违法性与否并不重要。另外,故意犯事实上无论如何也不可能属于“知法犯法”,以行为人没有认识到自己的行为违反刑法为由否定非难可能性,无异于给犯罪人指明逃脱刑事责任的道路,激励一般人不去了解刑法。

另一方面,成立故意犯罪时要求行为人现实地认识到实质违法性,也存在不合理之处。将实质违法性的认识作为故意的要素对待,虽然有利于在假想防卫案件中得出否定犯罪故意的结论,但是,当行为人:(1)执拗地认为自己的行为有益,得出与国家不同的法益衡量结论时(如确信犯),或者(2)对实质违法性不假思索时(如激情犯),难以说明行为人现实地认识到了实质违法性。值得注意的是,有学者以上述两种情形为例论证形式违法性的认识而非实质违法性的认识才是故意的内容。[③] 笔者虽然赞成实质违法性的认识不是故意的内容,但同时主张形式违法性的认识也不是故意的内容。虽然习惯上表述为对违法性的“认识”,但实际上是行为人的价值评判,其不同于对事物的单纯表象(Vorstellung)。而正如前文在“危害社会”的判断标准中所论证的,就形成反对动机而言,评价的主体或者说标准不是行为人而是国家(法规范)。所以,行为人对违法性的现实认识与国家是否应以故意责任来非难行为人没有必然联系。即便人们具备了确证违

---

① 参见劳东燕:《责任主义与违法性认识问题》,载《中国法学》2008 年第 3 期;陈璇:《责任原则、预防政策与违法性认识》,载《清华法学》2018 年第 5 期。

② 车浩:《法定犯时代的违法性认识错误》,载《清华法学》2015 年第 4 期。

③ 参见黎宏:《刑法总论问题思考》(第 2 版),中国人民大学出版社 2016 年版,第 237 ~ 238 页;冯军:《刑事责任论》,法律出版社 1996 年版,第 225 ~ 226 页。

法性认识的相当认知能力,也不必因此走向违法性认识必要说的立场。①

此外,针对情形(1),陈璇教授认为,行为人对法律规范的认知具有优先地位,行为的反价值性只是借以判断违法性认识的工具,“违法性认识只是对法律规范的一种认知,而不是规范的信仰;它的具备只要求行为人知其行为受到法律禁止即可,并不要求他对法律的价值追求也表示衷心认同”。② 可是,无论认识到行为的反价值性还是对法律规范具有认知,都服务于行为人能否形成反对动机这一判断,很难说何者优先。另外,刑法理论也承认超法规的违法阻却事由,当行为人基于执拗的想法(如认为大义灭亲虽然没有被刑法明文允许,却符合刑法的内在精神)或对正当化事由本身的错误认识,确实没有认识到其行为违反刑法规范或侵害法益时,直接放弃故意责任的追究并不妥当。针对情形(2),陈璇教授则主张违法性认识中的“认识”除了可以通过语言性思考(Sprachdenken)获得,还可以通过事物性思考(Sachdenken)获得,“违法性认识可能无法以清晰的文字、完整的语句展现出来,或许只能处于行为人注意力光照范围以外的昏暗地带,但在这绝不会妨碍它的现实存在”。③ 的确,在心理学和语言学上承认事物性思考有巨大价值,但在刑法中讨论违法性认识(可能性)是为了给行为人形成反对动机奠定基础。若通过事物性思考,违法性的认识最终仍然“只能处于行为人注意力光照范围以外的昏暗地带”,如何能够期待这种所谓的“认识”发挥提诉机能呢?换言之,这种处于昏暗地带的认识即便在心理学、语言学上自有存在的意义,但其在刑法学中不能等同于对违法性的现实认识。既要处罚激情犯,又要求行为人具有现实的违法性认识,恐怕二者不可兼得。总之,就成立故意犯罪而言,现实的违法性认识是一个过高且不必要的要求。

### (二)故意概念包含了违法性认识的可能性

故意概念中的“危害社会”以国家(法规范)为标准来判断行为人形成反对动机的可能性是否达到值得以故意犯罪来归责的程度。问题是,这一判断与以往讨论的形式或实质的违法性认识可能性之间是什么关系?在“危害社会”之外,是否还

---

① 参见王志远:《在“公益”与“私权”之间:违法性认识问题再认识》,载《法学家》2015 年第 1 期。该文以目前尚欠缺确证行为人是否具有违法性认识的能力为由,主张违法性认识必要说不具有可行性,转而将重点转向违法性认识的可能性。

② 陈璇:《责任原则、预防政策与违法性认识》,载《清华法学》2018 年第 5 期。

③ 陈璇:《责任原则、预防政策与违法性认识》,载《清华法学》2018 年第 5 期。另参见王俊:《法定犯时代下违法性认识的立场转换》,载《现代法学》2020 年第 6 期。

有必要去讨论违法性认识可能性？

1. “危害社会”与实质违法性认识可能性的关系

首先，实质违法性认识的可能性内在于故意的要素之中。[①] 这是因为，虽然认定故意时只需要行为人认识到相关事实，不需要行为人本人形成“危害社会”的评价，但只有当行为人根据其认识到的事实具有实质违法性认识的可能性时，才有形成反对动机的余地从而控制住自己不去实施导致危害社会结果的行为。[②]《刑法》第14条中“危害社会”这一关键用语，为实质违法性认识可能性在故意概念中留下了一席之地，不必在故意之外再讨论违法性认识的可能性。换言之，当国家以行为人认识到的事实为素材作出“危害社会”的规范判断时，正意味着行为人存在实质违法性认识的可能性。例如，【案例10】被告人黄某某将约60粒安眠药喂给被害人黎某某服下，后用棉垫捂住被害人面部，再用丝巾勒住被害人脖子致其死亡。在本案中，被害人系被告人次子，出生时即患有先天性智力疾病，无语言能力，日常生活无法自理；被告人自被害人出生患病以来即悉心照顾，长达46年；案发前，被告人因患有心脏病和高血压疾病，担心身体情况恶化无法继续照料被害人，遂产生杀死被害人以解脱其受折磨之意。法院认定被告人犯故意杀人罪，判处有期徒刑3年，缓刑4年。[③] 虽然被告人的杀人行为系出于母爱具有善良动机，但并不能因其本人没有现实认识到自己的行为“危害社会”而否定犯罪故意。以被告人认识到的事实（结束次子的生命）为判断素材，由国家按照违法性的判断标准来看，仍然可以评价为故意概念中的“危害社会”，说明被告人具有实质违法性认识的可能性。反过来，当欠缺实质违法性认识的可能性时，司法者也不必忐忑地引入超法规的责任阻却

---

① 参见赵运锋：《违法认识可能性理论的检讨与反思》，载《东方法学》2020年第6期。该文立足于我国传统四要件犯罪构成体系，主张“应将违法认识可能性置于犯罪故意之中进行考察，如果缺乏违法认识可能性则阻却犯罪故意，危害行为不能构成刑事犯罪”。

② 近年来，我国有学者在区分行为人对构成要件的法规范性要素认识错误与违法性认识错误的基础上，主张“不是将违法性认识或者违法性认识的可能性纳入犯罪评价体系，而是将构成要件的法规范性要素纳入故意的认知范畴”（参见刘之雄：《违法性认识错误与构成要件认识错误的界分——以法规范性要素认识错误为焦点》，载《法学评论》2020年第5期）。该观点实际上是以违法性认识不要说为基础，走在了与限制故意说、责任说相反的一条延长线上，认为不仅违法性认识，连违法性认识的可能性都不是构成犯罪的责任要素。本文虽然也赞成违法性认识（可能性）不应当是独立的责任要素，但认为不应当将违法性认识可能性与故意对立起来后完全否定前者对责任判断的影响，而是将前者纳入后者之中予以考虑。

③ 参见广东省广州市越秀区人民法院刑事判决书，（2017）粤0104刑初1111号。

事由,可径自以《刑法》第14条为准绳否定故意犯罪的成立。①

主张在方法论上将违法性认识从故意中切割出来的周光权教授指出,“故意犯和过失犯比较起来看,故意犯往往具有现实的、具体的违法性认识,藐视法律的意思更为强烈,所以需要给予较为严厉的责任非难。过失犯大多只具有违法性认识可能性,行为人藐视法律的意思并不强烈,所以责任非难的程度应当较故意犯为轻”。② 可是,倘若不是因为违法性认识(可能性)内在于故意、过失的判断中,故意犯与过失犯为何会在违法性认识(可能性)上表现出“往往”“大多”这样的倾向呢?其实,周光权教授也认可从实在论的角度看,“行为人单纯认识犯罪事实,尚不足以对其进行追究责任的道义非难,必须在行为人明白知晓自己所为是法律所不允许而仍然为之时,才能对其进行道义非难。构成事实认识基础上的违法性认识,使得行为人可以形成抑制犯罪的反对动机,但其超越这种动机,实施违法行为,这就是故意犯的本质”。③

通过“危害社会”将实质违法性认识的可能性,而不是现实的违法性认识纳入故意概念的做法,或许会面临以往对限制故意说的批判,即存在将过失犯罪升格为故意犯罪之嫌。笔者认为这种担忧大可不必。无论故意犯罪还是过失犯罪,均是从国家立场出发对行为人的某种心理状态表达非难、谴责之意。要求行为人在行为时点具备认识实质违法性认识的可能性,正是为了给国家表达非难态度奠定基础、提供契机。所以,实质违法性的认识可能性是共通于故意、过失内部的要素,表现为《刑法》第14条、第15条中的“危害社会”这一表述。④ 但是,决不能因为二者具备同一项共通要素就断言二者一致,也不能因两个概念存在共通之处就批判说混淆概念。故意与过失除了在对构成要件事实的认识与意欲方面存在区别外,基于行为人“明知”或“应知”的事实不同,二者在认识实质违法性、形成反对动机的可能性方面也存在差异。例如,在案例2假想防卫的案件中,追究甲故意杀人罪的刑

---

① 参见柏浪涛:《违法性认识的属性之争:前提、逻辑与法律依据》,载《法律科学(西北政法大学学报)》2020年第6期。该文将《刑法》第16条中“不能预见的原因”解释为形式违法性认识可能性的实定法依据。这种试图为理论上的概念寻找实定法依据的做法值得肯定,但诚如论者所承认的,上述解释合理与否还需论证。本文不承认形式违法性认识可能性作为独立责任要素的地位,所以没有必要大费周章地为其专门寻找实定法根据。

② 周光权:《违法性认识不是故意的要素》,载《中国法学》2006年第1期。

③ 周光权:《刑法总论》(第3版),中国人民大学出版社2016年版,第236页。

④ 认为过失罪过同样应以违法性意识或者意识的可能性为要件的观点,参见林亚刚:《论过失中的违法性意识》,载《中国法学》2000年第2期。

事责任时,应当以甲“现实”认识到的“乙正举枪试图射杀丙”这一事实作为判断素材,从而否定其具有实质违法性认识的可能性,不具有杀人故意。与此相对,在追究甲过失致人死亡的刑事责任时,则应当以甲“能够”认识到的事实为判断素材。当甲能够认识到不存在防卫状况时,在“乙拿着玩具枪与丙开玩笑”的情况下甲存在形成反对动机不开枪的可能性,具有致人死亡的过失。当甲完全不可能认识到真实情况时,则仍然以“乙正举枪试图射杀丙”为判断素材,甲不具有形成反对动机不开枪的可能性,连致人死亡的过失都没有,属于意外事件。

2. 两种违法性认识可能性的关系

进一步需要追问的是,通过“危害社会”将实质违法性认识可能性纳入故意概念之后,是否还有必要独立地判断形式违法性认识可能性。有关形式违法性认识可能性的讨论,主要发生在法定犯领域,在自然犯中几乎不讨论该问题。究其原因,刑法规制的都是侵害法益的、具有实质违法性的行为,“自然犯罪的实质是对最基本道德的违反,具有明显的犯罪性。在这种情况下,只要认识到是在实施自然犯罪,其违法性认识亦在其中。因此,所谓自然犯不要求违法性认识,实际上是推定自然犯具有违法性认识”。[①] 可是,为什么自然犯中需要通过实质违法性认识来推定行为人至少具有形式违法性的认识可能性呢?其逻辑或许在于,无论自然犯还是法定犯,成立故意犯罪的条件应当一致。法定犯的法益侵害性难以通过伦理道德感来把握,倘若没有形式违法性认识的可能性,行为人难以形成反对动机。既然法定犯中需要考虑形式违法性认识的可能性,那么自然犯中也必须具备该要素。

法定犯中虽然要求形式违法性认识的可能性,但这种可能性不是行为人认识的对象,而是根据行为人的认识内容与认知能力由国家(法规范)来评判其高低有无。[②] 一般认为,出现违法性认识错误具有合理根据时,如咨询有关主管部门后获得“行为不违法”的答复,不存在违法性认识的可能性。反之,出现违法性认识错误不具有合理根据时,如从事特定活动却因懒惰、懈怠而对刑法规定持“不求甚解”的态度,则仍然存在违法性认识的可能性。[③] 判断产生违法性认识错误的根据合理与

---

① 陈兴良:《违法性认识研究》,载《中国法学》2005 年第 4 期。另参见孙国祥:《违法性认识错误的不可避免性及其认定》,载《中外法学》2016 年第 3 期。

② 参见张明楷:《外国刑法纲要》(第 3 版),法律出版社 2020 年版,第 218 页;山中敬一『刑法総論』(成文堂,3 版,2015 年)711 頁。

③ 参见李涛:《违法性认识的中国语境展开》,法律出版社 2016 年版,第 177 ~ 178 页。

否,实际上就是在判断行为人是否因存在形式违法性认识的可能性而有可能认识到自身行为的法益侵害性,进而具有形成反对动机的余地。这与上文阐述的故意概念中“危害社会”的判断方法一致。

例如,【案例 11】事前已咨询海关得到不需缴纳关税的回复后,未申报海关直接将货物从国外运入国内的,不仅不可能认识到通关行为违反《刑法》第 153 条的要求,而且不可能意识到自己的行为具有破坏海关制度、造成关税收入损失的实质违法性,从而也就不可能产生将进口货物申报海关的动机,不明知行为会发生“危害社会”的后果。即便主张形式违法性认识可能性独立于故意之外的学者,如张明楷教授也承认,“考虑到行政犯的特点以及我国刑法关于犯罪故意的明文规定,如果因为误解行政管理法规,导致对行为的社会意义与法益侵害结果缺乏认识,应认定为事实认识错误,阻却故意的成立”。[①] 换言之,因欠缺形式违法性的认识可能性而导致不能认识到实质违法性时,应当直接否定故意。[②] 与此相对,【案例 12】在未实际取得国土部门许可的情况下,以公司曾经出现过的越界开采以补缴资源费方式解决的惯常思维方式,直接安排工作人员进行排险施工从而涉及界外开采的案件中,[③]被告人长期从事矿产资源开采,明知对于涉及矿区界外部分的矿石开采需要经过国土部门许可,所以被告人不仅可以认识到自己的行为违反《刑法》第 343 条第 1 款的要求,而且对破坏矿藏资源这一实质违法性具有认识可能性,能够产生在实际获得国土部门许可前不界外采矿的动机。

其实,即便是法定犯,倘若能够直接认定行为人具有实质违法性认识的可能性,就没有必要再考虑形式违法性认识的可能性。以“考虑行为人是否认识到其行为具有法益侵害性”[④]为标准,判断有无形式违法性认识的可能性,实乃多此一举。例如,【案例 13】3 名被告人商量到深圳市大鹏新区某水库捕鱼,当他们到达水库路段准备下沟捕鱼时,被在此保护区巡防的深圳市市级自然保护区森林巡防员发现。巡防员当场警告不要在林区水库内捕捉野生动物,3 名被告人无视警告,继续下沟猎捕。后 3 名正在猎捕的被告人被当场抓获,现场缴获已被猎捕的蛙类 39 只(其中

---

① 张明楷:《刑法学》(上)(第 5 版),法律出版社 2016 年版,第 326 页。

② 黎宏教授主张成立犯罪故意必须具有刑事违法性的认识,但不必将其作为故意中的独立要素;当“行为人对自己行为是否违法的误认,足以影响其对自己行为性质的理解”时,应当排除行为人的犯罪故意(参见黎宏:《刑法学总论》(第 2 版),法律出版社 2016 年版,第 186 ~ 187、211 页)。

③ 浙江省绍兴市越城区人民法院刑事判决书,(2019)浙 0602 刑初 346 号。

④ 于洪伟:《违法性认识理论研究》,中国人民公安大学出版社 2007 年版,第 158 页。

37 只为国家二级重点保护珍贵、濒危野生动物虎纹蛙,2 只为国家"三有"保护动物黑斑蛙)。法院认为,3 名被告人被巡防员当面警告后却无视警告继续下水库捕猎,且涉案猎捕的地点系深圳市大鹏半岛市级自然保护区,应当知道存在国家重点保护野生动物的可能,即应具备违法性认识的可能性,构成非法猎捕珍贵、濒危野生动物罪(现为"危害珍贵、濒危野生动物罪")。① 本案案发地点处于自然保护区内且经巡防员警告,3 名被告人完全可以认识到猎捕蛙类的行为会破坏珍贵、濒危野生动物资源,凭此即可认定其有形成反对动机的可能性,不必再追问行为人能否意识到自己的行为被刑法禁止。同理,【案例 14】被告人在政府准备栽树而挖的树洞洞口看见碎瓷片后,下洞横向挖掘并捡拾一些碎瓷片和一个碎瓶嘴(所挖的洞穴位于国家重点文物保护单位吉某窑遗址的保护范围内),构成盗掘古文化遗址罪。② 在本案中,被告人可能确实不知吉某窑遗址保护范围的具体边界,但其挖掘的洞穴位于"吉某窑遗址公园内""吉某窑作坊后面"。由此即可认定行为人能够认识到挖掘行为会毁坏文化遗址与文物从而形成不在此处挖掘的动机,不必再追问行为人能否意识到刑法不允许盗掘古文化遗址。

如此一来,法定犯中要求行为人具有形式违法性认识的可能性虽然有一定道理,但形式违法性认识的可能性只是用以辅助判断实质违法性认识可能性的资料,不是独立的责任要素。③ 而在自然犯中,以行为人认识到自己行为的法益侵害性为由说明自然犯中形式违法性认识的可能性,④就更显画蛇添足。例如,【案例 15】被告人隐瞒德州扑克比赛的具体规则、赛事进程、赛事收取高额报名费及发放高额奖金等具体情况向体育局申报赛事,获批后采用收取高额报名费换取筹码、重复报名参赛等手段,以德州扑克的形式进行赌博,并从中抽头渔利,构成开设赌场罪。⑤ 在本案中,被告人虽然获得了主管机构的批准,但其提交的申请材料却隐瞒了重要信息。该隐瞒行为反映出,(1)被告人认识到其组织的德州扑克比赛违反法律法规,如实申报不可能获批

① 广东省深圳市龙岗区人民法院刑事判决书,(2018)粤 0307 刑初 468 号。

② 江西省吉安市中级人民法院刑事判决书,(2013)吉中刑一终字第 106－1 号。

③ 参见王俊:《法定犯时代下违法性认识的立场转换》,载《现代法学》2020 年第 6 期。该文也指出:"对于法定犯而言,行为人对社会危害性存在认识的前提是必须要认识到行为的违法性,两者实际上很难分离。"该文采取严格故意说,主张将现实的形式违法性认识纳入作为不法要素的构成要件故意之中。与此不同,本文则倾向于限制故意说,主张将违法性认识可能性纳入作为责任要素的故意之中。

④ 参见车浩:《法定犯时代的违法性认识错误》,载《清华法学》2015 年第 4 期。

⑤ 江苏省南京市鼓楼区人民法院刑事判决书,(2016)苏 0106 刑初 4 号。

(具有形式违法性的认识可能性),以及(2)被告人能够认识到其组织的比赛不是普通的体育竞技,具有开设赌场的社会危害性(具有实质违法性的认识可能性)。对于认定开设赌场罪的责任要件而言,(2)是关键,(1)只是用于补强(2)的资料。

综上所述,成立故意犯罪不要求行为人具有现实的违法性认识,形式违法性认识可能性只不过是用以辅助判断实质违法性认识可能性的资料,实质的违法性认识可能性则通过"危害社会"纳入故意概念之中。如此一来,无论是出于事实的误认还是违法性的误解,均是通过影响行为人的主观认识从而左右国家对其形成反对动机可能性的判断,在这一点上二者具有共通性。① 另外,虽然"基于本人认识形成反对动机的可能性"这个统一原理,可将违法性认识的可能性与对构成要件事实的认识一并纳入故意之中,但规范地评价行为人有无"他行为可能性",是否值得动用刑法予以谴责时还受其他诸多要素的影响。例如,基于辨认能力形成反对动机的可能性、基于控制能力不实施行为的可能性以及基于客观状况期待行为人不实施行为的可能性等。所以,责任能力、责任年龄与期待可能性仍然是独立于故意之外的责任要素。即便按照本文的主张规范地理解故意概念中的"危害社会",也不会使责任判断丧失层次性,不会导致整个责任要件坍缩为一个臃肿的责任要素。

## 五、结语

"危害社会"回应了规范责任论下"故意归责时行为人必须具有形成反对动机的可能性"这一要求,使故意的判断从单纯的事实认定走向了规范评价。"危害社会"同时也在故意概念中为实质违法性认识的可能性留有一席之地,为处理故意与违法性认识的关系指明了方向。"危害社会"不是行为人明知的内容,当立足行为时由作为法规范总和的国家来对其进行符合科学法则的判断,需以行为人认识的事实为判断素材。总而言之,"危害社会"乃故意概念中最具特色之处,在构建我国的故意论时不能脱离这一表述所限定的解释框架。

---

① 将法律认识错误与事实认识错误均纳入犯罪故意的判断中,也恰好说明错误论与故意论是一体两面的。当然,在刑事政策上可以说,"较之于不法性上的认识错误,对于事实情况的认识错误应受更缓和的评价"(蔡桂生:《违法性认识不宜作为故意的要素——兼对"故意是责任要素说"的反思》,载《政治与法律》2020 年第 6 期),所以事实认识错误与法律认识错误在影响实质违法性认识可能性认定的方式、程度上的确存在差异。但从责任主义的基本立场来看,着眼于行为人形成反对动机的可能性,"违法性认识错误的可谴责性,并非自始高于事实认识错误"(陈璇:《责任原则、预防政策与违法性认识》,载《清华法学》2018 年第 5 期)。

# 处理具体的打击错误的新路径

康子豪*

**摘　要**　主张具体化地理解构成要件的具体符合说，不仅符合社会公众的一般观念和我国司法实务的通常做法，还有利于保证具体案件处理结论的合理性。不过，并非在任何案件中都需要对构成要件做具体化理解，只有当行为人存在个别化的故意时，才需要具体地理解构成要件。当认定行为人是否具有个别化的故意时，需要具体考察法益主体个别性对于行为人主观认识和意欲的影响。从辩证唯物主义的认识论出发，在财产犯罪中，除具有特别认知的情况外，行为人行为时通常无法认识到具体的法益主体，无法形成针对该主体的个别化的故意，打击错误不排除故意归责。在侵犯人身法益的犯罪中，尽管行为人行为时能够认识到具体的法益主体，但是，只有当其根据社会分工能够信赖自己支配了危险现实化的进程时，其才具有个别化的故意，打击错误排除故意归责。

**关键词**　事实认识错误　打击错误　法定符合说　具体符合说

## 一、问题的提出

在刑法理论和司法实践中，如何处理打击错误案件都是极具争议的问题。[①] 甚至可以认为，刑法中的事实错误论就是围绕如何处理打击错误问题展开的。[②] 在我

* 中国政法大学刑事司法学院讲师，法学博士。

① 打击错误包括了具体的打击错误与抽象的打击错误。限于篇幅，本文仅讨论具体的打击错误。因此，下文如无特别说明，本文所称的“打击错误”均是指具体的打击错误。

② 参见刘明祥：《论具体的打击错误》，载《中外法学》2014 年第 2 期。

国司法实务中,多数判决采取了法定符合说,但也不乏采纳具体符合说的判决。[①] 例如,在乔某伤害案中,乔某与陈某等人发生冲突,在争执过程中,误伤了朋友董某,致其轻伤。法院认为,乔某发生了打击错误,对于造成董某轻伤仅具有过失。[②] 又如,在刘某过失致人死亡案中,刘某因感情纠纷与男友李某 1 发生争执,在追打李某 1 的过程中,误伤了李某 2,致其死亡。法院也认为,由于发生了打击错误,刘某对李某 2 的死亡结果仅具有过失。[③]

实务中有关如何处理打击错误的争议案件也引起了理论界的兴趣。譬如,围绕如何处理吴某杀妻案[④],学界进行了广泛的讨论。[⑤] 当前,学界主流意见认为,解决打击错误问题的关键是,判断行为人的主观认识和实际情况在规范意义上是否相符,或者意图侵害与实际侵害的对象是否具有等价性,即符合说。[⑥] 根据对符合的范围和程度要求的不同,理论上存在法定符合说与具体符合说的对立。[⑦] 近来,受德国理论观点的影响,有见解批判前述主流意见仅止于效果的比对,未能真正揭示打击错误的本质问题。考察打击错误的发生机理,解决打击错误问题的关键是判断行为人最初创设的危险是否发生了实质偏离,即危险实质偏离说。[⑧] 如何界定打击错误问题的本质,会对打击错误案件的处理结论产生重要影响。譬如,甲以伤害的故意瞄准乙的左眼,由于乙躲闪,子弹击中后面的墙壁,反弹回来击中了乙的右眼。在这一场合,由于危险的实现具有一定的盲目性和偶然性,持危险实质偏离

---

① 参见宁夏回族自治区同心县人民法院刑事判决书,(2020)宁 0324 刑初 3 号;甘肃省敦煌市人民法院刑事判决书,(2020)甘 0982 刑初 4 号;浙江省舟山市中级人民法院刑事判决书,(2019)浙 09 刑初 34 号。

② 参见安徽省黄山市黄山区人民法院刑事判决书,(2016)皖 1003 刑初 58 号。

③ 参见北京市第一中级人民法院刑事附带民事判决书,(2014)一中刑初字第 1930 号。

④ 在得知妻子徐某又与黄某进行不正当男女关系后,吴某携带匕首找黄某理论。双方发生争执,吴某愤怒之下即拔出匕首威胁黄某,“戳死你”,并用力戳向黄某,徐某见状上前意欲阻止吴某,结果吴某手中的匕首刺进徐某左胸部,导致其死亡。在本案中,一、二审法院均采取了接近于具体符合说的观点,主张吴某构成故意杀人未遂与过失致人死亡的想象竞合犯(参见最高人民法院中国应用法学研究所编:《人民法院案例选》2003 年第 1 辑 · 总第 43 辑,人民法院出版社 2003 年版,第 18 ~ 23 页)。

⑤ 参见陈洪兵:《刑法错误论的实质》,载《烟台大学学报(哲学社会科学版)》2018 年第 4 期;倪培兴:《对象错误条件下犯罪既遂的认定问题研究——对一例故意杀人案的定性分析》,载《中国刑事法杂志》2001 年第 4 期;林亚刚、赵慧:《对象错误与打击错误——与倪培兴同志商榷》,载《中国刑事法杂志》2002 年第 3 期。

⑥ 参见阮齐林、耿佳宁:《中国刑法总论》,中国政法大学出版社 2019 年版,第 134 ~ 135 页。

⑦ 参见陈兴良主编:《刑法总论精释》(第 3 版),人民法院出版社 2016 年版,第 333 页。

⑧ 参见柏浪涛:《构成要件错误的本质:故意行为危险的偏离》,载《法学研究》2018 年第 3 期。

说的学者,容易认为甲最初创设的危险发生了实质偏离,甲不构成故意伤害罪;①相反,主张打击错误的本质是主观认识与客观情况不一致的观点,则可能基于意图侵害与实际侵害的对象属于同一法益主体,得出甲成立故意伤害罪的结论。遗憾的是,迄今为止,学界大多数研究都是直接从理论学说争议切入,忽视了对打击错误问题本质的讨论,这直接导致相应研究成果仅止于对现象的说明,而缺乏强有力的理论支撑。

基于此,本文将首先检视危险偏离说以明确打击错误的本质问题,并在此基础上探寻处理打击错误案件的合理方案。

## 二、对危险实质偏离说的检视

在危险实质偏离说下,仍然存在多种不同的诠释路径。下文将具体评析这些观点,以期明确危险实质偏离说的问题。

### (一)故意危险理论

故意危险理论(die Lehre von der Vorsatzgefahr)主张,故意危险与过失危险之间具有质的差别。就如何区分故意危险与过失危险,又存在客观说与主观说两种不同的见解。

1. 客观说

客观说认为,过失危险实质上就是不被容许的危险。与之相对,只有根据实践理性某一行为是客观上能够有效地引起结果的方法,该行为才具有故意危险。如果按照理性一般人的标准,行为人是有意识地创设故意危险,并且该危险在结果中实现,就可以将实际发生的结果归责于行为人的故意。② 具体到打击错误的场合,由于行为人往往采取的是根据实践理性能够有效地引起结果的方法,并且他对此也有认识,因此,解决打击错误问题的关键就是,判断实际发生的结果中实现的是不是行为人所创设的故意危险。如果实现的是故意危险,则尽管发生了打击错误,但仍然可以将实际发生的结果归责于行为人的故意;反之,则不能进行故意归责。③该见解为区分故意危险与过失危险提供了客观的标准,具有一定的合理性,但也存

① Vgl. Puppe, Die Zurechnung des Erfolges zum Vorsatz, ZStW 129 (2017), S. 15.

② Vgl. Puppe, Strafrecht Allgemeiner Teil im Spiegel der Rechtsprechung, 4. Aufl., 2019, § 9 Rn. 11 ff.

③ Vgl. Puppe, Die Zurechnung des Erfolges zum Vorsatz, ZStW 129 (2017), S. 15.

在如下问题。

一方面,该见解存在混淆客观归责与主观归责的嫌疑。① 在结果中实现了故意危险,仅意味着可以将结果归责于行为人的行为,而不意味着行为人是故意地引起该结果。譬如,甲由于曾在特警队中训练过特技驾驶,对自己的开车技术深信不疑。并且甲自恃技术高超,经常做些“高难动作”,从未失手。一日途经一渡口时,为向朋友炫耀,甲违反渡口汽车应顺跳板缓行驶上渡船的规定,不经跳板直接从岸边“飞车上船”,汽车上船时造成渡船倾覆。在这一场合,尽管根据客观说,结果中实现的是行为人有意识地创设的危险,应认为甲对于轮船倾覆具有故意;但是,甲只是高估了自己的能力,轻信自己可以避免结果,主观上仅具有过于自信的过失。

另一方面,客观说的判断标准也并不明确。该理论在本质上属于概然性说。在具体案件中,该理论会遇到与概然性说一样的困境。② 其一,在具体案件中如何查明概然性存在问题。譬如,根据该理论,如果因打击错误击中的是一个站得比较远的人,在结果中实现的就不是故意危险,行为人对被害人的死亡不具有故意。③ 但是,被害人究竟站得多远才能说缺少被击中的概然性并不明确。其二,当行为人认识到结果发生的概率达到多大时,才能认定其具有故意,也并不明确。该理论希望借助理性一般人的判断来解决这一问题。但是,理性一般人的判断也一定是以概率的形式体现出来的。因此,该理论仍然无法解决概然性说所存在的标准不明的问题。

2. 主观说

主观说认为,故意行为是具有目的性思维的活动,对危险流的发展具有目的性指引,所以危险流的发展具有方向性。相反,过失行为是不具有目的性思维的活动,行为意志具有任意性,这导致危险流的发展具有盲目性。因此,在甲原本想杀害 A,由于打击错误导致 B 死亡的场合,甲实施的杀人行为中就蕴含着故意杀害 A 的危险和一个过失致人死亡的危险。B 的死亡不是对故意杀害 A 的危险的实现,而是对过失致人死亡的危险的实现。④ 尽管相比于客观说,主观说提供了更为明确的判断标准,但该见解也并非没有问题。首先,该观点在理论逻辑的内在一致性方

① 参见欧阳本祺:《具体的打击错误:从故意认定到故意归责》,载《法学研究》2015 年第 5 期。

② Vgl. Roxin, Strafrecht Allgemeiner Teil, Band I, 4. Aufl., 2006, § 12 Rn. 49.

③ Vgl. Puppe, Strafrecht Allgemeiner Teil im Spiegel der Rechtsprechung, 4. Aufl., 2019, § 10, Rn. 40.

④ 参见柏浪涛:《构成要件错误的本质:故意行为危险的偏离》,载《法学研究》2018 年第 3 期。

面存在问题。如果认为,在打击错误的场合,甲实施的行为本身就包括了一个故意危险和一个过失危险,B 的死亡是对过失危险的实现。那么,甲所创设的过失危险就没有发生任何偏离地在结果中实现。简言之,甲所创设的危险并未发生实质偏离。这显然不符合该观点对打击错误问题的本质的理解。其次,主观说不过是对已知的处理结论的重复说明。只有当我们已经认定甲对 A 的死亡是故意的,对 B 的死亡是过失的,才能认为甲对 A 创设的危险的实现具有目的性指引,对 B 创设的危险的实现具有盲目性。但是,在打击错误的场合,我们并不知晓是否能够在规范意义上认定甲对 B 的死亡具有故意,需要判断的也正是 B 的死亡可否被看作甲所创设的故意危险的目的性实现。因此,主观说只是对已知结论的重复说明,而并未提供任何具有可操作性的标准。最后,主观说也存在混淆客观归责与主观归责的危险。该说建立在不区分客观归责与主观归责的见解之上。① 这就使对打击错误是否阻却故意归责的判断与能否进行客观归责的判断混杂在一起,极容易出现以客观归责取代主观归责的问题。

## (二)预见可能性理论

预见可能性理论主张区分故意认定与故意归责。在打击错误的场合,行为人对于意图侵害的对象具有故意。因此,问题的关键就是,能否将实际发生的结果归责于行为人业已成立的故意。对此,预见可能性理论所提出的标准是,行为人是否能够认识到结果会发生在实际侵害的对象上。如果能够预见,则打击错误不排除故意归责;反之,则排除故意归责。② 有学者通过区分主观恣意与实践认知进一步明确了这一判断标准。譬如,在甲于 50 米外向正与丙聊天的乙开枪(两人间的距离不足一米),造成丙死亡的场合,甲对乙的特定化就属于主观恣意,不影响故意归责;相反,甲对"乙和丙靠得很近"和"远距离射击"的认识属于实践认知。如果根据甲的实践认知足以认定,甲可以预见到自己的行为对丙的生命创设了不被容许的危险,就可以将丙的死亡归责于甲的犯罪故意。③

预见可能性理论所面临的最大的批判是,该理论使故意归责的判断取决于一

① 参见柏浪涛:《构成要件错误的本质:故意行为危险的偏离》,载《法学研究》2018 年第 3 期。

② 参见欧阳本祺:《具体的打击错误:从故意认定到故意归责》,载《法学研究》2015 年第 5 期。

③ 参见周漾沂:《从客观转向主观:对刑法中结果归责理论的反思与重构》,载《台大法学论丛》第 43 卷第 4 期(2014 年)。

个过失犯的要素——预见可能性，有混淆故意与过失的嫌疑。针对这一批判，持该观点的学者做了如下回应：第一，故意与过失之间存在位阶关系，预见可能性是故意与过失共同的要素；第二，在打击错误的场合，为了实现一般预防的目的，有必要将行为人能够预见的实害结果归责于行为人的故意；第三，打击错误与纯粹的过失犯在构造上存在差异；第四，预见可能性理论没有加重行为人的罪责；[①]第五，故意与过失的作用仅在于说明遵法动机的强弱，从而区分行为人不法内涵的高低，并不会影响能否进行主观归责。[②]

然而，这些回应均不具有说服力。第一，预见可能性是故意与过失共同的要素，恰恰说明如果行为人对某一结果具有预见可能性，他就既可能是故意地，也可能是过失地引起该结果。因此，不能仅仅因行为人对结果具有预见可能性，就认定他成立故意犯罪既遂。第二，在打击错误的场合，实现一般预防的最佳方式是，只要行为人故意地实施了犯罪行为，就以故意犯罪既遂论处。[③] 因此，如果要充分实现一般预防的目的，就应当将犯罪行为所引起的所有的危害结果均归责于行为人的犯罪故意，而不是仅将行为人可以预见的结果归责于其犯罪故意。第三，诚然与纯粹过失犯的情形相比，在打击错误的场合，行为人对意图侵害的对象具有故意。但是，他已经对于意图侵害的对象成立故意犯罪未遂。在这一认定之后，其犯罪故意已经被“耗尽”，不可能再将实际发生的结果归责于这一故意。第四，持预见可能性理论的学者通过与风险关联标准进行比较的方式论证自己的观点没有加重行为人的罪责。[④] 这种论证方式只能说明，相较于风险关联标准而言，预见可能性理论是否加重了行为人的罪责，而无法说明预见可能性理论设置的归责标准本身是否合理划定了行为人应承担责任的范围。第五，不法的判断仅涉及行为人的行为能力（Handlungsfähigkeit），罪责判断才会涉及行为人的动机能力（Motivationsfähigkeit）。[⑤] 而遵法动机就是要求行为人遵守规范，自觉形成对犯罪的反对动机，在本质上属于动机能力的范畴。因此，如果认为故意和过失的意义仅在于标示遵法动机，那么它们就不是不法要素，而仅是罪责要素。但是，这与该学

① 参见欧阳本祺：《具体的打击错误：从故意认定到故意归责》，载《法学研究》2015 年第 5 期。

② 参见周漾沂：《从客观转向主观：对刑法中结果归责理论的反思与重构》，载《台大法学论丛》第 43 卷第 4 期（2014 年）。

③ 参见张明楷：《刑法学》（第 6 版），法律出版社 2021 年版，第 356～357 页。

④ 参见欧阳本祺：《具体的打击错误：从故意认定到故意归责》，载《法学研究》2015 年第 5 期。

⑤ Vgl. Kindhäuser, Strafrecht Allgemeiner Teil, 4 Aufl., 2009, § 5 Rn. 8.

者对故意、过失以及主观归责的体系定位矛盾。

除了有混淆故意和过失的嫌疑外,预见可能性理论在理论体系的融贯性方面也存在不足。一方面,预见可能性理论容易导致以客观归责代替主观归责的问题。无论是根据客观归责理论,还是折中的相当性因果关系说,只有因果流程的偏离并非不可预见,才能将实际发生的结果归责于行为人的行为,也才存在能否进行故意归责的问题。① 因此,如果将预见可能性作为能否故意归责的标准,由于这一判断并没有超出客观归责的一般要求,②则只要能够进行客观归责,就可以认定行为人对实际发生的结果具有故意,使故意归责的判断被虚化,并不合理。另一方面,预见可能性理论无法合理解决正当化事由中的打击错误。譬如,在甲对乙实施正当防卫,误伤丙的场合,按照预见可能性理论的论证逻辑,很容易根据甲对于误伤丙具有预见可能性,认定甲系基于防卫意识误伤了丙,从而得出甲对丙成立正当防卫的结论。③ 然而,上述甲对丙的"防卫行为"不会对个人权利的保护或法秩序的维护产生任何积极作用,将之认定为正当防卫,并不合适。

### (三)小结

通过以上论述可以发现,主张将打击错误问题的本质理解为行为人所创设的危险是否发生实质偏离的危险实质偏离说,普遍存在混淆客观归责与主观归责,以客观归责代替主观归责的问题。引起这一问题的原因是,如果将打击错误的本质理解为危险的实质偏离,那么打击错误在本质上就属于因果关系错误。由于根据通说的见解,故意的成立并不要求行为人认识到因果关系的全部细节。④ 因此,在肯定了客观归责之后,就很容易得出行为人对实际发生的结果具有故意的结论。事实上,为了避免这一问题,很多持危险实质偏离说的学者,最终也不得不承认对象等价性的判断在打击错误处理中具有重要地位。⑤ 既然如此,不如直接将对象等价性作为打击错误问题的本质。而且,某一法律问题的发生原因并不一定就反映出了该问题的本质。譬如,导致未遂犯出现的原因是被害人反抗等行为人意志以

---

① 参见蔡圣伟:《重新检视因果历程偏离之难题》,载《东吴法律学报》第20卷第1期(2008年)。

② 参见陈璇:《论主客观归责间的界限与因果流程的偏离》,载《法学家》2014年第6期。

③ 参见周光权:《刑法总论》(第4版),中国人民大学出版社2021年版,第214页。

④ Vgl. Wessels/Beulke/Satzger, Strafrecht Allgemeiner Teil, 2018, Rn. 347.

⑤ Vgl. Wolter, objective und personale Zurechnung zum Unrecht-Zugleich ein Beitrag zur aberratio ictus, in: Schünemann (Hrsg.), Grundfragen des modernen Strafrechtssystems, 1984, S. 129.

外的因素。但是,这些因素却并不能说明未遂犯问题的本质,未遂犯的核心问题是如何理解刑法中的“危险”。① 在打击错误的场合也是如此,尽管打击错误的发生原因是危险的实质偏离,但其问题本质却并不一定是行为人所创设的危险是否发生了实质偏离,而可能是意图侵害与实际侵害的对象是否具有等价性。

## 三、符合说内部争议的实质及选择

通过对危险实质偏离说的检视,将打击错误问题的本质理解为行为人的主观认识与客观情况是否一致的符合说更加妥当。在符合说内部,根据对符合程度的要求不同,又存在法定符合说和具体符合说。下文将分析法定符合说与具体符合说争议的实质,并在此基础上探讨何种见解更加合理。

### (一)法定符合说与具体符合说的实质争议

当前多数见解认为,法定符合说与具体符合说的实质争议在于如何理解刑法中的故意,即究竟应当抽象地还是应当具体地理解刑法中的犯罪故意。② 其中,法定符合说主张抽象地和规范化地理解故意,而具体符合说则认为应当具体地和事实化地理解犯罪故意。但是,真正使法定符合说与具体符合说对犯罪故意产生不同理解的原因是,两者对于客观构成要件的理解是不同的。

法定符合说主张,行为对象个别性与客观构成要件实现之间没有任何关系。以故意杀人罪为例,法律并没有将被杀害的对象限定为某一具体的人,而是包括了任何人。故意杀人罪的行为对象不会因具体的案件而发生改变。既然如此,只要行为人实际造成他人死亡,就实现了故意杀人罪的客观构成要件。③ 按照这种观点,行为人造成甲死亡与造成乙死亡所实现的客观构成要件,没有任何区别。由于故意是对构成要件的认识与意欲,法定符合说抽象地理解构成要件,仅在抽象的“人”这一意义上理解故意杀人罪的行为对象,故该说所理解的犯罪故意也必然是抽象的,仅要求行为人认识到构成要件意义上的“人”。

与之不同,具体符合说主张,所谓构成要件的行为对象不会随着案件的改变而

---

① 参见周光权:《刑法总论》(第 4 版),中国人民大学出版社 2021 年版,第 282 页以下。

② Vgl. Degener, Zur strafrechtlichen „aberratio ictus“ Ein Plädozer für die Subsumtionslösung, GA 2020, S. 349 f.

③ 参见张明楷:《再论具体的方法错误》,载《中外法学》2018 年第 4 期。

发生变化，是就记述在法律规定中的构成要件而言的，而不是说在具体案件中适用的构成要件中的行为对象不会发生变化。因为，刑法规范都是抽象的，要想将这些抽象的规范适用于具体的案件，必然要对规范做具体化的理解。以故意杀人罪为例，故意杀人罪的规定是“杀了人”，但在实际适用该罪的构成要件时，却不是“凡是杀了人”这样抽象的形式，而是针对某个具体的被害人。① 譬如，如果A想射杀B，而C劝说A杀D，A射杀了D。此时，C无疑由于教唆他人实施了一个新的故意杀人行为而构成故意杀人罪的教唆犯。倘若这里针对的是具体的被害人，那么在打击错误时，也理应如此。② 因此，按照具体符合说，在判断客观构成要件是否实现时，必须要区分不同的行为对象分别进行判断。与之相应，具体符合说所理解的故意也必然与具体的行为对象相联系，行为对象个别性对于故意归责的判断具有重要影响。

总而言之，法定符合说与具体符合说的实质争议是，究竟应当具体地还是抽象地理解构成要件。因此，在确定法定符合说还是具体符合说何者更加妥当时，关键的问题就是应否对构成要件作具体化理解。

### （二）对构成要件的具体化与抽象化理解

笔者认为，像具体符合说一样，对构成要件作具体化理解的观点更加合适。理由如下。

首先，如果仅抽象地理解构成要件，一概地否认意图侵害与实际侵害对象的差异对构成要件实现的影响，将无法在并发案件中得出合理的结论。其中，一故意犯说面临着故意分配的难题。③ 为了避免出现不合理的结论，该说不得不自相矛盾地一边认为客观构成要件都是等价的，一边却又要去寻找行为人意图实现的客观构成要件。④ 数故意犯说则存在违反责任主义的嫌疑。⑤ 在行为人仅具有一个故意的

---

① 参见［日］佐伯仁志：《刑法总论的思之道·乐之道》，于佳佳译，中国政法大学出版社2017年版，第216～217页。

② 参见［德］克劳斯·罗克辛：《德国最高法院判例刑法总论》，何庆仁、蔡桂生译，中国人民大学出版社2012年版，第21页。

③ 参见何洋：《论打击错误之处理原则》，载《河北法学》2012年第1期。

④ 参见罗翔：《论打击错误的处理原则——法定符合说之检讨》，载《暨南学报（哲学社会科学版）》2014年第8期。

⑤ 参见［日］西田典之：《日本刑法总论》（第2版），王昭武、刘明祥译，中国人民大学出版社2007年版，第174～175页。

情况下,数故意犯说却认为行为人具有数个故意,不当地扩大了故意犯的成立范围。[①] 鉴于此,我国司法实务在并发案件中也并未采取法定符合说的见解。例如,余某使用铁锤击打谭某头部致其轻伤,在此过程中还击中了谭某的女儿李某,致其重伤。在本案中,法院就认为,余某对李某的重伤结果不具有故意,仅成立过失致人重伤罪。[②] 又如,刘某与他人发生争执,刘某的继子康某上前帮助,使用提前准备的单刃刀刺向对方背部,由于对方躲闪,不仅使对方重伤,而且刺伤了刘某,导致刘某死亡。在此案中,法院也认为,针对刘某的死亡,康某仅成立过失致人死亡罪。[③]

其次,在具体案件中,犯罪行为总是指向特定时空条件下的对象。[④] 在打击错误的场合,从特定的时空条件看,行为人所欲侵害与实际侵害的"人",并不是同一个"人"。此时,如果认定行为人属于故意犯罪既遂,难免给人一种"张冠李戴"的感觉,并不合理。譬如,有司法工作人员就正确地指出:"站在一般民众的立场来看,不论理论多么抽象和深奥,都不能改变这样一个基本的事实:在行为人没有实现其预期的犯罪结果,而是出现其并不希望发生的危害结果,无论如何很难以故意的心态去评价。"[⑤]这一问题在行为人与被害人之间存在特殊关系时表现得更为明显。[⑥] 正是基于这种考量,在本文开头所提到的乔某伤害案以及吴某杀妻案中,我国法院才没有采取法定符合说的见解。不仅如此,在很多认定行为人构成故意犯罪既遂的判决中,也很难说法官否定了法益主体个别性对犯罪认定的影响。一方面,在很多案件中,法官都是通过认定行为人对实际造成的结果具有间接故意的方式,来论证行为人成立故意犯罪既遂。[⑦] 但是,当法官认定行为人对实际发生的结果具有间接故意时,他就已经承认实际发生的结果是附随结果(Nebenfolge)而非主要结果

---

① 参见[日]松宫孝明:《刑法总论讲义》(第4版补正版),钱叶六译,中国人民大学出版社2013年版,第147页。

② 参见湖南省常德市中级人民法院刑事判决书,(2013)常刑一终字第34号。

③ 参见甘肃省临洮县人民法院刑事附带民事判决书,(2015)临刑初字第175号。

④ Vgl. Rath, Abirrende Tat-abirrende Argumentation, JA 2005, S. 710.

⑤ 参见刘忠伟、黄伯青:《打击错误行为刑事责任之认定》,载《人民法院报》2011年12月22日,第7版;顾列平、李建军:《打斗中误伤他人是对象错误还是打击错误》,载《人民检察》2008年第11期。

⑥ 本文所指的特殊关系包括亲属关系、朋友关系、紧密的邻里关系以及冲突中的本方成员。

⑦ 参见陕西省汉阴县人民法院刑事判决书,(2019)陕0921刑初20号;安徽省灵璧县人民法院刑事判决书,(2018)皖1323刑初91号;福建省龙岩市永定区人民法院刑事判决书,(2017)闽0803刑初158号;江苏省苏州市虎丘区人民法院刑事判决书,(2017)苏0505刑初530号;山东省昌邑市人民法院刑事附带民事判决书,(2016)鲁0786刑初437号;四川省开江县人民法院刑事判决书,(2015)开江刑初字第19号。

(Hauptfolge),①不是行为人所追求的结果。② 既然如此,实际实现的构成要件与意图实现的构成要件就不是等价的。另一方面,在很多案件中,法院认定行为人构成故意犯罪既遂不过是权宜之计。在这些案件中,行为人仅造成了轻伤结果,我国刑法又不处罚过失轻伤的行为,为了满足被害人处罚的要求,法院不得不认定行为人对伤害结果具有故意。然而,这种做法绕开了现行刑法对犯罪成立条件的规定,有违反罪刑法定原则的嫌疑。

最后,考虑我国法院对打击错误案件的量刑情况,也应当承认行为对象个别性对构成要件实现的意义。一方面,从刑罚适用的角度讲,当行为人与被害人之间存在特殊关系时,法官对行为人的量刑明显更轻。在笔者收集到的 55 份判决中(见表 1),③有 20 份判决涉及行为人与被害人之间存在特殊关系的案件。在这些判决中,有 10 份判决对行为人适用了缓刑,占此类判决总数的 50%,另外,有 2 份判决对行为人判处了管制,占此类判决总数的 10%,还有 3 份判决对行为人免予刑事处罚,占此类判决总数的 15%。有 5 份判决对行为人判处了有期徒刑,并且未适用缓刑,占此类案件总数的 25%。不过,在这些案件中,行为人均造成了死亡结果,并且,法院最大限度地给予了行为人刑罚上的宽免。譬如,在吴某江误杀其父案中,二审法院尽管推翻了一审法院过失致人死亡罪的判决,认定吴某江构成故意杀人罪;但是,仍然认定其行为属于情节较轻的故意杀人,仅对其科处了 5 年有期徒刑。④ 与之相对,在行为人与被害人之间没有特殊关系的案件中,不仅不存在科处管制和免予刑事处罚的判决,缓刑的适用率也仅为 25.71%。另一方面,在造成相同的法益侵害后果,且其他量刑情节相同的情况下,法院对于与被害人存在特殊关系的行为人的量刑也明显更轻。譬如,行为人殷某、吴某与被害人龚某共同跳广场舞,殷某与吴某发生争吵,殷某将乒乓球桌上的铁球网抽出来甩向吴某,结果击中了龚某,致其一级轻伤。在本案中,尽管法院认定殷某构成故意伤害罪,但对其免

---

① Vgl. Kindhäuser, Strafrecht Allgemeiner Teil, 4. Aufl., 2009, § 14 Rn. 3.

② 当然,这种论证本身也存在问题。存在打击错误的前提是行为人对实际造成的结果不具有间接故意。如果行为人对实际造成的结果具有间接故意,则根本不存在打击错误的问题。Vgl. Vogel/Bülte, in: Leipziger Kommentar zum StGB, Band Ⅰ, 13. Aufl. 2020, § 16 Rn. 79.

③ 截至 2021 年 4 月 30 日,笔者在"中国裁判文书网"通过检索"打击错误"共获得判决 76 份,排除其中重复和无关的判决,获得有效判决 52 份,另外,通过查阅《人民法院案例选》和"中国法院网"获得判决 3 份,共计 55 份。

④ 参见最高人民法院中国应用法学研究所编:《人民法院案例选 · 刑事卷》(1992 - 1999 年合订本),中国法制出版社 2000 年版,第 360 页。

予刑事处罚。[①] 与之相对，在李某因打击错误造成与其不存在特殊关系的郭某遭受一级轻伤的场合，法院对李某判处了1年有期徒刑。[②] 上述法院对打击错误案件的量刑情况，也在一定程度上说明，我国法院并未完全抽象地理解构成要件。

**表1　打击错误案件量刑情况**

| 类型 | 量刑情况 | | 案件数/件 | （同类案件）比率/% |
| --- | --- | --- | --- | --- |
| 存在特殊关系 | 免予刑事处罚（包括无罪） | | 3 | 15 |
| | 管制 | | 2 | 10 |
| | 拘役 | 适用缓刑 | 1 | 5 |
| | | 未适用缓刑 | 0 | 0 |
| | 有期徒刑 | 适用缓刑 | 9 | 45 |
| | | 未适用缓刑 | 5 | 25 |
| | 小计 | | 20 | — |
| 无特殊关系 | 拘役 | 适用缓刑 | 1 | 2.85 |
| | | 未适用缓刑 | 1 | 2.85 |
| | 有期徒刑 | 适用缓刑 | 8 | 22.86 |
| | | 未适用缓刑 | 25 | 71.44 |
| | 小计 | | 35 | — |
| 总计 | | | 55 | — |

鉴于此，如果抽象地理解构成要件，不对构成要件作具体化理解，则不仅在处理并发案件时会遇到困难，而且不符合一般人的朴素法感情和我国司法实务的普遍做法。

## （三）构成要件具体化的程度

就以何种标准对构成要件进行具体化，理论上存在行为对象基准说和法益主体基准说的对立。前者认为，应当以行为对象的个别性作为构成要件具体化的标准，只有行为人意图侵害与实际侵害的对象是等价的，打击错误才不排除故

① 参见甘肃省敦煌市人民法院刑事判决书，(2020)甘0982刑初4号。

② 参见新疆维吾尔自治区乌鲁木齐市新市区人民法院刑事附带民事判决书，(2019)新0104刑初452号。

意归责。[1] 与之不同,后者认为,应当以法益主体的个别性作为构成要件具体化的标准,只要行为人意图侵害与实际侵害的法益主体具有等价性,打击错误就不排除故意归责。笔者赞同法益主体基准说。理由如下。

一方面,不存在脱离法益主体个别性的行为对象个别性。以故意毁坏财物罪为例,其保护的不是对属于某一法益主体的个别财产的侵害,而是对该法益主体的财产的个别侵害。[2] 在甲本欲毁坏乙的电脑,结果毁坏了乙手机的场合,当乙的手机被毁时,已经实现了对"乙财产"的个别侵害,满足了故意毁坏财物罪的构成要件,应认定为故意毁坏财物罪既遂。另外,刑法所要规制的是人与人之间的关系,而非物与物之间的关系。对于财物的保护,最终还是为了保护权利人自主决定地对之占有、使用、收益和处分的权益。因此,故意毁坏财物罪所要保护的财物,必然都是属于特定法益主体的财物。如果某一财物不属于任何法益主体,它就不是刑法所要保护的对象。例如,毁坏无主物的行为,不可能成立故意毁坏财物罪。

另一方面,行为对象基准说无法与罪数理论保持协调。在接续犯以及狭义的包括一罪的场合,即使行为人实际毁坏了数个财物,一般也只认定为一个故意毁坏财物罪。例如,甲以毁坏的故意,先后毁坏了乙的电脑和手机,属于接续犯的,仅认定为一个故意毁坏财物罪。又如,甲以毁坏的故意,同时毁坏了乙的电脑和手机,属于狭义的包括一罪的,也仅认定为一个故意毁坏财物罪。如果认为财产(行为对象)本身的个别性具有重要的意义,那么,在上述情况下,甲就应当分别针对乙的电脑和手机成立两个故意毁坏财物罪。但是,在上述场合,持行为对象基准说的学者也认为甲仅成立一个故意毁坏财物罪。[3]

综上所述,应当依照法益主体个别性对构成要件进行具体化。在构成要件该当性的判断中,必须区分法益主体 A 和法益主体 B,分别判断行为人的行为是否符合客观构成要件。在认定故意时,则是分别判断能否将针对法益主体 A 和法益主体 B 成立的客观构成要件归责于行为人的犯罪故意。

---

① 参见[日]松原芳博:《刑法总论重要问题》,王昭武译,中国政法大学出版社 2014 年版,第 185 ~ 186 页。

② 参见[日]山口厚:《刑法总论》(第 3 版),付立庆译,中国人民大学出版社 2018 年版,第 224 页。

③ 参见[日]松原芳博:《刑法总论重要问题》,王昭武译,中国政法大学出版社 2014 年版,第 378 页。

## 四、对具体符合说的修正

通过前文的论述可知，对构成要件作具体化理解的具体符合说更加妥当。但是，如果对具体的犯罪认定过程进行考察，就会发现并非在任何案件中，都需要对构成要件做具体化理解。[①] 易言之，不是在所有的犯罪中，法益主体个别性都会影响客观构成要件的实现。因此，需要对具体符合说做出修正。

### （一）传统修正理论的不足之处

1. 实质等价理论的缺陷

实质等价理论（materielle Gleichwertigkeitstheorie）主张，法益主体个别性是否影响客观构成要件的实现，取决于该构成要件所保护的法益。详言之，如果构成要件保护的是高度人身性法益，则法益主体个别性影响客观构成要件的实现；反之，如果保护的是非高度人身性法益，则法益主体个别性不影响客观构成要件的实现。这是因为，高度人身性法益与其法益主体之间具有高度依赖关系。在高度人身性法益中，法益本身就包含高度的人格特征，法益与其法益主体构成了一个不可分割的整体。所以，如果构成要件保护的是高度人身性法益，就不能在不考虑个体价值的情况下，判断客观构成要件是否实现。相反，在非高度人身性法益中，法益与法益主体之间不存在这样的依赖关系，不法内涵的实现不以侵害特定的法益主体为条件。[②] 因此，如果构成要件保护的是高度人身性法益，打击错误阻却故意归责；相反，如果构成要件保护的是非高度人身性法益，打击错误不排除故意归责。[③]

实质等价理论依托构成要件所保护的法益，判断法益主体个别性是否影响客观构成要件的实现，具有一定的合理性。但是，实质等价理论对法益所做的分类本身存在问题。[④] 刑法保护法益的目的并非维持特定行为客体的客观状态，而是保护权利人对该客体的支配，确保权利人可以自主决定地对之加以利用，以满足自身的

① 参见谢煜伟：《具体事实错误：论具体符合说与法定符合说》，载《月旦法学杂志》第4期（2014年）。

② Vgl. Hillenkamp, Die Bedeutung der Vorsatzkonkretisierungen bei abweichendem Tatverlauf, 1971, S. 111 ff.

③ Vgl. Hillenkamp, Die Bedeutung der Vorsatzkonkretisierungen bei abweichendem Tatverlauf, 1971, S. 115 ff.

④ Vgl. Kudlich/Koch：Tatbestandsirrtum-error in persona-aberratio ictus, JA 2017, S. 828.

利益诉求和目的设定。[1] 因此,就财产法益而言,权利人对于相应行为客体进行支配和使用的意志自由也是法益的有机组成部分。并且,这种意志自由也与法益主体之间具有高度的依赖关系,能够体现出法益主体的个体价值。既然如此,就不能在个人法益下再区分所谓高度人身性法益和非高度人身性法益,并将财产法益归入非高度人身性法益。况且,即使可以将财产法益归入非高度人身性法益,如前所述,由于财产犯罪保护的是特定法益主体的财产,在财产犯罪中,也必须区分不同的法益主体分别判断客观构成要件是否实现。

2. 行为计划理论的缺陷

行为计划理论(Tatplantheorie)主张,行为对象个别性是否影响构成要件实现,取决于行为人的行为计划是否依赖于行为对象的个别性。当行为人的行为计划依赖于行为对象个别性时,行为对象个别性对构成要件是否实现具有重要影响。相反,如果行为人的行为计划不依赖于行为对象的个别性,则构成要件是否实现与行为对象个别性无关。因此,如果行为人的行为计划依赖于行为对象个别性,就需要对构成要件作具体化的理解,打击错误排除故意归责。反之,如果行为人的行为计划不依赖于行为对象个别性,则不需要对构成要件做具体化的理解,打击错误不排除故意归责。[2]

这种观点存在明显的缺陷。一方面,行为计划是行为人事前的主观想象,而故意则是行为人行为时的主观心理状态。尽管行为计划通常会转化为犯罪故意,但这种转化关系却并非绝对的。譬如,甲原本想射杀 A,在准备时发现了仇人 B,便射杀了 B。在这一场合,行为人事前的计划是杀害 A,但在行为时却仅具有杀害 B 的故意。另一方面,行为计划理论未能提出明确的判断标准。譬如,在行为人想下毒致 A 丧失生育能力,仅造成 A 双目失明的场合,该理论认为行为计划依赖于对象个别性;[3]相反,在行为人想打伤 B 左眼,实际打伤 B 右眼的场合,该理论认为行为计划不依赖于对象个别性。[4] 但是,从构成要件的角度看,这两种情况在行为方式、行为客体以及结果等方面,都没有任何差别,根据该理论却得出了截然相反的结论。

---

① Vgl. Rudolphi, Literaturbericht, Strafrecht – Allgemeiner Teil, ZStW 86 (1974), S. 87.

② Vgl. Roxin, Strafrecht Allgemeiner Teil, Band I, 4. Aufl., 2006, § 12, Rn. 165 f.

③ 需要注意的是,行为计划理论以行为对象为基础对构成要件进行具体化,故正文中的两个案例存在打击错误能否阻却故意归责的问题。如果以法益主体为基础对构成要件进行具体化,则前述案例中的“打击错误”不影响故意归责,甚至可以认为根本不存在打击错误的问题。

④ Vgl. Roxin, Strafrecht Allgemeiner Teil, Band I, 4. Aufl., 2006, § 12, Rn. 157.

这不禁让人怀疑,行为计划理论不过是包裹着行为计划外衣的、持该观点学者本人的法感觉。①

## (二)新实质等价理论

在笔者看来,尽管法益主体个别性对于实现某一犯罪的客观构成要件具有重要意义;但是,故意毕竟是行为人的主观心理状态,对它的判断必须充分考虑行为人的主观想法。如果行为人仅具有类型化的故意(Genus-Vorsatz),而不具有针对特定法益主体的个别化的故意(Individual-Vorsatz),那么,行为人就不可能针对特定主体去具体实施犯罪。因此,抽象地主张法益主体个别性影响构成要件的实现就是毫无意义的,必须要具体地判断行为人是否具有个别化的故意,在具体案件中法益主体个别性是否影响构成要件实现,是否影响故意归责。故意包含了认识要素与意志要素。与之相应,判断行为人是否具有个别化故意,需要分别判断法益主体个别性对于故意的认识要素和意志要素而言是否具有重要意义。

1. 法益主体个别性与认识要素

笔者认为,法益主体个别性对于行为人的认识是否具有重要意义,取决于构成要件所保护的法益。在此,需要区分人身法益和财产法益。

(1)侵害财产法益的犯罪。财产法益的特点决定了,实施财产犯罪的行为人,行为时通常无法认识到自己究竟侵害的是哪一特定的法益主体。首先,从规范层面讲,在财产法益中,法益主体通过占有或所有等法律关系支配其法益客体。这种占有和所有法律关系具有规范性。为了认识规范性内容,人们不仅需要通过感觉器官获取事物的外在现象,还需要运用抽象思维对这些外在现象进行概括和整理,而这一认识过程很难在行为时完成。原因在于,“人在实践过程中,开始只是看到过程中各个事物的现象方面,看到各个事物的片面,看到各个事物之间的外部联系”。只有“社会实践继续,使人们在实践中引起感觉和印象的东西反复了多次”,才会“在人们的脑子里生起了一个认识过程中的突变(飞跃)”,进而人们才能把握“事物的本质,事物的全体,事物的内部联系”。② 在财产犯罪案件中,行为人尽管可能分别认识到法益主体与客体的存在,但是,这仅是对事物现象方面的认识,是通

① 参见蔡圣伟:《重新检视因果历程偏离之难题》,载《东吴法律学报》第 20 卷第 1 期(2008 年)。

② 毛泽东:《实践论》,载《毛泽东选集》(第 1 卷)(第 2 版),人民出版社 1991 年版,第 284 ~ 285 页。

过感觉器官获取的感性认识,仅此尚无法认识法益主体与客体之间的规范支配(占有和所有)关系。为了把握这一规范关系,行为人需要将自己的感性认识上升为理性认识,但是,这需要经历一个相对漫长的过程,行为人在行为时无法完成这一飞跃。刑法通过保护法益客体的完整存续,来保障法益主体可以自主决定地支配法益客体,以实现其自身的利益诉求。① 与之相应,犯罪行为也是首先侵害法益客体的完整存续,进而实现对法益主体自主决定权的否定。因此,在犯罪中,行为人首先认识的是法益客体,并通过把握法益主体与客体之间的支配关系,实现对特定法益主体的认识。在财产犯罪中,行为人行为时通常无法把握法益主体与客体之间的支配关系,也就无法基于对具体财物(法益客体)的认识确定自己行为所侵害的究竟是哪一特定法益主体的利益,更没有办法形成针对该主体的个别化的故意。因此,在财产犯罪中,法益主体个别性通常不影响故意归责的判断,打击错误不排除故意归责。

其次,从事实层面讲,在财产犯罪中,法益主体与客体之间的关系具有复杂性。一方面,可能存在两个法益主体同时占有或所有某一法益客体的情况。譬如,在遗产分割前,继承人 A 和 B 共同所有某一古董花瓶。另一方面,还可能存在法益客体权属存在争议的情况。譬如,在遗产分割后,继承人 A 和 B 仍然对花瓶的所有权存在争议,两人向法院提起确认之诉,请求法院确认花瓶的归属。这些复杂权属关系的存在,使行为人行为时更加无法正确地把握主客体之间的规范关系,无法形成个别化的犯罪故意。因此,在上述两种情形下,如果甲想通过打碎前述花瓶报复 A,但因打击错误毁坏了花瓶旁 B 的手机,能否认定甲意图毁坏与实际毁坏的财产属于同一法益主体就存在困难。而且,在财产权属存在争议的场合,如果要求在故意的判断中考虑行为人对法益主体的认识,那么法院事后关于财产权属的判决就可能对行为时故意的判断产生影响。例如,如果法院将花瓶的所有权判给 A,则甲行为时毁坏的就不是同一法益主体的财产,甲针对 B 的手机的损坏就仅具有过失;反之,如果判给 B,则甲毁坏的就是同一法益主体的财产,甲就具有毁坏 B 的手机的犯罪故意。但是,故意是行为人行为时的主观心理状态,使其受到事后做出的确认财产归属判决的影响,并不合理。因此,从事实层面讲,也应当认为,在财产犯罪案件中,法益主体个别性通常不影响故意归责的判断,打击错误不排除故意归责。

---

① Vgl. Jescheck/Weigend, Lehrbuch des Strafrechts Allgemeiner Teil, 5. Aufl., 1996, S. 375 f.

当然,如果行为人针对法益主体与客体之间的支配关系存在特别认知,并认识到了特定的法益主体,就应当认定行为人行为时具有个别化的故意。譬如,甲明确知晓右边的花瓶属于A,左边的花瓶属于B,甲原本想打碎A的花瓶,因打击错误打碎了B的花瓶。此时,甲就具有针对A财产的个别化的故意,打击错误阻却故意归责,甲对实际给B造成的损害不具有故意。原因在于,本文之所以认为,实施财产犯罪的行为人行为时不具有个别化的故意,是因为在财产犯罪中,仅依靠行为时的感性认识无法形成对法益主体和客体之间规范支配关系的认识。但是,如果行为人行为时已经正确地把握了两者间复杂的规范关系,并形成了个别化的故意,自然也不应当予以否认。

综上所述,在财产犯罪中,除行为人存在特殊认知的情况外,通常应当认定行为人行为时不具有个别化的故意,打击错误不排除故意归责。

(2)侵害人身法益的犯罪。参考以上论证,在侵害人身法益案件中,判断行为人行为时的主观认识是否依赖于法益主体个别性的关键就是,行为人是否能够仅凭行为时的感性认识,就能把握法益主体与客体之间的支配关系,并认识到特定的法益主体。如果行为人借助行为时的感性认识就可以把握两者间的关系,则行为人行为时的主观认识依赖于法益主体个别性;反之,就不依赖于法益主体个别性。考虑人身法益的特点,本文对此持肯定态度。首先,在人身法益中,法益主体与客体之间的联系具有事实性和可感知性。这就意味着,人身法益主体与客体之间的支配关系,本身就属于可以通过感觉器官认识的事物现象,行为人行为时运用感性认识就可以把握这一关系。其次,人身法益主体与客体之间存在高度的依赖关系。以身体为例,人体的部分一旦与人的身体分离,不问其原因如何,均成为法律意义上的物,原法益主体仅对该身体部分享有所有权,[①]对之进行侵害的,不可能构成对原法益主体的故意伤害罪。因此,即使在法益客体脱离其主体独立存在时,也不会出现难以认定两者关系的情况。最后,在人身法益中,也不会出现法益客体"权属"不明的情况。同样以身体为例,人体的部分一旦植入他人的身体,原法益主体就不再对之享有任何人身权利,不会出现"权属"争议,针对该人体部分的侵害,仅成立针对新的法益主体的故意伤害。因此,在侵犯人身法益的场合,行为人的认识具有个别性,如果行为人同时具有个别化的意志因素,则具有个别化的故意,打击错误

① 参见王泽鉴:《民法总则》,北京大学出版社2009年版,第205页。

排除故意归责。

(3)侵害复合法益的犯罪。值得研究的是,如果构成要件保护的是复合法益,应当如何判断行为人是否具有个别化的故意。持实质等价理论的学者认为,应当根据构成要件的内容,判断构成要件优先保护的法益,并将之作为侵害优先保护法益的犯罪,适用相应的规则。以抢劫罪为例,由于该罪属于财产犯罪,财产法益处于被优先保护的位置,就应当对其适用处理财产犯罪案件时所采取的规则。[①] 但是,这样抽象地判断构成要件优先保护的法益,并不能真正为实际案件的解决提供帮助。譬如,甲原本想通过重伤A的方式抢劫A,由于A躲闪仅造成B重伤。在这一场合,如果将之作为财产犯罪处理,就会将B的重伤结果也归责于甲的故意。但是,根据实质等价理论,在甲原本想重伤A因打击错误造成B重伤的场合,不能将B的重伤结果归责于甲的故意。在这两种情形中,甲的不法行为内涵以及故意的内容没有任何区别,但按照这种观点却得出相反的结论,并不合理。

在笔者看来,对于构成要件优先保护的法益的判断也必须是立足于行为时的具体的判断。在具体案件中,构成要件优先保护的法益就是行为人发生打击错误的法益。譬如,在甲原本想抢劫A的手机,因打击错误抢劫了B的手机的场合,甲的打击错误发生在财产法益上,处于优先保护地位的就是财产法益,就应当将之作为财产犯罪处理,亦即,除行为人具有特别认知情况的外,打击错误不排除故意归责,甲仍构成抢劫罪。反之,如果打击错误发生在人身法益上,则处于优先保护地位的就是人身法益,就应当将之作为侵害人身法益的犯罪,如果行为人具有个别化的意志因素,打击错误排除故意归责。比如,在前述的场合,行为人甲对B的重伤结果就仅具有过失。

(4)质疑与回应。对本文见解可能的质疑意见是,故意归责的一般原则应当同等地适用于所有的法益,[②]不能仅仅因为构成要件所保护的法益性质不同,就对在性质上几乎相同的错误行为,采取不同的处理原则。[③] 不过,这一质疑意见并没有说服力。原因在于,在构成要件保护的是个人法益的场合,之所以法益主体个别性影响故意归责,是因为行为人在行为时能够认识到其所侵害的是特定的法益主体

---

① Vgl. Hillenkamp, Die Bedeutung der Vorsatzkonkretisierungen bei abweichendem Tatverlauf, 1971, S. 118 ff.

② Vgl. Kindhäuser, Strafrecht Allgemeiner Teil, 4 Aufl., 2009, § 5 Rn. 8.

③ 参见谢望原、张宝:《论打击错误及其理论选择》,载《现代法学》2015年第5期。

的法益,法益主体个别性会对行为人的主观认识产生影响,行为人可以按照自己意愿针对该特定的法益主体实施犯罪行为。与之不同,在构成要件保护的是财产法益的场合,行为人在行为时通常无法正确认识其所侵害的特定的法益主体,法益主体个别性不会影响行为人的主观认识,行为人无法根据自身的意愿针对特定的法益主体实施犯罪行为,法益主体个别性自然也就不会影响故意归责的判断。而且,本文并非一概认为,在构成要件保护的是财产法益时,打击错误不阻却故意归责;而是要求根据案件的具体情况做出相应的处理,如果在具体案件中,行为人在行为时确实认识到其所侵害的是特定的法益主体的法益,可以按照自己的意愿实施侵害某特定法益主体的犯罪行为,那么,打击错误仍然可以阻却故意归责。因此,本文的观点并未违反故意归责的一般原则;相反,考虑了不同犯罪各自的特性以及行为人的特别认知情况,可以更好地贯彻故意归责的一般原则。

2. 法益主体个别性与意志要素

尽管行为人行为时能够认识到特定的法益主体,但是,如果其不具有仅侵害该特定法益主体的主观意欲,仍然不能认为行为人具有个别化的故意。通过对现有理论的整理可知,就如何判断行为人是否存在个别化的意志因素,存在感知说与手段说的对立。不过,这两种观点均存在缺陷。

(1)感知说的缺陷。感知说尊重行为人对法益主体的个别化选择。按照这种观点,只要行为人感知到特定的法益主体,并决意对其实施犯罪行为,就可以认为行为人具有个别化的意志因素,存在个别化的故意。根据对感知程度的要求不同,又可以划分为心理感知说(geistige Wahrnehmung)和感官感知说(sinnliche Wahrnehmung)。前者认为,只要行为人在心理上感知到特定的法益主体,并针对该主体实施犯罪行为,就可以认为行为人具有针对该主体的个别化的故意。① 相反,后者认为,仅有心理上的感知还不够,只有当行为人通过感觉器官实际感知到特定的法益主体时,才能够说行为人具有针对该特定法益主体的个别化的故意。② 在本文看来,感知说存在以下两点不足之处。

首先,对个别化的意志因素的判断不能仅靠主观感知。一方面,脱离具体行为手段的单纯主观认知,只是行为人的主观计划,对于个别化的意志因素的判断没有

---

① Vgl. Esser/ Röhling, Die Milch macht's, Jura 2009, S. 868.

② BGH NStZ 1998, 294 f.

任何意义。譬如,为了报复刘某,被告人姜某趁刘某和其丈夫范某熟睡之机,用砖块敲碎窗户玻璃,从窗户向刘某投掷自制炸弹。[①] 在这一场合,尽管姜某已经感知到了刘某,并决意对其实施犯罪行为;但是,行为人所采取的是投掷爆炸物的方式,该手段在客观上具有导致多人伤亡的可能性。因而,不能认为行为人仅具有侵害刘某的犯罪故意,而没有侵害范某的犯罪故意。另一方面,在个别化的意志因素的判断中,如果过度强调行为人的自主选择,就会使故意归责的判断完全取决于行为人的恣意,最终使故意等同于行为人事前的行为计划。而且,法官事后很难通过客观的方法查明行为人行为时是否实际感知到了特定的法益主体,这就难免要依靠被告人的口供,考虑我国当下的司法状况,无疑增加了刑讯逼供的风险。

其次,在隔离犯的场合,根据感知说所得出的结论并不合理。一方面,在隔离犯的场合,由于时空阻隔,行为人在行为时根本无法通过感觉器官,实际感知到具体的法益主体。因而,根据感官感知说,就只能认为行为人没有个别化的故意,对实际发生的结果也具有故意。这显然与感知说尊重行为人自主选择的初衷相违背。[②] 另一方面,由于时空间隔变大,在隔离犯的场合,判断行为与结果之间的因果联系也更加困难。如果采取心理感知说,很容易仅凭行为人的主观想象随意认定因果联系,不当扩大个别化故意的成立范围。[③] 譬如,在甲原本想在 A 的汽车上安装炸弹,但误将炸弹安在 B 的汽车上,导致 B 死亡的场合,持心理感知说的学者就认为,甲仅具有杀害 A 的故意。[④] 但是,这种情形与甲误以为坐在车里的 B 是 A,而向 B 扔炸弹致其死亡的情况没有任何区别,根据心理感知说却得出了不同的结论,难以令人赞同。[⑤]

(2)手段说的缺陷。手段说重视危险现实化的过程。按照这种观点,只有当行为人通过"程序上的设定"(Programmvorgaben),[⑥]将自己行为的影响限定于特定的

---

① 参见辽宁省调兵山市人民法院刑事附带民事判决书,(2016)辽 1281 刑初 51 号。

② Vgl. Heuser, „aberratio ictus" als „error in persona vel objecto" in der Sphäre des § 16 Abs,1 StGB?, ZJS 2019, S. 190 f.

③ 参见柏浪涛:《对象错误与打击错误的实质区分——在隔离犯中展开》,载《法学评论》2016 年第 4 期。

④ Vgl. Herzberg, Vollendeter Mord bei Tötung des falschen Opfers?, NStZ 1999, S. 220 f.

⑤ Vgl. Roxin, Strafrecht Allgemeiner Teil, Band Ⅰ, 4. Aufl., 2006, § 12 Rn. 197.

⑥ Vgl. Stratenwerth/Kuhlen, Strafrecht Allgemeiner Teil Ⅰ, 5. Aufl., 2004, § 8 Rn. 96 f.

法益主体时,他才具有个别化的故意。① 对手段说最大的批判就是,该说未能说清楚"程序上的设定"包含了哪些内容。譬如,甲在A的汽车上安装了炸弹,A将汽车借给B使用,炸弹爆炸导致B死亡,此时,能否将B的死亡归责于甲的犯罪故意。如果A是十分偶然地将汽车借给B,是否仍然能够将B的死亡归责于甲的犯罪故意?② 为了解决这一问题,持手段说的学者不得不求助于概率的判断。譬如,有学者主张,应当根据行为引起结果的可能性,将具体案件划分为通常的情况、极不寻常的情况和不太寻常的情况。在通常情况下,可以将B的死亡归责于甲的故意。在极不寻常的情况下,甲对B的死亡没有故意。在不太寻常的情况下,则需要根据生活常识具体地判断甲是否具有杀害B的故意。③ 然而,究竟达到多大的概率,才能说该情况属于通常的情况、极不寻常的情况以及不太寻常的情况并不清楚。而且,在现实案件中,行为究竟有多大的概率会引起结果也总是难以查清楚的。因此,手段说无法为行为人是否存在个别化的意志因素的判断提供明确的标准。

(3)本文的观点。笔者认为,只有当行为人在规范上能够信赖自己所创设的危险会向着侵害特定法益主体的方向发展。或者说,行为人可以信赖自己支配着危险现实化的过程,他才具有个别化的故意。行为人的这种规范信赖必须源于对社会分工的信赖。譬如,根据社会分工,快递员有义务将包裹送到指定的位置,制作炸弹的人应当保证炸弹的有效性。如果甲能够信赖快递员会将炸弹送给其指定的人以及炸弹会按时爆炸,并通过邮寄炸弹的方式杀害乙,甲就具有针对乙的个别化的杀害故意。之所以行为人可以信赖这样的社会分工,是因为社会分工构成了社会生活的基础。社会分工"使社会成为可能,也就是说,没有这些功能,社会就不可能存在……在任何情况下,它都超出了纯粹经济利益的范围,构成了社会和道德秩序本身。有了分工,个人才会摆脱孤立的状态,而形成相互间的联系;有了分工,人们才会同舟共济,而不一意孤行。总之,只有社会分工才能使人们牢固地结合起来形成一种联系"。④ 当然,在现实生活中,快递员也经常会送错快递,炸弹的合格率

---

① Vgl. Nestler/Prochota, Error in persona und aberratio ictus in sog. Distanzfällen (Teil 1), Jura 2020, S. 137 f.

② Vgl. Puppe, Strafrecht Allgemeiner Teil im Spiegel der Rechtsprechung, 4. Aufl., 2019, § 10 Rn. 50.

③ Vgl. Kudlich/Koch: Tatbestandsirrtum – error in persona – aberratio ictus, JA 2017, S. 827.

④ [法]埃米尔·涂尔干:《社会分工论》,渠敬东译,生活·读书·新知三联书店 2017 年版,第24页。

也不可能是百分之百的。不过,这只是从事实层面讲的,并不会影响根据社会分工的要求,快递员和制作炸弹的人在规范上所负有的保证义务。而且,也恰恰是在事实层面,快递员的妥投率和炸弹的合格率达不到百分之百,才会出现打击错误的问题。因此,如果行为人根据社会分工可以信赖自己支配着风险现实化的过程,那么,他就对于自己所选定的法益主体具有个别化的故意。

在非隔离犯的场合,由于危险现实化的过程相对比较简单,因此,根据社会分工,行为人是否可以信赖自己支配着危险现实化的过程的判断也比较容易。譬如,在甲本欲射杀 A,因打击错误射杀了碰巧路过的 B 的场合,甲可以信赖使用枪支瞄准 A 并向其开枪,是使自己创设的导致他人死亡的危险仅实现于 A 的有效方式,因此,甲具有针对 A 的个别化的杀害故意,打击错误排除故意归责,甲对于 B 的死亡结果仅具有过失。相反,在甲向 A 投掷炸弹,因打击错误导致碰巧路过的 B 死亡的场合,尽管甲可以信赖炸弹有效爆炸,但是,爆炸的范围并不完全受制作炸弹的人以及甲的掌控,甲无法信赖炸弹仅炸死 A,而不会炸死 B,因此,甲的杀害故意并非仅针对 A,打击错误不排除故意归责,可以将 B 的死亡结果归责于甲的犯罪故意。

在隔离犯的场合,由于时空的阻隔,行为人必须要借助他人的"帮助"或者一定的客观事实,才能实现对特定法益主体的侵害。因此,行为人创设的危险现实化的过程比较复杂。相应地,根据社会分工,对行为人是否可以信赖自己支配着危险现实化的过程的判断也比较烦琐。下文将通过分析两个经常被讨论的教学案例,来明确如何运用本文的观点解决这类案件。

第一个案例是汽车爆炸案,即甲欲杀死 A,在 A 的汽车上安装了炸弹,结果炸死了 B。如前所述,根据社会分工,尽管甲可以信赖炸弹会爆炸,但却由于无法控制炸弹的爆炸范围和爆炸的时间,不能信赖炸弹一定会炸死自己选定的 A,缺少对 A 的个别化的杀害故意。因此,无论炸弹炸死的是盗窃汽车的小偷,还是借用汽车的朋友,抑或 A 的妻子,都可以归责于甲的杀害故意。不过,如果甲知晓 A 根据社会分工,必须要在每天早上 7 点使用该汽车,并且设置了一个在早上 7 点爆炸的定时炸弹,那么,甲就具有对 A 的个别化的故意。甲对于 7 点前触发炸弹的小偷 B,或者 7 点时借用汽车的朋友 B 的死亡,均不具有故意。这是因为,根据社会分工,甲可以信赖 A 在早上 7 点使用汽车,并且炸弹会在 7 点爆炸,其可以信赖自己支配着危险现实化的过程,并使之实现在 A 的身上。

第二个案例是邮寄毒药案,即甲欲杀害 A,给 A 邮寄有毒的蛋糕,结果造成了 B

死亡。在此类案件中,需要区分两个阶段。第一阶段是甲邮寄有毒的蛋糕到快递员将蛋糕交给收件人。如前所述,根据社会分工,快递员有义务将快递送到正确的地点。因此,在这一阶段,甲可以信赖自己支配着危险现实化的进程。如果快递员将有毒的蛋糕误送给了B,导致B死亡的,甲对B的死亡不具有故意。第二阶段是收件人收到蛋糕之后。在这一阶段,根据社会分工,甲无法信赖一定是A接收了快递并食用蛋糕,其无法信赖自己支配着危险现实化的进程。因此,无论是A的朋友B,还是A的妻子B因食用蛋糕而中毒身亡,都可以将死亡结果归责于甲的杀害故意。

## 五、结论

打击错误问题的本质不是行为人所创设的危险是否发生实质偏离,而是行为人所认识的事实与实际发生的情况是否一致。法定符合说与具体符合说的实质争议不是应当抽象地还是具体地理解犯罪故意,而是应当如何理解构成要件。考虑具体案件的处理结论、社会公众的一般观念、我国司法实务的一般做法,应当认为主张具体化地理解构成要件的具体符合说更加妥当。不过,并非在任何案件中都需要对构成要件做具体化理解,只有当行为人存在个别化的故意时,才需要具体地理解构成要件。行为人是否具有个别化的故意,需要具体考察法益主体个别性对于行为人主观认识和意欲的影响。从辩证唯物主义的认识论出发,在财产犯罪中,除具有特别认知的情况外,行为人行为时通常无法认识到具体的法益主体,无法形成针对该主体的个别化的故意,打击错误不排除故意归责。在侵犯人身法益的犯罪中,尽管行为人行为时能够认识到具体的法益主体,但是,只有当行为人根据社会分工能够信赖自己支配了危险现实化的进程时,他才具有个别化的故意,打击错误阻却故意归责。在侵害复合法益的犯罪中,需要具体判断发生打击错误的法益,并将之作为侵犯该法益的犯罪处理。笔者的见解与实质等价理论具有相似性,故可以将之称为新实质等价理论。

# 具体打击错误中具体符合说和法定符合说之争

## ——兼评故意归责理论

蔡　燊*

**摘　要**　我国司法实践对具体打击错误问题总体偏向采取法定符合说。具体符合说和法定符合说的分歧根源是故意认识要素的认识程度中特定对象和抽象对象的对立。在厘清前提争议与立论逻辑的基础上能澄清论战双方的误读与曲解。具体符合说的真正问题是具体化程度标准在侵犯财产法益、着手时无法明确故意指向对象、追问具体到哪个被害人时难以贯彻。法定符合说的真正问题在于脱离事实地评价故意导致过失拟制为故意的量刑不均衡、正当防卫打击错误场合出罪结论晚、扩张结果加重犯。故意归责理论理顺了错误论的体系位置,但模糊了如何规范判断主客观相符合的焦点,未能推进"符合程度之争"。法定符合说的评价故意存在体系不协调、压缩不能犯空间、扩张处罚范围问题,因此,具体符合说较为合理。

**关键词**　打击错误　具体符合说　法定符合说　故意认定　故意归责

刑法学中的错误论是故意论的反面,在刑法学的责任一章下单独占据一节,与故意论平行或在其下位。错误论的范围非常广泛,凡有认识之处皆可能存在错误。错误论中的基础争议是具体打击错误中具体符合说和法定符合说之争。两说的对垒在我国学界以张明楷、刘明祥教授的观点对立为代表,新近一些学者则加入了具体符合说阵营。日本的法定符合说是判例上的通说,但理论上在东大学派的接连提倡下,具体符合说已是多数说。德国则是由具体符合说一统学界和实务界,法定

* 北京林业大学人文社会科学学院讲师,法学博士。

符合说在普珀(Puppe)转向故意危险理论后愈加式微。在两说之外,近年还涌现出转换错误论研究范式的故意归责理论。

当前,这场错误论论战颇为激烈,但研究中的一些问题亟待澄清,如打击错误在我国司法实践中的真实适用究竟如何,具体符合说和法定符合说的分歧实质到底何在,论战双方对彼此观点有无曲解误读,故意归责理论是不是正确方向等都有未充分展示和解决之处。基于以上问题意识,本文拟对具体打击错误中具体符合说和法定符合说之争做一番梳理澄清。

## 一、打击错误在我国司法实践中的真实适用

我国学界一般认为,在司法实践中主要采取法定符合说解决具体打击错误案件,但得出这一结论有的是基于少数典型案例的推测、有的是基于对理论通说的信赖,总体缺乏实证研究。笔者以“打击错误”为关键词在中国裁判文书网上进行检索,经筛选得到涉打击错误的刑事判决书共23篇。除23篇明确系打击错误的刑事判决书外,还有26篇判决书是在劝架中错误击中劝架者的案件以及4篇判决书是误击对象距离攻击对象很近而被错误打击的案件。这两类案件应考察劝架者介入案件当事人冲突的程度,若介入程度较高,如与当事人拉扯、在“两人之间劝架”等,应直接认定行为人对劝架者具有间接故意,故应排除出打击错误案件的范围。① 还有的案件将对象错误认定为打击错误,也应排除出打击错误案件的范围。从对23篇打击错误判决书的分析入手,可以探知我国司法实践对打击错误问题的真实态度。

在全部23篇打击错误判决书中,仅有3个判例偏向具体符合说:刘×1过失致人死亡案②、余某某故意伤害案③和乔某玺故意伤害案。④ 余某某故意伤害案虽是

① 参见江苏省苏州市虎丘区人民法院刑事判决书,(2017)苏0505刑初530号;江西省高级人民法院二审刑事判决书,(2018)赣刑终270号等。

② 本案案情:“被告人刘×1因感情纠纷与其男友李×3及被害人李×2发生口角,后刘×1持带跟皮鞋殴打李×3,并击中站在李×3旁边的李×2,李×2因左侧椎动脉瘤破裂导致蛛网膜下腔广泛出血及颅内压增高,并压迫呼吸生命中枢,造成呼吸循环衰竭死亡。法院认为,被告人刘×1由于过失行为致人死亡,构成过失致人死亡罪。”参见北京市第一中级人民法院刑事附带民事判决书,(2014)一中刑初字第1930号。

③ 本案案情:“余某某用铁锤连续击打谭某头部致其昏迷,在此过程中,击中站在谭某旁边的女儿李某左侧头顶部。法院认为被告人余某某在故意伤害谭某的过程中,应当预见自己打击谭某时可能发生危害站在其身旁的李某的后果,因为疏忽大意而没有预见到,主观上属于疏忽大意的过失,客观上造成被害人李某重伤的后果,其行为已构成过失致人重伤罪。”参见湖南省常德市中级人民法院刑事判决书,(2013)常刑一终字第34号。

④ 本案案情:“被告人用钢管将被害人焦某1等人打伤,并误伤被害人董某。法院认为,该误伤行为属于故意伤害案件中的打击错误的行为,由于该误伤行为系过失行为,根据法律规定,过失致人轻伤的行为依法不承担刑事责任。”参见安徽省黄山市黄山区人民法院刑事判决书,(2016)皖1003刑初58号。

在并发案件中适用具体符合说，但法院并未依据想象竞合规则判决，而判决“余某某犯故意伤害罪、过失致人重伤罪二罪，数罪并罚”。① 似乎难以认定其贯彻了具体符合说。在承认法定符合说的判决书“法院认为”段中，除典型的“不影响故意犯罪成立”外，还有一些明确承认的表述，如“打击错误与否所侵害的法益及产生的社会危害性亦无不同”②、“并未超出被告人的主观犯意”③等。但也难以就此认定我国法院在具体打击错误案件中完全适用法定符合说的属故意说。因为在类似吕某某故意伤害案④这类适用法定符合说的并发案件中，法院也未认定数个故意犯罪想象竞合，只判决一个故意犯罪。总之，在 23 件打击错误案件中，偏向法定符合说的有 20 件，⑤偏向具体符合说的有 3 件。可以说，我国司法实践就具体打击错误问题总体偏向采取法定符合说。有学者指出，我国司法实践的基本立场并非任何形式的“符合说”，而是一种“以行为人主观预见的结果和客观发生的结果在同一构成要件中是否具有相同的社会危害性为标准”的“社会危害性相同说”。⑥ 从判决书最后只认定被告人相应罪名，而几乎不认定对某个被害人的具体罪名的角度，确实可以说我国司法实践“不纠结罪名”，但是，从犯罪预防的角度，定罪的逻辑过程应当自然落脚到对每个被害人的具体罪名。因此，或许司法实践的做法是一种应当矫正的“走了一半”的“法定符合说”，而“没走的一半”就是针对每一个被害人的特定化定罪过程。

在打击错误案件的量刑上，即使采取法定符合说的案件也明确承认“虽然打击

---

① 参见湖南省常德市中级人民法院刑事判决书，（2013）常刑一终字第 34 号。

② 参见广东省东莞市第二人民法院刑事判决书，（2018）粤 1972 刑初 1484 号。

③ 参见湖南省岳阳市岳阳楼区人民法院刑事判决书，（2016）湘 0602 刑初 42 号。

④ 本案案情：“吕某某用刀砍王某锋时，方某娥用手替王某锋挡刀，但没挡住，吕某某将王某锋的头部、手部砍伤。方某娥的右手也被刀砍伤。法院认为，被告人吕某某主观上有持刀伤人的故意，客观上实施了持刀伤人的行为，其意欲持刀伤害王某锋，结果被方某娥挡住了导致方某娥受伤，并不超出被告人伤害他人的故意，其伤害方某娥的行为系目标打击错误，不影响其构成故意伤害罪。”参见江西省鄱阳县人民法院刑事判决书，（2014）鄱刑初字第 47 号。

⑤ 打击错误判决书中多件偏向法定符合说的判例：（2015）甬慈刑初字第 80 号、（2018）湘 09 刑终 331 号、（2018）粤 1972 刑初 1484 号、（2018）冀 02 刑终 741 号、（2018）苏 0505 刑初 274 号、（2019）陕 04 刑初 5 号、（2014）鄱刑初字第 47 号、（2014）大刑初字第 94 号、（2019）豫 1224 刑初 156 号、（2017）冀 0724 刑初 12 号、（2018）云 03 刑初 31 号、（2016）皖 0828 刑初 96 号、（2015）周刑初字第 333 号、（2017）藏 0329 刑初 5 号、（2018）湘 1202 刑初 639 号、（2014）穗海法刑初字第 138 号、（2019）陕 0921 刑初 20 号、（2016）粤 51 刑初 14 号、（2021）陕 0526 刑初 208 号、（2021）辽 1002 刑初 131 号。

⑥ 邓卓行：《具体打击错误司法认定标准之提炼与补正》，载《法学评论》2020 年第 6 期。

错误不影响本案定罪,但在量刑方面应有所区别”。① 如表 1 所示,在打击错误案件中,针对被告人的刑罚总体轻缓。其中,18 件案件被告人的量刑在有期徒刑 3 年以下,6 件案件被判处缓刑。因此,我国的打击错误案件并不因定罪中偏向适用法定符合说而在量刑中也采取法定符合说指向的重罪结论。

**表 1 我国司法实践中打击错误案件的量刑分布** 单位:件

| 缓刑 | 3 年以下有期徒刑 | 3 年以上 7 年以下有期徒刑 | 7 年以上 15 年以下有期徒刑 | 无期徒刑、死刑 |
|---|---|---|---|---|
| 6 | 18 | 2 | 4 | 0 |

综上可知,我国司法实践中打击错误案件的真实适用是,定罪过程总体偏向法定符合说,具体符合说较为罕见。量刑过程倾向轻缓量刑,并未采取法定符合说指向的重罪结论。

## 二、前提争议的厘清与立论逻辑的确认

错误论的逻辑起点是阶层犯罪论体系下构成要件的故意规制机能,故意的认识对象起码是客观构成要件事实(结果无价值论还包括不存在违法阻却事实),二者在认识范围和认识程度方面有所争议。具体符合说与法定符合说之争是认识程度,即客观构成要件需要被认识到何种程度的争论。该争论的前提是认识范围之争,即因果关系是不是故意的认识对象的争论。

### (一)前提争议的厘清:因果关系是故意的认识对象

日本刑法通说否定因果关系是故意的独立认识对象,认为实行行为的判断已包含结果发生的紧迫危险。危险与因果关系一体两面,因果流程即危险增大过程,因此,“实行行为时,对包含发生结果的危险的实行行为具有认识”,②因果关系不必被独立认识。德国刑法通说肯定因果关系是故意的认识对象,打击错误被定位为“因果流程偏离”或“行为偏差”。“打击错误乃是一种针对因果流程的认识错误”。③

① 参见浙江省慈溪市人民法院刑事判决书,(2015)甬慈刑初字第 80 号。

② [日]前田雅英『刑法総論講義』(東京大学出版会,6 版,2015 年)176 頁。

③ [德]乌尔斯·金德霍伊泽尔:《刑法总论教科书》,蔡桂生译,北京大学出版社 2015 年版,第 264 页。

虽然德日在因果关系是否需要被故意认识上看似对立,但在怎样的抽象程度认识因果关系却高度一致,都认为因果关系错误超出经验法则的阻却故意,未超出的不阻却故意。否认因果关系需要被认识的日本学者大谷实认为:“(因果关系错误)应作为因果关系的问题加以解决。”[①]而其在因果关系判断上持相当因果关系的折中说,前述的“经验法则框架”与此处的“相当性”无明显区别。

这一现象的成因或许是德日刑法对构成要件该当性阶段的任务:判断行为是否创设刑事不法采用的工具不同。德国采客观归责论,实行行为的作用不明显。日本则是“实行行为+相当因果关系”,实行行为与相当因果关系相互支撑论证,实行行为是“与既遂结果发生的具体危险即未遂结果间具有相当因果关系的行为”。[②] 实行行为的规范判断以紧迫危险为核心,危险的另一面就是因果关系。因此,认识到实行行为的危险即认识到相当因果关系,“因果关系的判断已包含对实行行为的判断”;[③]反之亦然。话语体系不同导致德日对打击错误的界定不同,但其内核是一致的,因果关系都是故意的认识对象,只是在日本,其属于间接认识。这也表现在德日虽然就打击错误的定义采不同模式,但打击错误的成立条件是一致的。

中外刑法中具体打击错误的成立条件基本一致:首先,行为人有对攻击对象的确定故意,且无未必故意、择一故意、概括故意;[④]其次,对误击对象无故意的错误打击使侵害结果发生在误击对象上;最后,行为与结果有相当因果关系或可客观归责。因为没有因果关系无从谈起故意对其的认识问题。明确打击错误的成立条件后能厘清一些论战中的无效批评。例如,在具体符合说对法定符合说批评的重大因果流程偏离意外杀人的情形中,因为想杀的是“人”,也有人被杀,法定符合说应

---

① [日]大谷实:《刑法总论讲义》(新版第2版),黎宏译,中国人民大学出版社2008年版,第170页。

② [日]西田典之『刑法総論』(弘文堂,2版,2010年)83頁。

③ 张明楷:《刑法学》(第5版),法律出版社2016年版,第183页。

④ 具体符合说为了解决法益主体“那个人”标准无法在财产法益犯罪中贯彻的问题,有学者提出了改变打击错误问题前提的思路,将具体打击错误地在误击对象上的无故意“扩大”解释为可能具有“间接故意或概况故意”,进而在“伸手想偷A的钱包结果钱包是B的”场合,在具体符合说之下也成立盗窃罪既遂。参见柏浪涛:《打击错误与故意归责的实现》,载《中外法学》2015年第4期。类似思路参见肖鹏:《打击错误与规范的间接故意》,载《荆楚法学》2022年第6期。将细节补全确实可以发现很多设想案例中可能存在间接故意的情形,但是在财产犯罪中对于误击对象存在过失的场合是完全可能存在的,对于此类问题如何解决才是关键所在。

认定为故意杀人既遂。可是,“法定符合说又认为,行为人意图杀人对其开枪,子弹却击中躲藏在天井里的窃贼致其死亡,却不构成故意杀人既遂”。[①] 但根据相当因果关系折中说,在这一场合一般人认识不到、行为人也特别认识不到躲在天井里的窃贼,故应否定因果关系,其并非打击错误的适例。又如,具体符合说对法定符合说批评的“将故意一律视为择一故意”。[②] 打击错误与择一故意不同,“择一故意是行为人对目标客体及实害客体皆有故意的情形”。[③] 打击错误行为人对误击对象只有过失而无故意。

### (二)立论逻辑的确认:具体符合说和法定符合说之争

具体符合说和法定符合说的分歧根源是对故意认识对象的构成要件理解不同。早期具体符合说认为应认识到足够具体的对象,经平野龙一修正后的具体符合说认为应在构成要件层面具体到当时当地的对象,即“法定的具体符合说”。[④] 法定符合说主张只需认识到构成要件程度的抽象对象。两说对构成要件的不同理解导致对故意的不同建构。具体符合说“用‘那个人’将故意特定下来了”,其故意是对“那个人”的实定故意。法定符合说的故意是对“抽象人”的评价故意。更抽象的故意使法定符合说对主客观要件相一致程度要求较低。

具体符合说和法定符合说的立论分别以构成要件的呼吁警示机能的具象与抽象性为基础。法定符合说的立论以抽象的反对动机为起点,反对动机的原因是违法性认识,“对构成要件该当事实存在认识,行为人就已直面规范”。[⑤] 违法性认识不因被害人不同而有所差异。换言之,法定符合说并不重视行为人是否认识被害客体的具体内容。这一立论逻辑下构成要件的呼吁警示机能是抽象的。具体符合说则认为构成要件的呼吁警示机能是具体的。“刑罚制裁针对的是行为人已认识和放任的事实形成的反对动机”。[⑥] 正因为在立论基础上无法充分说服对方,打击错误中具体符合说和法定符合说才发展成为如今的对垒之势。

---

① [日]山中敬一『刑法総論』(成文堂,2 版,2008 年)323 頁。
② 周光权:《刑法总论》(第 3 版),中国人民大学出版社 2016 年版,第 177 页。
③ 林钰雄:《新刑法总则》,中国人民大学出版社 2009 年版,第 161 页。
④ [日]平野龙一『刑法概説』(東京大学出版会,1977 年)80 頁。
⑤ [日]松原芳博:《刑法总论重要问题》,王昭武译,中国政法大学出版社 2014 年版,第 180 页。
⑥ [日]西田典之:《共犯理论的展开》,江溯、李世阳译,中国法制出版社 2017 年版,第 368 页。

## 三、围绕“符合程度之争”具体符合说和法定符合说的重新梳理

明确具体符合说与法定符合说之争的实质是认识程度之争，即主客观构成要件的符合程度之争以及准确理解双方的立论逻辑后，本文将围绕“符合程度之争”厘清一些论战中的曲解误读，筛选出具体符合说与法定符合说的真正问题，以期纠正两说之争的讨论中真假问题混杂的现状。

### （一）无效批评的甄别

1. 具体符合说对法定符合说的无效批评

具体符合说对法定符合说“抽象的反对动机”→“抽象构成要件”→“评价故意”的批评有如下观点。其一，法定符合说拟制实行行为、故意和一般观念冲突。在实行行为上，法定符合说“将 A 对 X 实行杀人行为评价为 A 对 Y 实行杀人行为”。[①] 在故意上，法定符合说忽视故意的意志因素，不可能想杀“抽象人”。但这一批评是具体符合说站在己方故意立场的批评。法定符合说的故意概念是对“抽象人”的故意，具体符合说未区分实体故意和评价故意。其二，法定符合说具有集体主义倾向。哲学基础上的批评认为，“在抽象人概念下个体意义被忽略。法定符合说在思维方法上与卢梭哲学如出一辙”。[②] 哲学基础的批评虽有说服力，但在刑法教义学中距离论争中心较远。以抽象原则反对具体论点的论证方法与教义学的技术性发展相悖。其三，法定符合说在抽象打击错误中理论不一致。在具体符合说下，“意图破坏某甲财物但是错误地打死甲的场合，过失致人死亡”的结论合理。但法定符合说，“若在对象旁边的是财物就要肯定故意，若是人的话就要否定故意”。[③] 但这里看似理论不一致带来的结论不合理是由想象竞合规则导致的，不是法定符合说本身的问题。上述批评基本认为法定符合说将主客观要件任意搭配，却忽视了该说的故意本是脱离事实的评价故意。

2. 法定符合说对具体符合说的无效批评

法定符合说对具体符合说“具体的反对动机”→“具体构成要件”→“实定故

---

① ［日］川端博：《刑法总论》，余振华译，台北，元照出版有限公司 2008 年版，第 71 页。

② 罗翔：《论打击错误的处理原则——法定符合说之检讨》，载《暨南学报（哲学社会科学版）》2014 年第 8 期。

③ 黎宏：《刑法总论》（第 2 版），法律出版社 2016 年版，第 207 页。

意”的批评有如下观点。其一，具体符合说从认定犯罪时“杀那个人的故意”直接跳到认定责任时“杀A、B的故意”。但既然“法定符合说不要求行为人认识到被害人是‘特定的人’，仍将各个被害人作为独立法益主体予以保护”，①认定故意和责任故意不同。具象程度更高的具体符合说当然更能如此回应。其二，具体符合说的结论有悖一般观念。法定符合说认为有杀人故意也有杀人结果确定未遂，有悖社会一般观念。但未遂犯本就包含结果发生的未遂，即重大因果历程错误的情形。②其三，具体符合说与过失犯、中止犯相关的罪刑不均衡问题。按具体符合说，未遂犯与过失犯想象竞合，由于立法规定可能导致未遂犯轻罚。如故意杀人未遂、过失致多人死亡想象竞合，故意杀人未遂可以从轻减轻处罚。与中止犯相关的罪刑不均衡，如甲为抢劫X的财物对X实施暴力，由于打击错误致Y摔倒在地其钱包掉出，甲将Y的钱包拿走后放弃劫取X。根据具体符合说，抢劫中止、不构成盗窃（如未达到入罪数额），免除处罚。但我国不采未遂法定主义，处罚未遂犯没有法律上的障碍。问题可能“来自立法本身，而不是来自具体符合说”。③

具体符合说和法定符合说的对立归根结底是为何具体符合说将对象抽象到“那个人”，法定符合说抽象到“抽象人”。不承认对方的立论基础并以己方立场批评对方，恐难令人信服。上述无效批评外，具体符合说和法定符合说各自还有一些真正问题。

### （二）真正问题的展开

1. 具体符合说的真正问题

具体符合说的真正问题是其具体化程度标准在一些场合无法贯彻。其一，法益主体同一性标准无法贯彻到侵犯财产法益场合。侵犯人身法益场合以法益主体“那个人”为标准具有说服力。但在侵犯财产法益场合，犯罪对象无法完全通过视觉特定，法益主体同一性标准失去说服力。如X故意毁坏A左手财物却打击错误毁坏右手财物，右手财物属于B。按法益主体同一性标准，对左手财物成立故意毁坏财物罪未遂，对B的财物成立过失毁坏财物，但想象竞合不处罚的结论不合理。

---

① 张明楷：《再论具体的方法错误》，载《中外法学》2018年第4期。

② 郑逸哲：《法学三段论法下的刑法与刑法基本句型（一）：刑法初探》（增修7版），台湾，瑞兴图书股份有限公司2016年版，第305页。

③ 黎宏：《日本刑法精义》（第2版），法律出版社2008年版，第207页。

为解决这一问题，具体符合说论者提出的一种方案试图论证在侵犯财产法益的打击错误场合，对误击对象也不阻却故意。① 另一种方案则试图合理化人身法益与财产法益在打击错误中的区别。希伦坎普（Hillenkamp）提出实质等价理论，从法益角度判断行为对象对构成要件是否具有重要意义，“根据法益的不同属性对故意进行抽象”，人身法益阻却故意，财产法益不阻却故意。康子豪博士进一步充实了实质等价理论，指出在财产犯罪场合，“除具有特别认知的情况”，打击错误不阻却故意归责；在人身犯罪的场合，“只有当行为人根据社会分工能够信赖自己支配了危险现实化的进程时”，打击错误才阻却故意归责。②

其二，着手时无法明确故意指向对象时，难以判断因果流程是否发生偏离，存在具体化程度上“具体人”与“那个人”之间的对立。这一问题传统上被表述为“难以区分对象错误与打击错误”。决定打击错误与对象错误的是两个变量：被害对象特定过程与因果流程偏离。对象错误是特定过程错误且因果流程没有偏离，打击错误是因果流程偏离且特定过程没有错误。因果流程偏离的判断起点是危险产生时的着手，终点是发生结果时的危险现实化。因果流程是否偏离是由特定过程即着手时能够明确故意指向对象决定的。但着手时故意指向对象无法特定时较难区分，这种场合在单独犯中是隔隙犯，共犯中是间接正犯、教唆犯。

案例1（隔隙犯）：A在B的车上安装开车即爆炸的炸弹，结果炸死B的妻子。具体符合说论者对本案提出诸多标准，例如，“爆炸时爆炸行为指向作为认定错误性质的基础，指向开启车门的人”，③本案是对象错误。又如，“以错误发生时间的不同为标准”，④着手前是对象错误，着手后是打击错误，本案是对象错误。但这些标准都有疑问，“行为指向说”可能导致所有打击错误都是对象错误，“错误时间说”未注意到对象错误的发生时间是着手时。隔隙犯中特定过程与因果偏离同时发生，使错误性质难以区分。对此，一种方案是以行为人着手时设想的具体对象（“具体

---

① 如松原芳博提出“被害客体说”，个别财产犯“以个别财物客体作为保护对象，客体特定仍具构成要件重要性”。［日］松原芳博：《刑法总论重要问题》，王昭武译，中国政法大学出版社2014年版，第222页。［日］葛原力三持“故意方向性说”，即使在侵犯人身法益时，伤害部位的打击错误也阻却故意。葛原力三：《打撃の錯誤と客体の錯誤の区別－2完－具体的符合説の再検討》，载《関西大学法学論集》36卷2号（1986年）。转引自［日］佐伯仁志：《刑法总论的思之道·乐之道》，于佳佳译，中国政法大学出版社2017年版，第219页。

② 康子豪：《处理具体打击错误的新路径》，载《河南财经政法大学学报》2022年第1期。

③ 刘明祥：《论具体的打击错误》，载《中外法学》2014年第2期。

④ 何洋：《论打击错误之处理原则——具体符合说之提倡》，载《河北法学》2012年第1期。

人”)为标准,西田典之提出“根据A、B这样的名字作为特定化基准”。[①] 但为何不能说行为人着手时特定对象是开车门的“那个人”,而“那个人”正是B的妻子呢?该说为解决隔隙犯难题将“那个人”标准退回到“具体人”,为结论的合理牺牲了立论基础。在这一旨趣下隔隙犯场合大概只能成立打击错误。另一种方案是扩张行为人着手时的特定对象,“行为人的认识事情作为前提的话,B以外的人遭受被害结果这样的事情是不能排除的。行为人对于这样的事情有认识的话,对发生结果也能给予故意既遂的评价”。[②] 这一方案实际倾向法定符合说,在这一旨趣下隔隙犯场合大概只能成立对象错误。此外,陈洪兵教授提出以事前行为预测着手时的故意指向。“如行为人长期观察,认为只有仇人自己驾驶该车的可能性,安放炸弹碰巧炸死偶尔开车的妻子,应认为对实害对象不存在放任,不成立故意杀人既遂。”[③]该路径在下述教唆犯、间接正犯的区分说标准说中也有体现。

案例2(间接正犯):医生吩咐不知情护士给病人甲注射毒药,护士认错对象给乙注射了毒药。案例3(教唆犯):X教唆A杀B,A误认C是B而杀了C。在这些案例中,若正犯着手时无法明确判断利用人、教唆人的故意指向对象,因果流程偏离相应也难以判断。主流的区分说将特定过程转化为利用人、教唆人对被正犯的支配程度,支配程度强如事先详细描述被害人,未将特定被害人的任务交给正犯则为打击错误;反之为对象错误。[④] 但区分说的区分标准不明确,利用人、教唆人怎样的行为才是支配特定过程,又回到隔隙犯中“具体人”和“那个人”标准的对立。支配程度可能只能在个案中寻找标准,无法抽象一个具体标准。如在案例3中,若X对A的支配程度高则是打击错误,A对B没有着手,不成立教唆犯。若X对C的死亡有过失,成立过失致人死亡,否则X无罪。若X对A支配程度低,是对象错误,成立故意杀人既遂的教唆犯。本案德国法院认为,“在普通生活经验能预见的界限范围内,将偏离设想的事实发生流程仍加以归属”,[⑤]成立教唆谋杀既遂。但按姓名标准(“具体人”标准),本案教唆犯应认定为打击错误。姓名标准的悖论体现于本案中,教唆人向被教唆人“介绍了他儿子的行事习惯和长相,还给他看了一张照片,以

① [日]西田典之『刑法総論』(弘文堂,2版,2010年)225頁。

② [日]井田良『講義刑法学·総論』(有斐阁,2版,2018年)193頁。

③ 陈洪兵:《刑法错误论的实质》,载《烟台大学学报(哲学社会科学版)》2018年第4期。

④ 参见林钰雄:《新刑法总则》,中国人民大学出版社2009年版,第332、357~358页。

⑤ [德]克劳斯·罗克辛:《德国最高法院判例:刑法总论》,何庆仁、蔡桂生译,中国人民大学出版社2012年版,第26页。

免误伤他人”,[①]这一支配程度比单纯告知姓名高很多,却仍被认定为支配程度低的对象错误。

其三,具体化程度还存在具体到哪个被害人的问题。这在传统讨论中被表述为“具体符合说的故意个数问题”。法定符合说指出故意的个数问题是两说共有的问题。案例4(卫生间案):行为人朝使用中的卫生间扔炸弹,结果正好有两个人在卫生间,两人死亡。[②] 卫生间案不同于并发案例的特点在于卫生间门关闭,设置了类似隔隙犯的场合,行为人无法通过感知特定到被害人,特定过程存疑。具体符合说也存在法定符合说一故意说即将一个故意认定给哪个被害人的问题,不得不承认对两个人都有故意,形成具体符合说的数故意说形态。

2. 法定符合说的真正问题

法定符合说的真正问题是脱离事实的评价,使故意在一些场合会得出不合理结论。其一,数故意说将过失拟制为故意带来量刑问题。数故意说成立数个故意杀人既遂的情形,按日本的量刑规则以想象竞合判死刑。[③] 但数故意说得出数个故意杀人既遂(有的是过失)想象竞合明显轻于概括故意杀死多人想象竞合,却依拟制故意承担相同刑事责任,有违责任主义。

其二,法定符合说在正当防卫打击错误场合合理结论出现晚。防卫行为打击错误杀害第三人场合,法定符合说中一种认为成立故意犯罪,[④]一种认为成立正当防卫、[⑤]一种认为成立假想防卫。[⑥] 故意犯罪结论没有考虑无辜者和不法侵害人法益要保护性不同,正当防卫结论对无辜者未充分保护,法定符合说得出过失致死结论只能依赖假想防卫。但具体符合说反对,法益主体要保护性的不同应在违法性中考虑,不应在构成要件阶段考虑。如表2所示,在乙杀丙,甲看到欲对乙进行正当

---

① [德]克劳斯·罗克辛:《德国最高法院判例:刑法总论》,何庆仁、蔡桂生译,中国人民大学出版社2012年版,第25页。

② 参见[日]松原芳博:《刑法总论重要问题》,王昭武译,中国政法大学出版社2014年版,第183页。

③ [日]西田典之『刑法総論』(弘文堂,2版,2010年)223頁。

④ 日本发生的案例(大阪高判平成14·9·4判1114号)中,一审法院认为防卫人对第三人成立故意伤害致死罪。参见[日]山口厚:《从新判例看刑法》(第2版),付立庆、刘隽、陈少青译,中国人民大学出版社2019年版,第48页。二审法院以第三人与侵害人法益不等价为由,以“假想防卫”否定故意责任。

⑤ 在英美刑法中,“D不是故意实施犯罪行为(广义上),因为D在这种情况下举枪射击的行为是正当的”,“由于没有可转移的犯意(广义上),没有判决他犯谋杀罪”。参见[英]J. C. 史密斯、B. 霍根:《英国刑法》,马清升等译,法律出版社2000年版,第90页。

⑥ 参见张明楷:《刑法学》(第5版),法律出版社2016年版,第211页。

防卫,反而杀死了丙的场合。具体符合说在构成要件阶段就可以得出过失致死的结论,法定符合说即使得出假想防卫进而过失致死的结论也较具体符合说晚。而且,固然可以粗略理解假想防卫为主观上有防卫意思客观上实施侵害行为,将对第三人的侵害归入假想防卫。但正如山口厚指出,深入假想防卫成立要件,“被告人既没有误以为受到了第三人的紧急的不法侵害,也没有误认为侵害第三人构成正当防卫”,①将其归入假想防卫本身即有疑问。因此,钱叶六教授主张在指向不法侵害人的防卫行为之结果伤及第三人的场合,在具体符合说下,不必借助假想防卫的中间逻辑过程而直接适用一般过失犯罪的处理方式。②

**表 2 “正当防卫+打击错误”场合适用结论**

| 学说 | 构成要件该当性阶段 | 违法性阶段 |
|---|---|---|
| 具体符合说 | 对乙:故意伤害 | 正当防卫 |
| | 对丙:过失致死 | — |
| 法定符合说 | 对乙:故意伤害 | 正当防卫 |
| | 对丙:故意伤害 | 假想防卫→过失致死 |

其三,法定符合说扩张结果加重犯范围。在单独犯情形下,“A 意图伤害 B,向 B 扔砖块,击中碰巧路过的行人 C 致其死亡。依法定符合说,对 B 故意伤害罪既遂,对 C 故意伤害致人死亡”。③ 在共犯的情形下,A 教唆 B 伤害 C,结果 B 打击错误伤害致死 D 的场合。因为正犯是结果加重犯,教唆犯一般无法否认过失,教唆犯 A 也应当成立故意伤害致人死亡。在应严格限制结果加重犯的背景下,法定符合说在单独犯、共犯的场合都容易得出扩张结果加重犯的结论。

综上所述,具体符合说的真正问题是具体化程度标准在侵犯财产法益、着手时无法明确故意指向对象、追问具体到哪个被害人时难以贯彻。法定符合说的真正问题是过失拟制为故意的量刑不均衡、正当防卫打击错误场合出罪结论晚、扩张结果加重犯范围。

---

① [日]山口厚:《从新判例看刑法》(第 2 版),付立庆、刘隽、陈少青译,中国人民大学出版社 2019 年版,第 52 页。

② 参见钱叶六:《防卫行为的结果伤及第三人的教义学分析》,载《法律科学(西北政法大学学报)》2019 年第 2 期。

③ 柏浪涛:《打击错误与故意归责的实现》,载《中外法学》2015 年第 4 期。

## 四、故意归责理论的逻辑与疑问

具体符合说与法定符合说之争从立论基础到观点展开都有“各说各话”之嫌，由此发展出欲正面解决错误问题的故意归责理论。但故意归责理论未必是错误问题的正确解决方向，本文将梳理各版本的故意归责理论后，澄清其对错误论问题解决并无助益。

### （一）故意归责理论的逻辑：区分故意认定与故意归责

故意归责理论认为两说问题定位并不准确，行为人的故意在着手时便已存在，“着手后始发生的因果流程无法溯及让先前已存在的故意消失”。① 打击错误的关键不在故意认定，而在故意归责，即对误击对象的既遂结果能否归责于对攻击对象的故意。故意归责理论的探索可归纳为以下三个方向。

一是从误击对象入手，判断误击对象是否满足某标准。重视主观的是罗克辛的行为计划理论，故意认定标准是对危险有认识，故意归责标准是发生在误击对象上的结果可评价为行为计划实现，“行为人算计过这个偏离时，他还会去做吗”。② 重视客观的是蔡圣伟的对应理论，故意认定标准是行为人的主观想象，故意归责标准是所知与所犯能在概念上对应。在主观想象与客观事实的表述间设置一个客观判断者，由其重做一个表述，判断此表述能否建构一个不被允许的风险。

二是从认识因果流程偏离的形式、范围入手，归结于该偏离是否为认识所必需。雅各布斯提出如果行为人无法认识到偏离所致结果，则不能追究行为人故意既遂责任。③ 金德霍伊泽尔认为故意归责的基础是“故意和结果之间的风险关联”，即对结果发生在误击对象上的认识。④ 井田持“修正的具体符合说”，主张具体符合说不能采取“那个人”这样朴素而欠缺规范的基准。故意认定标准是对结果有认

---

① 蔡圣伟：《重新检视因果历程偏离之难题》，载《东吴法律学报》第20卷第1期（2008年）。

② ［德］克劳斯·罗克辛：《德国刑法学总论：犯罪原理的基础构造》（第1卷），王世洲译，法律出版社2005年版，第340页。

③ Vgl. Günther Jakobs, Strafrecht Allgemeiner Teil, 2. Aufl., 1993, § 8, S. 303. 转引自柏浪涛：《打击错误与故意归责的实现》，载《中外法学》2015年第4期。

④ 参见［德］沃斯·金德霍伊泽尔：《故意犯的客观和主观归责》，樊文译，载龙俊主编：《清华法律评论》，清华大学出版社2009年版。

识，故意归责标准是对同种结果有认识可能性。[①] 周光权教授的"修正的具体符合说"虽有客观判断意味，但具体符合是"行为所实际导致的结果，与该行为实施后通常所导致风险是否'具体'地一致"，[②]也落脚在行为人的认识可能性。周漾沂主张认识应区分为故意认识与归责认识。故意认定标准是认识到行为对攻击对象的风险，故意归责标准是认识到对误击对象"足以支撑这种风险的事实"。[③] 欧阳本祺教授主张故意认定标准是对法益侵害危险性有认识，故意归责标准是对危害结果发生在误击对象上有认识可能性。[④] 柏浪涛教授主张故意归责标准是因果流程偏离到误击对象上超出经验法则。[⑤]

三是普珀的故意危险理论，认为故意危险本质上不同于过失危险，故意危险具有比过失危险更大的导致结果发生的危险性。故意危险的标准有二：以适当、可行的方式创设危险＋理性人应当放弃这种危险，但行为人没有放弃；过失危险则是行为人预想的本就不是可行的、适当的危险。[⑥] 故意认定标准是根据具体状况、概率大小区分故意、过失危险，而故意归责标准则是故意危险转变为了故意实害。[⑦]

### （二）故意归责理论的疑问：未能推进"符合程度之争"

罗克辛的行为计划理论以行为人的计划为准判断是否符合构成要件。其适用举例：A 想打 B 左眼，结果打到右眼则实现了计划。C 想下毒伤害 D 的生殖能力，结果伤害 D 的别的生理能力则未实现计划。但是，"计划属于动机和愿望的范畴，不属于故意的构成要素"。欠缺客观标准而完全依赖主观愿望，恐怕在适用上会有难度。此外，该理论也无法解释因果关系错误中结果延后发生，"这种理论，只有当行为人计划杀死被害人，并且一直到实施第二个直接导致死亡结果的行为都保持

---

① ［日］井田良『刑法総論の理論構造』（成文堂，2005 年）93 頁。

② 周光权：《刑法总论》（第 3 版），中国人民大学出版社 2016 年版，第 180 页。

③ 周漾沂：《从客观归责走向主观归责：对于刑法上归责理论的反省与重构》，载《台大法学论丛》第 43 卷第 4 期（2014 年）。

④ 参见欧阳本祺：《具体的打击错误：从故意认定到故意归责》，载《法学研究》2015 年第 5 期。

⑤ 参见柏浪涛：《打击错误与故意归责的实现》，载《中外法学》2015 年第 4 期。

⑥ Vgl. Ingeborg Puppe, Strafrecht Allgemeiner Teil im Spiegel der Rechtsprechung, 4. Aufl., 2019, § 9, Rn. 11.

⑦ Vgl. Ingeborg Puppe, Strafrecht Allgemeiner Teil im Spiegel der Rechtsprechung, 4. Aufl., 2019, § 9, Rn. 11.

着计划,才能要求行为人对结果负责","第二个直接导致死亡结果的行为在归责关系中仅是自然的因果要素"。①

蔡圣伟的对应理论认为故意认定是主观想象,故意归责是认识的危险与实现的危险在概念上对应。其适用举例:A将砂糖当作砒霜,但被害人因特殊体质死亡。按主观想象标准可认定故意→结果可客观归责→砒霜和砂糖不能在概念上对应,阻却故意既遂归责。但本案如何能根据主观愿望判断故意成立。此外,其强调:"如果行为人对于不法数量发生错误,可归责于行为人的客观不法便取决于主观想象的范围。"②超出行为人主观想象范围的阻却故意既遂归责。这会不当缩小故意既遂犯的成立范围,如小偷知道盗窃罪入罪数额是2000元,只想偷1999元,结果偷到了2001元。本案阻却故意既遂归责的观点并不合适。

井田良"修正的具体符合"说代表了多数故意归责论者的方案,即故意归责的标准是对危险流到误击对象上有预见可能性。其适用举例:如果行为人认识到A的身边有B则故意归责,如果没有认识到则阻却故意归责。在公园行为人欲射杀A,结果杀死在公园玩耍的小孩,行为人有预见可能性,成立故意归责。但严格理解的话,本方案或许与具体符合说具有亲和性。③ 因为如果使用故意归责理论的术语解释具体符合说,具体符合说的故意认定也是针对具体攻击对象而言的,故意归责则是判断对误击对象的主观罪责是故意还是过失。过失分为有认识过失和无认识过失,有认识过失重点是行为人预见后的意志因素,无认识过失则关注预见可能性。在具体打击错误场合,行为人认识到可能会击中误击对象还不停手可能被归入间接故意,因而过失的情形仅剩无认识过失场合,即有结果预见义务——预见可能性的场合。井田说在结论上修正了具体符合说,但方法上依然是判断具体符合,故也会面临上述具体符合说的真正问题。欧阳本祺教授的对误击对象的认识可能性标准、周漾沂的区分故意认识和归责认识标准、柏浪涛教授的危险设定→具体对象,因果历程偏离的程度有无超出生活经验法则的认识框架的标准都与井田说相似。井田说代表的故意归责标准最终得出对误击对象的认识可能性这一过失犯模式,似乎又回到具体符合说。

---

① Vgl. Ingeborg Puppe, Strafrecht Allgemeiner Teil im Spiegel der Rechtsprechung, 4. Aufl., 2019, § 10, Rn. 27.

② 蔡圣伟:《刑法上的对应原则》,载《月旦法学杂志》第227期(2014年)。

③ [日]山口厚=井田良=佐伯仁志『理論刑法学の最前線』(岩波書店,2001年)110頁。

普珀的故意危险理论在客观层面区分故意危险和过失危险，在主观层面认识到故意危险即成立故意，实现故意危险即故意归责。其适用举例：闹市区的打击错误，对误击对象具有概括的故意。僻静处打击错误，对误击对象实现了过失危险，不能故意归责。在沙漠里，对误击对象不可能认识到，不能故意归责。但从其所举的例子来看，故意危险理论可能与具体符合说没有明显区别。此外，其将主客观归责合为一体，有循环论证的嫌疑："结果如果是故意危险造成的，则实现故意归责，如果是过失危险造成的，则不能实现故意归责。"①但问题本就是判断对于误击对象是故意危险还是过失危险。

除了上述故意归责理论的各种版本的具体问题，故意归责理论在方法论上的问题是未能推进打击错误的问题实质即"符合程度之争"。故意认定与故意归责的区分或许在逻辑上更为精细，但还是要面对前述具体符合说与法定符合说面临的诸多问题，对具体案例的解决无法脱离认识程度问题。故意归责理论强调："故意既遂归责是一个规范评价问题，法律适用者要针对客观上的构成要件该当事实与行为人主观上的故意二者间重合对应的部分，决定是否足以建构故意既遂犯的归责基础。"②但是，前述具体符合说与法定符合说所欲解决的正是从构成要件规范评价的角度判断主客观之间是否符合。故意归责理论理顺了错误论的逻辑层次，错误论发生在主客观构成要件的对应之处。但其模糊了问题焦点，即如何规范判断主客观相符合。这正是具体符合说和法定符合说论争的核心问题，因为作为判断基准的构成要件本就可以作出"那个人"和"抽象人"两种理解。

## 五、具体符合说之提倡

故意归责理论未能推进错误论"符合程度之争"的实质，打击错误的处理应回到具体符合说与法定符合说的对立上来。如前所述，这一对立基于两说对构成要件不同理解的立场，两说论者均未从正面论证错误论问题如何处理，论战主要围绕各自无法解决的问题展开。法定符合说被司法实践部分接受源于其回应国民处罚感情的机能，但终究割裂事实与评价，存在理论风险。随着研究的深入，其在其他理论问题上的捉襟见肘可能也会逐步体现。而具体符合说立足事实层面，面临的

---

① 欧阳本祺：《具体的打击错误：从故意认定到故意归责》，载《法学研究》2015 年第 5 期。

② Puppe, NK-StGB, § 16 Rn. 68; Roxin, AT/1, 12/153 f. 转引自蔡圣伟：《刑法上的对应原则》，载《月旦法学杂志》第 227 期（2014 年）。

具体化程度问题相对单一。

针对法定符合说对具体化程度的质疑,具体符合说可做出如下回应。其一,具体化程度在人身和财产法益犯罪打击错误中本就无法统一。按具体符合说,所有物是人自由的延伸,“人把他的意志体现于物内,这就是所有权的概念”。[①] 在个别财产犯中注重对财产个别性保护,被害客体说可取。但机能性理解,对侵犯财产法益打击错误的行为不处罚并不合理,应采希伦坎普的实质等价理论,人身法益注重法益主体的个别性,财产法益不特别注重法益主体的个别性。

其二,区分对象错误与打击错误也是法定符合说的理论任务。具体符合说在着手时故意指向的对象不明确,即特定过程与因果流程偏离同时发生时无法区分对象错误与打击错误,而贯彻“那个人”标准会得出此种场合都是对象错误的问题。尽管法定符合说下对象错误与打击错误的处理结论相同,但结论相同不代表处理过程相同,法定符合说也应当充分阐明其对对象错误与打击错误的区分,这也是教义学发展的理论任务。只有处理过程相对清晰,理论才可能被实践精确适用。

其三,具体符合说的故意个数问题不同于法定符合说的数故意说。即使认为故意个数是具体符合说和法定符合说共同面临的问题,这一问题在两说中的表现也不相同。法定符合说是因为并发事例中被害人都受到“抽象人”的同等对待。在具体符合说中则是因为形成了类似隔隙犯的情形,导致故意指向的对象无法被特定。

除了前述法定符合说的真正问题,其还面临如下问题。其一,法定符合说的定罪过程与量刑过程不协调。即使接受法定符合说数故意说的日本法院在量刑时,和我国一样也按照接近具体符合说的要求量刑,并未采取法定符合说指向的重罪结论。松原芳博指出,在并发案例采取法定符合说定罪的案件的量刑上,日本法院“裁定与行为人的认识相适应的刑罚,谋求与责任主义之间的协调”。[②] 即使是判例上的通说,日本法院采取法定符合说定罪后,也认为量刑上通过错误论认定的故意终究不同于标准故意。

其二,法定符合说的评价故意概念与我国《刑法》第 14 条规定相抵触。第 14 条“明知会发生结果”中的“结果”在解释论上一般都指向具体结果,而非抽象结果。

① [德]黑格尔:《法哲学原理》,范扬、张启泰译,商务印书馆 1961 年版,第 67 页。

② [日]松原芳博:《刑法总论重要问题》,王昭武译,中国政法大学出版社 2014 年版,第 184 页。

张明楷教授指出,“因果关系中的‘结果’是具体、特定样态、特定规模、特定发生时间与地点的法益侵害结果”。[①] 例如,在偶然防卫中,无罪说和未遂说都主张考虑不法侵害人的法益要保护性弱的具体事实。[②] 又如,在承继的共犯中,判断加入者与结果间的因果关系时,其“结果是具体的,不是抽象的”。[③] 法定符合说需要特别论证为何打击错误中的结果是抽象结果。

其三,具体符合说能够处理法定符合说指出的处罚漏洞。对于误伤手指案,按具体符合说,故意伤害未遂与过失致人轻伤想象竞合,结论是被告人无罪。这一结论被法定符合说指责为处罚漏洞,但我国不采未遂法定主义,对故意轻伤未遂进行处罚不违背法律。而且,即使最终结论是不处罚,刑法中本就有诸多意图性的处罚漏洞。[④] 这些刑法上所谓的“处罚漏洞”可以通过前置法填补,在法秩序统一性视野之下,刑法作为最后手段法,应当保持谦抑。

其四,法定符合说可能不当扩张未遂犯的处罚范围。一方面,法定符合说抽象理解构成要件可能倾向主观未遂论,压缩不能犯空间。按法定符合说“抽象反对动机”→“抽象构成要件”→“评价故意”的逻辑,行为人将稻草人误以为是仇人而开枪射击的典型客观未遂论下的对象不能犯行为也有被评价为不阻却故意成立未遂犯的余地。另一方面,法定符合说数故意说明确承认未遂故意的归属,那么,“一发子弹的发射,即使对于南极观测基地的 C 同样可认为为杀人未遂”,[⑤]未遂犯的处罚范围被扩张。

综上所述,一方面,具体符合说面临的问题可能也是法定符合说需要回答的;另一方面,由于法定符合说脱离事实的实质评价,随着研究的拓展,其需要补足的漏洞可能越来越多。从理论发展性的角度看,具体符合说较为合理。

## 六、代结语:具体符合说与法定符合说在德日不同命运的可能原因

德日同采阶层犯罪论体系,在处理打击错误问题上却显示出相反的方向。具体符合说故意成立较难,法定符合说故意成立较易。这种不同或许是立法、学说发

① 张明楷:《刑法学》(第 5 版),法律出版社 2016 年版,第 184 页。
② 参见张明楷:《论偶然防卫》,载《清华法学》2012 年第 1 期。
③ 张明楷:《刑法学》(第 5 版),法律出版社 2016 年版,第 433 页。
④ 参见周光权:《刑法软性解释的限制与增设妨害业务罪》,载《中外法学》2019 年第 4 期。
⑤ [日]松宫孝明:《刑法总论讲义》(第 4 版补正版),钱叶六译,中国人民大学出版社 2013 年版,第 147 页。

展综合造成的差异。如德国未遂论采印象说,未遂犯成立较易。因果关系上判例与通说采条件说,因果关系成立较易,具体符合说能限制故意成立。日本注重国民规范意识,采法定符合说可填补处罚漏洞。具体符合说和法定符合说的对立根源是构成要件,即是当时当地的具体对象"那个人"和抽象对象"抽象人"的对立,这从构成要件本身出发无法判断。当前,我国的主流观点是法定符合说,法定符合说或许有回应国民处罚感情的优势,但其终究是一种"拟制",因此,具体符合说具有贴近事实的可视性优势。

# 犯罪过失论

# 在自由与安全之间:过失责任的规范论整合

马寅翔*

**摘　要**　我国当前关于过失责任的研究具有明显的个体主义刑法观色彩,其从存在论视角出发,将个人意志自由作为主观归责的基础,把责任理解为一种精神事实,实质上仍为心理责任论。虽然在维护个人自由方面,心理责任论有其价值,但其既无法实现理论自洽,亦无法对民众关切的安全诉求作出有效回应。自由与安全不可偏废,应当基于社会整体利益的考虑,对过失责任进行符合时代要求的规范论整合。责任非难的本质是一种体现社会基本道德要求的法规范评价,其并不必然与意志自由相勾连。过失犯的非难基础在于,在社会交往过程中,行为人因未能满足规范期待而展现出的对于法规范的漠视态度。在判断预见可能性时,应采用一般理性人标准,以兼顾自由与安全,实现风险分配的合理化。

**关键词**　非难可能性　基本道德律令　理性　注意义务　预见可能性

## 一、问题的提出

中华人民共和国成立七十余年来,我国工业技术取得了长足发展,其在提高国力、便利民生的同时,副作用也逐渐显现,导致食品、药品、生态、交通等诸多领域安全事故频发。其中,最令人印象深刻的危及民生安全的事件,莫过于2019年年末的新冠疫情。借助我国近年来大举扩张的公共交通系统和物流网络,新冠疫情在极短的时间内迅速蔓延至全国,其传播速度远非2003年的"非典"疫情所能比拟。这

* 华东政法大学刑事法学院教授,法学博士。

表明,我国在尚未完全进入工业社会的情况下,就已然需要处理风险社会所面临的风险不确定、后果不可测等诸多难题。面对层出不穷的系统性风险,公众个体难以与之抗衡,这种无力感加剧了他们的不安感,要求政府提供安全的生存环境,已成为民众的重大诉求。为回应这种诉求,"控制风险以安抚公众成为现代社会压倒性的政治需要"。① 在这种背景下,我国立法者在 2020 年 12 月 26 日通过的《刑法修正案(十一)》中,"将维护人民群众生命健康安全作为核心任务",②对涉及生产安全、食品药品安全、环境安全、公共卫生安全等多个领域的罪名进行了大幅修订。显然,与世界范围内的刑事立法变迁一样,我国的刑事立法也已显现出安全刑法的特征,"应对风险和维护安全已经成为刑法要实现的一个重要目标"。③ 就以报应型立法发展起来的传统刑法教义学基础理论而言,这种预防型立法无疑带来了一个新的研究课题。

然而,与立法逐步走向安全刑法的趋势不同,在认定犯罪时,我国主流刑法学界仍坚守滥觞于刑事古典学派的责任刑法的主张。作为近代刑法的一个基本原理,无责任则无刑罚被视为责任主义的根本要求。责任主义中的责任指的是对符合构成要件的不法行为所作的非难可能性。非难可能性的存在,为针对行为人实施的不法行为科处刑罚提供了依据,它在主观归责与刑罚裁量方面发挥着限制刑罚权的重要作用,被寄予防止客观归罪、实现刑法人权保障功能的厚望。④ 然而,尽管在维护公民个人自由不受国家刑罚权的不当剥夺方面,责任刑法具有高度的理念价值,但由于其"事后法的属性和以犯罪人为中心的理论逻辑,并不符合现代国家对风险与安全的制度预判",⑤已经难以与民众关于减少、控制风险的安全需求相契合,也无法对现有立法作出合理的解释。在我国刑法学界关于过失犯的研究中,这种冲突体现得尤为明显。

整体来看,在理解过失犯的问题时,当前的研究仍困囿于个体主义刑法观,偏

---

① 劳东燕:《公共政策与风险社会的刑法》,载《中国社会科学》2007 年第 3 期。

② 朱宁宁:《更好守护人民群众生命健康安全》,载《法治日报》2021 年 1 月 5 日,第 5 版。

③ [德]汉斯·约格·阿尔布莱希特:《安全、犯罪预防与刑法》,赵书鸿译,载《人民检察》2014 年第 16 期。

④ 参见张明楷:《刑法学》(第 5 版),法律出版社 2016 年版,第 240 页;冯军:《刑事责任论》(修订版),社会科学文献出版社 2017 年版,第 262 页;陈兴良:《规范刑法学》(上册)(第 3 版),中国人民大学出版社 2017 年版,第 160 页。

⑤ 姜涛:《为风险刑法辩护》,载《当代法学》2021 年第 2 期。

狭于追求对个人自由的维护,对促进公共安全的刑法修正充满警惕与担忧。通过梳理现有研究不难发现,越来越多的学者接纳了规范责任论,但在具体理解上,大多数学者却仍将心理要素作为责任要素来对待。受此影响,在讨论责任过失的内容时,不乏将意识的有无作为讨论重点的做法。这事实上仍属于心理责任论的范畴,其凸显的是一种存在论的思考,而未能从规范论出发,将主观过失心理与主观可归责性加以区隔,亦未能妥当地安排两者的体系性地位。在理解责任非难的本质时,目前流行的是将个人的意志自由作为主观归责的基础。然而,在行为当时并未体现个人自由意志的无认识过失面前,这种主张根本无力就何以对行为人归责的问题做出合理解释。在实践层面,其也无助于对民众所关切的安全诉求做出有效回应。就此而言,我们必须对体现安全刑法特征的当前刑事立法进行跟进式研究,为现有的刑法规范提供贴切的教义学阐释,以确保研究结论的可适用性。

从社会情势来看,我国正在向现代工业社会转型。一方面,随着工业生产规模的不断扩大,在经济飞速发展的同时,各类事故、灾害频发,造成极为严重的伤亡后果。① 从发案率来看,过失犯罪早已不再是例外性的存在。虽然其在所有罪名中的占比较低,但因致死致伤的案件数量极多,在刑事政策上属于极其重要的一类犯罪。这一点,与德日刑法理论面临的情况如出一辙。② 另一方面,由于我国经济发展的不均衡,存在于农业社会中的普通过失犯罪也同样大量存在。传统与现代交织共存的现实,未能给我国学者预留出像德日学者那样循序发展过失犯理论的时空条件。这是不同于德日的一面。在此情形下,如何发展出一套与现实状况相匹配的过失犯理论,以对各类过失犯罪进行准确认定,是刑法学回应社会需要、进行问题思考的重要环节。③

从这一角度审视当前关于过失犯的研究,会发现虽然近年来学界在短时间内大量引入了德日刑法的理论成果,但基本上只是从诸多学说中挑选某一主张进行

---

① 仅在 2019 年,我国就发生交通事故 247,646 件,导致 256,101 人受伤,其中 62,763 人死亡。而在 2020 年,全国共发生生产安全事故 3.8 万余起,死亡 2.74 万余人。这些事故的共同特点是多为过失犯罪,且不乏群死群伤的重特大事故,舆情高度关注,社会影响大(参见国家统计局网 2021 年 2 月 5 日,https://data.stats.gov.cn/search.htm? s = 交通事故;最高人民检察院网 2021 年 2 月 5 日,https://www.spp.gov.cn/spp/djwhaqscfz/xwfbh.shtml)。

② Vgl. Claus Roxin, Strafrecht AT I, 4. Aufl., 2006, § 24 Rn. 1;[日]松原芳博:《刑法总论重要问题》,王昭武译,中国政法大学出版社 2014 年版,第 210 页;[日]佐伯仁志:《刑法的思之道 · 乐之道》,于佳佳译,中国政法大学出版社 2017 年版,第 242 页。

③ 参见周光权:《刑法总论》(第 3 版),中国人民大学出版社 2016 年版,第 162 页。

应用性研究,因而大多只是在用中国的问题验证德日的理论,总体上未能与我国的社会情势实现贯通,也未重视我国刑法在过失犯罪规定上的独特性,教义学研究的本土化工作有待进一步落实。尽管过失理论被认为是犯罪论发达程度的标尺之一,但相对于故意犯,针对过失犯的研究却多少处于受冷落的状态。凡此种种表明,我国刑法学界亟待加强对过失犯的研究。① 由于对过失责任论的不同理解会对过失犯的构造产生深远影响,就过失犯理论而言,责任论的内容可谓其灵魂所在。面对当前刑事立法,尽管责任主义不容放弃,但如何将其奉行的理念贯彻到安全刑法的规定之中,从而实现过失责任论的时代更新,已成为重大的理论课题。在此背景下,重新对过失犯的责任原理及其判断标准进行审视,以提出相较而言更具说服力的主张,无疑具有极为重要的理论价值与现实意义,值得认真对待。

## 二、过失犯理论的研究现状:一种以意志自由为基底的存在论思考

我国《刑法》第 15 条规定了过失犯罪的两种类型,即疏忽大意的过失与过于自信的过失,亦被称为无认识的过失和有认识的过失。这与没有对过失做出类型划分的德日刑法规定存在明显不同。尽管在讨论犯罪过失时,由于第 15 条的存在,学者往往对两者分而论之,但也不乏有观点认为,区分两者并无实际意义,因为立法者在任何地方都没有把它们与不同的法律后果联系在一起,充其量在同等条件下,有认识的过失会比无认识的过失更需要受到刑事惩罚。② 言下之意,两者仅在量刑上存在些许差别。在德国亦不乏有学者持此见解。③ 然而,德国学者考夫曼却认为,相较于有认识的过失,在无认识的过失的场合,由于行为人并未认识到现实状况,其根本无法形成动机,因而也无法就此形成反对动机。既然如此,对无认识的过失进行处罚就违反了责任原则。④ 由此带来的挑战是,在我国《刑法》第 15 条明确处罚无认识的过失犯罪的情况下,学者必须对此做出合理解释,以使其符合责任主义的要求。否则,处罚此类过失犯,就存在客观归罪之嫌。而这首先涉及如何理

---

① 参见陈兴良:《刑法的知识转型(学术史)》(第 2 版),中国人民大学出版社 2017 年版,第 441 页;陈兴良:《过失犯的规范构造:以朱平书等危险物品肇事案为线索》,载《比较法研究》2020 年第 5 期。

② 参见王世洲:《现代刑法学:总论》(第 2 版),北京大学出版社 2018 年版,第 144 页。

③ Vgl. Claus Roxin, Strafrecht AT I, 4. Aufl., 2006, § 24 Rn. 68;[德]乌尔斯·金德霍伊泽尔:《刑法总论教科书》,蔡桂生译,北京大学出版社 2015 年版,第 347 页。

④ Vgl. Arthur Kaufmann, Das Schuldprinzip: Eine strafrechtlich-rechtsphilosophische Untersuchung, 1961, S. 158 f.

解过失犯构造的话题。

关于过失犯的构造,日本刑法理论中存在旧过失论、新过失论、修正的旧过失论、新新过失论等主张。其中:(1)旧过失论认为,过失的本质在于因不注意而没能预见到结果。该理论重视的是结果预见义务,并将过失理解为与故意并列的责任要素,认为责任的本质是一种心理责任论。基于这种理解,过失与故意共用一套构成要件。也正因如此,旧过失论被批不重视过失犯的实行行为,将具有预见可能性的行为全部认定为过失犯,导致处罚范围过于宽泛。(2)新过失论将判断的重点由结果预见义务变更为结果避免义务,认为即便行为人对结果的发生具有预见可能性,只要其履行了结果避免义务,依然不成立过失犯。该说受主观违法要素理论的影响,认为过失不仅是责任要素,也是违法要素,因此,过失应像故意那样分为构成要件过失(客观过失)与责任过失(主观过失)。其中,构成要件过失是指未遵守以一般人为标准的社会生活上的必要的客观注意义务,表现在实行行为上就是没有采取一定的结果避免行为。责任过失则是未履行以行为人本人为标准的主观注意义务,表现在责任上则是行为人本人不注意的心理状态。(3)修正的旧过失论在维持过失属于责任要素的前提下,接受了新过失论的批评,开始重视过失的实行行为,并将其界定为"对于结果发生具有实质上不被允许的危险的行为",但依然在过失犯的责任层面考察结果预见义务。(4)新新过失论又被称为不安感说或危惧感说,旨在解决公害犯罪的可罚性问题。该说与新过失论一样,也将结果避免义务作为过失犯的核心。但为了扩大处罚范围,其不再要求针对具体结果存在预见可能性,而是认为只要存在某种不安感、危惧感即可。①

值得注意的是,在我国刑法学界引入上述日本刑法理论时,其间的论争是以一种较为独特的方式展开的。从我国《刑法》第 15 条的规定出发,刑法学界较为有力的观点认为,在疏忽大意的过失中,行为人违反的是结果预见义务;在过于自信的过失中,行为人违反的则是结果避免义务。② 在对疏忽大意的过失中的"没有预见"和"应当预见"进行分析时,这种观点认为,应当预见自己的行为可能发生危害社会的结果,即预见义务,是疏忽大意过失的客观构成要件要素,因为疏忽大意而没有

① 各学说的具体内容及相关评价,可参见陈家林:《外国刑法理论的思潮与流变》,中国人民公安大学出版社 2017 年版,第 224~228 页。

② 参见林亚刚:《犯罪过失研究》,武汉大学出版社 2000 年版,第 228、232 页;陈兴良:《规范刑法学》(第 3 版),中国人民大学出版社 2017 年版,第 168 页。

预见则是其主观心理要素。同理,避免义务属于过于自信的过失的客观构成要件要素,因为轻信能够避免而没有避免则属于其主观心理要素。就过失心理而言,两类过失统合于结果预见可能性。其中,疏忽大意的过失考察的是结果发生的预见可能性,而过于自信的过失考察的是结果回避的预见可能性。就过失犯的具体判断而言,应先在构成要件阶层判断是否违反结果避免义务,以此认定是否存在过失犯的实行行为,然后在有责性阶层判断是否违反结果预见义务,以此认定是否存在过失犯的心理要素,为主观归责奠定基础。① 显然,由于这种见解强调结果预见可能性的统合作用,并将其作为责任问题加以定位,因而与修正的旧过失论的核心立场具有相通之处。对此,另有同样赞成修正的旧过失论的有力观点认为,过失犯在客观构成要件上表现为没有履行结果回避义务,在主观责任上表现为对法益侵害结果具有预见可能性。这一点不因是疏忽大意的过失还是过于自信的过失而有所不同,因为即便就过于自信的过失而言,由于行为人最终否认结果会发生,因而其实际上仍然没有认识到结果的发生。② 不难看出,我国学界的有力主张对于过失犯构造的理解有其独特的一面,即部分接受了新过失论的主张,明确承认了结果避免义务在构成要件阶层中的存在,在这一点上,其与修正的旧过失论的见解并不完全一致。

就此而言,如果认为在我国学界的有力主张中,"过失被当作单纯的主观要素,而故意犯与过失犯的区分只在于主观方面的不同……将归责结构的判断重心放在主观因素之上,从而形成一种偏重主观归责的过失犯构造"③,这种理解就未必妥帖且有失公允。因为在有力观点的主张者那里,一直都主张将违反客观注意义务作为过失犯的实行行为,并且始终强调客观判断先于主观判断,即必须先考察客观要素,才能在此基础上再考察主观要素。④ 事实上,我国学界有力主张的问题并不在于将过失犯的判断重心放在了主观要素上,而在于始终困囿于存在论思维,未能从规范论的角度合理区分主观过失心理与主观可归责性,反而将两者视为一体,全部置于有责性阶层加以讨论,由此导致在探讨责任过失时,不可避免地将意识的有无作为考察重点。这表明我国目前关于责任要素内容的有力见解,基本上

① 参见陈兴良:《过失犯的规范构造:以朱平书等危险物品肇事案为线索》,载《比较法研究》2020年第5期。

② 参见张明楷:《刑法学》(第5版),法律出版社2016年版,第287、291页。

③ 劳东燕:《过失犯中预见可能性理论的反思与重构》,载《中外法学》2018年第2期。

④ 参见陈兴良:《教义刑法学》(第3版),中国人民大学出版社2017年版,第141页以下;张明楷:《刑法学》(第5版),法律出版社2016年版,第250~251页。

仍未摆脱心理责任论的束缚,而未能从规范论的角度对其加以把握。这种理解在很大程度上是受日本刑法理论的影响所致。事实上,日本学界关于过失犯构造的理解,总体上即属于从存在论层面所作的思考,其锚点始终在于行为人的心理状态。即便是就新新过失论而言,其所强调的不安感或畏惧感,仍是从自然心理的角度出发对过失心理所作的描述。之所以会出现这种局面,其根源在于认为责任的非难本质发端于人的意志自由,进而将意志自由视为道义责任论的基础,而未从讨论责任的目的出发,对意志自由是否属于适格的归责对象进行反思。这一点,在讨论无认识过失的心理时体现得尤为明显。例如,为了论证无认识过失的行为人同样存在心理要素,因而可以对其进行非难,有观点即试图将潜意识作为过失心理加以把握。①

然而,一方面,将这种不受意识控制的无意识状态作为无认识过失的存在论基础,难以与意志自由论相协调,且依旧徘徊在心理责任论的老路上;另一方面,更为重要的是,即便接受了将潜意识作为事实基底,从这种实然描述中也依然无法直接推导出应然的可责难性。因为它本身无法说明,为何当行为人具有一定过失心理时,他就应当承受责任非难。该疑惑为规范论的思考提供了契机。也就是说,横亘在过失心理与责任非难之间的巨大鸿沟,需要规范层面的价值判断加以填补。在新近的研究中,上述论者也注意到了这一点,指出对过失犯的研究应当从存在论转向规范论,以注意义务的违反这一规范标准来界定过失。例如,在疏忽大意过失的犯罪中,行为人违反了应当预见的注意义务。而应当预见作为一种规范评价,属于规范论的判断。② 尽管对于这种试图将思考方向从存在论转向规范论的做法,本文深表赞同,但是结合前引论者的理解来看,其将违反结果预见义务作为过失责任本质的主张,却并未完全超脱存在论的视域。因为应当预见无非是说法规范期待行为人去预见,这只不过是行为人负有预见义务的另一套说辞。即便预见义务源于饱含价值判断的规范塑造,但其一旦成型,就成为脱离价值而独立存在的客观事物,属于事实层面的内容。并且,结果的预见可能性是结果的避免可能性的前提,因而结果的预见可能性是行为不法的组成部分,其应当在不法构成要件中加以考

---

① 参见陈兴良:《教义刑法学》(第3版),中国人民大学出版社2017年版,第508页。

② 参见陈兴良:《过失犯的规范构造:以朱平书等危险物品肇事案为线索》,载《比较法研究》2020年第5期。

虑。如此一来,对于注意义务的违反就仍属于过失犯的不法构成要件要素。① 也就是说,尽管注意义务可以成为规范归责的标准,但其自身依然不能回答,为何行为人在事实层面违反了预见义务,在规范评价上就能够对其进行责任非难。

对此,从规范论角度可能给出的回答是,违背注意义务意味着行为人未能保持必要的谨慎,在社会交往过程中漫不经心,反映出他对法规范的漠视态度,这违背了法规范对他所作的合理期待,不利于有效保障法益的安全,因而具有可非难性。但这种回答仍会面临的追问是,为何法规范能够形成这种期待?或者说,这种期待的正当性何在?对于该问题,以往的研究最终还是以意志自由论作为依据,认为这种期待源于人类具有意思实现的自由。他可以选择忠诚于法的行为,反对不法。这被视为责任概念的基石。② 然而,这种解释无非是说人类具有选择守法的能力,但这依然没有回答为何法规范能够期待人们发挥这种能力,也不能解释为何能够对无认识过失的行为人抱有守法期待,也不能说明在风险社会中,为何在个人意志自由程度并未发生根本改变的情况下,其所负担的谨慎注意义务却变得越来越多,亦即法规范对个人的安全交往期待越来越高。这意味着,法规范的期待并非源自个人的意志自由,而只能是出自其他因素的考量。在笔者看来,法规范的期待源自人类在社会交往过程中所遵循的基本道德律令,正是其使法规范的期待以及因违反该期待而产生的责任非难具有了正当性。接下来,本文将借助重新梳理责任非难本质的时机,尝试对这一观点加以论证。

## 三、责任非难的本质考察:一种体现社会基本道德要求的法规范评价

从"没有责任则没有刑罚"这一表述中,可以推导出责任的双重功能,即证立刑罚和限制刑罚。一方面,必须有责任,才可以科处刑罚;另一方面,刑罚不得高于责任的幅度。③ 简言之,"刑罚之有无、轻重必须受到责任的限制"。④ 可见,人们之所

① 参见[德]卡斯特恩·库什:《德国过失犯理论中结果的预见可能性的意义》,梁奉壮译,载梁根林等主编:《责任理论与责任要素》,北京大学出版社 2020 年版,第 184 页;陈璇:《注意义务的规范本质与判断标准》,载《法学研究》2019 年第 1 期。

② 参见[德]埃里克·希尔根多夫:《德国刑法中的责任》,黄笑岩译,载梁根林等主编:《责任理论与责任要素》,北京大学出版社 2020 年版,第 4 页。

③ 参见[德]乌尔斯·金德霍伊泽尔:《刑法总论教科书》,蔡桂生译,北京大学出版社 2015 年版,第 208 页。

④ 周光权:《刑法总论》(第 3 版),中国人民大学出版社 2016 年版,第 226 页。

以讨论责任这一话题,目的即在于为刑罚的发动提供正当化依据,并以其作为决定刑罚轻重的标准。承前所述,在何种要素可以担此重任的问题上,学者大都将目光投向了人的意志自由。人类具有意志自由或者说决定自由,已被刑法理论通说视为罪责原则的逻辑前提。①

德国哲学家康德指出,人的意志自由与行动自由都必须遵守人类社会的基本道德律令,即一个人在实施自己的自由行为时,不能对他人的自由造成妨害,而只能与他人的自由并存,否则就应受到处罚。国家在制定法律规范时,也必须能够协调各方有意识的自由行为,法律因此也肩负着道德使命。此时,违反法律就意味着违反了基本道德律令,因此,行为人需要承担法律责任,以恢复被他损害的蕴含于基本道德律令之中的正义。承担法律责任因此就变成一种伦理道德层面的必然要求。此即刑法理论上所说的道义责任论。② 尽管随着刑事实证学派的兴起,以否定人的意志自由为前提的社会责任论对康德式的理解造成了较大冲击,后来的新刑事古典学派的学者也因而对意志自由做了相对化的理解,提出了相对的意志自由论,但作为道义责任论的核心主张,法律责任是一种伦理道德责任的见解最终仍得以保留。

诚如我国学者所指出的,对于刑法上的责任来说,道义责任论是可取的。即便为了使道义责任论的内容变得更为具体,学者引入了自我答责理论,但自我答责的前提或者核心是自我决定,其仍然是一个行为选择的问题,也就是一个意志自由的问题。③ 对于意志自由,通行的见解认为,其作为一种必要的假设,不需要作为法教义学的主题进行详细讨论,④因为"否定意志自由,无异于推翻责任概念"⑤。当然,也有学者站在法律责任论的立场指出,责任非难是一种法律上的非难,而非道德审判与伦理评价。因此,只能根据法律而非伦理道德判断行为人是否具有责任。该主张同样将相对的意志自由作为责任论的基础,以求维持刑法中的责任概念。⑥ 然

① Vgl. Hans-Heinrich Jescheck/Thomas Weigend, Strafrecht AT, 5. Aufl., 1996, S. 407f.

② 参见马克昌主编:《近代西方刑法学说史》,中国人民公安大学出版社 2008 年版,第 115 ~ 119 页。

③ 参见陈兴良:《教义刑法学》(第 3 版),中国人民大学出版社 2017 年版,第 435 ~ 436 页。

④ 参见[德]埃里克·希尔根多夫:《德国刑法中的责任》,黄笑岩译,载梁根林等主编:《责任理论与责任要素》,北京大学出版社 2020 年版,第 17 页。

⑤ 周光权:《刑法总论》(第 3 版),中国人民大学出版社 2016 年版,第 225 页。

⑥ 参见张明楷:《刑法学》(第 5 版),法律出版社 2016 年版,第 242 ~ 244 页。

而,一旦承认了意志自由是责任非难的基础,就难以否认道义责任论的存在正当性。这是因为,在意志自由论者看来,人的意志自由体现的是一种伦理上的选择自由,它源自蕴含于人的理性之中的具有普遍道德价值的善良意志。[①] 法律上的非难作为表象,之所以能够长久地为人们所接受,正是因为其旨在维护人类社会的普遍道德规律,因而与包含善良意志的人的理性相契合。

对此,有学者指出,注重人类意志是否自由的观点,属于将责任理解为精神事实的心理责任论,而人类意志是否自由,至少在法律上是无解的。其进而认为,尽管刑法上的责任非难会涉及社会评价,但它并非一种道德审判,也和个人所奉为权威的伦理标准的道德评价没有关系,应从法律的客观中立性原则出发,仅从法律层面探讨责任非难性。其体现为行为人的不法行为表明了他对法律规范的错误态度,证明他对法律缺乏忠诚,因而能够加以非难。[②] 而人们之所以能够对缺乏法律忠诚的人进行责难,是为了确证法规范的有效性。唯有如此,人们才能够自由地交往,从而维护社会的稳定。[③] 显然,这种观点撇清了法律与道德的关系,认为刑法应对道德问题保持中立。

然而,刑法是通过维持、强化人的善恶意识亦即规范意识,以实现犯罪预防的制度。刑事责任本身即内含了"该行为是恶的""你犯了恶行"这种非难的意思。法与伦理道德的区分并不意味着对责任所具有的非难的伦理性都要加以否定。[④] 只要我们希望一个人能够对他的行为负责,刑法能够保持道德中立的见解就是站不住脚的。美国法理学家富勒的研究成功地证明了这一点。他将道德分为愿望的道德与义务的道德。其中,愿望的道德是指善的生活的道德、卓越的道德以及充分实现人之力量的道德。这种道德要求人们在行为时以人类所能达致的最高境界作为出发点。与此相反,义务的道德则从最低点出发,确立了使有序社会成为可能或者使有序社会得以达致其特定目标的那些基本规则。就此而言,法律只能让人们履行义务的道德,因为法律必须遵循诸如不得强人所难等内在的道德要求。显然,这种思考包含着对于人本身的考量。正因如此,富勒强调指出:法律的道德性虽然可

① 参见陈兴良:《刑法的人性基础》(第2版),中国人民大学出版社2017年版,第237~239页。

② 参见[德]乌尔斯·金德霍伊泽尔:《刑法总论教科书》,蔡桂生译,北京大学出版社2015年版,第209~211页。

③ 参见冯军:《刑事责任论》(修订版),社会科学文献出版社2017年版,第353页。

④ 参见[日]松宫孝明:《刑法总论讲义》(第4版补正版),钱叶六译,中国人民大学出版社2013年版,第168页。

以在一系列的伦理问题上保持中立性,但它却无法在关于人本身的理解上保持中立性。要开展使人的行为服从于规则之治的事业,必须信奉以下观念:人是或者能够成为一个负责的理性行动主体,能够理解和遵循规则,并且能够对自己的过错负责。[①] 也就是说,基于维持正常社会交往所需的最低要求,我们必须假定参与社会活动的人具有基本的履行义务道德的能力,这是要求一个人为自己的过错担负责任的预设前提,由此便无须再纠缠于人类的意志是否自由这一争论不休的话题。由此可见,法律不可能也不需要脱离道德而独存,因为“达到具有约束力的、原则上得到承认的社会道德的最低限度是法的必备要件”。[②] 那些想在科学研究与道德之间设置一条鸿沟的主张,不过是一种哗众取宠的做法。[③]

这里值得注意的是,以罗克辛为代表的德国有力学说认为,就刑法而言,如果某种违反伦理道德的行为并没有对维护和平共同生活的条件造成妨害,没有侵害他人的自由与安全,对此种行为施加刑罚就是不正当的,应当将单纯地违反道德的行为排除在犯罪圈之外。[④] 显然,这种见解所指的道德与康德所说的基本道德律令或者富勒所称的义务的道德并不在同一层面,后两者所说的道德均指向维持一个社会正常存续所必需的最基本的道德,它们的要求大多通过法律规范体现出来。除此之外,法律规范不能附加过多的道德限制,以免导致单纯以违反伦理道德为由来处罚对社会无害的行为,从而侵夺个人的自由空间。而罗克辛所说的刑法不应保护单纯的道德,实际上指的是超出了基本道德律令/义务道德之外的具有更高要求或者更为主流的道德。在文化多元共存的当代社会中,刑法当然不能保护这种更高要求的道德,以免少数人的行动自由被不当剥夺,并非对责任所具有的“非难”的伦理性都要加以否定。

经过上述考察可以认为:一方面,在何以能够对一个人进行责任非难的根据上,撇开道德因素的做法很难具有说服力。因为单纯从法律规范的角度无法解释的是,为何其自身必然具有正当性?为何对于违反规范的不忠诚行为,人们就可以对违反者进行责难?这两个问题的答案都需要从道德中寻求正当依据。因为“道

---

① 参见[美]富勒:《法律的道德性》,郑戈译,商务印书馆 2005 年版,第 6 ~ 8、188 ~ 189 页。

② [德]伯恩·魏德士:《法理学》,丁晓春、吴越译,法律出版社 2013 年版,第 181 页。

③ 参见[法]埃米尔·涂尔干:《社会分工论》(第 2 版),渠东译,生活·读书·新知三联书店 2000 年版,第 10 页。

④ Vgl. Claus Roxin, Strafrecht AT I, 4. Aufl., 2006, § 2 Rn. 17.

德的目的,从其社会意义来看,就是要通过减小过分自私的影响范围、减少对他人的有害行为、消除两败俱伤的争斗以及社会生活中其他潜在的分裂力量而加强社会和谐"。① 而道德之所以能够达成这种目的,是因为生命科学的众多研究成果已然表明,人类在本质上属于拥有理性的社会性动物,其最根本的内驱力和生存繁衍的本能会驱使他们塑造道德律令,以群体形式团结起来,自发创造道德规范和社会秩序。② 由此可见,道德与法律有共同的使命,但道德比法律更具内在感召力,也更能获得人们的认同。

另一方面,在讨论责任非难时,对于道德的考量并不必然与意志自由的问题相勾连。关于意志自由,目前大多数哲学家将其理解为一组能力,包括想象未来行动步骤的能力,深思个人选择理由的能力,根据深思的结果计划行为的能力,以及面对相矛盾的欲望时控制行为的能力。这些能力的存在是以人对于客观规律的认识与应用为前提的,也就是意志自由受到客观规律的限制,因而只是相对的。③ 从上述能力的具体内容来看,与其将它们称为是人类意志自由的明证,不如将它们视为人类拥有一定理性的体现。尽管康德认为,人的意志之所以是自由的,恰在于它的本质是理性的,但人的理性不过是源自社会生活,并受其限制,也就是人类的理性是极其有限的,④而这又可以说人的意志为社会生活所决定,因而并不自由。实际上,争论意志自由与否并无什么意义,因为整个问题本身就是一个伪命题。我们只需要确信,通过教育和示范、理性的劝说以及赞成或反对的方式,人的行为将足以受到影响,法律责任的设定就具有足够的正当性。此即人们有能力在规范的指引下,在社会可欲的方向上选择自己的行动。⑤ 为了维护个人生存与发展所必需的安全与自由,必然需要维系其所处社会的存续与发展,从这个角度来看,人们必须假定一个负责任的理性人能够理解并遵守维护社会秩序的法律规则,并能够对自己破坏规则的行为承担责任。这一点,就像我们必须假定一个理性之人必然具有违

---

① [美]E. 博登海默:《法理学:法律哲学与法律方法》(修订版),邓正来译,中国政法大学出版社2004年版,第388页。

② 参见[美]弗朗西斯·福山:《大断裂:人类本性与社会秩序的重建》,唐磊译,广西师范大学出版社2015年版,第10、140页。

③ 参见董蕊等:《自由意志:实证心理学的视角》,载《心理科学进展》2012年第11期;陈兴良:《刑法哲学》(第6版),中国人民大学出版社2017年版,第67页。

④ 参见陈兴良:《刑法的人性基础》(第2版),中国人民大学出版社2017年版,第10、18页。

⑤ 参见[英]弗里德利希·冯·哈耶克:《自由秩序原理》,邓正来译,生活·读书·新知三联书店1997年版,第85~89页。

法性认识那样,需要被毫不犹豫地加以坚持,否则必将导致整个法律追责体系的崩塌。

正是在上述意义上,课以责任并不是对某一事实的断定,毋宁说是一种惯例,其旨在使人们遵守某些规则。① 具体到过失责任,对于一个理性人来讲,在社会交往过程中,人们可以合理地期待他对其行为所暗含的风险具备足够的认知,并能够对其加以防范,也就是人们可以合理地期待一个人能够在社会交往中保持必要的谨慎,如果他违背这种期待,则成立过失。也就是说,过失责任的功能在于确保一个人能够对普遍期待的安全标准加以遵守。② 而人们之所以可以抱有这种期待,依然可以从基本道德律令/义务的道德中找到正当化依据。在与意志自由论相对应的意义上,本文将这种理解称之为基本道德论。它与意志自由论的最大不同之处在于,虽然都承认人是会计算利弊得失的理性动物,但基本道德论是以人类拥有的社会属性为出发点,将责任融入人类社会的大背景中进行考察,能够克服意志自由论的前述缺陷,无疑更为值得提倡。

当然,尽管法律规范中有不容抹杀的道德因素,但当某个社会的基本道德要求通过立法、通行的社会规范等形式呈现在世人面前之后,在对一个人进行责任非难时,就只能以这些相对形式化的标准作为衡量尺度。此时,之所以能够对一个人进行责任非难,就是因为他未能满足这些行为规范对其抱有的合理期待,通过罪行侵害了他人的自由,为社会的不稳定、不安全埋下了隐患,因此,有必要通过刑罚对他进行矫正,以让他能够重新在行为规范允许的限度内行使自己的自由,从而达到维护他人自由与安全、维持社会团结稳定的目的。正是在上述意义上可以说,责任非难是一种体现基本道德要求的法律规范评价。它在根基上仍含有道义责任论的色彩,但在评判过程中却是以行为规范尤其是法律规范为形式标准体现出来。那种一方面认为责任非难的本质源自人类的良知,另一方面又认为刑法上的罪责是法律责任而非道义责任的见解,③虽然试图保持道德与法律的相对分离,但不能不说是一种自我欺骗。因为其所提及的良知,无非是基本道德的另一套说辞。

---

① 参见[英]弗里德利希·冯·哈耶克:《自由秩序原理》,邓正来译,生活·读书·新知三联书店1997年版,第89页。

② 参见[德]乌尔斯·金德霍伊泽尔:《刑法总论教科书》,蔡桂生译,北京大学出版社2015年版,第325页。

③ Vgl. Hans-Heinrich Jescheck/Thomas Weigend, Strafrecht AT, 5. Aufl., 1996, S. 413f, 418f.

此外,值得说明的是,由于道德是在人们进行社会交往的过程中产生的,没有社会则无道德可言,笔者虽然援用了康德关于基本道德律令的见解,却摒弃了康德哲学中所具有的个人主义特质,而是从社会的视角来理解道义责任的内容,亦即本文所倡导的是一种新道义责任论。同时,虽然这种责任论并不赞同从意志自由论出发思考责任问题,但从社会现实出发,肯定了人具有有限的理性,从而具有选择实施守法行为的可能性,因而其也不同于完全不承认个人具有一定选择能力的社会责任论的主张。正是从新道义责任论出发,笔者经过上述分析认为,人们出于社会交往安全的考虑,而遵循基本道德律令的指引,要求彼此履行注意义务,并最终形成一种法规范层面的要求。简言之,能够对人类行为提出规范期待的,恰恰是人类在社会交往过程中塑造的基本道德律令。责任非难的可能性,正蕴藏于这种基本道德律令之中。对违反基本道德律令的行为人课以责任并施加刑罚,就具有了能够为人所接受的正当性。具体而言,故意犯罪行为人的责任非难可能性在于其对基本道德律令的敌视,即在社会交往过程中,行为人已经注意到其行为具有侵害他人自由的现实危险,但却藐视基本道德律令的要求,希望或者放任侵害结果的发生;而过失犯罪行为人的责任非难可能性则在于其对基本道德律令的漠视,即在社会交往过程中,行为人漠视基本道德律令的要求,对他人自由漠不关心,因疏忽大意或过于自信而未能注意到其行为已经具有侵害他人自由的现实危险,因而并未采取有效措施避免侵害结果的发生。

## 四、过失犯非难基础的规范框定:以个人对于法规范的漠视态度为对象

就过失犯而言,上文关于责任本质的讨论仅解决了过失责任的第一个功能,即证立刑罚的功能,接下来则需要进一步探讨责任如何在过失犯中发挥限制刑罚的功能。毕竟,缺乏限制性的责任概念,必将为滥用刑罚处罚过失犯大开方便之门。为了防止过度处罚局面的出现,人们找到了注意义务,将其作为判断过失犯刑事责任的归责标准。通常认为,“犯罪过失的本质不在于造成危害社会的结果,而在于行为人违反了注意义务……疏忽大意过失、过于自信过失,从认识因素上看,都是‘不意误犯’,但是它们都是以行为人有注意义务为前提的。所以,注意义务是过失犯罪中的核心问题”。[①] 在日本刑法理论中,尽管在注意义务的内容究竟是结果预

① 陈兴良、周光权:《刑法学的现代展开》,中国人民大学出版社 2006 年版,第 239 页。

见义务还是结果避免义务这一点上,新旧过失论存在分歧,但它们均一致认为结果预见可能性是过失的成立条件。因为没有预见可能性,也就谈不上“应当预见结果发生”或者“预见结果发生以后应当采取措施加以避免”。[①]

日本刑法理论的这种见解对我国刑法理论研究产生了巨大影响。如前所述,在我国较为有力的观点中,结果避免义务是被作为过失犯的构成要件内容来对待的,而预见可能性则被作为责任要素来处理,并被认为要从心理角度来理解和认定。概言之,过失犯的行为人之所以要承担刑事责任,正是因为其在客观上没有履行结果避免义务,而在具有预见可能性的前提下,主观上却对此怠于履行结果预见义务,即存在疏忽大意或者过于自信的心理。[②] 虽然在判断过失犯是否成立时,预见可能性是必不可少的要素,但基于前文所述理由,本文更倾向于从不法层面对其加以把握。

就符合构成要件的结果而言,正是因为在客观上具有避免可能性,在主观上具有预见可能性,才能够对行为人课以结果的预见义务和避免义务。也正是因为在主观上具有预见可能性,行为人却因为疏忽大意或过于自信而未能预见,即他在社会交往过程中未保持必要的谨慎,违反了注意义务,导致其因结果避免能力受限而没有能力避免构成要件的实现,法规范对他所作的合理期待由此落空。这种没有维持必要谨慎的情况,征表出行为人反规范的消极人格态度,或者说表明他缺乏对法规范的忠诚,因而存在责任层面的可非难性,值得运用刑罚手段对其进行追责。[③] 也就是说,为了能够对行为人进行刑法上的责任非难,应当考虑的是在怠于履行注意义务的做法中,行为人表现出的对于法规范的态度,而并非在存在预见可能性的前提下,行为人具有的疏忽大意或者过于自信的心理。之所以这么处理,是因为罪责乃是规范评价性的范畴,作为意思决定的意志因素并不属于该范畴。[④] 换言之,责任并非人的主观心理的存在(sein)本身,而是从当为(sollen)的角度,对人的主观

---

① 参见陈家林:《外国刑法理论的思潮与流变》,中国人民公安大学出版社 2017 年版,第 230 页。

② 参见张明楷:《刑法学》(第 5 版),法律出版社 2016 年版,第 287 页;陈兴良:《过失犯的规范构造:以朱平书等危险物品肇事案为线索》,载《比较法研究》2020 年第 5 期。日本学者的类似见解,参见[日]山口厚:《刑法总论》,付立庆译,中国人民大学出版社 2018 年版,第 243 ~ 245 页。

③ 参见[德]乌尔斯·金德霍伊泽尔:《容许的风险与注意义务违反性:论刑法上过失责任的构造》,陈毅坚译,载江溯主编:《刑事法评论》第 43 卷,北京大学出版社 2020 年版,第 242 ~ 247 页;[日]大塚仁:《刑法概说(总论)》,冯军译,中国人民大学出版社 2003 年版,第 462 页;[德]乌尔斯·金德霍伊泽尔:《刑法总论教科书》,蔡桂生译,北京大学出版社 2015 年版,第 211 页。

④ 参见蔡桂生:《构成要件论》,中国人民大学出版社 2015 年版,第 245 页。

心理进行的评价。[①] 由此可见,心理责任论把存在与价值混淆起来,以心理状态代替价值评价,因而未能彰显责任的规范评价本质。[②]

正如故意现在已被划分为构成要件故意(不法故意)和责任故意两种类型,过失也同样可以被划分为构成要件过失(不法过失)和责任过失。如此一来,基于与故意犯的理论构造保持对应的考虑,本文将注意义务所要求的对于结果的可预见性和可避免性,均置于构成要件阶层加以考察,由此形成了所谓的一阶层的过失模式,以区别于两阶层的过失模式,后者在构成要件阶层以一般人标准考察注意义务的有无(客观的过失/不法过失),在有责性阶层以行为人标准考察其是否有能力履行注意义务(主观的过失/责任过失)。有德国学者认为,除了对科处矫正和保安处分存在影响以外,这两种模式的实际效果几无不同。[③] 然而,主观上是否有能力履行注意义务,指向的是行为人的预见能力,正如本文在接下来所要指出的,在通常情况下,这种预见能力是被推定为存在的,并不需要进行个别化的判断,因而更适宜被作为构成要件中的主观过失要素来对待。而在主观的责任过失中,需要评价的并非存在论意义上的履行注意义务能力的有无问题,而是行为人持有的过失心理映射出的他对于法规范的漠视态度,其才是可以在刑法上进行规范非难的基石。正是由于不同的过失心理能够反映行为人对待法规范的不同态度,加上有责性阶层中的其他责任要素(如责任能力)的差异,共同决定了行为人实际承担刑罚的轻重,责任限制刑罚的功能由此得以发挥。这种规范性的理解也能很好地回应"考夫曼之问",即之所以处罚无认识的过失,是缘于行为人在社会交往过程中抱着漫不经心的态度,未能遵守规范的指引而谨慎地履行注意义务,以至于其行为招致了法所不允许的风险,这种心态正是需要动用刑罚加以惩戒的原因所在。

在理解过失犯的非难基础时,有三种主张需要澄清。第一种主张认为,过失的规范评价内容主要是违反结果预见义务。在具体把握时,要从心理角度来理解和认定,即行为人存在可能预见犯罪事实特别是法益侵害的心理状态。正是因为行为人可以预见,所以才具有可非难性。[④] 显然,这种见解将过失的心理要素作为非

---

① 参见冯军:《刑事责任论》(修订版),社会科学文献出版社 2017 年版,第 357 页。

② 参见陈兴良:《刑法中的责任:以非难可能性为中心的考察》,载《比较法研究》2018 年第 3 期。

③ 参见[德]乌尔斯·金德霍伊泽尔:《刑法总论教科书》,蔡桂生译,北京大学出版社 2015 年版,第 328 ~ 329、343 页。

④ 参见陈兴良:《过失犯的规范构造:以朱平书等危险物品肇事案为线索》,载《比较法研究》2020 年第 5 期;张明楷:《刑法学》(第 5 版),法律出版社 2016 年版,第 287 页。

难的基础。其在赞同规范责任论的前提下,认为规范责任论是在责任的心理要素的基础上补充了规范评价(归责要素)。尽管这导致了心理要素与归责要素的分离,但并不必然意味着心理要素必须要被置于构成要件之中,而是依然可以将其保留在有责性要件中。就过失犯而言,将过失的心理事实归属于责任的心理要素,作为责任评价的事实基础,也是完全可行的。① 与此相似但更为绝对的观点则认为,将过失划分为不法过失与责任过失的做法没有实际意义。因为双重故意旨在解决正当化事由的错误这一难题,但在过失犯中,正当化事由的错误原本就是过失犯,没有必要通过双重过失来处理。② 在上述理解中,心理事实之所以并未随着规范责任论的引入而被逐出责任要件,是因为在论者看来,规范责任论并非对心理责任论的否定,而是在心理事实判断的基础上,进一步针对该事实所作的规范评价。两者并非对立关系,而是补充关系。责任由此成为具有事实与规范双重属性的存在。

实际上,这种理解似是而非。正如上文所指出的,责任属于规范评价的范畴,其指向的对象并非存在论意义上的心理状态,而是该心理状态所反映的行为人对于法规范的态度。这种态度才是规范评价的产物,心理状态只不过是评价的素材之一。唯有如此才可以理解,为何对于实施假想防卫的行为人,其明明是故意实施的伤害行为,最终却会被评价为过失犯罪乃至意外事件。因为行为人的故意伤害行为是基于防卫意图实施的,他在实施该行为时,是在确证而非藐视法规范的效力,这与故意犯罪的行为人对于法规范的态度截然不同,因而不应被评价为具有故意责任。而如果认为心理事实和规范评价可以同时共存于有责性要件,则在诸如假想防卫等正当化事由认识错误的场合,就会导致两者的错位,产生事实层面的罪责是故意的,而评价层面的罪责是过失的,甚至是无罪责的。借助这种极端状况可以发现,事实层面的心理状态与责任层面的规范评价并非罪责的一体两面,前者并不能决定后者。那种认为规范责任论系对心理责任论的补充的看法,无可避免地将心理状态作为规范责任论的组成部分,这实际上是对规范责任论的误读。事实上,规范责任论是对心理责任论在方法论上的超越,其由事实判断迈向规范评价,由存在论走向规范论,由此开启了刑法学理论的崭新时代。正因如此,上述论者所持有的事实要素如何安置都可以、双重过失无意义的见解,就未重视这种划分背后

① 参见陈兴良:《刑法的知识转型(学术史)》(第2版),中国人民大学出版社2017年版,第280页;陈兴良:《过失犯的规范构造:以朱平书等危险物品肇事案为线索》,载《比较法研究》2020年第5期。

② 参见张明楷:《论过失犯的构造》,载《比较法研究》2020年第5期。

的巨大方法论意义,导致对规范评价内容的理解失当,未能对不法要素与责任要素作出合理区分,进而引发后文提及的注意义务判断标准的无效化、恣意化。

第二种主张仅从客观视角考虑问题,认为过失归责的依据在于行为创设的法所不容许的风险。这种见解指出,与适用于故意(作为)犯的意志归责不同,过失犯体现的是一种规范归责。就存在论的角度而言,过失犯在主观上并不希望甚至是排斥危害结果的发生,该意志非但不能体现其主观恶性,相反恰好体现其主观善性。将这样的意志作为过失的本质来把握会显得荒谬,因为刑法不可能既谴责对危害结果的容认意志(故意犯),又谴责对危害结果的不容认意志(过失犯),因而应当根据行为所蕴含的不容许风险对行为人进行规范归责。①

然而,认为过失犯在主观上并不希望甚至是排斥结果的发生,这是在事后考察行为人对已然结果的态度,却并非行为人在实施过失行为时的真实心态。过失犯的心理状态在于,行为人在实施某行为时,没有考虑该行为的风险,或者虽然考虑了风险,却没有对它进行恰当的评估,从而体现出行为人对于可能出现之结果的漠不关心或者轻率鲁莽的心态。② 这表明,在社会交往过程中,行为人在实施危险举动时,根本未将他人的安全放在心上。显然,从这种心态中根本看不出什么值得肯定的主观善性,这也为过失犯的意志归责奠定了存在论基础。此外,所谓规范归责的说法本身可能也无法与意志归责相提并论。因为在意志归责中,意志属于归责的对象。而在规范归责中,规范却并非归责的对象,而是归责的标准,其真正的归责对象是行为制造的法所不允许的风险。由于风险蕴含于行为之中,其归责对象实际上只不过是行为本身,而这却是客观归属理论所要解决的内容。不难看出,这种理解彻底放弃了对于主观归责的要求,过于扩张过失责任的成立范围,使过失犯的责任沦为一种在刑法理念上完全不能被接受的结果责任,因此,遭到来自责任主义层面的质疑也就不足为奇。③ 应当说,之所以会出现上述值得商榷的理解,主要原因在于没有准确把握过失犯的心理特征,进而未能将行为人对于法规范的漠视态度作为责任非难的依据,以至于完全忽略了对其进行评价,导致无法恰当处理过

① 参见劳东燕:《过失犯中预见可能性理论的反思与重构》,载《中外法学》2018 年第 2 期。

② 参见[英]克里斯托弗·沃尔顿主编:《查尔斯沃思和珀西论过失》(影印本),商务印书馆 2012 年版,第 3～4 页。

③ 从责任主义层面对此所作的反思,参见蔡仙:《过失犯中风险升高理论的内在逻辑及其反思》,载《清华法学》2019 年第 4 期。

失犯中不法与责任的关系，最终是以不法取代了责任，从而彻底背离了责任主义的基本要求。

第三种主张仅从主观视角考虑问题，认为只要行为人主观上不具备履行注意义务的能力，即不具有避免能力，就不可能存在对注意义务的违反，因而就不能以过失对其进行责任非难。这种见解提及，过失只取决于个人的避免可能性，即使理性的一般人有能力避免，但当个人激活其全部能力仍不可避免时，过失犯构成要件的实现就不属于对注意义务的违反。如果将个人无力履行的注意义务作为责任标准，会导致偶然责任，这无法与保障个人自由相协调。①

认为没有避免能力就没有注意义务的违反，事实上是将避免能力作为注意义务的内容，即注意义务之所以要求人们考虑行为后果，是为了确保或者说不得降低其所具有的避免能力，注意义务由此变成了能力维持规范，而不再像通说所理解的那样，认为注意义务属于风险禁止规范，即不得创设法所不允许的风险。② 这在弱化义务规范的法益保护关联性的同时，也无法妥当处理诸如庸医等自始即无能力可维持之人的过失追责问题。诚然，“法不强人所难”，但从社会分工的角度来看，“在其位谋其政”，一个生活在社会中的人，在社会交往过程中理应满足法规范对他所扮演角色的期待。在正常情况下，当一个人实施风险行为时，他的主观避免能力是被假定为有的，否则无能就会成为其逃脱惩罚的恰当理由，这显然是荒谬的，也会不当限缩过失犯的成立范围。实际上，即便是上引论者，也认为当无能力之人接受了一种他无法控制的风险时，也同样存在过失，此即所谓的接受过失，其同样存在对注意义务的违反。③ 此时，关于注意义务的理解又回归通说，即注意义务指向的是风险禁止，而非能力维持，由此暴露了其主张的短板。

根据笔者所认同的一阶层的过失模式，作为过失责任非难依据的对于法规范的漠视态度，是以法规范所设立的注意义务为标准，同时结合行为人未能合理履行注意义务的事实评判而来的。就法规范所设立的注意义务标准而言，其规制对象具有普遍性，不会也不应因个体的能力存在差异而有所不同，否则势必导致判断标

---

① 参见［德］乌尔斯·金德霍伊泽尔：《容许的风险与注意义务违反性：论刑法上过失责任的构造》，陈毅坚译，载江溯主编：《刑事法评论》第 43 卷，北京大学出版社 2020 年版，第 249 页。

② Vgl. Hans-Heinrich Jescheck/Thomas Weigend, Strafrecht AT, 5. Aufl., 1996, S. 579; Claus Roxin, Strafrecht AT I, 4. Aufl., 2006, § 24 Rn. 11.

③ 参见［德］乌尔斯·金德霍伊泽尔：《刑法总论教科书》，蔡桂生译，北京大学出版社 2015 年版，第 340 页。

准的不确定化。这意味着，"在过失犯中，对于所有的行为人而言，只要他是具有责任能力的人，就要求他必须遵守法所要求的注意义务——这一义务本质上是'客观的'义务，不允许不能遵守的抗辩"。① 因此，行为人用于实现规范的能力范围，不是指向其个别的心理体格，而是指向其作为法忠诚的规范接受者的法律期待。② 至于行为人能否满足法规范对他的期待，不应当是过失犯注意义务标准本身所关注的问题，而应当属于责任阶层的期待可能性、责任能力等所要解决的问题，它们才是允许进行个别化判断的责任要素。就此而言，法规范所提出的履行注意义务的期待属于一般期待，而期待可能性中所提及的期待则属于个别期待。

当然，尽管注意义务属于法规范对人们提出的一般期待，但对于注意义务的理解绝非笼而统之。事实上，不同领域、行业、部门的具体注意义务标准并不相同，即便是在同一行业部门，不同职级的人们之间的标准也并不完全相同，而是大体表现为"职级越高，责任越大"。这是因为，不同职级的人享有的资源并不相同，享有资源越多的人，在社会交往过程中影响他人利益的能力就越强，享受的利益也越多，因而理应承担更大的义务，即法规范对职级高的人抱有的期待会更强，提出的标准会更高。这种高期待，同样也合乎基本道德律令的要求。监督义务的提出，就是这种考虑的体现。但无论如何，这种期待仍然以某一具体行业、领域、部门的一般人而非某具体的个人为指导形象，因而仍系一般期待而非个别期待。③ 正是出于上述原因，在讨论过失犯能否成立时，关注的重心实际上在于构成要件层面，即行为人是否因疏忽大意或者过于自信而存在对于客观注意义务的违反。鉴于本部分意在讨论位于有责性阶层的过失犯的责任非难基础，对位于构成要件符合性阶层的注意义务问题，本文将在下面展开分析。

---

① [日]植松正：《再订刑法概论 I 总论》，劲草书房 1974 年版，第 309 页。转引自张明楷：《论过失犯的构造》，载《比较法研究》2020 年第 5 期。

② 参见[德]乌尔斯·金德霍伊泽尔：《容许的风险与注意义务违反性：论刑法上过失责任的构造》，陈毅坚译，载江溯主编：《刑事法评论》第 43 卷，北京大学出版社 2020 年版，第 248 页。

③ 德国学者的类似见解，参见 Bernd Schünemann, Neue Horizonte der Fahrlässigkeitsdogmatik? – Zur Stellung der individuellen Sorgfaltswidrigkeit und des Handlungserfolges im Verbrechensaufbau, in: Schaffstein-FS, 1975, S. 165ff。相反的观点认为，这种理解最终会不可避免地出现判断标准的个别化趋势。例如，当某人是其所在行业唯一一位掌握特定技术的人时，此时的期待就彻底变成对其个人的期待(Vgl. Claus Roxin, Strafrecht AT I, 4. Aufl., 2006, § 24 Rn. 63)。然而，即便是在这种极端情形中，对行业顶尖人士提出的期待也依然是基于其所处位置，而非其个人能力，只不过因为该位置仅有其一人，导致两者看起来没有区别。实际上，如果该顶尖人士并非身居要职，而仅是一名"扫地僧"，则因为其享有的资源有限，不应对其提出超越职级的期待。

## 五、过失犯预见可能性的标准厘定:以不同领域的一般理性人为范本

虽然按照本文的体系安排,过失犯的注意义务属于构成要件符合性阶层所要讨论的问题,但考虑对过失责任的不同理解会影响对注意义务具体内容的把握,作为与过失责任论具有逻辑密接性的事项,有必要对注意义务的内容予以一并讨论。之所以这么说,是因为过失责任作为一种规范评价的产物,在进行评价前,必然要先筛选出哪些事实要素能影响评价,过失责任论由此发挥着对注意义务内容的选定作用。鉴于此,本部分即拟以新道义责任论为指导,对注意义务的内容展开分析。

如前所述,尽管在如何理解注意义务的内容方面,由于新旧过失论对过失犯构造有着不同理解而各执一词,但各方均不否认结果预见义务的存在。按照学界的理解,结果预见义务属于一种本来的注意义务,即以行为人的内心态度为对象的内部性注意义务。因为所谓的不注意,本来就是以行为人应该且能够使其意识充分紧张但却没有如此的内心态度为基础。其区别于作为外部性注意义务的结果回避义务,并成为为行为人履行结果回避义务提供动机的义务。① 通常认为,一个人仅应当对其可预见之损害承担责任,因为对于不可预见的偶然发生之事,他是无法加以控制的。也就是说,"某人之所为的范围由控制的概念确定:如果人本来能够预见,也因此能够避免一个结果,该结果就应计入其所为"。② 这是将结果预见义务作为注意义务的理论基础,由此表明将结果预见义务作为注意义务主要内容的妥当性。③

在结果预见义务中,关于结果发生的预见可能性应当如何理解,存在立足于道义责任论的主观说、立足于社会责任论的客观说以及试图调和两者的折中说之争。主观说认为应当以行为人本人的预见能力为标准,客观说则认为应当以一般人的

---

① 参见[日]大塚仁:《刑法概说(总论)》,冯军译,中国人民大学出版社 2003 年版,第 235 ~ 236 页。

② 参见[加]亚瑟·科普斯坦:《侵权法哲学》,蔡立东译,载[美]朱尔斯·科尔曼等主编:《牛津法理学与法哲学手册》,杜宴林等译,上海三联书店 2017 年版,第 733 页。

③ 值得注意的是,在理解罪责的内容时,有学者同样引入了控制概念,认为就过失犯而言,法律谴责的是行为人正常控制能力的丧失,行为人是否存在可谴责的主观心理已经不再重要,罪责考察的重心已变成行为人所拥有的认识能力和控制能力(参见劳东燕:《罪责的客观化与期待可能性理论的命运》,载《现代法学》2008 年第 5 期)。然而,控制能力的丧失实际上仍然属于责任非难的客观依据,其只不过是行为人对法规范所持有的漠视态度的客观征表,因此,应当非难的并非行为人客观控制能力的丧失,而依然是行为人对法规范的漠视态度。

预见能力为标准,而折中说则又根据各种不同的具体标准提出多种主张。[①] 从本文主张的新道义责任论的视角来看,过失犯的认定不仅需要考虑行为人自身的情况,更需要从社会整体视角考虑如何平衡自由与安全的规范目标。就此而言,客观说的主张更值得认同。这是因为,在高度关联的现代生活中,一个人难免会给他人制造某些风险,同时,又要在一定限度内忍受他人制造的风险。在此背景下,有关过失的法律规定为人们设定了彼此之间可以施加风险的限度,即对风险进行合理的分配,其要义在于保护人们免于互相施加可能危及彼此安全的风险。

由于法律规范同时又需确保人们之间享有同等程度的自由,这种同等自由就成为判断风险分配适当与否的标准。为此,人们需要一套相对明确的行为标准,以在自由行动时不致危及他人的安全。而法律规范则承担起为人们确立行为标准的职能,以确保同等地保护人们免于相互施加不被允许的风险。此外,除了法律规范,行业标准、部门规章以及生活习俗等社会规范同样也发挥着指引人们行动的作用。这些社会规范对参与社会交往的人们提出了平等的要求,其客观性决定了注意义务的客观性,也解释了为何应当以一般理性人为标准判断预见可能性。[②] "己所不欲,勿施于人。"人们不能想象,法律要求自己尽可能地不去危及他人的安全,却可以容忍他人因预见能力低下而危及自己的安全。人们只能想象,根据自由平等原则,法律将平等地要求处于同等情形之人负有同等程度的结果预见义务。

对此可能存在的疑虑是,在判断行为人是否违反结果预见义务时,由于客观标准并不考虑个体差异,加之违反结果预见义务的行为又可能招致责任非难,因而相比主观说,其容易导致过失责任的过度客观化,从而不当扩大过失犯罪的成立范围。然而,所谓责任的客观化,主要是指责任论中责任判断标准的客观化。[③] 而在本文的体系安排中,结果预见义务作为注意义务的主要内容,是被置于构成要件符合性阶层加以讨论的,因而其属于不法论的内容,而非责任论的内容。在判断预见可能性时,采用一般理性人这一客观标准,充其量只是不法判断标准的客观化,而非责任判断标准的客观化。并且,正如本文在上一部分所指出的,采用客观说并不

---

① 各学说的具体内容及相关评价,可参见陈家林:《外国刑法理论的思潮与流变》,中国人民公安大学出版社 2017 年版,第 231 ~233 页。

② 参见[加]亚瑟·科普斯坦:《侵权法哲学》,蔡立东译,载[美]朱尔斯·科尔曼等主编:《牛津法理学与法哲学手册》,杜宴林等译,上海三联书店 2017 年版,第 731 ~732 页。

③ 参见劳东燕:《罪责的客观化与期待可能性理论的命运》,载《现代法学》2008 年第 5 期。

意味着完全不考虑行为人的特殊情况。一方面,在界定行为人所属领域的一般理性人形象时,必然会考虑该领域的通行状况,这已经属于相对个别化的判断;另一方面,针对行为人对法规范的漠视态度,在有责性阶层考察其应受何种程度的非难时,并非不考虑行为人作为个体所可能具有的影响罪责的特殊情况,只不过是将其置于责任能力、期待可能性等内容下面加以考察。至于此外的一些与注意义务和责任非难的判断无关的要素,原本就不应当被考虑。

相反,如果采用以行为人的个人预见能力为标准的主观说,反而容易导致结果预见可能性判断标准的无效化、恣意化。正如前文已经指出的,完全以行为人的个人认知能力作为判断标准,无法合理说明无能力之人的接受过失何以仍然构成过失犯的问题,从而导致判断标准的无效化。更为严重的是,如果完全贯彻主观说,预见可能性的判断在事实上就没有统一标准,从而为判断者根据自己的好恶恣意判断埋下了伏笔。这根本达不到如主观说的提倡者所设想的,能够更好地保障行为人的自由。并且,为了所谓的保障行为人的自由而放任其制造危险,从维护他人安全的角度来看,也并不具有可接受性。由此可见,以一般理性人为指导形象的客观说既不必然导致过失犯罪入罪门槛的降低,也更具有刑事政策上的合理性。

在具体理解一般理性人的形象时,我们可以借鉴普通法中的"通情达理之人"的形象来把握。这种人既非采取最佳方式追求自己目标的典型之人,也非有此种理性之人,而是为了他人利益能够对自己的行为采取合理限制之人。他是妥善平衡不同利益的模型。其同时拥有对自由与安全的利益诉求,并能够以对所有当事方公平的方式平衡这些利益。而对于这种通情达理之人,法律规范仅能要求其在行为时尽到合理的注意义务。这种合理注意的标准能够同等地保护人们免于相互施加风险,同等地认许人们享有追求其目标的自由和免受他人因追求目标而可能对自己造成不利影响的安全。① 简言之,此处所称的一般理性人,指的是"具有正常智力和知识水平的社会理性人"。② 倘若谁在社会交往过程中,因为疏忽大意或者过于自信而违背了这种合理注意义务,以致引发了严重的损害后果,则值得动用刑罚手段对其不负责任的心态加以矫正,以使其在享受个人自由时,能够顾及他人利

---

① 参见[加]亚瑟·科普斯坦:《侵权法哲学》,蔡立东译,载[美]朱尔斯·科尔曼等主编:《牛津法理学与法哲学手册》,杜宴林等译,上海三联书店2017年版,第732~733页。

② 陈璇:《论客观归责中危险的判断方法——"以行为时全体客观事实为基础的一般人预测"之提倡》,载《中国法学》2011年第3期。

益,确保不会威胁到他人的安全。而如果谁尽到了这种合理注意义务,即使最终仍然导致了严重后果的发生,也不会因此产生罪责,更不能以此追究其刑事责任,否则便是以牺牲其自由为代价,为他人的安全埋单。因此,在人类的社会交往过程中,不能片面强调安全的价值,为其提供过度的刑法保护,否则必将因为过于禁锢个人的行动自由而不利于社会的整体发展。

基于此,在认定一个人是否合理履行了结果预见义务时,关键不在于其对最终实际发生的危害结果是否有明确的认识——站在事前的角度,这在很多时候都是不可能完成的任务,而在于他是否注意到其行为已经脱逸了行为规范的要求,制造了法所不允许的风险。① 在对这种风险的认知中,他能够预见到由此可能导致的符合某罪构成要件的类型化结果。换言之,他能够预见到自己的行为使该罪构成要件结果的实现成为可能。例如,行为人在道路上超速行驶,他当时能够预见到的,是该行为有可能导致交通事故。我们无须也不可能要求他必须预见到事故的具体类型、具体被害人及具体结果。此时,只需要他预见到其制造的风险所可能引发的交通事故在范围上能够囊括实际发生的事故,就可以认为他事先已经预见到结果的发生。这也可以解释,为何我国《刑法》第 15 条使用的表述是"以致发生这种结果"而非"以致发生这一结果",因为立法者所要求行为人应当预见的结果,仅是一种符合某罪构成要件的类型化结果。

而反观我国目前的司法实践,会发现某些判例带有较为明显的重视被害人安全而压制行为人自由的倾向,这主要表现在关于预见可能性的理解上,即假定对于各种可能导致结果发生的因素,行为人在事前都能有较为明确的预见,而不是认为他根据自己行为制造的风险程度,仅对相应的类型化结果有所预见,由此极大地加重了行为人的注意义务负担。王某过失致人死亡案②即为典例。在评议该案时,执笔法官认为,王某在对被害人实施殴打时,就应该意识到自己的行为可能直接或者间接地使被害人的生命健康处于一种法律所不允许的危险状态,但只要合理注意,就能够避免实际危害结果的发生。因此,王某殴打被害人这一先行行为使其对被

① 参见劳东燕:《过失犯中预见可能性理论的反思与重构》,载《中外法学》2018 年第 2 期。

② 该案的基本案情为:王某驾驶非营运车辆载客,被执法检查的工作人员拦下。为逃避查处,王某与协察人员李某发生纠纷,对其进行谩骂,并拳打脚踹其胸部和腿部。民警将双方带至派出所进行询问时,李某突感身体不适,经抢救无效死亡。经鉴定,李某头面部损伤由钝性外力作用所形成;其死因为冠心病急性发作致心力衰竭死亡;情绪激动等过激因素可以成为冠心病发作的诱因。详细案情,参见北京市朝阳区人民法院刑事判决书,(2015)朝刑初字第 568 号。

害人可能因此伤亡的危害结果负有预见义务。[1] 在这里,将王某殴打被害人的行为理解为一种先行行为,当然是不妥当的,但认为王某在实施殴打行为时对伤亡结果负有预见义务,却并无不妥。在这一表述中,关键是"只要合理注意,就能够避免实际危害结果的发生"。虽然对于怎样才属于合理注意,执笔法官并未作出进一步解释,但在论述王某对被害人的死亡结果具有预见能力时,其写道,王某作为一名正常成年男子,智力水平、社会认知与一般人无异,能够认识到在高强度、高压力的社会环境中,类似高血压、心脏病、冠心病等各种疾病普遍存在于各个年龄段和各个工作群体中。其殴打被害人时,对行为可能直接造成危害结果或者间接诱发危害结果是具备认知能力的。[2] 其所说的认知能力,即指预见可能性。结合前引表述不难看出,执笔法官所认为的合理注意,是要求行为人必须预见到一个陌生人可能具有特殊体质,并进而对具体的伤亡结果也有所预见。显然,这种所谓的合理注意,完全是站在事后的角度基于实际结果对行为人提出的要求。

然而,在一个陌生人社会,行为人除了对自己行为制造的风险所可能引发的结果有所预见外,还要对被害人的特殊体质有所预见,这明显会不当加重行为人的预见义务,不啻只要行为人胆敢对他人暴力相向,无论暴力程度及击打部位如何,都必然要对之后出现的一切后果承担责任,至少也是过失责任。根据本文的主张,行为人预见可能性的范围,应当根据其行为所制造的危险大小加以限定,亦即应当限于行为危险所可能招致的结果范围。在该案中,王某虽然对被害人李某实施了拳打脚踹的暴力行为,但从披露的案情来看,暴力程度较轻,在这种程度的不法侵害所制造的伤害危险中,充其量也仅能包括轻伤后果,实际上也仅导致李某面部挫伤,这也符合一般人的认知水准。要求王某对此等程度的侵害结果有所预见,是可以接受的。而要求王某对其行为危险所不能涵盖的被害人的特殊体质有所预见,则明显超出合理注意标准的范畴,其所起到的社会效果,必然是让人们认为刑法为了保障被害人的安全而罔顾个人的行动自由。如此压制个人的行动自由空间,必然会导致社会活力的丧失,阻碍社会经济的发展。就该案而言,原本应作为意外事件来处理的被害人特殊体质的问题,却被当作过失犯罪加以惩罚,这是非常遗憾的。

---

① 参见魏颖、杨妮:《违反注意义务的判断标准》,载《人民司法(案例)》2017 年第 32 期。
② 参见魏颖、杨妮:《违反注意义务的判断标准》,载《人民司法(案例)》2017 年第 32 期。

当然,在对自由与安全进行衡量时,与日常生活领域不同的是,在专业领域,为了确保他人安全而适当提高专业人士的注意义务要求,也并非不可以接受。因为“即便风险很低,如果不承担太大的负担也应采取结果回避措施。这不过是极其普通的利益衡量”。① 例如,在日本帝京大学医院艾滋病病毒血液感染案件中,被告人安某英作为血友病治疗的权威和日本厚生省艾滋病研究班的负责人,在对身患血友病的患者进行输血时,明知美国医生使用非加热浓缩血液制剂曾引发艾滋病,仍然对患者使用此类制剂,结果导致病人感染艾滋病并最终死亡。东京地方法院判决认为,尽管被告人作为医学权威,有结果预见可能性,但程度很低。当时,日本大多数治疗血友病的专业医生都在使用非加热制剂,法院因此否定了被告人违反了注意义务,宣告其无罪。该案判决结果引发日本学者的争论。多数学者认为判决采用的是客观说,因此对判决加以批评,但也有很多学者对此判决持肯定意见。②有日本学者认为:“假如能够认定,被告人基于专业知识对结果发生有高度的预见可能性,那么即使日本大多数血友病专业医生都仍在使用非加热制剂,想必判决也会毫不犹豫地承认过失。”③这种判断是值得认同的,因为正如本文在第四部分所指出的,对于行业顶尖人士提出的注意义务标准必然更高。当然,该判断如果要成立,仍需具备一个重要前提,那就是被告人所属医院在当时可以供应加热制剂给主治医师使用。唯有如此,才能基于保障病人生命安全的考虑,对被告人提出更高的注意义务要求,因为这样做并不会过多牺牲被告人的行动自由。因为作为一名主治医师,法规范不应期待他将注意力全部放在一名病人身上,而是应尽可能地平均分配给每一位病人。

在专业领域中,还存在一类较为独特的过失,即管理监督过失。此类过失最为核心的特征,在于均存在介入因素。④ 尤其是在监督过失中,同时存在被监督者的普通业务过失与监督者的监督过失,且结果的发生是由被监督者的业务过失直接导致,监督者的监督过失与损害结果之间仅存在间接的关联性。在这种情况下,如何判定监督者的结果预见义务,对于监督过失的认定而言至关重要。对此,有学者

---

① 张明楷:《论过失犯的构造》,载《比较法研究》2020年第5期。

② 参见陈家林:《外国刑法理论的思潮与流变》,中国人民公安大学出版社2017年版,第232~233页。

③ [日]佐伯仁志:《刑法的思之道·乐之道》,于佳佳译,中国政法大学出版社2017年版,第250页。

④ 参见曹菲:《管理监督过失研究——多角度的审视与重构》,法律出版社2013年版,第6、28页。

认为,目前我国企业事故频发,对监督者必须追责已经成为社会共识,在此情况下,对预见可能性予以相当缓和的处理,不要求具体的预见可能性,是更为现实可取的。① 与此相反,另有学者认为,即便是在监督过失中,也应当要求行为人对于结果的发生具有具体的预见可能性。然而,在对具体预见可能性进行判断时,仍然明显取决于是否存在违反安全管理规定疏于监督的行为。② 这种做法对于预见可能性的把握同样是较为宽松的,和前述主张并无实质区别。

然而,如果不能提供一套较为明确的标准,就有可能滑向虚置预见可能性的判断,只考察是否存在违反安全管理规定疏于监督的行为,监督过失的认定最终就会退变为"违反安全管理规定疏于监督+被监管者的过失+严重后果"。这极容易导致违反责任主义要求的结果责任。从罪责自负的现代刑法原理出发,即便是就监督者而言,其所背负的罪责也仅应来自其本人实施的不法行为。在这一点上,其和普通过失一样,同样需要行为人因为漠视法规范而制造了不被允许的危险。这种危险的制造,通过监督者违反安全管理规定疏于履行监督职责的行为得以体现。虽然表面看起来,监督者疏于履职的行为只是违反了安全管理规定,但这些安全管理规定的设立目的,正在于防范生产、作业过程中的潜在危险。当监督者疏于履行监督职责时,他就能够预见到因自己监管不力,被监督者会出现不当的过失操作,从而引发严重后果。也就是说,监督者疏于履行监督职责的行为,并不仅仅只是在形式上违反了安全管理规定,还在实质层面制造了某种结果发生的危险。如前所述,作为职级较高的监督者,要求其能够预见到这种程度的危险,与其享有的资源、利益相匹配,是法规范可以合理期待的。

综上所述,在确立过失犯的预见可能性判断标准时,必须确保能够实现风险的合理分配,从而在自由与安全之间保持大致的平衡。显然,以行为人本人的预见能力作为标准是难以满足这一要求的。它的观察视角仅停留在个体层面,在进行风险分配时过于向行为人的自由倾斜,而轻视了对被害人安全的保障。与此不同,以"通情达理之人"为指导形象确立起来的一般理性人标准,是从社会整体视角出发,在对人类社会交往的现实状况进行观察的基础上得出的结论。它以实现风险分配

① 参见陈兴良:《教义刑法学》(第3版),中国人民大学出版社2017年版,第531~532页。

② 参见张明楷:《刑法学》(第5版),法律出版社2016年版,第297页;周光权:《刑法总论》(第3版),中国人民大学出版社2016年版,第169页;[日]山口厚:《刑法总论》,付立庆译,中国人民大学出版社2018年版,第256~258页。

的合理化为旨归,能够较好地兼顾自由与安全,因而更为妥当。当然,毋庸置疑的是,人类社会交往中的注意义务规范多种多样、内容庞杂,本部分只是从新道义责任论的视角出发,对如何理解过失犯的结果预见可能性进行了框架性的阐述,为结果预见可能性的具体判断指明了方向,其具体内容值得进一步研究。

# 过失犯的实行行为性与规范构造

郑　超*

**摘　要**　关注行为在规范上偏离“一般人”标准的新过失论思考模式助长了当前司法认定当中过失犯、行政犯的过度扩张趋势。应该回归到修正的旧过失论，夯实对行为人主观心态的证明。基于修正的旧过失论的立场，可以将结果回避义务视为承认或阻却实行行为与结果之间因果关系的前提条件，而结果回避可能性的不存在具有将实行行为止于未遂的机能。故意犯未遂与过失犯未遂在行为构造上可以相同，两者不同的可罚性由责任阶段的评价所决定。故意与过失只能通过责任阶段行为人主观上的认识与认识可能性进行区分。在社会行为论的基础上，实行行为理论不仅实现了构成要件行为的实质化，更具有与客观归责理论同样的效果。在此前提下，故意与过失的区分应该围绕行为人的认识问题而非行为问题展开，故意所要达到的程度是“对结果发生具体可能性的认识”，达不到这一程度的有认识的过失依然只是一种“认识可能性”。无认识的过失要上升为刑法规范所苛责的恶，需要在认识能力的形成过程中考察认识可能性，并在证明上严格达到“应当预见”的程度才行。

**关键词**　过失犯　旧过失论　实行行为　结果回避义务　结果回避可能性

* 华东师范大学法学院讲师，法学博士。

## 一、为什么在当前反而应该采用修正的旧过失论

### (一)认识可能性标准 vs 结果回避义务标准

自目的行为论以及新过失犯理论以来，越来越多原本在责任层面所讨论的内容开始被放到不法层面进行评价，过失犯问题的高地几乎完全被行为无价值论者、新过失论者所占领。① 然而，为了在不法层面区分出故意行为与过失行为而赋予两者以不同行为属性的行为无价值论者，在论证过失行为的本质是源于"对结果回避义务的违反"以及"行为偏离了规范"等基本观点时，有意或无意地回避了这些论断其实也并非不能适用于对故意行为的评价当中，在更为本质上其实是针对实行行为这一上位概念而言的。②

在此，有必要先回顾一下旧过失论与新过失论的差异。旧过失论认为：不法层面所要考虑的问题止于因果性的法益侵害即可，故意犯与过失犯无须在不法层面就进行区分；故意与过失的区分始于责任阶段，前者是对于构成要件事实的认识，后者对此则仅具有认识可能性。与之相对，新过失论则认为：故意犯与过失犯的差异在不法阶段就已经存在，过失犯源自客观上违反了一般人都应该履行的注意义务或者偏离了一般人都应该履行的行为规范。对此，有持结果无价值论的学者评价道，新过失论中的故意犯与过失犯在责任内容上反而是共通的，过失犯当中的"注意义务违反的认识可能性"相当于故意犯当中的"违法性意识的可能性"。③

旧过失论强调，过失乃源自内心的不注意；而新过失论则强调，过失应该从客观注意义务的违反进行把握，应该围绕结果回避义务展开。但也正如有学者指出的："新过失论与旧过失论的差异，原本只是理论说明上的不同而已，即便是针对预见可能性的内容，两学说都主张从结果的具体预见可能性进行理解。但是，从新过失论的立场出发，结果的预见可能性是为了导出结果回避义务而存在，具体的预见

---

① 完全站在结果无价值立场讨论故意犯与过失犯关系的学者也并非没有，日本年轻学者中代表性的有小林宪太郎，其主张"过失犯的成立要件便是其处罚要件，故意犯等其他处罚形态属于加重的过失犯"。[日]小林憲太郎：《刑法的帰責》，弘文堂2007年版，第125页。

② 就结果无价值论者而言，"故意犯 = 过失犯 + 故意"。其实，从当前客观归责理论、危险现实化理论的适用范围从原来的过失犯问题不断往故意犯问题延伸的现象来看，将故意犯与过失犯两者在构成要件行为阶段进行同一性评价的立场或许依然值得贯彻。

③ 参见[日]小林憲太郎：《刑法総論》，新世社2014年版，第99页以下。

可能性并非必然要求。”[①]因此，当具体的预见可能性被认为并非必要之后，在新过失论的延长线上又衍生出新新过失论，即预见可能性只需要达到对于一般人而言存在危惧感的程度即可。虽然新新过失论（危惧感说）的观点在当前成为学说所一致批判的对象，但其实需要注意的是，该理论并不必然会扩大过失犯的范围。何以见得？新新过失论与新过失论的思考路径一样，仅仅是把判断的重心放到了结果回避义务上，围绕结果回避义务的存在与否以及高低强弱进行判断，如果在不法阶段就能够据此说明是否存在过失行为，那么无论责任阶段的预见可能性评价上所采用的是何种标准其实没有太大关系。因此，忽视结果回避义务这一评价重心，仅仅根据认识可能性程度上存在的问题来对新新过失论甚至是新过失论进行诟病，即便是就持修正的旧过失论立场的笔者而言，也会认为这样的批评缺乏必要的理性和客观。

过失犯的理论经历了从旧过失论到新过失论再到新新过失论的发展，虽然随后出现的基于结果无价值立场的修正的旧过失论与基于行为无价值立场的新过失论在一定程度上能够分庭抗礼，但不得不承认当前主流观点对于过失犯的描述以及司法实践中对于过失犯的认定更倾向于新过失论的视角，即以偏离了一般人行为规范的“过失行为”来推定行为人主观上具有“行为过失”。笔者认为，新过失论的思考模式与当前过失犯、行政犯的过度扩张现象不无关系，因此需要反思的是，旧过失论所强调的重视行为人主观心态的认识可能性标准与新过失论所强调的重视行为是否违反规范的结果回避义务标准，在当前何者更具有合理性？

### （二）从新过失论回归到修正的旧过失论的特别价值

为了克服过失犯认定中出现的结果责任倾向，新过失论者将过失犯的评价重心从行为人主观上的预见可能性转移到行为人违反客观注意义务或者结果回避义务的实行行为方面，[②]并提出“有必要在判断过失犯时加入结果回避可能性的考察”，[③]这一观点也被修正的旧过失论者所采纳，最终形成了对过失犯的二阶段考察：其一，在构成要件阶段考察行为是否偏离了规范或者是否有不被允许的危险；

① ［日］佐伯仁志：《刑法総論の考え方・楽しみ方》，有斐閣2013年版，第291、292页。

② 参见吕英杰：《论客观归责与过失不法》，载《中国法学》2012年第5期。

③ 蔡仙：《论过失犯中结果避免可能性理论之演变》，载《北大法律评论》2019年第1期。

其二,在责任阶段考察行为人是否具有预见可能性。前者以一般人为基准,后者以行为人为基准。不论何者不满足,都可以阻却过失的成立——理想中的平衡原应该如此,然而事实并不如愿。

如果在行为人所属的一般人标准上去定义"一般人",再去讨论"一般人"都可能预见到而行为人是否存在预见可能性的时候,无疑已经陷入了预设好前提的循环论证当中,导致所谓的理想状态的二阶段考察不过只是评价行为人是否履行了一般人都"应该"履行的结果回避义务的单一阶段考察而已,使原本理想的"结果不应当归属于履行了结果回避义务的行为"反而变为现实的"只要未履行结果回避义务就应该为行为负责"。更有甚者,在以结果出现为处罚要件的过失犯当中,当履行结果回避义务的要求上升为"有效履行"之后,行为人不存在过失的可能性越来越低,背离了二阶段考察路径原本的初衷。当前,在司法认定中偏向以"过失行为"而非"行为过失"来认定过失犯的局面,不得不说与其背后的新过失论思考模式有关。

不仅如此,新过失论的思考模式同时也影响了行政犯的认定。"行政犯的罪状设置,不但需要有'违反国家规定'等前置违法条件过滤,而且罪状中的部分构成要素也常交由行政法规设定和充实。"①由此可见,与新过失论思考模式一样,行为是否偏离规范属于行政犯认定的关键。行政犯的范围扩大,"是导致今天刑法规模和范围呈现急剧增长的最重要因素",②而导致行政犯范围扩大的原因同样与司法认定上偏向于以行为的样态来推定行为人的主观心态有关。对于行政犯的认定问题,笔者常听到司法实务人员以"因为这个罪是行政犯,只要行为人对行为有认识,所以没必要讨论行为人对损害结果的认识问题"为借口,试图在实体与程序两方面都降低对行为人主观心态的证明,尤其在涉及《刑法》第六章"妨害社会管理秩序罪"时,倾向于简单以偏离规范的行为直接推导行为人的主观心态,以对于行为的认识代替对于结果的认识,以一般人可能存在的心态取代行为人真实存在的心态,新过失论所强调的关注于行为的思考模式对此难辞其咎。

为了抑制过失犯与行政犯的过度扩张,为了避免对责任主义的强调沦为形式,应该进一步思考行为偏离规范者以及未履行结果回避义务者在主观上是否依然值

---

① 孙国祥:《行政犯违法性判断的从属性和独立性研究》,载《法学家》2017 年第 1 期。

② [英]道格拉斯·胡萨克:《过罪化及刑法的限制》,姜敏译,中国法制出版社 2015 年版,第 162 页。

得苛责。因此,将过失犯二阶段考察的评价重心回归到修正的旧过失论的思考模式当中,即在考察行为是否偏离规范等问题的同时重点考察行为人主观心态,在当前就有了限制犯罪圈扩大的特别价值。

## 二、对新过失论思考模式的进一步反思

### (一)新过失论思考模式附随着背离责任主义的可能性

新过失论并非忽视行为人在责任阶段的结果预见义务,而是在结果预见义务之外,更加注重考察行为人在不法阶段是否履行了一般人应该尽到结果回避义务。这样的思考模式原本是合理的,但却附随带来了司法上对于行为人主观方面认定的惰性,即虚置了"特定的行为人是否预见到、是否能够预见到、是否应该预见到"的犯罪过滤机能,简单将规范上所期待的抽象一般人标准强加于具体行为人头上,以客观上的行为偏离规范来推定行为人主观上对构成要件结果的发生具有过错,最终导致"无知""不幸"也有可能沦为刑法所苛责的恶。

1. 新过失论思考模式容易导致无知成为刑法的恶

新过失论思考模式所产生的影响不仅止于过失犯的领域,对于一般人标准的过度强调有可能引起具体行为人在具体案件背景中消失的现象,而这一现象又有可能发生于行政犯、法定犯等其他领域,并且这类犯罪往往以故意犯形态存在者居多。以《刑法》第 341 条第 2 款的非法狩猎罪为例,原本"违反狩猎法规,在禁猎区、禁猎期或者使用禁用的工具、方法进行狩猎,破坏野生动物资源,情节严重的"行为才应该属于刑法所规制的对象。行为人对于本罪构成要件事实当中的禁猎区、禁猎期、禁止使用的工具、禁止使用的方法、野生动物资源的对象等势必需要有所认识才行,但实务对此可能并不关心。比如,野生动物资源究竟包含了哪些动物资源,即哪些动物属于国家保护的有重要生态、科学、社会价值的三有陆生野生动物?行为人对此是否存在容易的具体认识?退一步说,如果"一般人"在现实中都很有可能不存在相关的知识背景,要求行为人存在认识就需要更为有力的证据进行佐证。这些原本应该在司法上去证实的疑问,因为证明困难,所以在实践当中不仅存在以客观行为来推定主观心态的做法,也甚至有意忽视行为与责任同时存在原则,借用事后的某些事实(比如,是否将捕杀的野生动物进行出售获利)加强推定行为人行为时的主观心态。

证明行为人主观心态的确困难,但不能因为证明困难就降低证明标准或者改变证明对象。新过失论的思考模式并没有带来如其所设想的理想二阶段考察,而是在某种程度上契合了司法实践对于效率价值的追求,最终以行为偏离规范的单一阶段考察掩盖了对行为人主观上积极责任要素的证成。司法实践对其中的弊端也并非没有自省,有时退而求其次选择将“疑罪从无”作“疑罪从轻”处理,①但在更多的场合,出于打击犯罪的需求有可能连“疑罪从轻”也实现不了。比如,对于毒品犯罪,司法实践虽然不否定只有故意才能构成相关的犯罪,但却将故意所要求的认识降低到“应当认识”,将证据证明的方式降低到“间接证据证明”“推定方式证明”的程度,并认为毒品的种类、数量不属于明知的内容。②

不难看出,新过失论思考模式所影响的不仅是过失犯的认定,更影响了对于行为人主观要件的实体与证明等诸多侧面,由其所带来的疑问始终存在:当遵循了新过失论的思考模式,当将“明确认识”的要求降低为“应该认识”或者“很有可能认识”的程度之后,刑法是否不当地处罚了那些在行为时根本就不具有故意犯所要求之认识的行为人?

2. 新过失论思考模式容易导致不幸成为刑法的恶

遵循新过失论的思考模式不仅有可能带来行政犯罪圈的不当扩大,更会直接影响过失犯的正确认定。例如,甲高中毕业之后因为家庭经济困难而选择在某饭店打工,日常勤恳工作,更无不良品行,在某日长时间工作之后回到员工宿舍,因热水器失修所以烧水准备洗澡,在等待水开过程中过度劳累睡去,后发生火灾。又如,哺乳期的母亲给婴儿喂奶时因过度劳累睡去,婴儿被母亲压倒窒息死亡。对于这类案件,一般会认为因为行为人没有履行应该尽到的客观注意义务或者结果回避义务导致了结果的发生,所以成立失火罪或者过失致人死亡罪。然而,即便是如此简单的案件原本依然可以进一步追问:(1)在案件发生时的具体场景中,行为人所具有的特殊情况在定义“行为人所属的一般人”时是否应该被考虑到?比如,此时的一般人是否应该被定义为“因勤恳而过度劳累的一般人”?(2)如果行为人的

① 比如,在诸多私自捕杀野猪而最终被以非法狩猎罪定罪处罚的案件中,法院在量刑上多采用管制、拘役、缓刑。参见江西省峡江县人民法院刑事判决书,(2021)赣0823刑初49号;广东省乐昌市人民法院刑事判决书,(2021)粤0281刑初366号;福建省浦城县人民法院刑事判决书,(2021)闽0722刑初132号;等等。

② 参见阮能文:《运输毒品罪的主观要件及其证明》,载《中国检察官》2015年第14期。

特殊情况可以被作为定义一般人的要素,那么在案件发生时行为人所属的一般人是否依然有结果回避的能力或者结果回避可能性?(3)如果行为人的特殊情况不被作为定义一般人的要素且认为一般人具有结果回避的能力,但对于具体案件的特定行为人而言,是否有注意或者预见结果的可能性?(4)此类案件的行为人在主观上有体现出潜在的反规范态度吗?此时的行为是其人格的真实表现吗?(5)在个案当中行为人具体的身心状态、日常品行等一系列内容无法被包含在"规范所期待的一般人"的特殊事由,在定罪层面上真的没有用吗?新过失论思考模式所影响的司法认定现状往往回避这些有可能带来定罪障碍的内容,或最多只将其放在酌定量刑情节中考虑。

主观方面的认定属于证据证明当中的难点,但如果仅仅是因为证明困难就将证明的标准降低(以"一般人标准"代替"行为人标准")或者将证明的对象进行替换(以"过失行为"替换"行为过失"),势必会与刑法所强调的责任主义相背离,也会让刑罚丧失责任非难的前提而沦为一种保安措施——这也是笔者虽然认可新过失论的基本观点,但基于当前司法现状的考虑依然选择支持修正的旧过失论的原因之一。

### (二)新过失论思考模式并不能够充分回答"过失犯是什么"

新过失论思考模式的考察重心是否具有回答"过失犯是什么"的积极意义?还是说,其实仅仅是回答了"什么不是过失犯"?新过失论强调,只要行为人遵守了客观的行为准则,结果的发生便不能归咎于行为人。但是,行为人违反客观的行为准则所成立的是故意犯还是过失犯?笔者认为,结果回避义务并不能完全阐明过失犯的本质,故意犯中同样存在结果回避的问题,结果回避义务的概念仅能从"因果关系"或者"危险提升"角度来承认或者阻却行为符合构成要件本身。如果认为过失犯的本质在于结果回避义务的违反,这种新过失论的视角起码在以下两点造成了理论和实务上问题分析的困难。

1. 新过失论造成了过失犯与不作为犯的区分困难

原本作为犯与不作为犯的区分在于行为阶段,故意与过失的区分在于责任阶段,过失犯与不作为犯之间可谓泾渭分明。然而,如果在构成要件阶段就讨论故意犯与过失犯的问题,那么当根据新过失论所强调的结果回避义务标准,违反结果回避义务的行为成立的是不作为犯还是过失犯?如果认为两者兼而有之,那无疑是在说所有的不作为犯都是过失犯,而所有的过失犯都是不作为犯,此见解自然难以成立。因此,如果认为过失犯的回避义务是指向于法益保护并以要求实施一定的作为义务内容,那么就如有学者指出的,“事实上,这与不作为犯的作为义务判断发生了重合。所以,不论是作为还是不作为,都会重视回避义务的存在与否以及内容”。①

法秩序对构成要件结果的发生持有的必然是否定态度,而这种否定态度表现为:当法规范明确规定了行为人因违反结果回避义务并过失造成构成要件结果发生需要承担刑事责任的话,那么更进一步而言,不论是以作为还是以不作为形式违反这种结果回避义务并故意造成构成要件结果发生的场合,对于后者的非难成分自然会更加浓厚。②

新过失论所重点考察的结果回避义务问题其实存在于不作为犯、作为犯、故意犯等所有类型的犯罪行为当中,最终其实是指向于行为与结果之间的因果关系问题而已,以其为标准根本无法定义过失犯的实质。结果回避义务的分析视角之所以能够对过失犯问题进行一定程度的解读,其原因在于:结果回避义务影响了对“行为”的评价,而“行为”又属于“过失犯”的上位概念,用于分析“行为”的结果回避义务概念自然也能够用于分析“过失犯”,新过失论在这一点上出现了以偏概全。

2. 新过失论造成了故意犯与过失犯的区分困难

对于这一点可能会有反对意见认为,新过失论既然注重在构成要件阶段区分故意行为和过失行为,又怎能反而在此造成区分的困难?其实不然,在新过失论的延长线上,有观点主张故意需要具有构成要件故意以及责任故意的双层意义。③这种在当前的德日刑法理论当中已经被视为主流学说甚至是通说的观点,造成了行为在构成要件阶段被评价为故意犯之后,在责任阶段却又有可能变为过失犯的奇怪现象(理论上所称的“回旋镖现象”)。这种现象正是“由于将故意作为构成要件

① [日]橋爪隆:《過失犯における回避義務の判断について》,载《法学教室》2014年第410期。

② 在区分不作为犯中的故意与过失时,还应该考察行为人对“处于保证人地位的事实”是存在认识还是仅具有认识可能性。

③ 参见[德]乌尔斯·金德霍伊泽尔:《刑法总论教科书》(第6版),蔡桂生译,北京大学出版社2015年版,第136页;[德]克劳斯·罗克辛:《刑事政策与刑法体系》,蔡桂生译,中国人民大学出版社2011年版,第28页;林钰雄:《故意的双重定位——以误认阻却违法事由前提事实为例》,载刘明祥、张天虹主编:《故意与错误论研究》,北京大学出版社2016年版,第59页以下。

之后,产生的无法避免的矛盾”。[①]

不仅如此,新过失论还造成了假想防卫与防卫过当的罪过形式认定困难。持新过失论的观点往往容易接受将故意与过失视为构成要件要素的做法,也容易得出“正当防卫、假想防卫与犯罪故意无法共存”的观点,但这种将犯罪故意区分于行为故意的分析路径会得出这样的结论:“正当防卫行为的违法性在被阻却之前,就已经不符合故意犯的构成要件。”[②]这种无限扩大构成要件评价机能的思考模式虽然有其优势,但除了以上所提到的“回旋镖现象”问题之外,也会有新的问题产生,尤其是假想防卫与防卫过当的罪过形式认定问题。对于假想防卫、防卫过当甚至是假想防卫过当等行为的罪过形式的讨论,一直以来理论上主张成立过失犯为主的观点居多,[③]也有认为防卫过当的场合“主观上不可能出于直接故意”,[④]但近年来也有学者主张“故意能够成为防卫过当的罪过形式,将防卫过当认定为过失犯没有太大的现实意义”。[⑤] 笔者认为,这些观点的争议与“回旋镖现象”所形成的矛盾具有直接关系。假如我们能将评价的重心统一到行为人对假想事实、过当事实的认识以及认识可能性这一标准上的话,那么就不需要纠结于行为在构成要件阶段是基于“故意”还是“犯罪故意”所产生的,在构成要件阶段只要行为具有意思便可,无须在此时过早考察意思的内容。因为,当行为人对正当化事由存在认识错误的时候,其所实施的阻止自认为存在的“不法侵害”的行为以及针对随后所造成的“侵害后果”完全可能具有日常行为意义上的期望或者放任,只有将此时的评价关键放到分析行为人对于不法本身的认识这一点,才能给予行为以故意犯还是过失犯的最终定性——反过来说,构成要件故意与构成要件过失的提法虽非不可,但却无意义。[⑥]

---

① [日]松宫孝明:《刑法総論講義》(第5版補訂版),成文堂2018年版,第57页。

② [日]松宫孝明:《刑法総論講義》(第5版補訂版),成文堂2018年版,第57页。

③ 比如,我国早期的观点就有认为,“防卫过当唯一的罪过形式是疏忽大意的过失”(利子平:《防卫过当罪过形式探讨》,载《法学评论》1984年第2期);也有观点认为,“在防卫过当情况下,行为人的罪过形式主要是过失,但不能否认故意(特别是间接故意)的存在”(高秋:《防卫过当的罪过形式和处理》,载《法学》1984年第8期)。

④ 高铭暄、马克昌主编:《刑法学》(第8版),北京大学出版社、高等教育出版社2017年版,第136页。

⑤ 黎宏:《论防卫过当的罪过形式》,载《法学》2019年第2期。

⑥ 参见郑超:《论故意与过失的犯罪论体系性地位 古典立场的坚持与修正》,载《中外法学》2021年第5期。

从以上的结论可以得出：新过失论所提倡的“故意犯与过失犯具有不同实行行为性”的论断值得怀疑。

## 三、过失犯的实行行为性——兼谈结果回避义务与结果回避可能性

### (一)修正的旧过失论与新过失论并非无差别

有学者在研究交通过失犯时站在新过失论的立场强调应该以结果回避义务作为交通过失犯的本质，主张结果回避义务可以充分合理地说明过失责任，①同时认为：“虽然当今修正的旧过失论对于传统过失论作了一些修正以试图缩小交通过失犯的处罚范围，但其修正结果却日益接近新过失论甚至与后者几无差别。这表明，以结果预见义务作为过失本质的立场愈来愈难维持；既然如此，似无必要再恪守旧过失论立场。”②笔者认为，如果在阻却犯罪的意义上能够充分兼顾过失犯的二阶段考察内容，即顺次考察偏离规范的“过失行为”与反规范态度的“行为过失”，那么不论是取新过失论还是取修正的旧过失论的确无甚差别，但正如前文所得出的结论，新过失论的思考模式在实践中并不如理论自身所设想般的完美。虽然同属于二阶段考察模式，修正的旧过失论并非与新过失论无差别，在漠视对行为人主观心态进行细致认定的司法现状前，相比于重视客观上结果回避义务标准的新过失论，更加看重主观上认识可能性标准的修正的旧过失论，反而才具有对过失犯、行政犯不断扩张趋势进行有力矫正的机能。

旧过失论过于忽视“行为”的意义，新过失论却赋予了“行为”太多的内容，修正的旧过失论在强调行为人主观心态的同时并未忽视对行为的评价，因此更为妥当。从修正的旧过失论立场出发，故意犯与过失犯可以具有同样的实行行为性，在二阶段考察模式中实行行为概念对于修正的旧过失论而言是不可或缺的一块基石。在进一步论证之前，有必要在此事先表明笔者自身的主张。

第一，在构成要件阶段，笔者并不赞成旧过失论所提出的“一切法益的侵害皆为不法”，而是认为刑法所规制的对象只能是基于人的意思所产生的行为，并应该从其具有的社会交往意义去理解。以社会行为论为基础，在承认主观的构成要件要素(如财产犯当中的非法占有目的)的前提下，故意与过失所涉及的认识与认识

① 参见刘艳红：《注意规范保护目的与交通过失犯的成立》，载《法学研究》2010 年第 4 期。

② 刘艳红：《交通过失犯认定应以结果回避义务为基准》，载《法学》2010 年第 6 期。

可能性问题应该始终是责任阶段的评价内容。或者说,笔者反对"构成要件的故意""构成要件的过失"的概念。

第二,应该以行为(实行行为)概念来统合故意犯与过失犯。正如有学者指出的,"过失犯的违法性内涵,并非在于不明确的行为反价值,是在于过失行为所具有结果发生的实质危险性与将危险现实化之结果的发生,而欲根据过失犯之实行行为性限定过失犯之成立范围"。① 即便在未遂犯的场合,也依然有充足的理由贯彻过失犯与故意犯实行行为的同一性。"过失犯的未遂"可以被视为"过失的危险犯",不能因为刑法对此一般不予处罚就认为该形态不存在。② 反过来说,如果承认过失的危险犯属于一种有可能存在的犯罪形态,那自然可以承认过失犯具有未遂,也可以承认故意犯与过失犯不必在构成要件阶段就分道扬镳。

## (二)以因果行为论为基础的社会行为论的提倡

围绕行为问题的讨论在学说上纷繁复杂,③但实务采取的往往是最保守也是最原初的古典因果行为概念,即从自然主义角度的"基于人的意思所产生的身体动静"来理解行为,因此,只要有意思的存在就已然足够,不需要在构成要件行为层面过早讨论意思的内容为何,意思的内容是属于故意/过失以及责任能力(认识能力)的问题。意思的存在对于行为性而言之所以重要,原因在于只有当行为人处于有意思的状态下才能对行为及其违法性存在认识的可能,刑罚也因此才会有反对效果。

司法实务中行为概念的最重要机能,是在具体案件中迅速且正确地找出犯罪判断的对象,而通过因果行为论则可以快速排除那些明显不具有因果性的行为。④ 针对司法实务所常用的因果行为论,理论上的批评观点认为,将行为从自然主义角度进行理解的因果行为论不仅犯了忽视法的规范性这一根本错误,而且无法说明不作为犯的行为性问题。⑤ 然而,这样的批评可能并不完全准确。

第一,因果行为论有助于在具体案件中迅速正确地找出犯罪判断的对象。如

---

① 陈子平:《刑法总论》(2008 年增修版),中国人民大学出版社 2009 年版,第 146 页。

② 参见陈兴良:《过失犯的危险犯:以中德立法比较为视角》,载《政治与法律》2014 年第 5 期。

③ 比如,从因果行为论开始,针对因果行为论的批判衍生出了目的行为论、人格行为论、社会行为论等。

④ 参见林裕凯:《主観違法要素と責任能力——裁判実務を中心に》,日本京都大学 2019 年博士学位论文,第 4 页。

⑤ 参见[日]高橋則夫:《刑法総論》,成文堂 2018 年版,第 79 页。

果过早强调行为的规范意义,有可能导致在进行判断之前就恣意地将判断对象进行了排除,这样,反而会蚕食行为论本身应该起到的(也是司法实务所追求的)“找出犯罪判断对象”的机能,同时也会导致责任阶层的判断变得萎缩。尤其是当行为属于合法还是违法存在争议的时候,以因果行为作为后续司法所进行之规范判断的出发点无疑更为妥当。或者说,刑事司法所判断的对象是造成结果的“事件”(也有可能包括正当行为、意外事件等)而非“犯罪”,是否属于“犯罪”、属于判断结果而非判断对象。

第二,因果行为论并非无法说明不作为犯的问题。“不作为并非不能产生恶的结果”的论断不必需要多深的价值判断就能推导而出,否则,真正不作为犯的立法不可能远早于作为学说的因果行为理论。或者更准确地说,如果认为因果行为论当中的“行为”一点也没有规范上或者价值上的评价内容,而是仅仅关注“是否因果地导致了法益侵害·危险的发生”,这无疑是矮化甚至是曲解了因果性的含义。只要不是将“因果性”降格为“相关性”或者采取最为极端的条件说,①那么因果性本身定然就是一种价值评价。只要是使用了因果概念去追溯原因,那么不作为犯尤其是真正不作为犯自然也可以是一种“有”(刑法所苛责的恶)而非“无”。

完全从因果性的法益侵害角度对不法进行理解的旧过失论的问题在于,所有因果化的法益侵害未必都是不法行为,某些场合与其从责任层面进行排除,不如从构成要件层面借由行为所具有的社会性意义,直接将该行为排除出构成要件所包含的行为类型更为合适。比如,教师与学生在课堂上的日常上课行为很难会被认定为非法拘禁行为,医生实施的医疗行为一般也不会被认为是一种伤害行为。将因果行为从其所具有的社会意义上进行理解之后,已经等同于以因果行为为基础的社会行为论的观点,赞成该观点的学者会将行为理解为“可以通过意思支配的、具有某种社会化意义的运动或者静止”。②

笔者认为,社会行为论可以为过失犯与不作为犯所具有的行为性提供更为合适的理论根据。而且,在行为规范意义上,决定行为的不仅是行为意思的存在与否,行为意思的支配可能性同样也具有现实意义,这就与修正的旧过失论对行为人主观心态侧面的强调联系在了一起。在社会行为论的前提下,实行行为概念的引

---

① 笔者认为,当前对于条件说的评判有可能不尽合理,尤其是简单将条件说所主张因果性直接等同于相关性。

② [日]高橋則夫:《刑法総論》,成文堂2018年版,第79页。

入则可以进一步补足旧过失论所忽略的“行为”内核。

### (三)故意犯与过失犯可以具有一样的实行行为性

基于修正的旧过失论立场可以认为,故意犯与过失犯具有一样的实行行为性。持修正的旧过失论的平野龙一教授认为:“行为,以具有造成结果发生的实质性危险为必要……这种实质的危险,也可以被视为客观的预见可能性。当不存在实质危险的场合,以一般人为标准进行客观性判断之后,也难以认为存在预见可能。”① 张明楷教授也同意,“过失犯的客观构成要件与对应的故意犯的客观构成要件完全相同,故意犯的场合,只是添加了主观的构成要件要素即故意”。② 笔者认为这样的解读是妥当的,因为“就故意犯罪与过失犯罪而言,对个别化的举止评价发挥效力的必须是相同的原则,在具体构成要件方面违反了在法律上具有合法性的举止规范,是所有犯罪得以成立的前提”。③ 如果将故意犯和过失犯的规范违反性差异建立于事实认识不同的基础上,就有可能变为纯粹依据内心的情况来认定违法性,而最终沦为一种“心情刑法”。④

与旧过失论者将故意与过失视为责任要素的观点相对,将故意和过失视为主观不法要素的观点往往认为,故意行为与过失行为具有不同的危险特征。⑤ 如此一来,必然需要在行为时就评价该行为是故意行为还是过失行为,但这却存在不小的疑问。比如,在讨论打击错误问题的时候,假定行为人意图对甲开枪(行为人对此存在认识),却误打中甲身边的乙(行为人对此仅存在认识的可能性),如果从当前学界主流的具体符合说出发,往往会承认行为人对甲构成的是故意杀人未遂,对乙构成的是过失致人死亡,再通过想象竞合处理。有意思的是,这样毫无异议的分析过程却描述了如下的现象:同一个致人死亡的行为在构成要件层面既可以被评价为故意行为又可以被评价为过失行为。或者我们完全应该直接认为,故意行为与过失行为不仅具有同样的行为构造,更有可能发生竞合而呈现为一个行为。⑥

---

① [日]平野龍一:《刑法概説》,東京大学出版会1977年版,第85页。

② 张明楷:《论过失犯的构造》,载《比较法研究》2020年第5期。

③ [德]弗劳克·罗斯塔尔斯基:《规范论与过失——论作为违反举止规范之基本形式的过失》,马寅翔译,载宋英辉等主编:《当代德国刑事法研究》2017第1卷,法律出版社2017年版,第188页。

④ 参见[日]高山佳奈子:《「実行行為」概念の問題性》,载《法学論叢》162卷1~6号,第208页。

⑤ 参见柏浪涛:《构成要件错误的本质:故意行为危险的偏离》,载《法学研究》2018年第3期。

⑥ 不仅如此,在结果加重犯的场合,故意与过失也可以共存于一个行为当中。

不仅如此,如果认为故意行为与过失行为具有不同的实行行为性而需要在构成要件阶段就进行明确区分的话,那么在不作为犯的场合,或许就会因为缺少表征于外部的积极举动而难以确定这种"无"是属于故意行为还是过失行为,最终变为只能根据行为人的主观意图来进行区分,这反而背离了新过失论者在行为论当中所强调的客观注意义务违反的标准。

更有甚者,如果在构成要件中需要根据行为人的故意内容来界定行为的属性,那么在强调罪量因素的我国,反而很难实现犯罪个别化的机能,更会将问题复杂化。比如,在行为人实施殴打行为的场合,如果使用"构成要件的故意"这样的提法,此时必然需要具体到"致人轻伤以上伤害的故意"的程度才属于所谓"故意伤害的故意",但除了专门精读过《人体损伤程度鉴定标准》的读者之外,一般人很难对何为"轻伤以上的伤害"有所认识。如果试图在我国的规范语境中在构成要件阶段就区分出故意犯与过失犯,就得同时在构成要件阶段解决对罪量的认识问题,但这却会导致:行为人客观上实施的是刑法所规制的故意伤害行为,但却有可能因为没有相应的故意而又不被认为是故意伤害行为,在一开始的构成要件行为认定阶段就发生不必要的混乱。①

"故意行为与过失行为在性质上的差别在于,较之于实施过失行为的人,故意实施作为或者不作为的人以更严重的方式,对被其违反的举止规范的效力提出了疑问。"②因此,不论是从行为角度的举止规范还是从结果角度的回避义务这两种角度而言,故意行为与过失行为虽在不法程度上有所差异,但并非质的不同。以故意违反行政法规范而产生的事故类犯罪为例,单纯从行为人所具有的行为意思出发根本无法区分出其对构成要件结果持有的是故意还是过失,尤其是在区分"未必的故意"和"有认识的过失"时候,③不能简单地将所有事故类犯罪都归结为过失犯。

---

① 所以,在构成要件阶段仅仅需要考虑该行为对于所保护的法益是否带来侵害或者危险即可。在行为人实施殴打行为的场合,要判断这种殴打行为是否属于故意伤害行为(或者是杀人行为),只要分析该行为是否对身体健康(或者生命)造成轻伤以上(或者死亡)的侵害结果或者具体危险即可,然后才能在责任阶段从认识的角度分析行为人的主观心态,即分析行为人是否需要对相应的行为负责。

② [德]弗劳克·罗斯塔尔斯基:《规范论与过失——论作为违反举止规范之基本形式的过失》,马寅翔译,载宋英辉等主编:《当代德国刑事法研究》2017 第 1 卷,法律出版社 2017 年版,第 200 页。

③ 理论上有将有认识的过失等同于过于自信的过失,将无认识的过失等同于疏忽大意的过失的观点(参见高铭暄:《中华人民共和国刑法的孕育诞生和发展完善》,北京大学出版社 2012 年版,第 22 页),笔者在此同意这样的理解,但也认为,其中还涉及如何进一步解释我国《刑法》第 14、15 条的条文以契合理论上界定的故意和过失概念的问题。

在交通肇事当中,一般而言交通肇事行为成立过失形态的交通肇事罪的场合居多,即便行为人有可能是有意地违反交通法规,但对肇事结果往往持有的是过失(对具体事故结果的认识可能性),因此成立交通肇事罪。但是,如果行为人在事故发生时,由对具体事故结果的认识可能性上升到对具体事故结果的认识,此时,就无法用"有认识的过失"进行评价,而是上升到了起码是"未必的故意"的程度,从而有可能构成以危险方法危害公共安全罪、故意杀人罪等故意类型的犯罪。

在行为无价值论者看来,在不法阶段区分故意犯与过失犯的理由之一便是为了要实现构成要件的犯罪个别化机能,比如,故意杀人与过失致人死亡"两者之间的差异,首先在于是故意造成死亡的结果还是基于过失造成死亡结果这一点",①这一点自然可以从构成要件上进行考虑。笔者并不否认在构成要件该当性阶段将行为区分为故意行为与过失行为的可能性,也并不否认故意犯罪与犯罪故意之间的差异,而只是认为这种思考方式没有太大的意义,这不仅是由于"故意犯罪与犯罪的故意密切相关,无后者就无前者",②更在于从法条的罪状描述与现实当中所发生的竞合情况来看,故意犯与过失犯在构成要件行为上具有强烈的同质性。

从刑法分则条文的罪状描述来看,不论是故意犯与过失犯处于不同的法条(如《刑法》第114、115条),还是故意犯与过失犯共享同一法条(如《刑法》第398条以及第432条③),仅根据行为偏离规范这一点是无法区分危险犯与实害犯、故意犯与过失犯在行为层面上的差异,而是需要在构成要件行为之外通过"结果"以及"意志的内容"等展开进一步的考察才行。假如依行为无价值论者所愿,为了在构成要件阶段就区分故意犯和过失犯而将意志的内容放在行为的框架内进行思考,那么根据同样的逻辑,为了区分结果犯和危险犯就也必须将"结果"也纳入"行为"当中,否则,就实现不了行为无价值论者一直强调的"一定要在构成要件阶段实现犯罪个别化"的目标。但如此一来,所有与犯罪相关的要素都不得不被放在构成要件行为之内评价,行为概念的过度宽泛化导致了在构成要件该当性阶段(甚至在"行为"的单一层面)就完成了犯罪成立的所有审查工作。不难看出,强调在构成要件阶段实现犯罪个别化的主张忽视了如下一点:犯罪个别化机能不应该仅仅依赖于构成要件该当性,在违法性以及有责性阶段都具有帮助实现犯罪个别化的机能。

---

① [日]西原春夫:《犯罪実行行為論》,成文堂1998年版,第83页。

② 黎宏:《刑法学总论》(第2版),法律出版社2016年版,第179页。

③ 在这两条中,故意犯与过失犯的法定刑设置甚至都是一样的。

综上所述，不论是从现实的行为样态（尤其是故意犯与过失犯发生想象竞合的场合，以及结果加重犯的场合）来看，还是从法条的罪状描述来看，故意犯与过失犯在构成要件上完全可以具有实行行为的同质性，因此，并没有在构成要件中区分故意犯与过失犯的绝对必要。

### （四）实行行为理论的价值再强调

构成要件阶段对行为的考察所针对的是行为的意志而非意志的内容，除此之外，还需要对此进行一定程度的可罚性限制，因此出现了实行行为概念。“实行行为并不意味着形式上符合构成要件的行为，而是具有侵害法益的紧迫危险的行为。”①实行行为虽然与结果相对独立，但其中必然需要有引起构造要件结果之危险。② 不论是结果无价值立场还是行为无价值立场，“在‘实行行为是具有法益侵害性的行为’这一点上几乎形成了共识”。③

在考察一个行为是否具有实行行为性时，已经是在将纯粹形式上符合构成要件的行为区别于客观上或者社会一般观念上蕴含了既遂危险的实行行为，因此，即便是在司法实务上并不采用客观归责理论的日本，通过实行行为概念最终也能够实现客观归责理论所要达到的效果。笔者认为，日本刑法中的相当因果关系说（在日本属于主流学说甚至也可以认为是一种实务界的通说）与德国刑法中的相当因果关系说（在德国属于少数说）虽然在文字描述上十分接近，但如果考虑日本刑法其实是在行为论中引入了实行行为的危险以及危险的现实化等内容之后，可以认为日本刑法当中的相当因果关系说实质上并不等同于德国刑法当中的相当因果关系说，而是更接近于后者的客观归责理论。④

“当故意作为罪责要素时，对应的是客观不法论；当故意成为构成要件要素时，则表征着主观不法论的兴起。客观归责理论的出现，为客观不法论的复兴提供了契机”，⑤而

---

① 张明楷：《刑法学》（第6版），法律出版社2021年版，第188页。

② 参见［日］西原春夫：《犯罪実行行為論》，成文堂1998年版，第16页。

③ 李世阳：《刑法中行为论的新展开》，载《中国法学》2018年第2期。

④ 相当因果关系说不仅存在于刑法当中，也存在于侵权行为法当中。参见叶金强：《相当因果关系理论的展开》，载《中国法学》2008年第1期。该文作者提到侵权法上的“相当性判断应是指判断行为对损害发生可能性的提升程度是否具有相当性”，这其实也与危险的提升、危险的实现等思路存在一定的互通之处。

⑤ 劳东燕：《刑法中的客观不法与主观不法——由故意的体系地位说起》，载《比较法研究》2014年第4期。

具有与客观归责理论相同机能的实行行为理论与客观不法论具有天然的契合度。实行行为理论有助于实现犯罪个别化以及保障公民的行动自由，因此，不必一定要将故意与过失作为构成要件要素。

第一，通过行为所造成的针对法益的危险属性，有助于实现构成要件的犯罪个别化机能。比如，行为人将其负有扶养义务的对象进行遗弃的行为并不只能构成遗弃罪：如果并未给被害人生命、身体造成危险，此时的行为并不属于遗弃罪所规制的类型；如果造成被害人生命、身体法益的抽象危险，那么以遗弃罪来界定当属妥当；但如果造成被害人生命、身体法益的具体危险，此时，无疑超越了遗弃罪所能涵盖的行为类型，因此将其认定为杀人行为、伤害行为更为合适。由是观之，不是根据难以充分证明的行为意图，而是根据危险属性来判断行为所属类型的做法无疑更为合适。在评价过具体行为是否属于某罪所能涵盖的行为类型之后，再考察行为人是否对该行为所属的构成要件事实有所认识还是仅具有认识可能性，才能认定行为人在特定犯罪中主观上是持有故意还是过失。

第二，实行行为概念的引入有助于保障公民的行动自由。新过失论以及行为无价值论有混淆过失判断与因果关系判断的危险。“过失判断是针对内心主观状态的判断，虽然其判断标准早已客观化了；而因果关系判断系针对客观事实性关系的判断，虽然价值性因素在其间也发挥着重大影响。”①在因果关系的判断中必然存在规范上的判断（尤其在过失犯、不作为犯、未遂犯等场合），比如，在区分未遂犯与不能犯的时候，往往考察的是发生结果的可能性而已，而这种可能性的问题容易与过失当中的预见可能性相混淆。如果根据新过失论以及行为无价值论的观点，将这两种可能性的判断都放在构成要件阶段进行，会不必要地导致因果上的可能性被直接视为行为人的预见可能性，也会导致任何危险创设的行为在造成结果的场合都有可能沦为过失犯，并造成对公民行动自由的不合理限制。以行为人在自家田地的瓜果上喷洒农药，他人偷食后中毒的场合为例（以此自然可以衍生到其他创设风险的行为），如果从行为无价值角度并强调在构成要件该当性阶段就需要界定出行为性质，有可能会变得纯粹以行为人的心态为标准来允许或者禁止在自家田地的瓜果上打农药的危险创设行为。其实，行为人对自家田地的瓜果施打农药的行为都可以先被放在构成要件行为之中评价，但最终该行为是构成故意犯、过失犯

---

① 叶金强：《相当因果关系理论的展开》，载《中国法学》2008 年第 1 期。

还是意外事件，关键在于行为人对“他人偷食该瓜果导致伤亡的后果”具有何种程度的认识。

## （五）实行行为基础上的结果回避义务与结果回避可能性

通过具有实质内涵的实行行为概念，不论是对于故意行为还是过失行为，作为行为规范的刑法都是在要求行为人在自己的支配领域/义务领域内不对外输出危险，[①]因此，故意犯与过失犯均面临着结果回避义务问题。以德国刑法当中著名的山羊毛案为例，工厂主将未消毒的山羊毛交给工人处理，而工人因感染当时技术无法消毒的炭疽杆菌而死的事件，一般观点认为工厂主对于工人死亡的结果其心态属于过失，[②]也因结果不可回避，所以死亡结果不能归属于行为人；但是，如果工厂主与一般人一样均未认识到该具体致死危险因素的存在，但却出于故意杀人的心态将未经杀菌消毒的山羊毛交付工人处理，虽然工人最终发生了死亡的结果，但在案件当时具体场景的因果关系认定上，存在将故意杀人行为评价为止于未遂的可能性。不过，值得特别注意的是，该场合中“故意犯止于未遂”的结论是对未遂犯/不能犯进行区分时采用主观立场的印象说的德国才能得出的。[③] 换言之，在案件当时的具体场景中，当一般人都不觉得让工人处理未经消毒的山羊毛会有导致死亡的危险，工厂主只是“自认为”未经消毒的山羊毛有致人死亡危险的话，如果是根据偏向于客观说的立场，工厂主的“故意杀人”行为成立不能犯的可能性更大，最终其实也有可能和过失犯的场合一样变得不可罚。原因在于，如果从事后的、科学的角度出发，工厂主此时的“自认为”虽然属于正确的认识，而一般人所共有的常识反而属于错误的认识，但是如果工厂主的“正确认识”在案件当时并不是基于其所存在的特别知识，而是基于某种误解、轻信而误打误撞的话，将该工厂主的“自认为的杀人行为”评价为故意杀人行为且构成既遂的结论并不太妥当。比如，某人误认为未经煮熟的花生可以将人毒死而进行投“毒”，但未曾预料到花生发霉产生了毒素或者未曾预料到被害人对花生存在严重过敏（或者更准确地说，未曾预料到连一般人都无法认识到的致死原因）而最终导致死亡的情形，即便行为人主观上持有的是一种故意杀人的心态，而且即便被害人也的确发生了死亡的结果，但正如对山羊毛案

① 从这一点出发，为了解决正犯性问题而被提出的支配犯与义务犯理论便存在合理性。

② 参见张明楷：《刑法学》（第6版），法律出版社2021年版，第192页。

③ Vgl. Claus Roxin, Strafrecht Allgemeiner Teil, Band Ⅱ, 2003, S. 346 f.

的分析一样,通过一般人的常识判断也会认为,用未经煮熟的花生进行“投毒”的行为更应该被评价为不可罚的不能犯。与此同时,在评价该行为是否可能构成过失致人死亡时,和判断故意杀人行为时一样,自然也需要将结果的回避可能性考虑到。

就山羊毛案而言,通过具体场景的具体分析之后不难发现,其实不论是故意犯还是过失犯最终都有可能是不可罚的(当然,可罚的场合也存在),因此,进一步的疑问就产生了:应该如何理解结果回避义务与结果回避可能性对于行为的意义?

1. 结果回避义务属于承认或阻却实行行为与结果之间因果关系的前提条件

当行为人对于结果的发生不具有结果回避义务,那么即便他对于结果的发生持有的是一种期待或者放任的心态,也无法以此为理由证明行为与结果之间存在因果关系。[①] 比如,行为人在实施抢劫之后的逃亡过程中跑入快车道内,警察为了追捕行为人不幸被路过的车辆撞伤后抢救无效死亡,即便可以证明案发时行为人对于警察的死亡结果具有认识可能性甚至是认识,但因为行为人并没有防止结果出现的义务,所以行为与死亡结果之间不存在刑法上的因果关系,不属于抢劫罪中致人死亡的加重情节。[②] 同理,在日常生活当中,如果A对B自始便不具有救助义务或者结果回避义务,即便B当着A的面承受着紧迫的死亡危险,不论A对此结果存在是认识还是认识可能性,都不能认为A需要对B所发生的死亡结果负责,[③]因为此时事实上或者道义上因见死不救所发生的“致人死亡”[④]当中并不存在规范上所要求的“致”(causing)这一因果性。[⑤] 从这类案例可以看出,行为人对死亡结果不负责的原因其实不在于是否存在“致人死亡”(见死不救)的故意和过失,而在于没有结果回避义务,即便行为人可以轻易避免结果的发生,也不能将结果归属于其事实层面上的相应举止。因此,结果回避义务更有可能仅仅是实行行为与结果之间因果关系的前提条件,而非将过失犯区分于故意犯的评价标准——因为,在故意

---

① 这也就是主观归责(主要考察行为人的故意与过失)无法取代客观归责的原因之一。

② 参见陈兴良、张军、胡云腾主编:《人民法院刑事指导案例裁判要旨通纂》(下卷)(第2版),北京大学出版社2018年版,第930页。

③ 有学者探讨了一定条件下见危不救入刑的可能性,但这无疑也需要以设置救助义务为前提。参见黎宏:《一定条件下的见危不救入刑研究》,载《中外法学》2018年第3期。

④ 根据上文的观点之一“故意犯与过失犯可以具有一样的实行行为性”,故意杀人与过失致人死亡在实行行为的认定阶段理解为“致人死亡”即可。

⑤ 甚至还有可能更激进地认为,我们可以在判断因果性之前就直接认定行为本身不具有致人死亡的实行行为性存在。由于这涉及对不作为犯的实行行为性的认定问题,在此无法更进一步具体展开。

犯与过失犯当中都可以讨论结果回避义务的问题。

2. 结果回避可能性的不存在具有将实行行为止于未遂的机能

一般观点认为:“犯罪未完成形态是就故意犯罪而言的,作为故意犯罪的一种未完成形态,未遂犯的成立必然要求行为人在主观上具有犯罪故意。”①其实并不尽然,理由如下:第一,如果从刑法作为制裁规范的角度来看,这一论断自然符合在适用未遂犯规则时的一般观念,但这仅仅是说明了过失的未遂犯不具有可罚性;第二,从刑法作为行为规范的角度出发,过失的危险行为未必不能被视作一种过失犯的未遂状态,既然过失的危险行为有可能存在,那么过失的未遂犯也并非不可能;第三,“未遂犯的成立必然要求行为人在主观上具有犯罪故意”这一论断或许限定在实害犯这一范围会更加合理;第四,不论是故意犯罪还是过失犯罪,当“结果”发生但同时也具备“不存在回避可能性”这一事实时,行为都可以被视为止于未遂,既然行为都止于未遂,那么故意犯罪的未遂与过失犯罪的未遂的可罚性差异只能在责任阶段去寻求根据。

将故意和过失视为主观不法要素的见解必然会认为故意犯罪与过失犯罪在行为本身就不相同,但通过上文对未遂犯的分析可以发现,故意犯与过失犯不过是责任层面所形成的可罚性程度的差异,而非行为构造的不同。对此,也许有观点会提出反驳意见认为,在未遂犯当中如果不考察行为的主观构成要件要素则无法区分行为究竟为何,比如,要判断行为人持枪朝对方射击但却脱靶的行为究竟是构成故意杀人的未遂还是故意伤害的未遂,必然要考察行为的主观心态。② 这种基于行为无价值论的见解未必错误,但却忽略了:判断此时的行为是故意行为还是过失行为,其实并不直接影响行为对于被害人所造成的危险,行为本身既然并不绝对因为是源于故意还是过失从而发生不法程度的改变,那么将这部分与不法无关的主观内容放到责任层面考虑应该更加合适,在经过责任层面的评价之后同样能够判断此时的行为是故意杀人还是故意伤害。

### (六)小结

“当一个行为与防止法律上禁止的、危及重要刑法法益应采取的行为不同时,

---

① 柏浪涛:《未遂的认定与故意行为危险》,载《中外法学》2018 年第 4 期。

② 其实不限于未遂的场合,即便行为构成既遂,也依然存在讨论行为人对于这种既遂结果的主观态度空间,比如,在结果加重犯当中,加重结果的发生可能便是由过失所致。

便是不法性的罪状类型。因此,不法性的罪状类型绝对不完全是纯粹结果的产生"①,对于过失犯来讲也是如此。不仅如此,我们还应该注意到,"对归责有意义的'结果'不是一个泛泛的、抽象意义上的结果,而是具体和特定的不法构成要件的结果"。② 离开具体事件的背景去讨论行为的危险也无意义。比如,任何驾驶机动车的人员都应该认识到只要开车就有致人伤亡的危险,但这样抽象的认识可能性并不是过失,否则就会变得没有必要去讨论过失是否存在的问题,因此,所谓的过失也必然是指行为人在行为时针对于某种具体结果的认识可能性,即具体的预见可能性。③

不论是故意杀人罪还是过失致人死亡罪,在构成要件上所规制的行为都是"具有致人死亡危险的行为",结果都是"致人死亡的结果",行为与结果之间的关系始终是指在具体事件中引起和被引起或者引起和可能被引起的关系。即便是在具体案件中构成要件的结果未出现时,有可能被引起的结果依然应该是具体的而不是抽象的,否则,行为的可罚性就值得推敲,故意行为场合中的不能犯与过失行为场合中的未遂便是如此。不可罚不代表不存在,或者说,"不可罚的过失行为的基础在于不可罚的'过失'而不在于不可罚的'行为',即便是过失行为其本身也存在着客观上的不法"。④

## 四、对认识可能性的规范化塑造

新过失论重视从构成要件阶段的结果回避义务与结果回避可能性等角度来论证过失犯的规范构造,部分持新过失论的学者认为,"我国刑法中有关过失的规定不是以预见可能性为中心的,不能采取修正的旧过失论"。⑤ 这一观点过于绝对,《刑法》第 16 条的规定"要求过失的成立存在具体的预见可能性"。⑥ 因此,相对而言更为可取的折中观点是,"应当以结果回避义务与结果预见义务为中心,完成过失犯的规范构造"。⑦ 在当前对于过失犯的认定当中,其实不论是新过失论还是修

---

① [葡]乔治·德·菲格雷多·迪亚士:《刑法总论》(第 1 卷),关冠雄译,社会科学文献出版社 2021 年版,第 579 页。

② 车浩:《假定因果关系、结果避免可能性与客观归责》,载《法学研究》2009 年第 5 期。

③ 参见张明楷:《论过失犯的构造》,载《比较法研究》2020 年第 5 期。

④ 郑超:《论故意与过失的犯罪论体系性地位 古典立场的坚持与修正》,载《中外法学》2021 年第 5 期。

⑤ 李冠煜:《客观归责论再批判与我国刑法过失论的完善》,载《法学家》2016 年第 2 期。

⑥ 李冠煜:《客观归责论再批判与我国刑法过失论的完善》,载《法学家》2016 年第 2 期。

⑦ 陈兴良:《过失犯的规范构造:以朱平书等危险物品肇事案为线索》,载《比较法研究》2020 年第 5 期。

正的旧过失论都已经开始兼顾结果回避义务与结果预见义务两者，只是在以何者为中心的问题上存在争议，而修正的旧过失论无疑选择了后者。笔者认为，修正的旧过失论不仅关注不法阶段行为的评价，也重视对责任阶段行为人主观心态的评价，在具有漠视行为人主观心态证明倾向的当前相对而言更为值得提倡，如何把握过失犯所要求的行为人主观上的认识可能性便成了关键。

需要注意的是，“与德日刑法典回避对故意以及过失概念进行明确定义的做法不同，我国明确的立法规定为司法提供了一个相对统一的认定标准”。[①] 受立法的影响，我国刑法理论上习惯将过失区分为疏忽大意的过失（无认识的过失）与过于自信的过失（有认识的过失），但在以何种标准去评价行为人“应当”预见或者已经预见之后有资格去“轻信”能够避免的问题上，最终都是规范上所要求的对构成要件事实的认识可能性问题，也属于规范上认识能力的问题，主流观点主张“在规范能力方面必须采取一般人的标准”。[②] 的确如此，但进一步的问题则有：(1) 在《刑法》第 15 条第 1 款的规定前提下，应该如何定义“一般人”而不至于简单将规范上所期待的抽象一般人标准强加于具体行为人头上？(2) 具体行为人身上所具有或者所欠缺的哪些事实、情节、要素可以被用作定义一般人的材料？(3) 如果我们无法完全脱离具体行为人去虚构出一个行为人所属的一般人形象，是否说明一般人标准与具体行为人标准有可能不是完全对立的关系？带着这些疑问，在上文探讨过过失犯在客观层面的实行行为性问题之后，本章将尝试围绕过失犯在主观层面所要求的认识可能性问题展开进一步论证。

### （一）行为规范的“严”与制裁规范的“宽”

刑法具有作为行为规范与制裁规范的双重属性，“行为规范以‘一定的法益保护’为目的，禁止针对该法益的侵害行为，并对旨在于维持法益的行为进行命令。与此相对，制裁规范以行为规范的（有责性）侵害为前提，对于实施该行为之人通过科处制裁以实现法益保护的目的”。[③] 新过失论与修正的旧过失论对于刑法规范的双重属性在关注度上各有偏好，新过失论偏向于前者，而修正的旧过失论则偏向于

---

① 郑超：《论故意与过失的犯罪论体系性地位 古典立场的坚持与修正》，载《中外法学》2021 年第 5 期。

② 张明楷：《刑法学》（第 6 版），法律出版社 2021 年版，第 384 页。

③ ［日］增田豊：《規範論による責任刑法の再構築》，劲草书房 2009 年版，第 8 页。

后者。基于修正的旧过失论,可以认为在立法所设置的行为规范上不存在只能由过失才能实现的不法,故意犯与过失犯的区别在于前者相对于后者多了一个故意而已。当故意犯与过失犯在构成要件阶段可以具有一样的实行行为性之后,两者的区分便不在于行为规范而更多的是在制裁规范层面。这样的理解也与责任主义原理相一致,即值得刑法处罚的行为起码需要符合过失心态,而相应的故意心态自然更值得处罚。换言之,故意犯与过失犯的区分不在于行为规范所重视的行为而在于制裁规范所重视的责任,两者最终表现出的可罚性程度差异也源于此。

在行为规范方面,公民的行动自由除了受罪刑法定基本原则保护之外,也受制于法律面前人人平等原则,因此,如果并非出于特定的违法阻却事由等合理原因,所有人并不应该有超越于一般人的行为特权,这也属于保障法之安定性以及实现犯罪一般预防目的的考量。而在制裁规范层面,则重视特殊预防必要性,如托尔斯泰所言“幸福的人都是相似的,不幸的人各有各的不幸”,正确的举止往往是类似的,而错误的举止理由则可能千差万别,比如,即便都是过失致人死亡,不同行为人过失心态的形成过程往往并不相同,因此,在制裁规范层面有必要将审查视角从一般人转移到特定行为人,并从过失的结果进一步衍生到过失的形成过程。如此一来,才能将具体行为人作为一个不可替代的道德主体进行尊重,也才有对个体进行刑罚改造的前提。

### (二)故意和过失的区分与认识可能性标准的确立

在故意与过失的区分问题上,一直以来存在认识说(知)与意思说(意)的争论,知与意两要素之间何者为评价出发点的问题上存在理论上的分歧,虽然分歧的结果并非承认一方否定另一方,但也正如王觐先生所言:“希望主义,[①]过于陈腐,认识主义,为晚世多数学者所主张,且认识主义,较之希望主义为广汛,刑法既是两主义并用,希望主义,当然包含于认识主义之内,故我辈主张认识主义而下故意之定义,谓故意为犯罪事实之认识。详言之,犯人预见犯罪事实可能发生,犹不顾而为之者,即为反社会性之表现(即是故意)。希望犯罪结果发生,与夫意图犯罪事实发生者,均非故意之要素。”[②]一个世纪前的认识说基调与当前的认识说的观念并无二致,但始终摆脱不了理论上对其产生的误解与偏见,常见的批判为:“认识说最根本

---

① 此处的希望主义指的便是意思主义(Willenstheorie)。

② 王觐:《中华刑法论》,中国方正出版社2005年版,第120页。

的缺陷是片面强调行为人对其行为的危害结果的认识,忽视了行为心理活动的意志因素。”①其实,认识说的主张并非排斥“意思”(或者意志因素),而是认为意思乃不法要素而非责任要素,区分故意与过失的核心在于认识与认识可能性的差异,比如在故意犯的场合,如果行为人对构成要件结果具有认识而依然实施行为,即便不是希望也属于放任。换言之,意思说所强调的“意图”“意思”“希望”等内容都可以被包含在认识说所强调的“预见”“认识”之内。因此,认识说一直以来的重心并非舍弃意思而仅求诸认识,而在于围绕认识构建理论发展空间,至于行为之中的意思要素,认识说只是把它放到了不法层面而已,故意的成立(尤其是放任的故意、未必的故意)只要主观上存在“认识”并且行为上的存在“决意”(这种决意无须是行为人主观上的希望或者意思)即可。

但退一步而言,如果采用意思说的观点,将此时的行为“决意”理解为一种意思也未尝不可。如此一来,认识说与意思说的观点就不存在绝对的抵触,或者更准确地说,“当认识说需要达到对结果发生的具体可能性存在认识的时候,两学说之间的实质性结论差异几乎不存在”。② 因此,关键问题就变为对“对结果发生的具体可能性”的正确理解上。故意所要求是“对结果发生的具体可能性”的认识,达不到该标准的“对结果发生的抽象可能性的认识”以及“对具体结果发生的认识可能性”都只能归为过失,这也就解释了未必的故意与有认识的过失(过于自信的过失)之间的差异:未必的故意虽然指向的结果仅仅是一种可能性,但同样符合了“对结果发生的具体可能性的认识”;而有认识的过失虽然具有认识,但也仅是“对结果发生的抽象可能性的认识”。③

### (三)认识可能性的认定:一般人标准与行为人标准之外的第三种路径

1. 影响过失认定的变量:一般预防、特殊预防与责任主义

当前,越来越多的观点将认识可能性或者预见可能性放在客观层面的行为归责环节进行评价,并以行为时一般人为标准。比如,劳东燕教授主张,“以客观预见义务的面目出现的预见可能性,只是作为结果避免义务的前提而存在,或者确切地

① 马克昌主编:《犯罪通论》(第3版),武汉大学出版社1999年版,第327页。

② [日]西田典之、山口厚、佐伯仁志编:《注釈刑法》(第1卷),有斐閣2010年版,第513页。

③ 参见李世阳:《故意概念的再定位——中国语境下“盖然性说”的展开》,载《政治与法律》2018年第10期。

说，是作为履行安全标准的必要前提，它本身并不具有独立的意义”。[①] 该观点有一定的道理，因为的确如其所言，“过失犯归责结构的转变，以及由此导致的可预见性体系地位的变化，是将预防的目的性考虑融合于相关教义学理论建构之中的结果，是预防刑法内在要求的体现”。[②]

不可否认，对犯罪论相关问题所进行的教义学分析早已避免不了刑罚目的与正当性、责任与预防、刑事政策等因素的影响，所谓机能主义刑法观或者功能主义刑罚观所持有的目的论思维便是如此。[③] “犯罪概念的内容该怎样安排，取决于我们采取何种方式去论证刑罚的合法性。举例来说：一种以特殊预防思想作为其正当化根据的刑罚，其发动的前提必然不同于报应刑。”[④]因此，过失犯问题的背后其实存在着刑罚基本立场的角力。其一，是基于一般预防理念还是基于特殊预防理念来构建认识可能性或者预见可能性，不仅其犯罪论体系性地位会受影响，过失犯的成立标准亦受牵连。在当前则形成了以一般预防为基调的新过失论与以特殊预防论为基调的修正的旧过失论之间的争鸣。[⑤] 其二，与此同时也需要注意，“一种强调功能化与预防有效性的过失犯理论，如果有违责任主义的要求，势必欠缺相应的正当性基础”，[⑥]因此，以责任主义为基石的刑法在何种程度内能够融合预防理念就需要不断探寻。

对过失犯的认定最终需要调和责任主义与预防目的，同时，也需要寻求一般预防目的与特殊预防目的之间的合理平衡点。如果绝对贯彻责任主义，过失犯的成立不仅容易偏向于以行为人为标准，更有可能排斥将无认识的过失作为一种可罚的过失形态；[⑦]如果强调一般预防尤其是积极的一般预防，则会以客观上“一般人”的标准认定过失，“应该认识”的行为人即便事实上无认识也可以成立过失；如果重视特殊预防，由于着眼于“行为人”，过失犯的成立标准反而异于一般预防的立场而走向与责任主义相同的道路。责任与预防在刑法上都存在不可忽视的价值，但如

---

① 劳东燕：《过失犯中预见可能性理论的反思与重构》，载《中外法学》2018 年第 2 期。

② 劳东燕：《责任主义与过失犯中的预见可能性》，载《比较法研究》2018 年第 3 期。

③ 参见劳东燕：《功能主义刑法解释的体系性控制》，载《清华法学》2020 年第 2 期；劳东燕：《刑事政策与功能主义的刑法体系》，载《中国法学》2020 年第 1 期；劳东燕：《功能主义刑法解释论的方法与立场》，载《政法论坛》2018 年第 2 期。

④ [德]米夏埃尔·帕夫利克：《刑法科学的理论》，陈璇译，载《交大法学》2021 年第 2 期。

⑤ 从这一点也可以看出，新过失论与修正的旧过失论并不像有学者所认为的完全一致。

⑥ 劳东燕：《责任主义与过失犯中的预见可能性》，载《比较法研究》2018 年第 3 期。

⑦ 代表性的立场可以参见甲斐克則：《責任原理と過失犯論》，成文堂 2005 年版，第 127 页以下。

果以价值位阶来评价,责任主义理当具有更根本的地位。以此推之,在过失犯的二阶段考察当中,对与责任主义关系更密切的"行为过失"的评价比重应优于"过失行为",即在过失犯成立的一般人标准与行为人标准的此消彼长之间或应该在接受前者的同时更倾向于后者。

2. 第三种路径:在认识可能性的形成过程中构建预见义务

刑罚虽说是针对一般人,但最终是施加于特定行为人的制裁。现代社会所需的过失犯认定标准并不是在一般人标准与行为人标准之间简单地择一,而是在责任主义的基础上融合预防因素,兼顾一般人认识可能性标准的同时重新拾起对行为人个体认识可能性的重视,最终实现理想的过失犯二阶段考察的目标。

强调一般人标准的观点往往会从风险社会背景下社会治理的需求出发,认为作为社会共同体成员的每一个公民或多或少都有参与社会治理的职责,因此,每个公民都需要对其所创设的风险进行善良管理或者管辖,当未尽到一般人都应负之管辖义务时自然需要对一般人都应该回避的结果负责。然而,值得反思的是,其一,以风险社会理论解释结构性的大规模过失事件或许可行,但用以解释所有过失犯尤其是日常人际交往过程中的过失犯或许并不太妥当;其二,过于注重刑罚的一般预防机能,虽然对于社会治理有一定效果,但亦有可能因此忽视刑罚之外其他手段的存在,比如,以常见的交通肇事为例,刑罚自然不可或缺,但驾驶技能的严格培训、驾驶资格的严格控制、交通管理的严格要求、监控技术甚至自动驾驶技术的研发投入等未必不比刑罚的效果更好;其三,不应该为了整体的治理目标而忽视对个体的尊重,刑罚对于那些没有明显体现出反规范态度的过失犯而言,其非难前提并不充分,其非难效果也极为有限。

一方面,虽然从《刑法》第 15 条第 1 款"应当预见……而没有预见"的规定来看,我国立法在某种程度上已经接受了无认识的过失,并且预防因素也不可避免地作用于过失犯的认定当中,但我们同样不应忽视同条第 2 款规定的"过失犯罪,法律有规定的才负刑事责任",该款中自始彰显着刑法对于过失犯的基本态度:某些行为即便存在客观上的不法,但主观上如果非出于故意,便不应施加刑罚。比如,刑法不处罚的"过失盗窃""过失强奸"(行为人对行为对象发生认识错误的场合)等行为便是如此,即使法规范可以期待行为人在此时应该存在认识或者存在正确认识,但只要行为人未认识或者发生了错误认识,就缺乏刑罚发动的非难前提。而在另一方面,对于可以通过刑罚进行处罚的过失犯,相关的逻辑前提自然应该是,存在通过刑罚对犯罪人进行非难的效果,即行为人能够对刑罚的非难进行规范上的应答。

因此,过失犯中认识可能性的产生就有必要从行为人在行为发生时规范上的应答能力出发,将有可能影响该能力的所有事实都纳入考察的范畴。换言之,在评价过失犯的主观方面时,我们不应仅仅关注于过失的心态,还要关注过失的心态是如何形成的。在过失犯中,认识可能性的产生就不再是简单以一般人标准强加于具体行为人身上,也并非简单以具体行为人为标准,而是要在认识可能性的形成过程意义上去考察影响具体行为人认识能力、认识可能性的因素,判断这些因素是否属于具体行为人可控或者可管辖的范畴。当相关因素不可控且最终导致行为人缺乏预见时,就不应将结果归属于行为人,行为人对于结果的发生自然也不具有认识可能性。尤其是对于无认识的过失问题,更应该从认识可能性的形成过程来理解"应当预见"所表征的规范上期待的内涵,当"无认识"是由认识形成过程中的合理原因所导致时,便不应该苛责行为人没有形成合理的认识。比如,在上文所提到过的因勤恳而过度劳累发生失火、致人死亡的案件中,不是简单从行为人"无认识"的表象而是努力从引发行为人"无认识"的背后的日常因素中广泛地、严格地去探寻"应当预见"的归责根据或许才是更好的做法。

## 五、结语:从描述过失犯到重塑过失犯

相比于新过失论对于"一般人"标准的过分强调,修正的旧过失论又对此进行合理矫正的机能,将行为人视为社会主体的同时也同样视其为道德主体进行尊重,最终真正实现对过失犯处罚必要性的二阶段考察,在"怒其不争"的同时也能"哀其不幸"。

基于修正的旧过失论,笔者对本文的基本观点总结如下:第一,故意犯与过失犯的规范构造差异不是存在于行为阶段而是存在于责任阶段,故意是对构成要件结果发生的具体可能性存在认识,过失是对构成要件结果发生的具体可能性存在认识可能性;第二,有认识的过失中的"认识"并非指对结果发生的具体可能性存在认识,而是仅止于结果发生的抽象可能性,因此依然处于针对具体结果的认识可能性范畴;第三,故意犯与过失犯在责任阶段的非难程度差异对应两者之间不同的可罚性后果。从以上三点出发,为了合理解决无认识的过失问题,有必要重申刑罚的非难属性,重视评价具体行为人的认识可能性,不是单纯站在行为规范角度以所谓

的一般人的标准强加于具体行为人身上，而是同时需要从制裁规范的目的出发考察行为人是否应该以及是否可以达到一般人的注意标准。因此，《刑法》第15条第1款的规定是对具体行为人规范上的期待，在行为规范的基础上还需要进一步考察制裁规范的目的，应当将不可归责于行为人的外因所导致的没有预见、合理轻信等过失行为进行出罪，即可以认为行为人在此时不存在过失犯所要求的认识可能性。

通过上文的步步推演可以发现，当前，过失犯理论研究的要义已经从描述“什么是过失犯”转变为“过失犯是什么”，即需要以刑法规范的初衷、刑罚的存在目的来反思应该如何塑造值得刑罚处罚的过失犯。不论如何，过失犯的理想治理模式不应该是让个人去承担制度性的缺陷，而是应该首先尽量通过道德自律之外的措施将过失犯变为“不能犯”，只有当道德之外的预防措施已然足够合理时，才能体现出对“人”这一道德主体的必要尊重。最后，依然需要再次说明的是，笔者并不反对新过失论本身，而只是对其思考模式在司法实践中所带来的弊端表示担忧。在此基础上，对于修正的旧过失论的重申，目的就在于避免将反规范的行为直接等同于反规范的心态，并尽量还原对行为人主观心态的完整独立评价。

# 违法性认识错误与期待可能性

# 违法性认识错误的本质属性

柏浪涛*

**摘　要**　法规范有一阶评价(实质评价)与二阶评价(规制评价)之分。基于此,违法性认识的对象不是社会危害性,而是刑法禁止性,不包括非刑法规范的违法性。违法性认识是故意要素还是责任要素,须先明确故意是不是责任要素,方能确定该问题是不是择一问题。"责任"不是实体概念,而是评价活动。故意是责任评价的对象。认为故意是责任要素的观点混淆了责任评价对象与责任评价本身。"责任故意"概念应予以摒弃。基于答责原则,责任谴责的条件是行为人具有法规范的可交谈性,亦即具有违法性认识可能性,在此并不需要现实的违法性认识。认为违法性认识是故意要素的故意理论混淆了责任谴责条件与责任评价对象。我国《刑法》第16条中"不能预见的原因"可解释为违法性认识可能性的实定法依据。

**关键词**　违法性认识　违法性认识错误　构成要件错误　故意　责任

## 一、问题意识与方法反思

近年,涉及违法性认识的案件在我国不断涌现,例如,天津赵某华非法持有枪支案、内蒙古王某军非法收购玉米案等。在这类案件中,被告人的常见辩护理由是缺乏违法性认识。而公众对司法机关的有罪结论也大惑不解,甚至严重质疑刑法规范的合理性。对此类问题,刑法教义学亟待深入研究、有效回应。

妥当处理此类案件,必须解决一个基础问题,亦即违法性认识的本质属性。对

* 华东师范大学法学院教授,博士研究生导师。

此存在故意说与责任说之争。故意说认为违法性认识是故意要素,责任说则主张违法性认识是责任要素。关于该问题的研究价值,劳东燕教授和车浩教授持消极态度,“人们争论的违法性认识究竟是故意的要素还是责任的要素。这样的研究无疑存在偏颇。违法性认识问题的关键不在于违法性认识的欠缺究竟阻却的是罪责还是故意,而是在何种情况下不予追究行为人的刑事责任(既符合刑法规制的需要,又能兼顾责任主义的要求)”。[①]

这种看法可能值得商榷。刑法教义学的确应当研究在何种情况下不追究行为人的刑事责任。正是为了追求这一效果,才应当认真研究违法性认识的本质属性。这是因为,刑法教义学不是用抽象的“大道理”去追求某个理想效果,而是根据具体的理由根据来论证具体结论。为了论证不追究行为人刑事责任的合理性,必须将阻却刑事责任的理由根据阐述清楚。为此,必须将阻却故意的事由与阻却责任的事由加以区分。正如陈璇博士所言,“究竟是把违法性认识归于故意还是将之列为独立的责任要件,这并非只涉及‘往哪儿摆’的位置之争,而是事关违法性认识错误出罪能力的大小这一实质性问题,故不可等闲视之”。[②] 因此,违法性认识的本质属性及体系性地位是一个基础性问题,需要深入探究。

关于该问题的争论,相对于故意说,责任说在我国理论界占据多数说地位。[③] 然而,近年来,陈璇博士力倡故意说,并提出若干具体理由。[④] 这些理由推进了我国关于违法性认识的研究深度。对这些理由需要认真研究和回应。这也表明,围绕违法性认识的属性之争并未落幕,而是进入了新的阶段。站在新的起点,回望过去的相关研究,在方法论上有三个问题值得反思。

首先,争论的前提问题尚待明确。在探讨违法性认识的属性之前,需要先明确违法性认识的对象,也即违法性认识中“违法性”的含义。对此,我国学界尚未达成

---

① 劳东燕:《责任主义与违法性认识问题》,载《中国法学》2008 年第 3 期;车浩:《法定犯时代的违法性认识错误》,载《清华法学》2015 年第 4 期。

② 陈璇:《责任原则、预防政策与违法性认识》,载《清华法学》2018 年第 5 期。

③ 参见陈兴良:《违法性认识研究》,载《中国法学》2005 年第 4 期;周光权:《违法性认识不是故意的要素》,载《中国法学》2006 年第 1 期;吴学斌:《规范责任论视野下的违法性认识与违法性认识的可能性》,载《清华法学》2009 年第 2 期;王志远:《在“公益”与“私权”之间:违法性认识问题再认识》,载《法学家》2015 年第 1 期;孙国祥:《违法性认识错误的不可避免性及其认定》,载《中外法学》2016 年第 3 期;张明楷:《刑法学》(第 5 版),法律出版社 2016 年版,第 322 页。

④ 参见陈璇:《责任原则、预防政策与违法性认识》,载《清华法学》2018 年第 5 期。

共识。陈兴良教授主张,违法性认识就是关于社会危害性的认识。① 张明楷教授则认为,违法性认识是指针对形式的刑事违法性的认识。② 不难想象,若对违法性认识的“违法性”这一前提问题未取得基本共识,则关于违法性认识的属性及地位的研究便难免“自说自话”之嫌。

其次,争论的逻辑关系有待厘清。以往故意说与责任说的争论呈现一个特点,亦即通过权衡优缺点来论证合理性。例如,责任说指责故意说,将违法性作为故意的认识对象,若行为人没有认识到违法性则不成立故意,若刑法不处罚相应过失则会造成处罚漏洞。③ 然而,这种权衡优缺点的论证方法并不具有很强的说服力,因为有无优缺点依赖于观察视角与价值偏好。观察视角不同,优点可能会变成缺点;价值偏好不同,缺点也可能会变成优点。例如,针对责任说的指责,故意说完全可以反驳道,刑法不处罚相应过失不是造成处罚漏洞,而是刑法谦抑性的表现。如此,最终的争论结局往往是“公说公有理,婆说婆有理”。

基于此,论证范式应从价值偏好转变为逻辑推理。从逻辑关系出发,论证违法性认识是故意要素还是责任要素,应先明确故意要素与责任要素是什么逻辑关系。如果故意属于责任要素,那么“违法性认识是故意要素还是责任要素”便不是对立排斥的择一问题,而是责任框架内的结构安排问题,亦即将违法性认识视为故意要素,则对违法性认识需要积极判断;若将违法性认识视为责任要素(责任阻却事由),则对违法性认识只需消极判断。如果故意不属于责任要素,亦即二者是对立排斥关系,则“违法性认识是故意要素还是责任要素”便是对立排斥的择一问题,亦即违法性认识要么属于故意要素,要么属于责任要素。在明确这一组逻辑关系后,再讨论违法性认识与责任的逻辑关系。明晰这两组逻辑关系后,“违法性认识是故意要素还是责任要素”的问题,自然会水落石出。

最后,争论的法律效果需要“落地”。故意说与责任说的争论不应局限于理论之争,必须对实务具有指导意义,为此必须落实到具体法条,找到相应的法条依据。这是刑法教义学的应有之义。虽然责任说在理论界是多数学说,但是由于其缺乏法条依据,故几乎未得到实务界的支持。而故意说在此具有优势,其主张我国《刑

---

① 参见陈兴良:《违法性认识研究》,载《中国法学》2005 年第 4 期。

② 参见张明楷:《刑法学》(第 5 版),法律出版社 2016 年版,第 318 页。

③ BGHSt 2,194(200).

法》第14条关于故意的规定便是违法性认识的法条依据。① 然而,这种主张是否合理,值得探究。本文以上述三项反思问题为主线,尝试探究违法性认识的本质属性与体系性地位,以此为处理诸多实务疑难案件奠定教义学基础。

## 二、争论的前提问题:认识对象的界定

清晰界定违法性认识的对象,是研究违法性认识问题的起点。“违法性认识”这一术语表明,认识对象是“违法性”,然而其内涵并非不言自明,对此需要仔细论证。

### (一)一阶评价:社会危害性

关于违法性认识的对象,学界代表性的观点认为,违法性认识是指社会危害性认识,具有社会危害性认识便具有违法性认识。例如,陈兴良教授认为,“在我国刑法中,应当坚持社会危害性认识与违法性认识相一致的观点。社会危害性认识只不过是我国刑法使用的特定用语,其法理上的含义应当是指违法性认识”。② 阿图尔·考夫曼(Arthur Kaufmann)也认为,社会危害性认识是责任的内在要求,满足了社会危害性的认识也就满足了违法性的认识。③ 然而,这种观点(社会危害性认识说)可能值得商榷。

1.法规范评价机制的考察

违法性认识是不是社会危害性认识,需要考察法规范的产生与适用原理。从法规范的产生机制看,评价优先于命令;法规范必须先告诉国民什么是好、什么是坏,然后才能向国民提出命令与禁止规范。④ 法规范的命令与禁止植根于评价规范。法规范想“决定”某人的什么事情,就必须先评价这些事情。⑤ 由此可知,法规范对国民行为的评价有位阶之分。一阶评价是实质评价,认为某类行为具有“社会危害性”或“无价值性”,行为具有实质违法性(社会危害性)。此时,法规范是一种评价规范,告诉国民什么行为是好、什么行为是坏。二阶评价是规制评价,认为具有社会危害性的某类行为应当被禁止,行为具有形式违法性(禁止性)。此时,法规

---

① 参见陈璇:《责任原则、预防政策与违法性认识》,载《清华法学》2018年第5期。

② 陈兴良:《违法性认识研究》,载《中国法学》2005年第4期。

③ Vgl. Arthur Kaufmann, Das Unrechtsbewusstsein in der Schuldlehre des Strafrechts, 1985, S. 143ff.

④ Vgl. Johannes Nagler, Der heutige Stand der Lehre von der Rechtswidrigkeit, in Festschrift für Karl Binding, Bd. 2, S. 313f.

⑤ 参见[德]卡尔·恩吉施:《法律思维导论》,郑永流译,法律出版社2004年版,第27页。

范是一种禁止规范或命令规范(决定规范),告诉国民什么行为是被禁止的。一阶评价解决"是什么"的问题,二阶评价解决"应当怎样"的问题。一阶评价并不必然导致二阶评价,基于谦抑主义,法规范不可能将所有具有社会危害性的行为均予以禁止,亦即二者不具有充分条件关系(有前者则必有后者)。不过,二者具有必要条件关系(无前者则无后者),二阶评价以一阶评价为基础,必然包含一阶评价。李斯特认为形式违法性与实质违法性既可以相互重叠,也可以相互分开。① 这种看法值得商榷。形式违法性与实质违法性既不是表面与内容的关系,也不是互不干涉的中立关系,更不是对立排斥关系,而是位阶关系。形式违法性(禁止性)包含了实质违法性(社会危害性)的评价。不过,经过二阶评价后的实质违法性宜称为法益侵害性,因为已经被纳入禁止规范的范畴,不再是单纯的实质违法性(社会危害性)。因此,在使用"社会危害性"与"法益侵害性"时应注意语境和评价位阶。

不过,从法规范的适用机制看,命令优先于评价,亦即先审查行为人是否违反了命令规范或禁止规范(二阶评价),再考察是否违反了评价规范,是否具有实质违法性(一阶评价)。依据二阶评价,若认为行为人违反了禁止规范,正常情况下便表明,其行为既具有形式违法性(禁止性),也具有实质违法性(法益侵害性)。但是,在例外情形下,依据一阶评价有可能认为行为不具有实质违法性(法益侵害性)。从法规范的适用角度看,构成要件该当性的判断是二阶评价,违法性阶层的判断是一阶评价。二阶评价是积极判断,一阶评价是消极判断。

当讨论违法性的认识问题时,这里的"违法性"应当指作为二阶评价的形式违法性(禁止性),而非作为一阶评价的实质违法性(社会危害性)。首先,讨论行为人是否有违法性认识时,应从法规范的适用机制考察,不应从法规范的产生机制考察,因为行为人是法规范的适用主体,而非法规范的制定主体。具体而言,先考察二阶评价,亦即行为是否违反了禁止规范,是否具有禁止性,不应从法规范的产生机制出发,先考察一阶评价,亦即行为是否具有实质违法性(社会危害性)。社会危害性认识说先考察行为人是否认识到行为的社会危害性,这种做法属于先作一阶评价,这是依据法规范的产生机制所作的考察。这种做法混淆了法规范的适用机制与产生机制。

其次,从法规范的适用机制出发,在考察二阶评价时,应注意区分其中包含的一阶评价。由于一阶评价与二阶评价是位阶关系,二阶评价包含了一阶评价,因此

---

① 参见[德]李斯特:《德国刑法教科书》,徐久生译,法律出版社 2006 年版,第 201 页。

需要注意这种位阶差异。二阶评价是规制评价、制裁性评价,会产生禁止规范,具有调整功能和制裁功能,以此实现法益保护机能,同时也是国民的行为规范,以此实现国民的自由保障机能。一阶评价只是单纯的态度评价、价值评价,没有产生命令与禁止规范,不会形成国民的行为规范。"社会危害性"具有模糊性和不确定性,无法为国民划定清晰的行为边界,无法满足构成要件的定型性要求。[①] 基于此,一阶评价与二阶评价对国民的要求有所不同。在价值观多元的社会,国民可以与一阶评价保持差异,亦即可以保持与法规范价值评价不同的自我价值评价,包括道德观念、宗教信仰、政治信仰等。但是,在法治社会,国民必须遵守二阶评价,二阶评价决定国民的自由空间。简言之,法规范可以要求国民"行动一致",但不能要求国民"心心相印",亦即不能要求行为人认识到法规范所认为的社会危害性。

最后,在二阶评价的基础上可以进行责任评价,亦即就行为人制造的违法事实而言能否谴责行为人。一阶评价的法规范称为评价规范,二阶评价的法规范既可以称为命令规范或禁止规范,也可以称为决定规范。一个人要做出遵守某项法规范的意思决定,就需要知晓法规范的评价效果,亦即决定规范来源于评价规范。[②] 这里的决定规范有两个角度的含义:一是法规范决定国民的行为边界,向国民提出命令与禁止,此时,决定规范是一种命令规范或禁止规范;二是国民依据命令规范做出意思决定,此时,决定规范是意思决定规范。依据意思决定规范可以进行责任评价。若行为人认识到法规范的二阶评价,便应产生反对动机,因为二阶评价具有指引机能与警示机能;行为人此时仍违反法规范,便值得谴责。若行为人仅认识到法规范的一阶评价,尚不能要求行为人产生反对动机,因为一阶评价仅具有倡导机能与提示机能,国民有保持价值多元的权利,此时不能谴责行为人。

基于以上法理根据,违法性认识是指行为人针对法规范的二阶评价(禁止性)的认识,而非针对法规范的一阶评价(社会危害性)的认识。关于社会危害性认识与违法性认识的关系,我国传统理论的争议焦点是大义灭亲案件,例如,张某将横行乡里的逆子杀死,张某认为自己在大义灭亲。对此,有观点认为,张某没有认识到行为的社会危害性。[③] 有观点主张,张某认识到行为的社会危害性,就等同于认

---

① Vgl. Neumann, Nomos Strafgesetzbuch Kommentar, 4. Aufl., 2013, § 17, Rn. 15.

② Vgl. Edmund Mezger, Strafrecht, 3. Aufl., 1949, S. 166.

③ 参见薛瑞麟:《犯罪故意的明知内容:社会危害性认识还是违法性认识》,载《西藏大学学报(社会科学版)》2014 年第 2 期。

识到行为的违法性。[①] 实际上，对该案件首先需要区分一阶评价与二阶评价。对于杀死逆子的行为，刑法规范的一阶评价是该行为具有社会危害性，二阶评价是该行为构成故意杀人罪。二阶评价以一阶评价为基础，包含了一阶评价。因此，张某认识到该行为在刑法上构成故意杀人罪，便必然认识到该行为在刑法上具有社会危害性。若张某从自己的立场出发，认为该行为是为民除害，不具有社会危害性，则表明在一阶评价上，张某的评价与刑法的评价不一致。对于这种评价不一致，一方面，刑法不能谴责张某的这种自我认识，因为国民有权保持自己的价值评价；另一方面，张某也不能因此而免责，因为国民自己的价值评价不能左右法规范的价值评价。由于张某认识到了刑法的二阶评价，因此，刑法可以谴责张某。

2. 社会危害性认识说的省思

当从法规范的评价机制厘清社会危害性与刑法禁止性的关系后，以此出发，便可以检视社会危害性认识说的诸多问题。

第一，社会危害性作为实质的违法性表达的是客观的违法性。社会危害性是法规范所作的一阶评价。该评价结论具有客观性，不受行为人的意志左右。这种客观性体现在，法律以抽象价值标准的面目出现，其适用可能性并不取决于被评价对象的行为所发生的方式（有责或无责）。[②] 这是因为，法规范要塑造一种客观的生活秩序，保障国民至少在表面上能够有序地共同生活；为此，追求秩序的法意志便需要确证哪些行为遵守了秩序，哪些行为违反了秩序；这种确证便形成一种客观的评价规范。[③] 主观违法论认为，法规范是一种命令规范，通过影响人们的内心活动来规制其外在行为，既然如此，就需要规范接收者在主观上理解法规范的意思。[④] 然而，当论及法规范是命令规范时，是就法规范的二阶评价而言的。在二阶评价，的确需要被规制者能够知晓法规范的命令与禁止，有知晓的可能性。但是，社会危害性的评价是一阶评价，此时，法规范仅仅是评价规范。由于该评价结论不受行为人主观左右，行为人的自我评价也无须与之保持一致，因此，该评价结论不需要行为人认识，不是故意的认识对象。

第二，若将社会危害性作为故意的认识对象，则成立故意，需要行为人积极认识行为当时缺乏违法阻却事由。例如，乙持刀杀害甲，甲出于正当防卫杀死乙，甲

① 参见陈兴良：《违法性认识研究》，载《中国法学》2005 年第 4 期。

② 参见［德］李斯特：《德国刑法教科书》，徐久生译，法律出版社 2006 年版，第 199 页。

③ Vgl. Edmund Mezger, Strafrecht, 3. Aufl., 1949, S. 163f.

④ 参见［日］大塚仁：《刑法概说》（总论），冯军译，中国人民大学出版社 2003 年版，第 304 页。

会认为自己的行为没有社会危害性。基于构成要件该当性与违法阻却事由的分层判断,甲首先具有杀人的构成要件故意,然后因成立正当防卫而阻却了违法性。如果认为社会危害性是构成要件故意的认识对象,则一开始就会认定甲不具有杀人的构成要件故意。如此,违法阻却事由便成为消极的构成要件要素。这种处理的弊端在于,认定构成要件故意,不仅要求行为人认识到犯罪事实,而且要求行为人积极认识到行为当时缺乏违法阻却事由。例如,张某杀害仇人王某。认定张某的构成要件故意,不仅要求张某认识到自己在杀害王某,而且要求张某认识到不存在违法阻却事由。然而,一方面,这种要求是不切合实际的。在通常情况下,行为人不会有这样的积极认识。① 不过,张明楷教授举出反例,“强奸罪的成立,要求行为人认识到自己的行为违反妇女意志,这一认识既是对符合构成要件要素的认识,也是对没有正当化事由的认识”。② 然而,由于强奸罪是强制性犯罪,“被害人同意”在该罪中不属于违法阻却事由,而属于构成要件该当性的阻却事由。③ 另一方面,这种要求也是没有意义的。构成要件故意的不法机能是,能够避免实现违法结果却要实现违法结果。构成要件故意的责任机能是,能够形成避免违法结果的反对动机却形成违法意志。因此,构成要件故意的认识内容应当是需要避免的违法行为及结果。而违法阻却事由并不是需要避免的违法行为及结果,因此不是构成要件故意需要认识的内容。正如金德霍伊泽尔(Kindhäuser)所言,要求行为人认识到违法阻却事由的不存在,对于故意的归属而言没有任何意义。④

第三,我国《刑法》第 14 条第 1 款规定:“明知自己的行为会发生危害社会的结果,并且希望或者放任这种结果发生,因而构成犯罪的,是故意犯罪”。有观点认为,该规定表明,成立故意要求行为人认识到行为的社会危害性。⑤ 然而,根据该条文表述,该款规定是指成立故意要求明知自己的行为会发生具有社会危害性的结果,而不是明知行为的社会危害性。承载违法性的基础事实不同于违法性本身。例如,“构成要件要素”这一称谓有两个指称。一是指构成要件要素的基础事实,这是进行违法性评价的原始素材(质料)。二是指(违法性)构成要件要素,这是指经过违法性评价后能够

---

① Vgl. Hans-Heinrich Jescheck, Thomas Weigend, Lehrbuch des Strafrechts, 5. Aufl., 1996, S. 463.

② 张明楷:《刑法学》(第 5 版),法律出版社 2016 年版,第 261 页。

③ 参见车浩:《论被害人同意的体系性地位——一个中国语境下的“德国问题”》,载《中国法学》2008 年第 4 期。

④ Vgl. Kindhäuser, Strafrecht Allgemeiner Teil, 6. Aufl., 2013, § 29, Rn. 21.

⑤ 参见陈璇:《责任原则、预防政策与违法性认识》,载《清华法学》2018 年第 5 期。

为违法性提供存在根据的要素。二者在德国刑法中有明确区分,前者被称为"行为情状"(Tatumstand),后者被称为"构成要件要素"(Tatbestandsmerkmale);在表达构成要件故意的认识对象时,会明确指出认识对象是"行为情状"。[①] 我国刑法学使用"构成要件要素"时不太注意区分这两种指称。但是,在探讨故意的认识对象时,需要指出二者的区别。基于此,依据《刑法》第 14 条第 1 款的规定,故意的认识对象是承载社会危害性的基础事实,而非社会危害性本身。

最后,对规范性构成要件要素"规范性"的认识不同于社会危害性认识。张明楷教授指出,成立故意,要求行为人认识到自己行为的社会意义。[②] 韦塞尔斯等人也认为,成立故意,行为人必须认识到基础事实的社会意义。[③] 可能有人依此认为,成立故意,要求行为人认识到自己行为的社会危害性。然而,这里的"社会意义"是指规范性构成要件要素的"规范性"。这是指行为对象的社会属性,而非行为的社会危害性。例如,就贩卖淫秽物品牟利罪而言,需要行为人认识到该物品的"淫秽性",如此,才能满足对"淫秽物品"的认识。

### (二)二阶评价:刑法禁止性

前文已述,考察行为人的违法性认识问题时,应从法规范的适用机制出发,先考察二阶评价(规制评价),亦即行为人有无认识到行为在法规范上的违法性(禁止性)。问题是,这里的法规范的违法性是指所有法规范的违法性,还是仅指刑法规范的违法性?德国、日本学界的主流观点(广义法规范说)认为,违法性认识中的违法性,包括民法、行政法等法规范的违法性,不要求行为人认识到刑法规范的违法性(刑法禁止性或刑事可罚性)。[④] 然而,这种主流观点值得商榷,违法性认识的对象应限于刑法禁止性。[⑤]

---

① Vgl. Schönke/Schröder, StGB Kommentar, 27. Aufl., 2006, § 16, Rn. 1f.

② 参见张明楷:《犯罪构成体系与构成要件要素》,北京大学出版社 2010 年版,第 213 页。

③ Vgl. Wessels/Beulke/Satzger, Strafrecht Allgemeiner Teil, 43. Aufl., 2013, § 7, Rn. 243.

④ Vgl. Claus Roxin, Strafrecht Allgemeiner Teil, Bd. Ⅰ, 4. Aufl., 2006, § 21, Rn. 13; Kindhäuser, Strafrecht Allgemeiner Teil, 6. Aufl., 2013, § 28, Rn. 8; Rudolf Rengier, Strafrecht Allgemeiner Teil, 5. Aufl., 2013, § 31, Rn. 5.;[日]大谷实:《刑法讲义总论》(新版第 2 版),黎宏译,中国人民大学出版社 2008 年版,第 309 页。

⑤ 德国刑法学在表达刑法规范的违法性时使用"刑事可罚性"。而日本刑法学中有"可罚的违法性"术语,意指违法性的程度达到可罚的程度。二者含义有所不同,但均是违法性认识探讨的内容。为了避免混淆,本文在表达刑法规范的违法性时选用"刑法禁止性"。而且,违法性认识错误也被称为"禁止性错误",意指关于刑法禁止性的认识错误。

广义法规范说的理由是法秩序统一性原理及违法一元论。该理论认为，在由宪法、刑法、行政法、民法等多个法域所构成的整体法秩序中不存在矛盾，法域之间也不应做出相互矛盾、冲突的解释。[①] 一个行为被一项法规范禁止，又被另一项法规范允许，那么这两项法规范便出现了矛盾；对这种规范矛盾，必须加以消除，因为法秩序应当具有统一性和无矛盾性。[②] 简言之，民法、行政法的违法性与刑法的违法性具有统一性。既然如此，认识到民法、行政法的违法性就等同于认识到刑法的违法性，因此，不需要特别认识到刑法的违法性。

然而，这种推论存在逻辑问题。违法一元论仅意味着，刑事违法性必须以民法、行政法违法性为前提，在民法、行政法上不违法的行为，不应具有刑事违法性。但这并不意味着，只要是民法、行政法上的违法行为，就必然具有刑事违法性。换言之，民法、行政法的违法性与刑事违法性是必要条件关系（无前者则无后者），而非充分条件关系（有前者则必有后者）。就必要条件关系而言，违法性具有统一性或一元性。就非充分条件关系而言，违法性具有独立性或相对性。因此，认识到民法、行政法的违法性不等于认识到刑法的违法性。

刑法的违法性虽然以民法、行政法的违法性为前提，但是与后者仍具有本质区别。承担刑事责任的主要方式是科处刑罚，刑罚具有惩罚性。而承担民事责任（违约责任、侵权责任等）的主要方式是赔偿，赔偿不具有惩罚性，仅具有恢复性，惩罚性赔偿只是少数例外。违反行政法导致的行政处罚，例如，司机因闯红灯而被扣分、罚款，饭店因违反卫生法规而被吊销营业执照等，不具有报应主义的责难性，仅具有预防性，预防此类违法行为再次发生。[③] 而刑罚的主要根据之一是基于报应主义的责难性。这是因为，作为部门法的保障法，刑法规范是社会这一生活共同体的底限规范。底限规范是共同体成员在长期交往中达成的共识，是社会赖以存续并正常运行的基本规范。[④] 共同体成员是底限规范的参与者、遵守者，对底限规范应保持忠诚。基于此，敌视、触犯底限规范应当受到谴责、非难。“行为构成犯罪”“行为人是罪犯”这种结论本身就是一种谴责、非难。特别在我国，给一个人贴上“罪

---

① 参见[日]松宫孝明：《刑法总论讲义》（第4版补正版），钱叶六译，中国人民大学出版社2013年版，第81页。

② 参见[德]卡尔·恩吉施：《法律思维导论》，郑永流译，法律出版社2004年版，第200页。

③ Vgl. Kindhäuser, Strafrecht Allgemeiner Teil, 6. Aufl., 2013, § 1, Rn. 5.

④ 参见周光权：《行为无价值论的中国展开》，法律出版社2015年版，第111页。

犯"的标签,具有强烈的责难意味。而行政处罚并不具有这种责难意味。因此,行为人仅仅认识到其行为违反民法、行政法规范,对于科处刑罚而言理由是不充分的。松原芳博教授便指出,"如果行为人认为,作为不法行为或者债务的不履行,自己的行为可能属于损害赔偿的对象,但不会成为刑罚的对象,而且,行为人这样理解也并不勉强的(并非毫无道理的),处罚这种行为人,只会让其认为,自己遭受处罚是一种偶尔的不幸,这样反而会降低刑罚的铭感力"。[①] 诺伊曼(Neumann)也认为,广义法规范说忽视了非刑法规范的恢复性与刑法规范的惩罚性的区别,违法性认识的对象应是具有惩罚性、责难性的刑法规范。[②]

## 三、争论的逻辑关系:故意与责任的关系

如前文所述,研究违法性认识的本质属性是故意要素还是责任要素,需要澄清故意是不是责任要素。在此基础上,才能确定违法性认识与故意的关系、违法性认识与责任的关系。最终,便可确定违法性认识究竟是故意要素还是责任要素。

### (一)故意与责任的关系

故意是否属于责任要素,应从犯罪的认定机制加以考察。犯罪认定机制是一个评价机制,具体而言,第一步,对基础事实进行违法评价,筛选出符合构成要件的违法事实;在该评价过程中,基础事实是评价对象,违法判断是评价本身。第二步,对违法事实进行责任评价,看能否予以谴责或非难;在该评价过程中,违法事实是评价对象,责任判断是评价本身。换言之,责任与违法是评价与被评价关系,亦即可以存在"无责任的违法事实",但不存在"无违法事实的责任",这便是责任与违法的对应原则。传统理论将故意与过失、责任能力、违法性认识可能性、期待可能性等统称为责任要素。然而,这些要素的功能并不相同。责任是一种评价活动(谴责或非难),涉及评价的主体、对象、条件、依据及结论等。责任评价的主体是法官,责任评价的对象是违法事实,责任评价的条件有责任能力、期待可能性等,责任评价的依据有心理责任论、规范责任论等。不难看出,"责任要素"这种称谓过于笼统,容易让人理解成"责任的构成要件要素",亦即"责任"是

① [日]松原芳博:《刑法总论重要问题》,王昭武译,中国政法大学出版社2014年版,第203页。

② Vgl. Neumann, Nomos Strafgesetzbuch Kommentar, 4. Aufl., 2013, § 17, Rn. 21.

一个“机械装置”,“责任要素”是其“零部件”。然而,“责任”并不是一个实体概念,而是一种评价活动。

传统理论将“责任”视为实体概念,是受了“违法”概念的影响,例如,理论上常有如此表述:“违法与责任是犯罪的两大实体或支柱”。[①] 这种表述容易引起误解。虽然“违法”也是一种评价活动,但是违法的评价与责任的评价有所区别。违法评价的对象是构成要件的基础事实(质料),是对其自身属性(合法或违法)的评价;若评价为违法,则构成要件的基础事实便塑成违法性构成要件要素,简称为违法要素。违法要素(有时简称为违法)是个实体概念,有其“零部件”亦即构成要件要素。然而,责任这种评价活动的机制是,针对行为人制造的违法事实而言,能否谴责或非难行为人。责任评价的对象是违法事实,但谴责的对象是行为人,而非违法事实。无论是责任评价的对象,还是谴责的对象,均无法塑成所谓的“责任构成要件要素或责任要素”。它们是责任评价活动的组成部分,但不是责任自身的构成要素。传统理论通常认为,“犯罪是违法且有责的行为”“构成要件是违法且有责的行为类型”“故意、过失是责任构成要件要素”。[②] 这些表述也容易引起误解,让人误以为,违法与责任的评价对象是同一对象(构成要件的基础事实),对该基础事实先进行违法评价,再进行责任评价,便构成犯罪。实际上,评价过程是,先对基础事实进行违法评价,塑成违法事实(构成要件要素),然后就违法事实而言,看能否谴责行为人。可见,语言的简略表述容易抹杀问题的本质区别。概言之,“责任”不是一个实体概念,并无自己的构成要件要素。“责任”是一种评价活动,评价的主体、对象、条件、结论等是评价活动的组成部分,但不是责任自身的构成要件要素。

基于此,“故意是责任要素”这一表述也容易引起误解,让人误以为故意是责任的构成要件要素。实际上,故意是责任评价的对象,但不是责任的构成要件要素,更不是责任本身。故意的确能够影响责任,但不能因此认为故意是责任要素,因为故意之所以能够影响责任,是因为故意是责任评价的对象;评价对象不同,则评价结论自然不同,但不能因此将评价对象等同于评价结论或评价本身。韦尔策尔便指出,“故意是责任要素”这种看法认为,责任是一种特定的心理态度;其实,某种心

① 参见张明楷:《以违法与责任为支柱构建犯罪论体系》,载《现代法学》2009 年第 6 期。

② 参见[日]西田典之:《日本刑法总论》,刘明祥、王昭武译,中国人民大学出版社 2007 年版,第52~53 页。

理态度可以具有责任,但它不是责任本身;之所以会出现将某种心理态度与责任本身等同起来,原因之一在于语言表述得不准确,它时常以偏概全。[①] 申言之,由于责任评价的对象只能是违法事实,因此,作为责任评价对象的故意,在属性上只能是违法事实的构成要件要素(主观违法要素),而不是所谓的"责任构成要件要素或责任要素"。

1. 结果无价值论的立场反思

结果无价值论认为,故意不是违法要素,仅是责任要素,是处在责任阶层的责任类型。[②] 这种观点的局限性在于,分析目光停留在事实判断的层面,没有提升至价值评价的层面。

结果无价值论认为故意是责任要素,第一项依据是因果行为论。就因果行为论而言,李斯特认为,行为是有意性的举止对外部世界的改变。[③] 梅茨格尔(Mezger)也主张,刑法的行为论所要考察的是,行为意志产生的"效果"是什么,这种效果是行为的构成要素,至于这种效果是不是行为意志的内容,该问题对于行为概念没有意义;行为人究竟想实现什么,行为意志的内容是什么,只是对责任的认定有意义。[④] 我国结果无价值论的代表人物张明楷教授也持相同看法。[⑤] 然而,这种行为论值得推敲。第一,这种认识的思想渊源是19世纪后期自然科学领域的机械论。这种认识基于自然主义,将行为理解为一种生理的、物理的自然现象。然而,虽然人是自然世界的一部分,但人具有主体性。刑法对人的行为的评价是一种价值评价。刑法考察的行为是具有社会意义的行为,而非"裸"的自然意义的行为。[⑥] 第二,这种认识重视行为对外部世界的改变,却忽视这种改变背后的原因力。"意志支配行为"存在两项要素:一是意志的支配力,二是意志的内容。意志的支配力能够解释肌肉为何运动。意志的内容能够解释肌肉为何以如此样态运动。因果行为论认为行为是意志的承载体,但是如何承载,承载的样态、方向是怎样的?回答这些问题,就必须考察意志的内容。韦尔策尔便指出,意志内容对行为的发展样

---

① Vgl. Hans Welzel, Das neue Bild des Strafrechtssystems: Eine Einführung in die finale Handlungslehre, 4. Aufl., 1961, S. 40.

② 参见张明楷:《行为无价值论与结果无价值论》,北京大学出版社2012年版,第204页。

③ 参见[德]李斯特:《德国刑法教科书》,徐久生译,法律出版社2006年版,第176~177页。

④ Vgl. Edmund Mezger, Strafrecht, 3. Aufl., 1949, S. 108ff.

⑤ 参见张明楷:《刑法学》(第5版),法律出版社2016年版,第142~143页。

⑥ Vgl. Hans-Heinrich Jescheck, Thomas Weigend, Lehrbuch des Strafrechts, 5. Aufl., 1996, S. 223.

态具有操纵性和引导性，是行为的“构图”。①

结果无价值论认为故意是责任要素，第二项依据是心理责任论，例如，张明楷教授认为，规范责任论并不是对心理责任论的否认，而是在心理责任论的基础上讨论责任问题。② 然而，规范责任论与心理责任论在评价关系上有重大区别。心理责任论认为，责任的本质是制造违法行为的有缺陷的心理活动。③ 心理责任论将故意、过失等心理事实与责任等同视之。这种做法将评价对象与评价本身混为一体。而规范责任论的进步在于区分了评价对象与评价本身。规范责任论的首倡者弗兰克(Frank)便指出，责任的本质在于从规范角度对心理事实进行价值评价，亦即对心理事实的可谴责性或非难可能性。④ 罗克辛也认为，只有将心理事实从责任概念中抽掉，规范责任论才能得到前后一致的贯彻；规范责任论的责任概念是对违法性构成要件事实的评价，而不是单纯的心理事实；这种责任概念具有合理性，比心理责任论的责任概念具有很大的进步性。⑤

此外，结果无价值论可能认为，只有承认故意是责任要素，故意的认识对象是违法事实，如此，才能贯彻违法与责任对应原则以及行为与责任同时存在原则；如果将故意抽离出责任，导致责任内容空洞化，那么违法与谁对应便成了问题，行为与谁同时存在也成了问题。实际上，这种担忧混淆了“认识”与“评价”。故意的认识要素是指一种认识活动，而责任是一种评价活动。虽然二者均属于主观活动，但是二者有本质区别。认识活动是行为人对客观事实的感知，属于事实范畴。而评价活动是法官对违法事实的价值判断，属于价值范畴。认识的对象只能是客观素材，但评价的对象既可以是客观素材，也可以是主观素材。故意、过失、目的、动机等心理事实均可以成为责任评价的对象。就故意的认识要素而言，需要遵守的是主客观相一致原则。而责任与违法对应原则不同于主客观相一致原则，前者是评价与被评价的关系，后者是认识与被认识的关系。行为与责任同时存在原则中的“责任”是指责任评价的前提条件，诸如责任年龄、责任能力等。该原则是指，只能对行为人在具有责任能力状态下实施的违法行为予以谴责、非难。如果将行为与

---

① Vgl. Hans Welzel, Das neue Bild des Strafrechtssystems: Eine Einführung in die finale Handlungslehre, 4. Aufl., 1961, S. 7.

② 参见张明楷：《刑法学》(第5版)，法律出版社2016年版，第242页。

③ 参见[德]李斯特：《德国刑法教科书》，徐久生译，法律出版社2006年版，第257页。

④ Vgl. Reinhard Frank, Über den Aufbau des Schuldbegriffs, 1907, S. 11f.

⑤ Vgl. Claus Roxin, Strafrecht Allgemeiner Teil, Bd. Ⅰ, 4. Aufl., 2006, § 19, Rn. 14f.

责任同时存在原则中的“责任”理解为故意，则该原则就等同于主客观相一致原则。

2. 行为无价值论的立场检视

行为无价值论内部的有力观点认为，故意一方面是违法要素，此时故意被称为构成要件故意；另一方面也是责任要素，此时故意被称为责任故意，亦即故意具有双重属性。① 这种观点（双重故意说）实际上是一种过渡型的折中观点，值得商榷。

首先，不彻底性。关于违法与责任的关系，心理责任论用“客观”与“主观”视角来划分，认为“违法是客观的，责任是主观的”，亦即所有客观的、外在的因素都被归入“违法”，所有主观的、内在的因素都被归入“责任”，“责任”是“行为人与结果之间的心理联系”。然而，“责任是主观的”这种观点无法解释“不具有期待可能性可以免责”的问题，因为有无期待可能性是个客观判断问题。弗兰克富有洞见地指出，“责任是指可谴责性”，意指责任不是一种心理状态，而是一种价值评价（谴责或非难）。② 心理责任论中的“心理”是指心理事实，而规范责任论中的“规范”是指价值评价。不过，此后关于“心理事实”（故意）与“价值评价”（责任）之间的关系，如韦尔策尔所言，人们对此始终没有弄清楚，导致“心理事实是责任本质”的观点始终是人们前行的负担，直到多纳（Dohna）才迈出了决定性一步。③ 多纳认为，认定违法是对基础事实的评价，同理，认定责任是对违法事实的评价；故意（心理事实）是评价的对象，责任（谴责或非难）是针对对象的评价，二者是被评价与评价的关系。④ 因此，故意不是责任自身的要素，应被逐出责任概念。但是故意应栖身何处，成了问题。韦尔策尔基于目的行为论，将故意归入违法性构成要件要素，视为主观违法要素；责任概念不再包含主观心理要素，只保留“可谴责性”这一规范性标准，“责任”成为一个纯粹的价值评价概念。⑤ 双重故意说的顾虑是，虽然故意是违法要素，但是若不保留故意在责任中的地位，就会掏空责任概念。这种顾虑表明，在评价对象与评价本身应作区分的问题上，该说坚持得并不彻底。“责任”本身是一个评价活动，评价对象是评价活动的组成部分，但不是评价本身的构成要件。作为主观违

---

① Vgl. Wessels/Beulke/Satzger, Strafrecht Allgemeiner Teil, 43. Aufl., 2013, § 5, Rn. 142.

② Vgl. Reinhard Frank, Über den Aufbau des Schuldbegriffs, 1907, S. 11f.

③ Vgl. Hans Welzel, Das neue Bild des Strafrechtssystems: Eine Einführung in die finale Handlungslehre, 4. Aufl., 1961, S. 42.

④ Vgl. Dohna, Der Aufbau der Verbrechenslehre, 1950, S. 39f.

⑤ Vgl. Hans Welzel, Das Deutsche Strafrecht, 11. Aufl., 1969, S. 140f.

法要素,故意与客观违法要素共同塑成违法事实,然后成为责任的评价对象。因此,人们不用担心责任概念被掏空。如韦尔策尔所言,所谓"掏空了责任概念的内容",实际上只是将并非责任本身的要素清除出责任概念而已。①

其次,不必要的重复性。双重故意说指出,甲向乙扔石头,砸伤乙,构成要件故意要考察的是,甲的伤害行为是故意为之还是过失为之;责任故意要考察的是,甲为何要伤害乙,依此可以决定是否谴责乙;具有构成要件故意一般会推定具有责任故意。② 不难看出,双重故意说对责任故意的认定,要么是重复考察,要么是将构成要件故意作为评价对象,看能否予以谴责或非难。既然如此,完全可以取消责任故意的概念,直接将构成要件故意作为责任评价的对象即可。如果承认"责任故意"这个概念,便需要回答"责任故意"是责任评价的对象,还是责任评价本身?若是责任评价的对象,那么构成要件故意也是责任评价的对象,二者又有何区别?若是责任评价本身,则完全没有存在的必要性,否则会叠床架屋。

最后,容许性构成要件的认识错误。双重故意说认为其最大优点在于能够解决容许性构成要件错误问题。这种错误是指针对违法阻却事由的前提事实的认识错误,如假想防卫,甲看到朋友丙被乙殴打,便上前使用暴力阻止乙,实际上乙是便衣警察,正在抓捕丙。双重故意说认为,在构成要件该当性阶层,甲具有构成要件故意;在违法性阶层,甲不构成正当防卫;在责任阶层,甲不具有责任故意,因为甲没有违反法规范的思想意识,所以,甲不构成故意犯罪;相反,若不设置责任故意概念,那么甲便构成故意犯罪,这显然是不合理的。③ 然而,不设置责任故意概念,也能合理解决上述问题。如同责任是一种评价活动,违法也是一种评价活动,评价对象是构成要件的基础事实(质料)。不过,为了保障罪刑法定原则和实现犯罪类型化机能,违法这种评价活动需要两步走:第一步是构成要件该当性阶层的判断,这是初步评价;第二步是违法性阶层的判断,这是终局评价。就上述假想防卫案件而言,经过第一步判断,甲具有构成要件故意;经过第二步判断,甲的构成要件故意被阻却了,因为经过违法评价,甲的主观不具有实质的主观违法性。传统理论往往认

---

① Vgl. Hans Welzel, Das neue Bild des Strafrechtssystems: Eine Einführung in die finale Handlungslehre, 4. Aufl., 1961, S. 43.

② Vgl. Wessels/Beulke/Satzger, Strafrecht Allgemeiner Teil, 43. Aufl., 2013, § 5, Rn. 146.

③ 参见蔡桂生:《论故意在犯罪论体系中的双层定位——兼论消极的构成要件要素》,载《环球法律评论》2013 年第 6 期。

为，违法性阶层仅讨论阻却客观违法性。实际上，由于构成要件既包括客观构成要件（客观违法性），也包括主观构成要件（主观违法性），相应地，违法性阶层的阻却对象既包括客观违法性，也包括主观违法性。周光权教授便指出，假想防卫行为具备结果无价值，但行为人主观上是为了制止不法侵害，这使先前成立的构成要件故意从规范评价的角度看"被抵消"、被排除；构成要件故意的判断是一个初步判断，然后根据容许性构成要件错误再排除构成要件故意，这是不同阶段、不同层面的判断。① 换言之，从实质角度判断，容许性构成要件错误可以阻却不法故意。②

综合以上分析可知，故意属于责任评价的对象，不是责任自身的构成要件要素（责任要素），而是违法事实的组成部分，属于主观违法要素。基于此，"违法性认识是故意要素还是责任要素"，便是一个非此即彼的择一问题。为此，需要进一步探究违法性认识与责任的关系，方能确定违法性认识的最终属性。

## （二）违法性认识（可能性）与责任的关系

### 1. 违法性认识可能性的属性地位

如前文所述，责任是一种评价活动，亦即针对行为人制造的违法事实，看能否谴责或非难行为人。这个评价活动有三项因素：一是违法事实，这是责任评价的分析对象，是启动责任评价的起因事实；二是行为人，这是责任评价的结论承受对象，是接受谴责或非难的对象；三是谴责或非难，这是一种否定评价。谴责的根据是，通过行为人制造的违法事实，反映出行为人对法规范有效性的错误态度，破坏了法规范的有效性，动摇了公众对法规范有效性的认同感。③ 在民主社会里，法规范是具有自治人格的国民通过相互沟通理解达成的共识。国民的自我立法观念，要求那些法规范的承受者，同时也被理解为法规范的创制者。④ 国民应尊重法规范，对法规范保持诚实态度。行为人破坏法规范的有效性，就意味着否定了国民之间达成的理解共识；这是一种不诚实的表现，因此应当予以谴责。⑤

---

① 参见周光权：《行为无价值论的中国展开》，法律出版社 2015 年版，第 165 页。

② 参见杨绪峰：《假想防卫的体系性反思》，载《法学家》2019 年第 1 期。

③ 参见周光权：《刑法学的向度——行为无价值论的深层追问》（第 2 版），法律出版社 2014 年版，第 201 页。

④ 参见[德]哈贝马斯：《在事实与规范之间——关于法律和民主法治国的商谈理论》，童世骏译，生活·读书·新知三联书店 2003 年版，第 147 页。

⑤ Vgl. Kindhäuser, Strafrecht Allgemeiner Teil, 6. Aufl., 2013, § 21, Rn. 9.

这种谴责的条件是,法规范对行为人发出行为指引方面的呼吁,行为人有接收呼吁的条件,处在接收呼吁的状态中。这种接收呼吁的条件便是法规范的可交谈性,亦即法规范对行为人发出呼吁不是对牛弹琴,行为人应具有理解法规范的能力。一般而言,具有责任能力的行为人便具有理解法规范的能力。① 行为人要具有法规范的可交谈性,除了要具有理解法规范的能力,还要具有认识法规范的条件或可能性。作为法规范的接收者,行为人自身即使具有接收法规范的能力,但客观上没有接收法规范的条件,也无法实现法规范与接收者的可交谈性。质言之,违法性认识可能性是责任谴责条件(行为人具有法规范的可交谈性)中的一项条件。需要说明的是,法规范的可交谈性只是责任谴责在认识方面的条件(法规范的可认识性)。责任谴责在意志方面的条件是法规范的可期待性,亦即能够期待行为人在具体情境中实施适法行为。

需要进一步探讨的是,就责任谴责的条件而言,是否要求行为人不仅具有违法性认识的可能性,而且实际认识到违法性(刑法规范的禁止性)?答案应是否定的。责任谴责的条件只是法规范的可交谈性,而不要求实际交谈,亦即只要求行为人处于可交谈、可被呼吁的状态,不要求行为人实际被呼吁、实际认识到法规范。这是因为,责任谴责的条件应遵循答责原则(Verantwortungsprinzip),而非认识原则(Kenntnisprinzip)。②"答责"(Verantwortung)的含义侧重于基于某种职务、身份或地位而产生的责任,例如,父母有养育子女的责任、警察有抓小偷的责任等,行为人处在一种应答状态,负有"应当回答"的责任,这种责任蕴含义务性质。与违法相对应的"责任"(Schuld)的含义侧重于对发生的某项事件承担不利后果,这种责任蕴含谴责意味。依据答责原则,在法规范的制定者与接收者之间存在义务分配。法规范的制定者有义务制定成文的明确的法规范,并公之于众,并且有义务创造条件让国民能够知晓,使国民有认识法规范的可能性。法规范的接收者有义务接收法规范,这是一项注意义务。作为社会共同体的一员,国民唯有履行这项注意义务,才能正常地参与社会生活。而且,只要是在社会生活中成长的人,其内心一般都储存着关于违法性的潜意识,只是在实施紧迫的违法行为时,没有时间思考语言表达层

① Vgl. Claus Roxin, Strafrecht Allgemeiner Teil, Bd. Ⅰ, 4. Aufl., 2006, § 19, Rn. 36f.

② Vgl. Hans Welzel, Das neue Bild des Strafrechtssystems: Eine Einführung in die finale Handlungslehre, 4. Aufl., 1961, S. 64.

面的违法性问题。① 根据上述义务分配,能否让行为人认识到法规范是立法者的义务,是否认识到法规范则是行为人的义务,只要立法者创造了认识条件,就满足了责任谴责的条件。

虽然责任谴责的条件只是违法性认识可能性,而不是现实的违法性认识,但是,现实的违法性认识的有无能够影响责任谴责的程度。行为人具有现实的违法性认识,仍然制造违法事实,表明行为人对法规范持敌视态度,应予以严厉谴责。行为人没有现实的违法性认识,但具有违法性认识的可能性,表明行为人对法规范持漠视态度,所受谴责相应小一些。若不存在违法性认识的可能性,则丧失了谴责行为人的条件。

需要注意的是,违法性认识的有无与故意犯罪或过失犯罪没有直接关系。传统理论往往将现实的违法性认识与故意犯罪相联系,将违法性认识可能性与过失犯罪相联系。其实,二者没有必然对应关系。故意犯罪与过失犯罪均可以存在两种情形,亦即有现实违法性认识的情形和无现实违法性认识的情形。例如,中学校长乙不知道刑法规定了教育设施重大安全事故罪,以为不及时报告教育设施的危险不会构成犯罪。这是过失犯罪,乙缺乏现实违法性认识。

2. 违法性认识的属性地位

综合以上系列分析,可以认为,违法性认识不是故意要素,但也不是责任谴责的条件。一方面,故意仅是违法要素,不是责任要素,只是责任的评价对象;另一方面,现实的违法性认识不是责任谴责条件,而违法性认识可能性是责任谴责条件。故意与违法性认识分属不同范畴,具有不同属性。认为违法性认识是故意要素的故意理论将责任谴责的条件与责任评价的对象混为一谈。

故意理论认为,故意的认识对象应包括违法性的理由是,故意所体现的可谴责性高于过失,承载了最高层级的责任非难,因此,故意不是一个纯粹心理要素,而是包括了违法性的规范内涵。② 显然,这种观点认为故意是责任要素。如前文所述,责任不是一个实体概念,而是一个评价活动,没有自身的构成要件要素。故意只是责任的评价对象,但不是责任本身。故意的确比过失具有更高的可谴责性,但这是因为评价对象不同而导致评价结论不同。故意理论混淆了责任的评价对象与责任

① Vgl. Eberhard Schmidhäuser, Strafrecht Allgemeiner Teil, 2. Aufl., 1975, S. 424.

② 参见陈璇:《责任原则、预防政策与违法性认识》,载《清华法学》2018 年第 5 期。

评价本身。

故意理论又认为,对构成要件事实的认识与对违法性的认识都是行为人的心理事实,都是法规范向行为人发出非难的基础,因此,可以将这两种认识对象一体纳入故意的认识内容。[①] 然而,如前文所分析,对构成要件基础事实的认识与对违法性的认识的功能属性不同。前者是违法阶层的判断事项,遵循的是认识原则。后者是责任阶层的判断事项,遵循的是答责原则。前者作为一种主观违法要素是责任评价的对象。后者涉及责任谴责的条件(法规范的可交谈性)。因此,二者无法被兼容到同一个认识框架中,何况就责任谴责的条件而言,并不需要现实的违法性认识,只需要违法性认识可能性即可。

需要指出的是,行为无价值论者若赞成故意理论,则会出现立场矛盾。故意理论认为,违法性认识是故意要素。行为无价值论认为故意是违法要素。行为无价值论者若赞成故意理论,则意味着违法性认识也是违法要素。然而,对违法性的认识不可能成为违法性的要素。这就如同,对一幅油画的认识不可能成为这幅油画的构成要素。我国学者陈璇博士一方面赞同行为无价值论,[②]另一方面又主张故意理论。[③] 其中有龃龉之嫌。当然,陈璇博士可能认为,行为无价值论中有双重故意说,"违法性认识是故意要素"中的"故意"是指责任故意。但是,陈璇博士将构成要件基础事实与违法性一体纳入故意的认识内容,则表明该故意是构成要件故意,而非责任故意;若认为该故意是构成要件故意与责任故意的合体,则意味着在违法阶层就要判断责任故意问题,这等于放弃了违法与责任的阶层区分原则。

## 四、争论的法律依据:《刑法》第 14 条与第 16 条

我国刑法没有明确规定违法性认识,许多国家刑法典明确规定了违法性认识或违法性认识错误。例如,《日本刑法典》第 38 条第 3 款规定,即使不知法律,也不能据此认为没有犯罪的故意,但可以根据情节减轻刑罚。《德国刑法典》第 17 条规定,如果行为人在实施行为时缺乏实施不法的认识,并且无法避免这种认识错误,则其属于无责任地实施行为。如果行为人能够避免这种认识错误,则可以根据第

---

① 参见陈璇:《责任原则、预防政策与违法性认识》,载《清华法学》2018 年第 5 期。

② 参见陈璇:《德国刑法学中的结果无价值与行为无价值二元论及其启示》,载《法学评论》2011 年第 5 期。

③ 参见陈璇:《责任原则、预防政策与违法性认识》,载《清华法学》2018 年第 5 期。

49 条第 1 款从宽处罚。实际上，中华人民共和国成立后，1957 年 6 月 28 日《刑法（草案）》（第 22 次稿）第 16 条也规定："对于不知法律而犯罪的，不能免除刑事责任；但是根据情节，可以从轻或者减轻处罚。"①因此，从立法论上，可以呼吁我国刑法在未来修订时应增设关于违法性认识错误的条文。但是缓不济急，从法教义学角度看，应当运用解释学原理，从现有法条中寻找相关条文依据。

### （一）《刑法》第 14 条

我国《刑法》第 14 条规定："明知自己的行为会发生危害社会的结果，并且希望或者放任这种结果发生，因而构成犯罪的，是故意犯罪"。故意说主张，《刑法》第 14 条是违法性认识的法条根据，成立故意，要求行为人认识到社会危害性，而这种认识就等同于违法性认识。② 然而，这种观点值得商榷。

如前文所论证，对社会危害性的认识不等于违法性认识，对刑法禁止性的认识才是违法性认识。行为是否具有社会危害性是法规范或法官的价值评价，亦即该行为是"好行为"还是"坏行为"；这种评价不等同于规制性质的评价，亦即刑法应否禁止该行为；这种评价对于国民的行为只具有倡导和提示机能，而不具有指引和警示机能。当行为人认为一个行为不具有社会危害性，而法规范、法官认为具有社会危害性，并不能基于此而谴责行为人。换言之，社会危害性并不能为责任非难提供根据。责任非难的根据是，行为人应形成抑制犯罪动机的反对动机，仍形成实施犯罪的意思决定，即所谓的思想无价值。要求行为人形成抑制犯罪动机的反对动机，就要求行为人有条件认识到行为的刑法禁止性。

况且，即使认可故意说的观点，违法性认识是指对社会危害性的认识，也会存在一个问题，亦即根据该说，成立故意要求行为人认识到行为的社会危害性。然而，如前文所论证，作为责任非难的根据和条件，不要求行为人具有现实的违法性认识，只要求具有违法性认识的可能性。依据故意说，责任非难的条件便是行为人对违法性具有现实认识。实际上，这是一项多余、过剩的要求。

此外，故意说混淆了构成要件故意与违法性认识的机能。前文已经论证，违法

---

① 高铭暄、赵秉志编：《中国刑法规范与立法资料精选》（第 2 版），法律出版社 2013 年版，第 302 页。

② 参见陈璇：《德国刑法学中的结果无价值与行为无价值二元论及其启示》，载《法学评论》2011 年第 5 期。

性认识的可能性是责任评价的条件。而构成要件故意是责任评价的对象或素材依据。如果认为《刑法》第14条是违法性认识的根据，则意味着构成要件故意与违法性认识被合为一体，如此责任评价的对象与责任评价的条件因素被混为一谈，由此混淆了构成要件错误与违法性认识错误的机能。虽然构成要件错误能够阻却构成要件故意，但违法性认识错误不能阻却构成要件故意。若依照故意说，违法性认识错误便具有了阻却构成要件故意的机能。故意说可能认为，违法性认识错误即使不能阻却构成要件故意，但能够阻却责任，因为该款并不仅仅规定了构成要件故意，而且还规定了责任，理由在于，从文字上看该款不是在定义"犯罪故意"，而是在定义"故意犯罪"。然而如前文所述，现实的违法性认识并不是责任评价的条件，只有缺乏违法性认识可能性才能阻却责任。因此，行为人的违法性认识错误导致行为人缺乏现实的违法性认识，并不能阻却责任。

### (二)《刑法》第16条

若将《刑法》第14条作为违法性认识的法条依据，会存在上述难以克服的缺陷。本文主张《刑法》第16条可以成为违法性认识的法条依据。《刑法》第16条规定："行为在客观上虽然造成了损害结果，但是不是出于故意或者过失，而是由于不能抗拒或者不能预见的原因所引起的，不是犯罪。"其中，"不能预见"的一项意涵是指不能预见违法性，亦即缺乏违法性认识或预见的可能性。其中，"不是出于故意或者过失"是指不是出于故意违法或者过失违法。其中，"不是犯罪"是指由于缺乏违法性认识可能性而阻却责任，最终导致不以犯罪论处。撇开其中的"不能抗拒"不谈，《刑法》第16条的含义是，行为在客观上虽然造成了损害结果，但是不是出于故意违法或者过失违法，而是由于不能预见违法性的原因所引起的，阻却了责任，因而不是犯罪。这种解释是否合理，需要细致论证。

传统观点认为，《刑法》第16条是关于意外事件的规定，意外事件是指无罪过(故意与过失)事件。[①] 实际上，刑法条文的用语可以保持相对性，亦即同一个用语在不同语境中可以保持不同含义。[②] 例如，收买被拐卖妇女、儿童罪中的"收买"是指购买。《刑法》第104条第2款规定："策动、胁迫、勾引、收买国家机关工作人员、

---

① 参见高铭暄、马克昌主编：《刑法学》(第7版)，北京大学出版社、高等教育出版社2016年版，第118页。

② 参见张明楷：《刑法分则的解释原理》(下)(第2版)，中国人民大学出版社2011年版，第778页。

武装部队人员、人民警察、民兵进行武装叛乱或者武装暴乱的,依照前款的规定从重处罚",其中的"收买"是指收买人心,不可能是指购买。阿图尔·考夫曼指出,一个词语在法律秩序中并非都是同一意义;正如维特根斯坦所指出的,法律概念的意义取决于法律关系所需的内涵。[①] 就《刑法》第 16 条而言,张明楷教授便认为其中的"不能抗拒"不仅包含不可抗力的含义,也包含缺乏期待可能性的意蕴,该条规定为期待可能性这一责任阻却事由提供了法条依据。[②] 同理,《刑法》第 16 条中的"不能预见"可以包括两种含义。第一种含义是,不能预见构成要件结果的发生,亦即对构成要件结果的发生没有预见可能性,因此缺乏构成要件故意或过失。第二种含义是,不能预见行为的违法性(刑法禁止性),亦即缺乏违法性认识可能性,因此阻却责任。

由于本文的这种解释意见在国内属于首倡,因此需要回应各种可能的质疑。可能有人认为,《刑法》第 16 条指出"不是出于故意或者过失",表明行为人缺乏构成要件故意或过失;在体系审查顺序上,缺乏构成要件故意或过失,便不需要考察违法性认识的问题。然而,这种看法是就"不能预见"的第一种含义而言的,认为"不是出于故意或者过失"是指构成要件故意或过失。然而,就"不能预见"的第二种含义而言,"不是出于故意或者过失"相应地也有第二种含义,是指"不是出于故意违法或者过失违法",亦即不是故意违反法规范或者过失违反法规范,而是缺乏认识法规范的可能性。

还可能有人主张,《刑法》第 16 条指出"客观上造成了损害结果",表明该条是针对结果犯或实害犯而言的,并不是针对违法性认识而言的。然而,这种看法可能有所偏颇。虽然《刑法》第 16 条描述的是"损害结果",但并非仅针对结果犯或实害犯而言,还包括了行为犯或危险犯。这一点从《刑法》第 14 条可得到佐证。《刑法》第 14 条规定:"明知自己的行为会发生危害社会的结果,并且希望或者放任这种结果发生,因而构成犯罪的,是故意犯罪。"从字面上看,该条也是针对结果犯或实害犯而言的。然而,该条是针对所有的故意犯罪而言的。其中的"结果"应扩大解释为违法事实,既包括对法益制造的实害结果,也包括对法益制造的危险状态。立法者之所以使用"结果"一词,主要是为了在表述上与过失犯罪相统一。过失犯罪的

---

① 参见[德]阿图尔·考夫曼:《法律哲学》,刘幸义等译,法律出版社 2011 年版,第 119 ~ 120 页。

② 参见张明楷:《刑法学》(第 5 版),法律出版社 2016 年版,第 242 页。

成立要求造成实害结果，因此，《刑法》第 15 条使用“结果”一词。出于表述统一，《刑法》第 14 条也使用“结果”一词。《刑法》第 16 条指出“不是出于故意或者过失”，表明既涉及故意犯罪，也涉及过失犯罪；为了兼顾过失犯罪，该条便使用了“损害结果”。实际上，就故意的违法行为而言，这里的“损害结果”应扩大解释为违法事实，既包括对法益制造的实害结果，也包括对法益制造的危险状态。

可能有人指出，将《刑法》第 16 条解释为包括违法性认识可能性，属于类推解释，违反了罪刑法定原则。然而，这种解释应属于扩大解释。这是因为，《刑法》第 16 条仅规定“不能预见的原因”，并没有规定不能预见的内容。如果《刑法》第 16 条明确规定“不能预见自己的行为会导致危害社会的结果”，则表明不能预见的内容是构成要件事实；此时，若将其解释为不能预见行为的违法性，则有类推解释之嫌。然而，《刑法》第 16 条没有规定不能预见的内容，此时，对不能预见的内容进行填充，不能称为类推解释，而属于扩大解释。退一步讲，即使认为这种解释属于类推解释，也不会违反罪刑法定原则。这是因为，这种类推解释有利于被告人；根据罪刑法定原则，应当禁止类推解释，但不禁止有利于被告人的类推解释。

可能有人声称，即使认为《刑法》第 16 条规定了“缺乏违法性认识可能性”，但是从字面上看并没有规定违法性认识错误。实际上，“不能预见”蕴含的前提事实是“没有预见”。如果已经预见，则不需要探讨“不能预见”的问题。行为人没有预见到违法性，便存在违法性认识错误。退一步讲，刑法没有必要从正面规定违法性认识错误，因为违法性认识错误不是责任阻却事由。如前文所述，责任非难的条件并不是行为人对违法性具有现实认识，而是对违法性具有认识可能性。德国刑法规定，具有违法性认识错误，便可以从宽处罚；若缺乏违法性认识可能性，则可以阻却责任。但是，我国刑法没有必要将违法性认识错误规定为从宽处罚情节，因为如此规定会过于减轻国民认识法律的义务，不利于督促国民增强法规范意识。日本刑法也没有将违法性认识错误规定为从宽处罚情节。归纳言之，将《刑法》第 16 条解释为违法性认识及其可能性的法条依据，积极意义在于，“违法性认识可能性”可以告别一直以来“于法无据”的尴尬境地。这种尝试与追求正是法教义学的内在品格与底层逻辑。

## 五、实务分析

厘清违法性认识的认识对象、本质属性及法律依据，便可以妥当处理实务疑难问题。在天津赵某华非法持有枪支案中,疑难问题是,赵某华“没有认识到自己所持枪支是行政法规认定的真枪”,这种认识错误究竟是违法性认识错误还是构成要件错误?依据相关行政法规定,被告人赵某华所持有的枪形物因杀伤力达到“枪支”标准,属于非法持有枪支罪中的“枪支”。① 赵某华没有认识到该行政法规定,故而没有认识到其所持枪形物属于非法持有枪支罪中的“枪支”。这种认识错误属于构成要件错误,而非违法性认识错误。第一,如前文所述,违法性认识错误中的“违法性”不包括行政法的违法性,而仅指刑法的违法性也即刑法禁止性。第二,虽然赵某华对行政法规定存在认识错误,但该行政法规定只是解释了一个构成要件要素(行为对象),并没有阐释整个构成要件行为的刑法禁止性。赵某华是针对构成要件要素(行为对象)产生的认识错误,属于构成要件错误。

不过有意见认为,赵某华的认识错误属于违法性认识错误,因为赵某华“误以为自己的行为没有刑法上的违法性,不构成犯罪”。② 这种看法可能混淆了构成要件错误与违法性认识错误。关于构成要件错误与违法性认识错误的逻辑关系,存在排斥关系与竞合关系之争。排斥关系认为,构成要件错误与违法性认识错误是互不包含的对立排斥关系。③ 竞合关系认为,构成要件错误是违法性认识错误的一种特别情形,优先认定为构成要件错误。④ 竞合关系主张,只要行为人“误以为自己的行为没有刑法上的违法性”,就属于违法性认识错误。而排斥关系则认为,违法性认识错误的确是“误以为自己的行为没有刑法上的违法性”,但“误以为自己的行为没有刑法上的违法性”并不一定都是违法性认识错误。实际上,该争论问题不是实体问题,而是概念界定问题。“误以为自己的行为没有刑法上的违法性”这种心理有两种产生途径。一是独立产生,例如,田某以为损害他人商品声誉只是民事侵权行为,不构成犯罪,实际上刑法规定了损害商品声誉罪;田某带着这种认识而实

① 至于相关行政法规定的“枪支”认定标准是否过低、是否合理,是另一问题。严格遵循行政法规定来解释刑法的构成要件要素,是否合理,以及刑法解释可否保持独立性,也是另一个需要单独研究的问题。本案审理之后,相关司法解释采取了相对独立的解释,认为应当考虑涉案枪支的致伤力大小等因素,综合评估社会危害性来决定是否追究刑事责任。参见 2018 年 3 月 8 日《最高人民法院、最高人民检察院关于涉以压缩气体为动力的枪支、气枪铅弹刑事案件定罪量刑问题的批复》。

② 参见江溯:《规范性构成要件要素的故意及错误——以赵某华非法持有枪支案为例》,载《华东政法大学学报》2017 年第 6 期;王钢:《非法持有枪支罪的司法认定》,载《中国法学》2017 年第 4 期。

③ Vgl. Günter Stratenwerth, Lothar Kuhlen, Strafrecht Allgemeiner Teil Ⅰ, 5. Aufl., 2004, § 10, Rn. 65.

④ Vgl. Walter Gropp, Strafrecht Allgemeiner Teil, 3. Aufl., 2005, § 13, Rn. 10.

施这种行为。田某对构成要件事实没有认识错误,但误以为自己的行为没有刑法上的违法性。田某的这种认识错误无疑属于违法性认识错误。二是基于构成要件错误而产生,例如,某著名作家认为自己的某部小说是文学作品,予以销售,而司法机关认为该小说属于淫秽书刊;作家由于没有认识到自己销售的是淫秽书刊,便误以为自己的行为没有刑法上的违法性。问题是,这种认识错误应否被认定为违法性认识错误?排斥关系持否定意见,竞合关系持肯定意见。从犯罪审查顺序角度来看,排斥关系具有合理性,因为构成要件错误的判断在前,违法性认识错误的判断在后,当判定某认识错误是构成要件错误后,便不需要再判断其是不是违法性认识错误。因此,所谓违法性认识错误,是指不依赖构成要件错误而独立产生的"误以为自己的行为没有刑法上的违法性"。在天津赵某华非法持有枪支案中,赵某华"误以为自己的行为没有刑法上的违法性"是由构成要件错误导致的,因此不能被视为违法性认识错误。由于赵某华的认识错误属于构成要件错误,因此,适用的法条是《刑法》第14条第1款,申言之,由于赵某华没有认识到自己的行为会发生危害社会的结果,因此缺乏构成要件故意,基于此应对赵某华作无罪处理。

在内蒙古王某军非法收购玉米案中,王某军知道自己未办理粮食收购许可证而收购玉米,王某军认识到自己的行为违反了行政法,具有行政法的违法性,但没有认识到违反了刑法,具有刑法禁止性。[①] 这种认识错误应属于违法性认识错误。王某军认识到自己的行为具有行政法的违法性,便认识到自己制造了具有社会危害性的违法事实,亦即在构成要件事实上王某军没有认识错误。有人可能认为,王某军既然认识到自己的行为具有行政法上的违法性,表明其不存在违法性认识错误。但是,如前文所述,违法性认识错误中的"违法性"不包括行政法的违法性,而仅指刑法的违法性也即刑法禁止性。王某军虽然认识到自己的行为具有行政法的

① 内蒙古王某军非法收购玉米案的基本案情:2014年11月13日至2015年1月20日,被告人王某军未办理粮食收购许可证,未经工商行政管理机关核准登记并颁发营业执照,擅自在内蒙古巴彦淖尔市临河区某些村组无证照违法收购玉米,将所收购的玉米卖给他人,非法经营数额218,288.6元,非法获利6000元。2016年4月15日,内蒙古自治区巴彦淖尔市临河区人民法院认定被告人王某军构成非法经营罪,判处有期徒刑1年,缓刑2年。2017年2月14日,内蒙古自治区巴彦淖尔市中级人民法院再审认为,王某军的行为尚未达到严重扰乱市场秩序的危害程度,不具备与非法经营罪相当的社会危害性和刑事处罚的必要性,不构成非法经营罪。参见内蒙古自治区巴彦淖尔市中级人民法院刑事判决书,(2017)内08刑再1号。不难看出,判决意见认为,王某军的行为在性质上符合非法经营罪,但在程度上没有达到值得刑事处罚的程度。王某军认识到自己的行为违反了行政法,具有行政法的违法性,但没有认识到违反了刑法,具有刑法禁止性。至于行政法将这种收购玉米的行为认定为违法行为,是否合理,是另一问题。

违法性,但没有认识到具有刑法上的禁止性。由于王某军的认识错误属于违法性认识错误,因此适用的法条应是《刑法》第 16 条,申言之,王某军的行为在客观上虽然造成了损害结果,但是不是出于故意违法,而是由于不能预见违法性(刑法禁止性)的原因所引起的,因此可以阻却责任,不作犯罪处理。

# 违法性认识错误的不可避免性及其认定

孙国祥*

**摘　要**　基于现代刑法的责任主义原则，域外刑法理论和刑事立法逐渐肯定违法性认识错误对罪责的影响，承认在违法性认识错误不可避免的场合，不知法律可以成为罪责的阻却事由。违法性认识错误的不可避免性成为理论研究的核心。受“不知法律不免罪”的传统原则影响，无论是刑法规定还是刑事司法，各国对违法性认识不可避免性的把握仍十分严苛，几乎为一种罕见的例外。应当承认，现代刑法规范越来越复杂，公民对法规范的认识也越来越困难。因此，行为人只要在通常的法规范意识支配下，履行了法规范注意义务，仍难以避免地陷入了违法性认识错误而实施了刑法禁止行为的，就应认定违法性认识错误不可避免性而阻却罪责。

**关键词**　违法性　认识错误　不知法律　阻却罪责

在违法性认识错误对故意或者责任影响的研讨中，历来存在违法性认识不要说和违法性认识必要说的对峙。在“耗费了人们漫长的时间和巨大的辛劳”后，①越来越多的学者倾向于相对折中的违法性认识可能性，各国立法和判例也在向违法性认识可能性接近。② 甚至有学者认为，承认违法性认识错误也可成为辩护理由是

* 南京大学法学院教授，博士研究生导师。

① [德]汉斯·韦尔策尔：《目的行为论导论——刑法理论的新图景》（增补第4版），陈璇译，中国人民大学出版社2015年版，第77页。

② 参见[日]松原芳博：《刑法总论重要问题》，王昭武译，中国政法大学出版社2014年版，第201页。

一国刑法制度得以跻身于当代先进的刑法制度之列的标志。[1] 违法性认识可能性,定位于违法性认识错误不可避免场合,阻却责任进而阻却犯罪的成立。因为“当一个人不可能获得对不法的认识时,规范的命令就无法对他发生作用。在这个具体情况中,他就是‘在规范上不可交谈的’;他缺乏那种在行为中不管规范的可交谈性而存在的罪责”。由此,“在禁止性错误中,罪责仅仅存在于有可能获得对不法认识的情况下”。[2] 此说固然具有合理性,但如何确定违法性认识错误是可避免或者是不可避免的,仍是司法认定的一大难题。本文拟对此作进一步的分析。

## 一、违法性认识错误不可避免性的提出

“在所有关于错误的领域里,难题莫过于关于刑法合法性的认识错误。”[3]刑法理论上的违法性认识错误,有广义和狭义之分。广义的违法性认识错误包括刑法禁止认识错误和刑罚处罚认识错误;狭义的违法性认识错误,仅指行为人对自己的行为是否为刑法所禁止存在错误,故在理论上也称之为禁止错误。行为人认识到自己行为的不法(为刑法所禁止),仍然决意要实施该违法行为,显露了行为人主观上对法的蔑视和敌对态度,进而成为其可谴责性的责任基础。反之,行为人在没有意识到行为为刑法禁止的场合,能否阻却犯罪的成立,历来存在不同的理论观点。从古代社会就存在的违法性认识不要说到近代社会古典主义刑法理论所倡导的违法性认识必要说,不同的立场反映的是不同的刑法理念。违法性认识不要说,沿袭“不知法律不免罪”的教条式法谚。在我国的司法实务中,该法谚仍被不容辩驳地固守。尽管被告人或者辩护人常常以被告人不知法律(不懂法)作为辩护理由,但法院裁判或者不屑于回应,或者直接予以驳回,如有判决认为,“作为犯罪主观要件的犯罪故意中,不知法律不成立刑法上的抗辩事由”。[4] 也有判决指出,“对于法律的自我认识,并不能成为影响其构成犯罪并承担刑事责任的因素”。[5] 违法性认识不要说最重要的意义是强化了国家刑罚权以及法律规则不可动摇的理念。

---

① 参见[意]杜里奥·帕多瓦尼:《意大利刑法学原理》,陈忠林译,法律出版社1998年版,第260页。

② [德]克劳斯·罗克辛:《德国刑法学总论》(第1卷),王世洲译,法律出版社2005年版,第621页。

③ [美]乔治·弗莱彻:《反思刑法》,邓子滨译,华夏出版社2008年版,第535页。

④ 参见浙江省杭州市中级人民法院刑事裁定书,(2014)浙杭刑终字第266号。

⑤ 参见北京市第二中级人民法院刑事判决书,(2014)二中刑初字第1204号。

违法性认识必要说则针锋相对地主张,一个人没有公然违反法律的意识,就没有处罚的理由。如刑事古典学派大师边沁认为,"对不知法者、非故意行为者、因错误判断或不可抗力而无辜干坏事者所适用之刑,都是无效的",并质疑:"在人们不知法的时候,我们如何能要求人们去遵守法律呢?"①如果说早期的刑法,违法犯罪只限于侵犯特定的被害人以及其他明显的道义违法,由此主张人人知法似乎是有道理的。但在现代社会,曾经支持过刑法的道义一致性消失了。一个多元的社会里充斥着影响生活各个领域的刑事制裁,不可能指望每个人都知道什么是刑法,什么不是刑法。这就不能像要求每个人都知道支撑刑法典的道德直觉规则那样要求每个人都知道这些特殊的刑法规定。② 在有些情况下,"专业知识都无助于彻底了解刑法的内容……甚至那些把大部分职业生涯用在设法解决刑法中纷繁难懂之处的教授和执业律师,都只是熟悉了让我们困惑的法律的小部分而已。随着这种混淆性和不确定性的增加,规定把对法律的无知作为正当抗辩事由已成为当务之急"。③ 显然,一旦将违法性认识作为故意的认识内容或责任要素,限缩了故意犯罪进而缩小了犯罪圈,有利于人权保障。不过,这一主张尽管用心良善,但一旦采用绝对的"不知法者不为罪"原则,随之也带来了理论上和实践中的困境。首先,依据行为与故意同时存在的原则,就成立故意而言,要求行为人当时对构成要件要素具有真实和当前的意识,但是,行为人很少会对违法性也有这样的意识,在大多数情况下,行为人尽管"知道"其行为不法,但行为时并未现实地想起其行为的不法。"如果我们要求行为人在实施行为当时,必须对行为的违法性具有这种现实的想象,那么,该种意义上的故意行为就根本无法存在。"④其次,这种阻却故意的理论在某种程度上将导致鼓励人们漠视的法律存在,因为对法律了解越多的人责任越重(恐怕学习刑法的人责任最重),人们也就缺乏动力去了解法律,更毋宁说去尊重法律。尤其是在刑法规制任务日益繁重的情况下,"试图在实践中完全贯彻'不知法者不为罪'的观念,在法定犯时代恐怕是相当困难的"。⑤ 况且,从诉讼的证明来看,

① [英]吉米·边沁:《立法理论——刑法典原理》,孙力等译,中国人民公安大学出版社1993年版,第66、164页。

② 参见[美]乔治·弗莱彻:《反思刑法》,邓子滨译,华夏出版社2008年版,第532、538页。

③ [美]道格拉斯·胡萨克:《过罪化及刑法的限制》,姜敏译,中国法制出版社2015年版,第14页。

④ [德]汉斯·韦尔策尔:《目的行为论导论——刑法理论的新图景》(增补第4版),陈璇译,中国人民大学出版社2015年版,第79页。

⑤ 车浩:《法定犯时代的违法性认识错误》,载《清华法学》2015年第4期。

司法对行为人违法性意识的确证实际上是很困难的,如果对法律的无知可以作为有效的抗辩理由,那么“法庭将陷入无法解决关于被告人对法律认知程度这个问题的绝望中”,[①]从而将使立法者苦心孤诣所确立的法律规则不堪一击。

由此,相对折中的违法性认识错误不可避免性应运而生。该说主张,故意的成立不以违法性认识为必要,但如果行为人处于不具有违法性认识可能性(或者说不可避免)的情况下,违法性认识错误就属于阻却责任事由。[②] 此即一方面认为违法性认识错误并不阻却故意的成立;另一方面将违法性认识错误作为责任要素,将违法性认识错误不可避免性作为责任阻却事由。在德国,几成通说的观点如下。

“行为人认识到,或者能够认识到某一行为具有符合于构成要件的存在属性,仅凭这一点,还不足以肯定该行为具有可谴责性;只有当行为人同时也认识到,或者能够认识到该行为具有违法性时,才能认定该行为是可谴责的。除了关于构成要件实现的认识以及可能性以外,还必须存在关于违法性的认识以及认识可能性。”“当行为人对违法性完全没有认识的可能性时,我们绝对不可就违法的行为决意对他进行谴责。”否则,就从根本上违反了责任原则。[③]

对域外这一折中性的解决方案的实质,我国有学者认为,这是一种“公益”和“私权”的平衡模态,即“考虑到当前人们对被告是否具有违法性认识的确证能力有限这一事实,根据平衡公益和私权的‘最大程度保障私权’原则,违法性认识能否阻却刑事责任这一问题的解决方案应当是以‘向群体性安全利益倾斜’为平衡模态的折中方案”。[④] 也有学者指出,这是刑事政策和责任主义之间的一种平衡。

一方面,如果一个人陷入了不可避免的违法性认识错误,那就应当考虑免除或者减少他的责任,这是基于难以谴责的责任主义的理由;另一方面,“如果一个人不具备违法性认识,但他本来有机会和可能认识到法律时,那么他就不能再根据违法性认识错误而享受免除责任的优惠。这不仅是部分地由于这种不去认真对待法律本身也具有可谴责性,更主要是基于刑事政策或规范效力的理由,如果这种因为漠

① [美]约书亚·德雷斯勒:《美国刑法精解》(第4版),王秀梅等译,北京大学出版社2009年版,第153页。

② 参见[日]大谷实:《刑法讲义总论》(新版第2版),黎宏译,中国人民大学出版社2008年版,第312页。

③ [德]汉斯·韦尔策尔:《目的行为论导论——刑法理论的新图景》(增补第4版),陈璇译,中国人民大学出版社2015年版,第76、78页。

④ 王志远:《在“公益”和“私权”之间:违法性认识问题再认识》,载《法学家》2015年第1期。

视法律而犯罪的人也能得到充分的原谅,那么刑法呼吁公民忠诚于法或警告潜在犯罪者的一般预防的目的,就无法得到实现”。①

在笔者看来,责任主义最大限度地考虑了私权(不处罚无知者),刑事政策则强调了规范的一般预防目的(社会利益的维护,有条件地处罚无知者),因此,无论是“公益”和“私权”平衡,还是刑事政策和责任主义的平衡,两者只是视角不同而已。然而,这一折中、平衡的方案虽然是目前刑事立法改革中的发展趋势,②但其本身是无奈还是最佳选择,其证立的基础仍值得进一步研讨。

## 二、违法性认识错误不可避免的判断基准

作为责任阻却事由,违法性认识错误不可避免性,前提是行为人存在违法性认识错误,如果行为人已经认识到行为违法或者可能违法(可能违法认识,应当直接认定为已经具备了违法性认识),则无须作违法性认识可能性的判断。由于构成要件的故意同时具有责任的推定功能,即只要行为人对犯罪事实有认识,并且具有实现该事实的意思,就可以认定行为人应该唤起违法性意识的可能性而促成反对动机,行为人具有违法性意识可能性的机会,仍然决意实施行为,则具有谴责的可能性。

违法性认识错误在什么样的情况下是“不可避免”的,这本应是一个规范评价问题。但规范通常只能提供一些抽象标准,如在《美国模范刑法典》中,称为“合理信赖”(根据 1962 年《美国模范刑法典》第 2·04 条第 3 款 b 款的规定,合理信赖的理由包括成文法或其他成文法规,法院的决定、意见或判决,行政命令或许可和规定该种犯罪的法律解释);在德国刑法中,将其直接表述为“不可避免”(《德国刑法典》第 17 条规定,行为人在实施行为时没有认识其违法性,如该错误不可避免,则对其行为不负刑事责任);法国刑法将其表述为“无力避免”(《法国刑法典》第 122 – 3 条规定,能证明自己系由于其无力避免对法律的某种误解,认为可以合法完成其行为的人,不负刑事责任);在意大利宪法法院的判决中表述为“最大努力”,(行为人尽最大努力仍不可能得到对法律规定的正确理解的情况下,行为人不知道法律的

① 车浩:《法定犯时代的违法性认识错误》,载《清华法学》2015 年第 4 期。

② 我国学者早就指出,境外立法将“不知法律”的范围区分为可避免与不可避免两种情况,对后者或者阻却责任或者阻却处罚,成为现代刑法改革的一个趋向。参见黄风:《若干西方国家修改刑法》,载《法制日报》1988 年 6 月 22 日,第 4 版。

具体规定,可以作为排除犯罪的理由);在日本司法判例中,则将其表述为“相当的理由”)。概言之,这些抽象的规定可以归结为:在行为人存在违法性认识错误的情况下,分析行为人的这个认识错误是否“无可避免”或者“不可克服”,即“不是所有的认识错误都能宽宥违法行为,而只是那些没有过错的认识错误才是可宥理由。评价认识错误是否具备罪责,标准是这个认识错误是否‘无可避免’或者‘不可克服’”。[①] 也即根据当时的情况,如果难以期待行为人实施违法行为时能够唤起其违法性意识,就属于不可避免的违法性认识错误。

在各国实务中,对所谓“相当理由”“无法避免”等抽象的标准都采取了严格判断的立场。如德国最高法院司法判决提出,在行为人没有认识到行为不法时,需要进行“良心紧张”(Gewissenspannug)的判断,即“行为人有义务运用他的全部认识能力和整个伦理世界观,如果这样能够形成对某一特定举止的合法或违法性的判断的话”。[②]

关于如何具体地确定认识错误中的“不可避免”,德国学者指出:“决定性的是基于他的社会地位、个人能力和可以要求于他的调动他的认识能力和法制——道德上的价值观念,行为人是否本来能够认识到行为的不法性质。不能肯定行为在法律上的是否准许性时,存在了解义务。攻击受到保护的法益之前,不熟悉法律者必须在可能的范围内了解法律上的规定;他不得简单依据他不能肯定的自己的判断。如果进行了了解,是否就本来是可能认识法律上的规定和消除认识错误的,需要在个案中仔细审查。咨询了解时所得到的不正确的法律解答,不当然而然的就是对行为人有利;关键的更多是在于行为人是否信赖了该解答的正确性,是否准许将得到的解答视为是值得信赖。依照司法判决,可靠的,只能是有关的、熟悉这方面情况的和不先入为主的能够保证所给予的解答是客观的、负责的个人或者部门。”[③]

韩国学者认为,“行为人没有充分发挥自身的知的认识能力因而没有认识到违法性,其结果作了错误的行为决定的人应该对避免可能的禁止错误承担责任。尽管调动了知的认识能力,但不具有能够认识行为违法性的可能性时,就成为不可能

---

① [美]乔治·弗莱彻:《反思刑法》,邓子滨译,华夏出版社2008年版,第540页。

② [德]克劳斯·罗克辛:《德国最高法院判例·刑法总论》,何庆仁、蔡桂生译,中国人民大学出版社2012年版,第96页。

③ [德]约翰内斯·韦塞尔斯:《德国刑法总论》,李昌珂译,法律出版社2008年版,第252~253页。

避免的错误进而被认定为"阻却责任的正当理由。[①] 在意大利,宪法法院强调了可能影响可认识性的两个因素,其中一个是法律的立法表述方式,另一个则是决定行为人确信行为合法性的特殊原因。前者是指法律本身"内容绝对模糊"或者有关当局对法律规定没有明确而一贯的解释,而使公民根本就无法了解其真实内容。后者是指主体在形成犯罪决意时,处于一种使一般人都可能犯同样错误的特殊条件中,但是,如果主体具有了解法律规定的特殊条件或特殊专业能力,则不存在对法律认识错误具有不可避免性的问题。[②]

总体来看,立法或者实务均对违法性认识错误不可避免的认定持一种谨慎的限缩性态度,因为人们的知法守法义务是前提,"文明社会共同体成员,不仅有义务令自己的行为符合法律,而且有义务发现自己的法律义务是什么"。[③] 在人们缺乏自身的认识能力时,需要一直探寻,直至禁止性的法律规范被发现。这种高标准的要求无疑将免责的不可避免的违法性认识错误视为一种罕见的例外,故而受到了理论的质疑,因为在某种意义上,这种过分要求将使"不可避免的禁止性错误就不可能存在了"。[④]

笔者认为,既然将违法性认识可能性作为罪责要素,那么责任判断的主要依据就是行为人个人的认识能力,即"回避可能性的判断基准,不是一般人,而是具体状况下的行为者本人的个人的能力"。[⑤] 但如前所述,完全依据行为人个人的认识能力来做判断,在某种程度上又将导致鼓励人们漠视法律的存在。在现代社会,国民的法律意识应以高标准来要求,不知法律本身就存在先在的过错,因而也就不能完全以行为人的个人认识能力作为依据。妥当的方法,是以行为人个人的认识能力为基础,兼顾社会中一般人的认识能力。可以将"本来是否可以认识"作为一般标准,"本来是可以认识的",应认定其具有违法性认识可能性,反之,则认为其违法性认识错误具有不可避免性。而是否属于"本来可以认识",则需要从以下三个方面

---

① 参见[韩]金日秀、徐辅鹤:《韩国刑法总论》(第11版),郑军男译,武汉大学出版社2008年版,第384页。

② 参见[意]杜里奥·帕多瓦尼:《意大利刑法学原理》,陈忠林译,法律出版社1998年版,第260页。

③ [美]乔治·弗莱彻:《反思刑法》,邓子滨译,华夏出版社2008年版,第542页。

④ 参见[德]克劳斯·罗克辛:《德国刑法学总论》(第1卷),王世洲译,法律出版社2005年版,第621页。

⑤ 张明楷:《刑法学》(第4版),法律出版社2011年版,第303页。

进行分析。

首先,是否存在影响法规范正确认识的客观障碍。(1)刑法规范虽然创设了公民守法的义务,但法规范本身提供的信息应该是清晰的。在法规范提供的信息不清晰甚至相互混淆的情况下(例如,对某行为的性质存在着相互矛盾的司法解释),权威部门向社会提供了不正确的法规范信息,使普通国民(一般人)也会对法规范的正确判断发生障碍,此时,行为人自然也不知道其有遵守法律的义务。所以,在《美国模范刑法典》中,当法律的公开宣示具有瑕疵时,如规范尚未公布或不能在此行为之前通过其他合理途径获得此规范的内容,或者当被告合理信赖官方的法律声明,但后来此法律被宣告无效或存在谬误时,就认为这种法律的公开宣示存在缺陷,可以成为免除刑事责任的辩护事由。[①] (2)是否存在影响行为人正确认识法规范的特殊障碍。例如,在现代社会,每个人都生活在法规范罗织的法网中,法律变化频繁,对一位久居山林狩猎为生的老人而言,由于法规范信息传播的障碍,他未必知道某一地区的野猪也是受保护的野生动物,他猎杀野猪的行为应视为不可避免的违法性认识错误。

其次,是否存在影响法规范正确认识的行为人主观障碍。德国学者指出,"在考虑具体的行为人在其角色中相应的法律义务的前提下,其个人能力和知识便是判断可避免性的标准"。[②] (1)有无正确认识法律的主观基础性条件。如前所述,罪责的判断首先是个别的,即根据行为人个人的能力进行判断。一些对社会反应迟钝者(如部分年老者、缺乏文化知识者或者生活在偏僻地区的人),就需要考虑他们法规范认识能力的有无和高低。如果处于极度低下的情况下(如偏僻地区的文盲),行为人缺乏认真思考自己行为合法性的基础性条件,应当进一步审查其违法性认识的可能性。而相反,具有通常认知能力的人,如无特别的理由,则可推定行为人对违法性的认知,无须进行违法性认识可能性的专门判断。例如,上诉人因虚开增值税专用发票而被一审定罪量刑,上诉理由之一是"没有意识到会触犯法律",对此,法院裁定认为,"增值税专用发票必须按照国家规定如实开具,方能客观反映交易双方的经营业务活动和纳税人应税或已纳税的真实情况。上诉人以正常的认

① 参见[美]道格拉斯·胡萨克:《刑法哲学》,姜敏译,中国法制出版社2015年版,第384页。

② [德]乌尔斯·金德霍伊泽尔:《刑法总论教科书》(第6版),蔡桂生译,北京大学出版社2015年版,第272页。

知能力及生活经验,完全应当也能够认识到虚开增值税专用发票的违法性问题”。[1]这一判决理由实际上认为,既然从事经营活动,就应该了解经营活动中相关发票管理的法律规定,也有充分的机会去了解相关法规,行为人“本来可以认识的”,没有尽力认识,没有在具备相关法律知识的前提下从事经营行为,本身就是可谴责的。(2)考察行为人的教育背景和职业情况。一般人虽然无法直接认识法规范的真实含义,但如果行为人“具有了解法律规定的特殊条件或者特殊专业能力的,则不存在对法律认识错误具有不可避免性的问题”。[2] (3)行为人实施行为时有无获取法律信息的机会。在现实生活中,个体在社会地位、文化程度上的差异导致个体的认识能力有高有低,这也是一种客观存在。尤其是对那些与现代社会方式存在紧密联系的法律,有些人或许是缺乏认知能力的。如果确实存在低于一般人认识能力的情况(如没有多少文化知识),应当承认其违法性认识能力比较低。

再次,行为人有无尽到法规范的注意义务。现代社会,虽然无法期待每个人都成为法律专家(即使法律专家通常也只知道部分法律而已),但可以期待每个人都应当尽到法规范的注意义务,[3]并为这种认识提供了各种机会(律师制度等都为行为人提供了发现法律的机会)。“如果具体的事实情况为行为人提供了咨询、了解法律的机会,那么产生有责之禁止错误的根据仅在于,他没有或没有充分地去咨询、了解。”[4]换句话说,行为人虽然没有认识到违法性,但如果有机会了解法律,行为人却疏于这样的机会,则行为人存在先在的过错,不能否定违法性认识的可能性。如果机会不存在,则违法性认识错误可能属于不可避免的。[5]

最后,在期待“本来能够认识”的场合下,违法性认识错误不能阻却犯罪,只有在违法性认识能力低,又存在某种难以克服的认识障碍时,才有可能阻却犯罪成立。

---

① 参见浙江省杭州市中级人民法院刑事裁定书,(2014)浙杭刑终字第266号。

② [意]杜里奥·帕多瓦尼:《意大利刑法学原理》,陈忠林译,法律出版社1998年版,第260页。

③ 法规范的注意义务通常只是一般的道德上的义务,不知法本身并不会引发法律上的后果。

④ [德]汉斯·韦尔策尔:《目的行为论导论——刑法理论的新图景》(增补第4版),陈璇译,中国人民大学出版社2015年版,第94页。

⑤ 对此,罗克辛教授认为,“当行为人自己本能地或者通过第三人的提示、通过自己的思考或者阅读专业刊物而产生怀疑时;当行为人虽然怀疑,但是仍然知道,自己是在一个由法律详细和特殊地规定的领域中活动;以及当行为人知道,自己的举止行为会给个人或者公众带来损害的时候”,这三种情况应视为有审查法律状况的“机会”。“在所有‘三种’机会都不存在时,没有认识到自己举止行为不法的行为人,就必须由于不可避免的禁止性错误而得到原谅。”参见[德]克劳斯·罗克辛:《德国刑法学总论》(第1卷),王世洲译,法律出版社2005年版,第626页。

## 三、违法性认识错误不可避免性的司法认定

基础性的判断基准确定以后,针对具体的案件,对违法性认识错误是否可以避免,仍需要作进一步的分析。借助于传统的自然犯与法定犯分类,违法性认识错误不可避免性的司法认定可作如下分析。

### (一)自然犯,可直接推定行为人违法性认识错误是可避免的

自然犯,是指借助社会伦理规范就可知道行为违法性的犯罪。在某种意义上,自然犯是以千百年来人们共同的社会实践以及共同的道德规范为依据,其犯罪是被立法所表述而不是立法所制定的。没有刑法规定的形式,人们(社会上的一般人)根据前法性意识(实定法生成之前的自然法)认识到行为的"反伦理性",进而认识到行为的违法性,换句话说,对自然犯的违法性认识,应该建立在道德直觉的"知法推定"基础上。对此,刑法学者的主张高度一致。如德国梯德曼教授指出,诸如暴力犯罪等自然犯的"合规范"的呼唤,通过构成要件的事实行为人就能够得到感受。① 日本学者牧野英一教授认为,犯意乃系反社会的意思;一定的意思是否系反社会的意思,乃先于法律之规定。换言之,一定的行为,因系反社会的,故在法律上加以处罚。② 美国刑法学家弗莱彻教授也强调,"如果某人没有意识到强奸或者杀人是违法的,人们可以正当地期待一个心理疾患证明,以便说明这是一个可信的主张"。③ 德国韦尔策尔教授也进一步分析认为:"对于刑法典中大量的规范来说,正是因为这些规范所描述的行为令人不可容忍地违反了道德秩序,所以我们才认为它是违法的。在此,对共同体秩序的违反,与对道德秩序的违反是相互重叠的,所以,一旦行为人对后者具有认识可能性,则必然同时意味着他对前者也具有认识可能性。"④

由此,实务中一些归属自然犯的犯罪行为,尽管行为人可能存在违法性认识错误(或者行为人以此作为辩解理由),但应推定该错误是可以避免的。如生产、销售

---

① 参见[德]克劳斯·梯德曼:《西德经济刑法——第一和第二经济犯罪法之检讨》,许玉秀译,载《刑事法杂志》1988年第2期。

② 洪增福:《刑事责任之基础》,台北,台湾刑事法杂志社1988年版,第108页。

③ [美]乔治·弗莱彻:《反思刑法》,邓子滨译,华夏出版社2008年版,第531页。

④ [德]汉斯·韦尔策尔:《目的行为论导论——刑法理论的新图景》(增补第4版),陈璇译,中国人民大学出版社2015年版,第93页。

伪劣产品的犯罪,生产、销售有毒、有害食品的犯罪,伪造货币的犯罪等,不但为社会伦理所不齿,而且在任何类型的社会中都是被禁止的。对这些行为的伦理评价和法律的判断基本是一致的,对这类犯罪实际上不会或者应推定不会发生不知法律的认识错误。纵然有人不知具体的刑法条文对某种行为的定罪量刑是如何规定的,但社会对这些行为的否定评价即行为的社会危害是明知的,根据有责任能力之人的一般刑法意识,也应清楚是法律所禁止的,这也就具备了违法性认识(或者说可以直接推定具有违法性认识可能性),不能以不知道法律为由阻却责任。[①] 换句话说,此类犯罪,只需要认识到构成要件的事实就推定行为人具有违法性意识可能性。[②]

### (二)法定犯,违法性认识错误是否不可避免应作具体分析

随着法定犯时代的到来,"犯罪形态在数量变化上由传统的自然犯占绝对优势演变为法定犯占绝对比重这样的局面"。[③] 法定犯不以维护传统伦理道德为目的,而是侧重于现代社会秩序的维护。法定犯通常存在于附属刑法与经济刑法中,但"在附属刑法与经济刑法中,允许的界限经常是这么难以辨认",容易陷入禁止性错误。[④] 换句话说,没有相关刑法规范的认知,对一些经济行为的不法性质,仅仅根据传统的社会伦理(常识、常情、常理)无法做出直接的判断,容易产生认识上的错误。由此,一个基本的经验性结论是,"法定犯的相应激增,使法律认识错误的问题变得越来越突出"。[⑤] 我国学者也指出,"随着大量超出核心领域的、仅凭日常普通人的生活常识难以轻易而知的法定犯规定不断涌现,修法频率日益加快,价值观逐渐多元,法律秩序边界的不稳定程度也渐次提升。由此导致'知法推定'的神话破产,未

---

① 参见孙国祥:《论不知法律不免罪》,载《江苏行政学院学报》2002 年第 4 期。

② 意大利刑法学者指出,虽然"自然犯"一般不存在可原谅的认识错误问题。对这类规定认识错误也不应"先验地"一概而论。例如,一个刚到意大利不久的外国人,与直系姻亲发生了具有轰动的性关系,就可能确实不知道《意大利刑法典》第 564 条规定的乱伦罪的具体内容而免于处罚,因为根据其所在国家的法律,直系姻亲间的性关系并不属于乱伦罪的范围。参见[意]杜里奥·帕多瓦尼:《意大利刑法学原理》,陈忠林译,法律出版社 1998 年版,第 261 页。

③ 储槐植:《要正视法定犯时代的到来》,载《检察日报》2007 年 6 月 1 日,第 3 版。

④ [德]克劳斯·罗克辛:《德国刑法学总论》(第 2 卷),王世洲等译,法律出版社 2013 年版,第 29 页。

⑤ [美]道格拉斯·胡萨克:《刑法哲学》,姜敏译,中国法制出版社 2015 年版,第 376 页。

能认识或难以及时认识法律的‘法盲’数量剧增”。[①] 因此，在德国，首次在刑法上允许援引禁止错误的法律诞生于联邦参议院颁布的《关于禁止刑错误的条例》，该条例出台的背景经济刑法法规的大量出现，民众对其不甚了解，但却因违反法律而遭受制裁，由此，确定了在错误不可避免的情况下，行为人的行为不负责任的原则。[②] 对此，美国司法裁判中形成的规则是“如果该行为本身不是一个不法行为，只是由法规规定为不法行为，那么如果不明知所打算的行为违反法律的话，不法的必要意图就不存在”。[③]

不过，不知法律不等于没有认识的可能性，是否阻却责任，仍应根据情况作是否“本来可以认识”的具体分析。

1. 违法性认识错误可避免的情况

我国学者认为，在行为人对法的状况产生疑问的时候，行为人没有真正考虑该疑问而是轻率地相信该行为具有合法性；知道要在法的特别规制领域进行活动的时候（如从事证券业务的雇员，对证券犯罪具有违法性认识的可能性）；知道其行为侵害基本的个人、社会法益时，均应认定行为人具有违法性认识的可能性，不能阻却责任。[④] 换句话说，任何人在实施行为的时候，均应该有一定的法制意识，特别是对法的状况存在疑问的情况下。这实际上已经为进一步了解法律提供了契机，行为人不应该对法律视而不见，没有相当的理由，违法性认识错误不能阻却罪责。

（1）行为人的法规范意识已经被唤醒（对自己行为是否违法存在疑问），行为人就应该尽到谨慎澄清的义务；在有疑问并没有得到权威释疑的情况下，不去努力探寻法律的评价，仍然实施法所不允许的行为，不能阻却责任。在对适法性存有疑问时，行为人应负有谨慎释明的义务，例如到有权解释的官方部门进行咨询。

如果行为人在存有疑问之时进行了相关咨询，但是非官方的咨询，如行为人在事前就其行为性质已经咨询过律师或法律学者的意见，得到了合法性的肯定，最终能否阻却责任？理论上意见不一。

对此，罗克辛教授认为：“没有经过法学教育的公民通常在咨询一名熟悉法律

---

① 车浩：《法定犯时代的违法性认识错误》，载《清华法学》2015 年第 4 期。

② 参见[德]克劳斯·梯德曼：《德国经济刑法导论》，周遵友译，载《刑法论丛》2013 年第 2 期。

③ 哈佛法律评论编辑部：《刑法的发展：犯罪共谋》，载刘仁文、王桂萍组织编译：《哈佛法律评论——刑法学精粹》，法律出版社 2005 年版。

④ 参见张明楷：《刑法学》（第 4 版），法律出版社 2011 年版，第 303 页。

的人，大多数情况下是律师之后，那种可能发生的禁止性错误就应当是不可避免的。……如果人们要求这位寻求建议的人应当先审查一下这名律师是否精明或者是否具有专门知识，那就太过分了。他对这种要求是缺乏能力的。更准确地说，公民必须能够相信：一名通过了各种必要考试的律师，就能够给自己提供可以信赖的法律意见。”①

日本学者松原芳博教授也指出：“考虑到国民与公共机关之间的通道尚无充分的保障，对于按照特定个人的见解而实施行为的情形，就不应全面否定免责。尤其是，律师是国家公认的法律服务的提供者，属于将法律信息传递给国民的最为现实的存在，因此，在信赖律师见解的场合，除了存在可质疑其信用性的特别证据的情形之外，就应该认为，应阻却责任。”②在美国的一些州，允许被告因为合理信赖其律师的错误建议而实施行为作为抗辩事由。③ 在韩国，“大法院也作出判决认为，信赖专利律师关于是否违反专利法的解答时，信赖律师及公务员关于是否存在债权的解答时”，符合存在违法性认识错误不可避免的正当理由。④ 但也有学者持相反的观点，如法国学者认为，“在涉及如何理解法院裁定决定的意义范围时，如行为人本可以向法院请求解释但并未这样做，仅仅是由诉讼代理人提出的见解，即使是书面见解，也不能允许诉讼当事人援用其受到不可避免的错误认识的误导”。⑤ 在各国实务中，法律和判例一般并不承认信赖律师可以成为不可避免的正当理由。如“《美国模范刑法典》和普通法一样，并不承认将信赖私人律师的建议作为抗辩理由”。即使信赖执法人员的建议，但该执法人员是“以非官方身份提出的建议”，也不得作为抗辩理由。⑥ 在德国，《联邦最高法院刑事判例集》也认为，“行为人不能通过‘自己从一名熟悉法律的人那里获得了一种意见’这个理由，来‘避开’那种

① [德]克劳斯·罗克辛：《德国刑法学总论》(第1卷)，王世洲译，法律出版社2005年版，第627页。

② [日]松原芳博：《刑法总论重要问题》，王昭武译，中国政法大学出版社2014年版，第209页。

③ 参见[美]道格拉斯·胡萨克：《刑法哲学》，姜敏译，中国法制出版社2015年版，第385页。

④ [韩]金日秀、徐辅鹤：《韩国刑法总论》(第11版)，郑军男译，武汉大学出版社2008年版，第386页。

⑤ [法]卡斯东·斯特法尼等：《法国刑法总论精义》，罗结珍译，中国政法大学出版社1998年版，第396页。

⑥ [美]乔治·弗莱彻：《反思刑法》，邓子滨译，华夏出版社2008年版，第549页。

‘自己有义务作出的关于合法或者不法的决定’”。[①]

笔者认为,在一般情况下,律师或者法律专家学者的意见仅仅是个人意见,但法律专家和律师具有法律的专门知识,本身为社会提供法律服务,因此,对普通人来讲,他们的意见确实具有可信赖的一面。另外,律师和法律专家又可能因缺乏中立的立场而失之偏颇,他们常常为了商业利益而故意对法律作偏颇性、误导性的解释。因此,相信律师或者法律专家的意见和建议并不当然作为违法性错误的阻却责任理由,只有在专家或者律师的意见能够得到价值中立立场的认定时,并且该专家确实是该领域的专家(不是泛泛而论的法律专家或者什么都“精通”的律师),相信这样的意见才可能阻却责任。反之,“若行为人在智力和良心上已经有了一定的紧张,从而轻微地认识到他的举止可能是不容许的,那么,即便他得到辩护人的(错误)的信息,也不足以认定该错误是不可避免的”。[②] 例如,在用股权转让的方式转让土地使用权是否合法这个问题上,行为人存有疑虑时,可能咨询过律师或者其他法律界的实务人士或者法律专家,并可能得到不具有违法性的肯定回答,但该行为实际上是一项规避法律的违法行为,因为《宪法》第 10 条第 4 款规定,禁止侵占、买卖、出租或者以其他形式非法转让一切土地。即使在民法上,由于该合同的背后掩盖了非法目的,也应属于无效的合同。因此,该行为不能阻却责任。此外,在获得法律专业人士的帮助时,若该专业人士对该行为的适法性也表现出了某种怀疑,则显然仅相信对自己有利的意见不能作为阻却责任的理由。

行为人对行为适法性存有疑问时,通过自己研读法律,根据自己研读后对法律的理解认识自己行为的法律性质,例如,国家工作人员研读受贿罪的法律规定时,认为必须收受了请托人的金钱、物品才构成犯罪,与请托人出资雇请的妓女嫖宿则不构成受贿,此种错误认识同样不影响对行为人受贿行为的定罪。因为规范指引作用的前提是对规范的正确理解,这种理解常常需要对规范本身进行专业解读,行为人在缺乏专业知识的情况下,其个人的理解本不值得信赖;而且行为人在已经对行为适法性存有疑问的情况下,本应该谨慎行事,而不应该相信自己对法律的一知半解。

---

① [德]克劳斯·罗克辛:《德国刑法学总论》(第 1 卷),王世洲译,法律出版社 2005 年版,第 627 页。

② [德]乌尔斯·金德霍伊泽尔:《刑法总论教科书》(第 6 版),蔡桂生译,北京大学出版社 2015 年版,第 273 页。

（2）行为人虽然不知道刑法的具体规定，但该行为的模式具有明显的违法性和危害性。理论上的通说认为，不法意识并非指行为人必须精确地认识其行为违反何项法律条款，也不是对于行为可罚性的认识（不要求对刑罚效果的认识），只要行为人了解行为是法律所禁止的与整体社会生活秩序相抵触的即可。“如果犯罪分子在犯罪时误以为其行为最多算是违规，而不是犯罪，这种认识错误作为事由来讲也是没有分量的。这种情况尤其可能出现在从违规转入刑法中的新罪名。”[①]我国学者也认为，“在高度分工的现代社会里，普通公民不可能像法律职业者那样整天关注法律，因而，只要求行为人认识到行为客体的基本功能，而无须认识到其法律专业含义，是合乎社会现实的”。[②] 例如，行为人使用虚假的贷款资料申请贷款，申请人虽然不知道《刑法修正案（六）》已经规定了骗取贷款罪，但使用虚假的贷款资料申请贷款本身就具有违法性，刑事违法性与行政（民事）违法也没有绝对的界限，故行为人的行为仍应构成骗取贷款罪。又如，建筑承包商故意拖欠民工的工资，建筑商虽然不知道《刑法修正案（八）》已经规定了拒不支付劳动报酬罪，但拖欠工资的行为具有民事违法性，也就可以认定行为人是具有违法性认识可能性的。

（3）在以从事某种职业或者所担任的某种职务作为主体构成要素的犯罪中，行为人的犯罪活动与其所从事的职业或者担任的职务密切相关，对特定职业活动或职务行为进行特别规制的法律，应直接推定行为人具有认识可能性。

对此，罗克辛教授指出：“当行为人虽然知道，自己将要在其中活动的那个领域正好处于一种特殊的法规范的规定之下，但仍然没有努力去获取必要的法知识时，一种禁止性错误通常也是可以避免的。……公民不需要认识那种在这些职业和行业领域中适用的、有些冷僻和非常特殊的规范；但是，在这些领域中工作的人，当他们违反有关条文时，就必须考虑故意构成行为的刑事惩罚，虽然他们并没有认识到这种行为。”[③]

就具有特定职责的人而言，专门的法律知识是履行该职责的前提，如果不知道与该职责相关的法律规范，就存在先前过错，换句话说，这种认识错误本是可以避

① ［匈］珀尔特·彼得博士主编：《匈牙利新〈刑法典〉述评》，郭晓晶、宋晨晨译，上海社会科学院出版社2014年版，第106页。

② 蔡桂生：《构成要件论》，中国人民大学出版社2015年版，第285页。

③ ［德］克劳斯·罗克辛：《德国刑法学总论》（第1卷），王世洲译，法律出版社2005年版，第626页。

免的,不得借口不知法律而阻却责任。例如,金融机构的工作人员对违法票据予以承兑,不能以不知道票据法的规定或者刑法的规定而阻却责任,因为特定的职业就是建立在知道相关法律这一基础之上的。

2. 不可避免的违法性认识错误

不可避免的违法性认识错误是指根据行为时的情况,行为人没有认识的可能性,相当于存在不可预见的原因。至于如何具体判断,罗克辛教授指出,"在刑事政策上合理的是,依照规范的尺度,当以善良目的行事的行为人具有正常程度的法忠诚,正如对于每个人一般情况下可以期待的那样,此时便可以认定禁止错误不可避免。这样,在具体案件中基本上就排除责任"。① 换句话说,在一个具体案件中,尽管行为人存在禁止性认识错误,但能够体现或者满足了通常的社会对行为人的"法忠诚要求",就应该阻却责任的存在。

(1)行为人虽然实施了违反"国家规定"的行为,但主观上不仅不知道法律,而且缺乏主观恶性,不具有伦理上的可谴责性,此种情况下的不知法律应能够阻却责任的成立。在现实生活中,对于一些具有行政犯特征的犯罪,不知法的情况可能更多些。正如梯德曼教授所指出的,与自然犯不同,"就经济刑法之'技术的'法规范而言,唯有对规范有认识,方能感受到规范行为之召唤"。② 匈牙利最高法院的判决也认为,一些带有行政特征的刑法规定,"如果只是不经意间纯属偶然地违反了平常对其来说都很难接触到的那种复杂的行政规范条款的话,有时在有充分依据时,是可以将其判为对行为社会危害性的认识错误的"。③ 特别是在行为人有充分的理由认为自己有权实施刑法禁止性行为的情况下,行为人并没有对抗法律反而表现出对法律的尊重,此时,处罚的规定是不需要的。对此,《瑞士刑法典》第 20 条规定,"行为人有足够的理由认为,他有权为该行为的,法官以自由裁量减轻处罚或免除处罚"④。

在我国,相关司法解释也有类似的阻却犯罪规定。2002 年,《最高人民法院、最高人民检察院、海关总署关于办理走私刑事案件适用法律若干问题的意见》中提到

---

① [德]克劳斯·罗克辛:《德国刑法学总论》(第 1 卷),王世洲译,法律出版社 2005 年版,第 20 页。

② [德]克劳斯·梯德曼:《西德经济刑法——第一和第二经济犯罪法之检讨》,许玉秀译,载《刑事法杂志》1988 年第 2 期。

③ [匈]珀尔特·彼得博士主编:《匈牙利新〈刑法典〉述评》,郭晓晶、宋晨晨译,上海社会科学院出版社 2014 年版,第 103 页。

④ 《瑞士刑法典》(1996 年修订),徐久生译,中国法制出版社 1999 年版,第 4 页。

"关于走私犯罪嫌疑人、被告人主观故意的认定问题"时,明确规定:"行为人明知自己的行为违反国家法律法规,逃避海关监管,偷逃进出境货物、物品的应缴税额,或者逃避国家有关进出境的禁止性管理,并且希望或者放任危害结果发生的,应认定为具有走私的主观故意。"易言之,如果行为人不明知自己行为的违法性,即使客观上有违反海关进出境管理规定的行为,也不能以走私犯罪处理。例如,现阶段我国民营企业的公司治理水平普遍不高,在家族性的企业中,公(企业)私(企业主个人)不分现象突出,企业主将公司的资金用于个人消费或者挪作个人使用的情况十分普遍,他们并没有意识到行为的违法性,如果硬要纳入刑法的规范评价,以职务侵占或者挪用资金犯罪处理,那么并不一定符合行为人的主观认知。

(2)行为人相信政府部门答复或者相信具有公信力机构的认定而陷入违法性错误。在行为人对某种行为是否合法存有疑问时,得到了值得一般人信赖的公共机关对于该疑问的解答的场合下,不可能期待行为人更多地考虑行为的违法性问题,所以,基于该解答而陷入违法性错误的场合,就应该排除其责任。例如,在日本,被告人X(石油联盟会长)与Y(石油联盟供需委员会委员长)相互共谋有关Z(石油联盟)的业务,调整了相关石油精炼公司的原油处置量,对此,检方认为此行为实质上限制了原油交易领域的竞争,违反了《独占禁止法》,而对X、Y、Z提起了公诉,但东京高等裁判所认为,被告人的上述行为是在当时的通产省的行政指导之下实施的,公平交易委员会对此也未采取任何措施,因而应该说,被告人误信自己的行为阻却违法性是基于相当的理由,应阻却故意。① 这是因为,"作为广义的期待可能性判断的一环,是以期待方即国家与被期待方即行为人之间的紧张关系为前提的,如果国家机关一方面采取允许实施该行为的态度,另一方面又将该行为作为犯罪来处理,这属于将国家的失误转嫁给国民,不仅被告人难以接受,反而还会损害对国家的信赖"。② 在韩国,理论上也认为,"具有许可或认可权的部门因进行错误的法解释,致使行为人对其所作出的无需进行许可或认可的意思表示产生信赖时,不存在违法性认识。因此,行为人的禁止错误是不可能避免的"。③ 在意大利,

---

① 参见[日]西田典之:《日本刑法总论》(第2版),王昭武、刘明祥译,中国人民大学出版社2013年版,第214页。

② [日]松原芳博:《刑法总论重要问题》,王昭武译,中国政法大学出版社2014年版,第208页。

③ [韩]金日秀、徐辅鹤:《韩国刑法总论》(第11版),郑军男译,武汉大学出版社2008年版,第386页。

行为的实施得到有关主管机关的措施或意见(包括非正式的意见),或者有关主管机关对该种行为长期持容忍态度,从未进行过干预,在司法实践中应排除主体对轻罪的罪过。[①]

在我国,行为人因为相信政府部门对行为性质适法性的认定,能否阻却法律责任,并没有特别的讨论。一些司法判决并不考虑行为人的这一认识错误。例如,在改制过程中,相关人员如果没有申报企业资产评估基准日到改制企业重新登记日之间(改制期间)的利润,一些司法机关就将其作为贪污罪加以认定。实际上,当地为了完成突击性的改制任务,对改制期间的经营情况并没有做出特别要求,相关人员认为"两不找"(盈亏都与原改制企业无关)是政府的态度,而且大多数企业的改制也是这样处理的,据此,行为人相信自己的处理是合法的,对此追究刑事责任是违背责任原则的。

此外,相信一些具有官方背景的组织对行为性质的认定而实施的违法行为,例如,人民调解委员会是依法设立的调解民间纠纷的群众性组织,但无疑具有一定的官方背景,行为人因为相信了其调解协议的有效性(实际上该协议是无效的)而违反了相关法律规定,能否阻却违法,也颇有疑问。例如,自诉人李某诉称,自己与被告人王某一按农村习俗结婚,婚后生育四个子女。在未与自诉人办理离婚手续的情况下,王某一与被告人余某以夫妻名义同居生活。二被告人的行为应以重婚罪追究刑事责任。被告人王某一、余某辩称,自诉人李某与被告人王某一的婚姻关系已于2006年7月22日由乡人民调解委员会调解解除,因二被告人均不懂法律,认为该调解协议具有法律效力,故不构成重婚罪。法院判决认为,自诉人与王某一的婚姻虽然经人民调解委员会调解而解除婚姻关系,但因人民调解委员会的调解协议不具有解除婚姻关系的法律效力,双方的婚姻关系在法律上尚未解除。被告人王某一和被告人余某尽管存在法律认知错误,但二人行为已构成重婚罪。[②] 显然,二被告人存在法律认识错误,即认为既然经调解委员会调解解除与原告的婚姻后,他们以夫妻名义共同生活不是重婚。从形式来讲,离婚要经过一定的法律程序才能成立:协议离婚的,要通过婚姻登记机关领取离婚证;法院判决离婚的,需要有法院的生效判决。但在边远地区,人们缺乏一定的法律知识,人民调解委员会又是在

---

① 参见[意]杜里奥·帕多瓦尼:《意大利刑法学原理》,陈忠林译,法律出版社1998年版,第258页。

② 参见云南省广南县人民法院刑事判决书,(2014)广刑初字第138号。

政府的指导下工作的,当事人也就相信了它的权威性以及协议的有效性。设想,如果他们知道这种调解离婚是无效的,怎么还会多此一举通过调解协议离婚呢?因此,被告人对这种半官方性质的信赖是值得保护的,其违法性认识错误具有不可避免性,应该阻却二被告人重婚罪的成立。

(3)行为人相信司法判决而错误适用法律。法律规则并不完全存在于法律文本中,行为的法律性质可以从司法机关的裁判信息得到验证。不过,法院判决尽管代表了法律,但法院的判决并不总是正确的也是一个现实。如果是因为相信判决而错误地理解了法律,从而误认为自己行为合法的情况,能否阻却责任?在英美法系国家,司法判决具有法源的地位,因此,《美国模范刑法典》第2·04条将司法判决作为合理信赖的事由之一。[①] 对此,美国学者指出,因为"人们能通过观察究竟哪些行为受到制裁,从而了解规则的真正含义。……如果从执行法律规则的官员的视角判断,每个人都实施[a]行为,并且实际上没有人受到谴责或责罚,那么就会得出[a]完全没有违反规则的结论,且该结论具有强有力的根据——无论'书本上的法律'是怎么规定的"。[②] 韩国学者也指出,"判例是值得一般人信赖的。这是因为,其内容具有很高的正当性,而且能够满足秩序的任务。因此,不能期待行为人甚至要审查判例的内容是否与法律相一致"。[③] 我国台湾地区的学者也认为,"由于法院之判决、判例具有一定之威信与法的效力,以及各级政府等公家机关之解释对于一般国民而言亦具有高度之信赖,因此,发生适用错误时,通常可认为具有正当理由,而无违法性意识可能性"。[④] 不过,在对同一事实存在相互不同的判决时,相信了错误的判决而行事,应作何处理?对此,日本学者认为,"因为判决具有一定的权威和法形成力,所以在信赖和自己的行为相同事实的判例的场合,是没有违法性意识的可能性的。在上、下级法院的判决相对立而相信前者时,也同样如此"。[⑤] 而韩国学者认为,应区分不同情况进行处理。如果多数的不同判决是由同级法院作出的,即

---

① 参见[美]约书亚·德雷斯勒:《美国刑法精解》(第4版),王秀梅等译,北京大学出版社2009年版,第162页。

② [美]道格拉斯·胡萨克:《刑法哲学》,姜敏译,中国法制出版社2015年版,第520页。

③ [韩]金日秀、徐辅鹤:《韩国刑法总论》(第11版),郑军男译,武汉大学出版社2008年版,第387页。

④ 陈子平:《刑法总论》(上),台北,元照出版有限公司2005年版,第328页。

⑤ [日]大谷实:《刑法讲义总论》(新版第2版),黎宏译,中国人民大学出版社2008年版,第317~318页。

使行为人对有利于自身的某种判决产生信赖,也不能认定其信赖价值。多数的不同判决是由不同审级的法院作出的,应该对上位的审级法院的判决给予更高的信赖价值与秩序价值。①

在我国,相信法院的错误判决能否作为不可能性认定,值得进一步研究。例如,现阶段,一些地方在认定受贿犯罪的过程中,大多不把收受烟酒作为受贿认定,久而久之,似乎形成了一种不成文裁判“规则”。国家工作人员甲相信这样的错误判决之后,自己也接受请托人送的大量烟酒,是否就能以不知法律为由阻却责任?笔者认为,法院的生效判决来自法律,相当于对法律的权威解释,本身具有法规范的引导作用。因此,一个人因为信赖法院的判决,认为自己的行为合法(或者不为刑法禁止)而实施了相关违法行为的,应认为其违法性错误具有不可避免性,从而阻却责任的成立。但是,如果针对相同行为具有不同的判决,尤其是上一级的法院对该行为作出了相反的评价,或者说基层法院的相反判决得到上级法院的某种肯定,例如,通过指导性案例或者最高人民法院的公报予以登载,则表明行为人所信赖的个案判决并不可靠,行为人既然是以案例为依据,就具有注意到这些相反案例的可能性。例如,上例收受烟酒的行为确实有不构成犯罪的判决,但也有作为受贿指控并认定为有罪的判决,行为人没有注意到认定有罪的判决而片面相信了不构成犯罪的判决,不能阻却犯罪的成立。实际上,在日本,即使学者主张相信无罪判例而实施的行为应不具有违法性意识,日本最高裁判所在相关判决中却持相反的立场,即尽管行为人是因为相信行为当时的最高裁判所的无罪判决才实施行为的,最高裁判所仍可判定行为人有罪。只有行为人信赖判例,因而相信自己的行为合法,对此存在相当理由的,才能认定行为人缺少犯罪的意思。② 由此,只有相信了一个稳定的错误的司法判决,才能作为违法性认识不可能性的认定。

(4)由于法律本身的规定不明确,行为人在实施某种行为时,基于对法律的研读或者相关咨询后,相信自己行为缺乏刑事违法性的,即使行为人的行为可以入罪,也宜作不可避免的违法性认识错误认定。例如,被告人邵某,仔细研究了刑法条文,并向懂法的朋友请教,在确认发放高利贷“只违法不犯罪”后,注册成立了投

---

① 参见[韩]金日秀、徐辅鹤:《韩国刑法总论》(第 11 版),郑军男译,武汉大学出版社 2008 年版,第 387 页。

② 参见[日]西田典之:《日本刑法总论》(第 2 版),王昭武、刘明祥译,中国人民大学出版社 2013 年版,第 215 页。

资公司,以公司名义放高利贷。检察机关指控邵某在未取得金融产品经营许可的情况下,向社会公众高息放贷,并在部分讨债过程中存在暴力行为,其行为涉嫌非法经营罪。法院审理后认为邵某违反国家规定,未经许可,便向社会公众高息放贷,扰乱市场秩序,情节严重,构成非法经营罪。[①] 实际上,高利贷行为是否属于非法经营行为,理论界也有不同观点。虽然有司法机关将该行为纳入非法经营罪这个“口袋”里,但应当考虑行为人有无违法性认识错误,在存在认识错误的情况下,进一步考虑有无认识的可能性。被告人仔细研究了法律条文,确实没有发现高利贷入罪的规定,同时又咨询了法律界人士,得到了不具有刑事违法性的结论。应该认为,行为人已经尽到了法规范的注意义务,应阻却犯罪的成立。

## 四、事实错误与违法性认识错误的区别

由于通说将事实错误与违法性认识错误定位于两种不同性质的错误,相较而言,违法性认识错误“通常要比与为不法提供根据的状态相关的构成要件错误还要不可原谅”。[②] 由此导致处理原则截然不同。构成要件要素的事实错误针对是犯罪故意,直接阻却故意的成立,在有过失且法律有规定的情况下成立过失犯罪;而违法性认识错误,针对的是罪责,原则上不阻却故意的成立,只是在不可能认识的情况下才阻却责任。基于此,违法性认识错误阻却犯罪成立的判断标准远比事实错误阻却故意成立的标准要严格。

在一般情况下,事实错误与违法性认识错误不难区分,主要是看对法规范中的事实要素存在错误还是对适用事实的法规范本身存在错误。例如,甲男不知乙女患有精神病而与之发生性交,应属于事实认识错误。而甲男明知乙女患有精神病,但认为只要乙女同意或者乙女的父母(或其他监护人)同意,自己的行为就不是犯罪,这是法律认识错误。但是从法律适用就是“规范与事实的妥协”的过程来看,规范与事实之间的区别有时并不明晰。例如,在德国,律师如果在同一“法律纠纷”中为双方当事人提供咨询,就是一种犯罪。在某一交通肇事案件中,一名律师针对犯罪指控为加害者进行辩护,又在随后的民事程序中为被害人进行保险诉讼。该律师声称,这是不同的事项,不属于“同一纠纷”。按照法院的解释,该律师的行为属

---

① 参见智敏:《南京首起高利贷入罪案追踪》,载《民主与法制》2011 年第 5 期。

② [韩]金日秀、徐辅鹤:《韩国刑法总论》(第 11 版),郑军男译,武汉大学出版社 2008 年版,第 383 页。

于在“同一纠纷”中为当事人代理,其本人的理解是错误的,但这是属于构成要件的错误还是法律错误？如果是前者,排除故意,由于该行为没有过失犯罪,则排除犯罪。但联邦最高法院认为应属于法律错误,因为该错误与对事实的法律评价有关,而与事实是什么无关。[①] 这种细微的区别“尤其是在需要对对象的认识进行一定评价的规范的构成要件要素中,以及在只有通过法的规制,相关事实才会具有犯罪色彩的行政取缔法规中,有关实施的认识与有关法规范的知识(认知)实际上是相互交错在一起的”。[②] 因此,必须对其予以仔细地界定。

## (一)规范的构成要件要素的认识错误

构成要素有记叙(描述性)的要素和规范的要素之分。由于规范的构成要素将事实与法律评价融为一体,行为人在对规范的构成要素认识错误的情况下,是事实认识错误还是法律认识错误,常常引起争议。例如,在日本,在“散布猥亵文书罪”中有关文书“猥亵”性之错误系法律错误还是事实错误这一问题上,就存在不同认识。虽然判例认为这一错误是违法性认识错误,但理论上也认为它应属于事实要素的范围,只不过该要素需要加以解释和补充(通常以所谓一般人的评价为标准),如果行为人对“淫秽性”没有认识,就应属于事实认识错误,阻却犯罪故意的成立。因为“对于欠缺此种意义认识之行为,已经不可说意图实现构成要件结果。……应认为对构成要件故意之成立,欠缺认识必要事实,故为阻却故意”。[③] 在我国,也有类似的争议,如《刑法》第152条走私淫秽物品罪,要求行为人对走私对象的“淫秽性”应当有认识。若是行为人将“淫秽物品”当作非淫秽物品予以走私,是属于事实错误还是法律错误？如果系事实错误,则阻却走私淫秽物品犯罪的故意;如果系法律认识错误,则看行为人是否具有认识的可能性,只要具有认识的可能性,一般情况下不阻却犯罪的成立。《最高人民法院、最高人民检察院、海关总署关于办理走私刑事案件适用法律若干问题的意见》中“关于行为人对其走私的具体对象不明确的案件的处理问题”规定:“走私犯罪的嫌疑人主观上具有走私犯罪故意,但对其走私的具体对象不明确的,不影响走私犯罪构成,应当根据实际的走私对象定罪处罚。但是,确有证据证明行为人因受蒙骗而对走私对象发生错误认识的,可以从轻处罚。”最高人民法院2006

① 参见[美]乔治·弗莱彻:《反思刑法》,邓子滨译,华夏出版社2008年版,第542页。
② [日]松原芳博:《刑法总论重要问题》,王昭武译,中国政法大学出版社2014年版,第204页。
③ [日]川端博:《刑法总论二十五讲》,余振华译,中国政法大学出版社2003年版,第117页。

年印发的《最高人民法院关于审理走私刑事案件具体应用法律若干问题的解释(二)》(已失效)第5条对此又作了进一步的明确规定:“对在走私的普通货物、物品或者废物中藏匿刑法第一百五十一条、第一百五十二条、第三百四十七条、第三百五十条规定的货物、物品,构成犯罪的,以实际走私的货物、物品罪定罪处罚;构成数罪的,实行数罪并罚。”2014年《最高人民法院、最高人民检察院关于办理走私刑事案件适用法律若干问题的解释》第22条沿用了上述解释的规定。这些解释内容基本上体现了该错误系法律认识错误的精神。但在实务中对此不无质疑,因为“从定罪原理分析,对于主观认识与实际犯罪对象不同的情形,一律以实际对象定罪,违背了主客观相统一原则,也与刑法第十四条关于故意犯罪的规定不符”。[①]

在关于规范性构成要素认识错误的情况下,该错误的性质如何确定,德国学者做了较为详细的分析和论证。韦尔策尔教授指出:“两种错误类型之间的关键区别,并不在于事实概念与法律概念之间的对立,而是在于构成要件与违法性之间的区分。如果某人取走了他人的一件财物,因为他误以为该财物是自己的,那么此人就陷入了构成要件错误之中(他并不知道自己取走的是他人的财物)。但如果某人误认为自己享有取走他人财物的自助权(例如,他作为债权人,针对有支付能力的债务人享有自助权),那他就对行为的违法性产生了错误认识。若某人不知在自己藏匿的财物之上设定有质权,那他对行为状况产生了错误;如果他知道这一点,但却误以为自己享有解除羁束的权力,那他就处在禁止错误之中。”[②]

罗克辛教授分析认为,“构成要件错误和禁止错误的区分,并不等于行为事实错误和法律错误的区分,因为即使在构成要件错误的场合,也可以出现法律错误(‘他人的’!)。关键的是,是错误认识了违法性的(事实性或法律性)前提条件(则成立构成要件错误),还是认识到了这个前提条件,而只是没有意识到其违法性(则成立禁止错误)”。[③] 在教科书中,他举例分析,行为人如果不知道自己所拿的东西

---

① 参见《应志敏、陆毅走私废物、走私普通货物案——在走私犯罪案件中,如何认定行为人对夹藏物品是否具有走私的故意以及对走私对象中夹藏的物品确实不明知的,是否适用相关规范性文件中根据实际走私对象定罪处罚的规定》,载中华人民共和国最高人民法院刑事审判第一、二、三、四、五庭主办:《刑事审判参考》2013年第2集·总第91集,法律出版社2014年版。

② [德]汉斯·韦尔策尔:《目的行为论导论——刑法理论的新图景》(增补第4版),陈璇译,中国人民大学出版社2015年版,第87页。

③ [德]克劳斯·罗克辛:《德国最高法院判例:刑法总论》,何庆仁、蔡桂生译,中国人民大学出版社2012年版,第98页。

正处在他人的所有权之下，而是认为这个东西是出于自己的所有权之中的，那么他就缺乏对盗窃罪中的“他人”这个构成行为情节的认识，也因此缺乏故意，他就不能由于盗窃而受刑事惩罚。而以威胁要揭发他人有违反道德的行为而让他人归还借款，行为人并没有认为自己的行为符合《德国刑法典》第 204 条第 2 款中“恐吓”罪中的“卑鄙”性，而认为是一种合适性的手段。这种认识错误不是排除故意的错误，而是一种禁止性(法律)错误。如果人们在这里承认一种构成行为错误，那么，人们对于刑事可罚性的决定，就会仅仅取决于行为人在主观性的、在可能的情况下完全不合情理的不法评价本身。[①] 德霍伊泽尔教授则指出，“若要认识到规范性构成要件要素的特征，必须还要理解该要素的法律或者社会之功能。因而，在具有规范性构成要件要素时，行为人必须认识到所涉客体的所承担的相关实际用途，才能成立故意”。[②] 也就是说，行为人没有理解规范性要素法律与社会功能的情况下产生的错误，属于事实错误，反之，在理解了规范性要素的法律与社会功能后，产生的评价错误，则是法律认识错误。

规范构成要素的高度抽象性，如何认定行为人对该构成要素的社会和法律功能有无认识呢？在德国，“按照主流见解，人们将这种必要的了解称为外行人的价值观。……因为人们不可以期待外行人拥有精确的法律知识，这样，只要行为人理解了相关规则的本质性的目标，那么，就足以成立故意”。[③] 或者说，“这里，不要求行为人了解上述概念的法律定义(否则的话就只有法学家才能故意犯罪了)，只要求行为人认识到立法者想要使刑法规范的保护涉及何种事实即可”。[④]

显然，德国学者精细分析的观点值得借鉴。在犯罪构成中具有规范性要素的情况下，如果行为人主观上对该规范性要素社会和法律意义完全没有认识，则属于事实错误的范围，从而阻却犯罪故意的成立。如果行为人主观上对该要素本身的社会和法律意义有认识，只是对自己行为是否在规范性要素的涵摄范围发生了错

---

① 参见[德]克劳斯·罗克辛：《德国刑法学总论》(第 1 卷)，王世洲译，法律出版社 2005 年版，第 318 ~ 319 页。

② [德]乌尔斯·金德霍伊泽尔：《刑法总论教科书》(第 6 版)，蔡桂生译，北京大学出版社 2015 年版，第 255 页。

③ [德]乌尔斯·金德霍伊泽尔：《刑法总论教科书》(第 6 版)，蔡桂生译，北京大学出版社 2015 年版，第 255 ~ 256 页。

④ [德]汉斯·海因里希·耶塞克、托马斯·魏根特：《德国刑法教科书：总论》，徐久生译，中国法制出版社 2001 年版，第 356 页。

误,则属于违法性认识错误,一般不影响故意的成立,只是在罪责层面,需要考察“由涵摄错误而引起的禁止错误当时是否可以避免”。① 例如,原告甲女与被告乙男的离婚诉讼,经审理后一审法院作出判决,支持了原告的离婚诉求。原告、被告当庭都表示不上诉。判决送达后的第五天,甲女就迫不及待地持一审判决与丙男到区民政局登记结婚。然而,乙男在上诉期届满之前依法提起了上诉,同时向法院提起刑事自诉,要求追究甲女和丙男重婚罪的刑事责任。在此案中,甲女对在有配偶的情况下不能与他人结婚的法律没有认识错误,只是认为离婚判决后,自己已经属于单身,有权利与他人结婚,并没有认识到判决未生效前自己仍属于法律上“有配偶”的人,这应属于对有无配偶的事实认识错误。此种认识错误一旦确定,应成功阻却重婚故意的成立。又如,甲男在与乙女婚姻存续期间,又与丙女同居生子。甲男认为,只有在自己有配偶又与他人登记结婚的情况下,才构成重婚,自己只要不与丙女登记结婚,就不属于重婚。甲男对重婚概念的理解是狭窄的,从社会上外行的一般人看来,有配偶与他人长期同居,生儿育女,实际上就是过的一夫二妻的生活。尽管刑法对重婚罪的认定也不以登记结婚为必要条件,但行为人并不需要对重婚罪的概念有精确的掌握,只需要行为认识到他与丙女事实上如同夫妻一样生活,即使他认为这不是法律上的重婚。这种错误实际上重婚涵摄范围的错误(行为本来在重婚的涵摄范围内误认为不在该范围),涵摄错误是“对于法定概念(法律上的定义)之范围的错误认识,并不影响构成要件故意的成立”。② 由此,甲男属于法律认识错误,不影响重婚故意的成立。再如,在前例中,行为人将淫秽物品作为普通货物、物品而实施了走私行为,由于淫秽物品与普通货物、物品的社会和法律意义不一样,淫秽物品不能涵摄普通货物,行为人没有认识到该物品系淫秽物品,则属于事实认识错误,应阻却走私淫秽物品罪的成立。

### (二)对前置性的行政法律认识错误

法定犯常常存在前置性的法律法规,典型的如在条文中明确规定“违反……法规”,以此作为犯罪前提。处理这类犯罪,一般需要查明行为人是否知道有无违反

---

① [德]乌尔斯·金德霍伊泽尔:《刑法总论教科书》(第6版),蔡桂生译,北京大学出版社2015年版,第258页。

② [德]汉斯·韦尔策尔:《目的行为论导论:刑法理论的新图景》(增补版),陈璇译,中国人民大学出版社2015年版,第95页。

相关法规以及法规的内容。但如果查明行为人对前置法确实存在认识错误的情况下，此种认识错误是事实认识错误，还是违法性认识错误？例如，根据《德国破产刑法》的规定，行为人应于“规定时间内出具”商业财务报表（《德国刑法典》第283条第7b项），但行为人在由其支配的时间这一认识上产生错误，这是属于《德国刑法典》第16条规定的排除故意的构成要件错误，还是属于《德国刑法典》第17条规定的禁止错误（违法性认识错误）？理论上认同的普遍性规则：“对于（其补充作用之）构成要件所规定的某种行为状况的错误，属于构成要件的错误；对于起填补作用之规范本身的错误，则属于对受到禁止这一属性的认识错误。”①易言之，如果行为人没有认识补充空白构成的法律的存在，那么就只能根据《德国刑法典》第17条确定法律错误的存在；如果行为人对补充空白构成的行为特征存在认识上的错误，那么就不存在故意，行为人就处于《德国刑法典》第16条规定的行为构成错误的情况之中。例如，行为人没有按规定时间出具商业财务报表，如果行为人提出他不知道自己有出具商业财务报表的义务，那么就是对补充空白罪状的法律存在错误，属于法律上的错误。如果行为人提出，他没有提出商业财务报表是因为税务顾问已经保证将准时出具商业财务报表，则属于行为构成错误，应阻却故意的成立。② 匈牙利刑法学者也认为，“如果犯罪行为的特定部分规定是由相关行政管理条例来完成的，则基于此行政管理条例运作的当局决议也可以作为社会危害性认识错误的判定基础，例如，在与偷税漏税相关的案件中，如果犯罪分子对税务法规定出现认识错误，并且税务机关的决议可以为这一认识错误提供确切依据，则犯罪分子有可能被免除罪责”。③

我国学者对此存在不同的分析。第一种观点认为，空白罪状的规范大都是“人为性”的法规范。在这种场合，有了规范的认识以后，才会产生合规范态度的要求。所以，就“行政犯”而言，应以违法性意识作为认定故意的前提，即要求对“空白刑法规范”有认识。④ 相当于将前置法的错误与事实错误作同样处理，阻却故意的成立。第二种观点认为，对前置法的认识错误应认定为法律认识错误。“应确立违法性认

---

① ［德］汉斯·韦尔策尔：《目的行为论导论：刑法理论的新图景》（增补第4版），陈璇译，中国人民大学出版社2015年版，第89页。

② 参见王世洲：《德国经济犯罪与经济刑法研究》，北京大学出版社1999年版，第94~95页。

③ ［匈］珀尔特·彼得博士主编：《匈牙利新〈刑法典〉述评》，郭晓晶、宋晨晨译，上海社会科学院出版社2014年版，第106页。

④ 参见顾肖荣等：《经济刑法总论比较研究》，上海社会科学院出版社2008年版，第43页。

识在犯罪构成中应有的地位,行为人缺乏对‘违反国家规定’的违法性认识的,应阻却或减轻其刑事责任。”①第三种观点认为,就以违反行政管理法规为前提的犯罪而言,行为人对符合行政管理法规的禁止事项的认识错误,属于事实认识错误;对禁止事项的评价错误,属于法律认识错误。事实认识错误当然影响故意的成立,但法律认识错误不影响故意的成立,而且只有在不可避免的情况下,才影响责任。例如,只要行为人认识到自己违法发放贷款的客观事实,仍然发放贷款,就具有违法发放贷款的故意。但是,即使行为人认识到自己的行为侵犯了某种法益,但合理地相信自己的行为并不被行政管理法规与刑法所禁止时(违法性的错误不可回避时),就不具有非难可能性。②

笔者认为,在对前置法发生错误认识的情况下,简单地将其归类为事实错误,缺乏妥当性。一方面,行为人只要在行为时没有认识到前置法的存在,就阻却故意的成立,其实践效果无疑是失之过宽,虚置了刑法规范;另一方面,也混淆了法律认识错误与事实认识错误的界限。在以违反某种行政管理法规为前提的犯罪中,该行政法规的禁止性规定与刑法禁止性规定具有一致性,只不过某种行为的性质需要行政法规与刑法结合起来进行整体评价而已,如果对行政法规不了解或者对其中的规范本身理解错误,应归属于法律认识错误而不是事实错误。例如,行为人尽管不知道“未经批准生产、进口”的药品属于“假药”,其生产、销售行为法律评价为生产、销售假药的行为,在此错误支配下实施了生产、销售行为,并不阻却生产、销售假药罪的故意成立。同样,行为人认为假药就是非药品,认为自己销售的是具有治疗效果的药品,虽然没有经过批准进口,但不属于假药,属于对规范涵摄范围的理解错误,也归属于法律认识错误的范围,不阻却故意的成立,只需要分析行为人违法性认识的可能性,没有认识可能性,则阻却责任。又如,行为人不知道从事资金支付结算业务要经过国家批准,“未经国家批准非法从事资金支付结算业务”的行为属于非法经营行为,但这属于法律认识错误,并不阻却犯罪故意的成立。

不过,行为人不是对前置法本身而是对前置法规定的某种事实情况存在认识错误,而该事实情况又是行为成立犯罪的客观要素时,则该错误就属于事实认识错误,应阻却故意的成立。例如,同样是销售假药的案件,如果行为人认为自己经销

---

① 刘德法、尤国富:《论空白罪状中的“违反国家规定”》,载《法学杂志》2011 年第 1 期。

② 参见张明楷:《刑法分则的解释原理》(下)(第 2 版),法律出版社 2011 年版,第 552 页。

该种药品已经被批准进口,故销售了该药品,实际上该种药品并没有批准进口,由于是否批准只是一种事实情况,与评价无关,故行为人的错误反映了对前置法规定的某种事实情况(药品是否已经被批准进口)存在错误认识,应阻却销售假药罪的故意成立。又如,走私珍贵动物、珍贵动物制品罪中的关于"珍贵动物"的种类,是指列入《国家重点保护野生动物名录》中的国家一、二级保护野生动物和列入《濒危野生动植物种国际贸易公约》附录一、二级保护野生动物以及驯养繁殖的上述物种。关于这些名录和公约中的物种清单,有学者指出:"其内容专业性极强、名目繁杂,如果不是从事进出口相关事务的专门人士,一般人是难以全面了解的,出现对于这些国家法律、规定的认识错误是极有可能的。如行为人携带美丽硬仆骨舌鱼从海关出境,其可能认为美丽硬仆骨舌鱼不属于国家保护野生动物而在种属上只是普通的观赏鱼,所以没有申报,然而美丽硬仆骨舌鱼却是列入《濒危野生动植物国际贸易公约》附录一的重点保护濒危野生动物,虽然行为人知道其携带的鱼是美丽硬仆骨舌鱼,但却不了解《濒危野生动植物种国际贸易公约》的法律规定,因而属于对法律的认识错误。对由于法律的认识错误而导致的行为的处理,一般仍作为犯罪来对待,……行为人的行为应该认为构成了走私珍贵动物罪。"①

反之,如果朋友送其一条美丽硬仆骨舌鱼,行为人认为就是一条普通的热带观赏鱼,那么此时应属于对事实的认识错误,阻却走私珍贵动物罪的故意。

需要注意的是,涉及前置法的犯罪,构成要件往往具有一定的开放性,违法性认识可能性以及事实错误的认定,不应掌握过苛过严,因为"法定犯、行政犯的构成,客观上只有是那些自己的生活与该种行为有较多联系的行为人才有可能"②尤其是一些针对特定领域的专业性的行政法规,其内容很难达到众所周知的程度,行为人"如果只是不经意间纯属偶然地违反了平常对其来说都很难接触到的复杂的行政规范条款的话,有时在有充分依据的情况下,是可以将其判为对行为社会危害性认识错误的"。③ 如走私珍贵动物中的物种清单,既然"其内容专业性极强、名目

① 张大春:《走私罪研究》,中国海关出版社2004年版,第124~125页。

② 贾宇:《论违法性认识应成为犯罪故意的必备要件》,载《法律科学(西北政法学院学报)》1997年第3期。

③ [匈]珀尔特·彼得博士主编:《匈牙利新〈刑法典〉述评》,郭晓晶、宋晨晨译,上海社会科学院出版社2014年版,第103页。

繁杂”,一般人是难以全面了解,在出现认识错误的情况下,就应该充分考虑行为人违法性认识的可能性,在不具备专业知识,不经意触犯法律的情况下,应当承认其具有违法性认识错误不可避免性,从而阻却犯罪的成立。

## 五、结论

综上所述,尽管违法性认识可能性作为罪责要素已经成为理论界的共识,立法也开始承认违法性认识错误不可避免的情况下应作为责任阻却事由,但立法和实务对违法性认识错误不可避免性的认定标准模糊、抽象及严苛,实际上虚置了该罪责要素和阻却事由,这反映了人们对该罪责要素的作用仍有一定的保留与犹疑,毕竟以保障人权为主旨的责任主义与以一般预防为目标的刑事政策之间存在冲突。相对而言,以行为人个人的认识能力为基础,兼顾社会中一般人的认识能力的“本来是否可以认识”具有合理性和可操作性,也兼顾了责任主义原则与刑事政策目标。从是否存在法规范正确认识的主观、客观障碍以及行为人有无尽到通常的法规范注意义务三个方面分析行为人是否“本来是可以认识”,如果能够得出行为人已经满足了社会对其“法忠诚要求”,就应当作不可避免性的认定。

抽象的标准运用于具体的司法,对违法性认识错误可进行类型化的分析。在现实生活中,人们对行为性质判断的标准是多样的,道德等规范乃至人之常情都能起到行为适法性的判断作用,就自然犯而言,传统社会伦理规范与刑法的禁止性规定的重合以及与价值判断一致,自然犯的违法性认识应实行道德直觉的“知法推定”。法定犯的违法性认识错误,分为可以避免和不可避免的两种情况,在行为人的法规范意识已经被唤醒,或者行为的模式具有明显的违法性和危害性等情况,属于可避免的认识错误;如果因为不知道法律而导致伦理上不具有可谴责性,或者行为人相信政府部门答复或者相信具有公信力机构的认定而陷入违法性错误,或者因为法律本身的规定不明确而陷入违法性认识错误等情况,则应认定为不可避免的认识错误。而对具有双重违法性质的犯罪,涉及对前置法不了解或者对其中的规范本身理解错误,同样属于违法性认识错误。前置法的复杂性和专业性,导致违法性认识可能性程度低,因此,司法对错误不可避免性的认定不应过严。

# 违法性认识不宜作为故意的要素

## ——兼对“故意是责任要素说”的反思

蔡桂生 *

**摘　要**　违法性认识不宜作为故意的要素，它只是责任的要素，如此安排符合依法治国的公共利益。之所以有人将违法性认识作为故意的要素，乃是受制于“结果无价值论”之视域，而忽略了学说梳理，进而遗漏了日本乃至苏联刑法母国(德国)之史料。在立法技术逐步成熟的当下，将违法性认识排除出故意的范畴，能够满足社会发展对于刑事政策的需求。它在法政策上明确宣示：惯犯、激情犯之类的法冷漠者不得借口“不知法律”而豁免故意犯罪的刑罚。这不仅保障了崇法、守法者的合理信赖，对欺诈者产生威慑，而且激活了刑法条文本身的教育功能，贯彻了刑事诉讼中公民教育的目的，减轻了国家普法的成本。至于“不知法者，仍有故意”所存在的疑问，在既有的刑法理论上，均已经得到了妥当的回答。

**关键词**　违法性认识　故意说与责任说　构成要件要素　刑事政策

在我国刑法学中，有观点主张“故意是责任的要素”，并产生了很大的影响，①然而，这种观点是存在争议乃至值得商榷的。目前的情况是，除少数文献外，②针对该观点的系统反思较为稀少。之所以我国学者对“故意是责任要素说”的反思力度较

---

* 中国人民大学刑事法律科学研究中心副教授，法学博士。

① 参见张明楷：《刑法学》(第5版)，法律出版社2016年版，第251页以下。

② 参见[日]川端博：《刑法总论二十五讲》，余振华译，中国政法大学出版社2003年版，第51页以下；周光权：《行为无价值论的中国展开》，法律出版社2015年版，第144~175页。

弱，或者说这些反思似乎仍然不够深入，究其原因在很大程度上乃是片面参考日本东京平野龙一等人“结果无价值”之论述，而不重视学说梳理所致。这也使相关的论著出现了史料上的明显局限。鉴于不采所谓“结果无价值”论的德国刑法乃系大陆法系之鼻祖，其在大陆法律传统中有着不宜忽略的深远影响，故在我国刑法学融合近代法制以实现可持续发展的进程中，似不应囿于平野等人“结果无价值论”之视域，而更应同样参酌或结合日本乃至苏联刑法之母国（德国）之文献或史料以丰富我国刑法学之法治思想与历史认知。尽管“故意是责任要素说”之观点看似可以在其人为设定的条件下予以推行，但本文仍然认为宜正本清源并进一步对其加以检讨。将主观方面纳入构成要件的内容，除了符合构成要件（或犯罪构成）的语词本义外，还在于其可以在涉及“违法性认识”的案件中附带地产生政策性的意义：不知法者，仍有故意，这使声称“不知法者”难以欺诈性地以此借口出罪。在依法治国的社会背景下，将故意安排为构成要件要素，使“不知法者”只能在不可避免的条件下排除责任，而不能排除故意，在法政策上有助于保障崇法、守法者的合理信赖，营造尊重法律的社会风气。下文便从结合我国学界之前未触及之史料，详细阐述将违法性认识排除出故意，进而将故意安排为构成要件要素的理由，以将相关理论推向深入。

## 一、理论渊源：从“故意说”到“责任说”

在刑法学中，缺乏违法性认识，是指缺乏对于现行有效的刑事法律的认识。在区分不法和责任的犯罪认定方案之中，缺乏违法性认识不能排除不法；只有在不可避免地缺乏该认识时，才能排除当事人的责任。之所以不可避免地缺乏违法性认识（或不法意识）属于排除责任的事由，而非排除故意的事由，是和有关学说的历史相关联的。在违法性认识的学说史上，早期的违法性认识是和故意合为一体的，它是故意的组成部分。如果被告人没有违法性认识，也就否定其故意的成立并直接出罪，此即“故意说”（Vorsatztheorie）。[①] 该说在实践中会导致令人难以接受的后

---

① 我国刑法学中“违法性认识必要说”的例子，参见贾宇：《论违法性认识应成为犯罪故意的必备要件》，载《法律科学（西北政法学院学报）》1997 年第 3 期；陈兴良：《违法性认识：中国刑法语境下的探讨》，载冯军主编：《比较刑法研究》，中国人民大学出版社 2007 年版，第 65 页以下。当然，在犯罪发生学层面，精神病人等无责任者无法作出违反刑法规范的意义表达，这就使“不存在无责任之不法”得以成立，也使故意与违法性认识一体化。Vgl. Pawlik，Das Unrecht des Bürgers，2012，S. 257 ff. 但是，在本文和通常语境中讨论的审查技术和教学法层面，区分出以刑罚为后果的有责任者和以保安处分为后果的仅有不法但无责任者，是完全可能的。在该种审查技术和教学法层面，采纳“责任论”具有相应的法政策意义，是显然且合乎逻辑的事。采纳该种理论，在自然主义色彩浓厚且对法冷漠问题感到棘手的我国犯罪论中，同样符合时代的要求。

果:越是对法律冷漠,对法律敌视的人,甚至认为杀人、盗窃不违法的人,越是无法认定故意,进而无罪。反之,越是知道法律,遵纪守法的人,越容易成立故意。这种鼓励“法盲”的做法,和工业社会中依法治国的公共利益是格格不入的。同时,这种做法还会导致对于惯犯、激情犯和确信犯的不当“优待”。惯犯是规范意识麻木的人,不是没有违法性意识就是违法性意识比较低,采“故意犯”将使惯犯不是不处罚就是从轻处罚,但这样就不能说明为何刑事司法实践对惯犯要加重处罚。在激情犯和确信犯的场合,当事人要么没有认识到自己的行为违法,要么很难意识到自己行为在规范上的不当,采“故意说”也容易导致对其不科处故意犯之刑罚。[①] 鉴于“故意说”以上的缺陷,便有人提倡将违法性认识从故意中独立出来:当缺乏违法性认识时,不宜连带否定故意的存在。例如,在目的论体系论者看来,人们就将违法性认识从故意中分离出来,使之成为责任的组成部分(责任说,“Schuldtheorie”),而故意则因此被视作构成要件的内容。如此安排的意义是:法冷漠者无法借口不知法律来否定自己的故意了。可见,将违法性认识独立出来,在法政策上更有利于刑事法律的贯彻和执行。

除以上考虑外,之所以仅在不可避免地缺乏违法性认识之时,才可排除责任,也是因为:社会公众通过立法程序将刑法制定出来,当事人作为社会公众的一分子,就不能主张自己不知道刑法。刑法作为基本法律和法制宣传工作的重点,也就可以期待每个人都知道刑法的内容(尤其是自然犯罪和当事人工作之领域的经济犯罪)。[②] 只有当他从刑事律师和法官这样的专业人士处或者从可靠的(比如,官方指定的)专业刑法书籍中得到了不违法的肯定性确认后,才可主张其缺乏违法性认识属于不可避免之事,因为我们的社会是存在基本分工的,法律职业人士比普通公民通常具备更多、更专业的法律知识,所以,在有证据证明其咨询刑法专业人士或阅读刑法书籍知晓其行为不构成犯罪之后,当事人从事的行为即便在事实上违反了刑法(有不法,其行事是错误且不值得他人效仿的,英文为“wrongfulness”),但也

---

① 参见[日]大谷实:《刑法总论》(新版第2版),黎宏译,中国人民大学出版社2008年版,第309页。

② 在刑法之外的民商经济法中,未必可以推定当事人知道法律。这些领域的条文相对复杂,而且它们也不像刑法那样,属于需要以国家刑罚权作为强力手段贯彻的保障法,因此,在刑法领域,可推定当事人知晓法律,而在民商经济法上,则难以做这样的推定。不过,只要民商经济法的事项被犯罪化,比如在行政犯领域,当事人就不能再以不知刑法为由随意出罪(有正当理由除外),否则便违反了立法者取缔这类犯罪的目的。

难以施加责难(因为当事人提供了具备说服力的理由),进而可给予宽恕或原谅(毕竟人都是会犯错误的,英文为“excuse”)。出于该种考虑,不可避免地欠缺违法性认识便成为排除责任的事由,而不再是故意的要素。

## 二、德国刑法之立法例和判决的承认

1975 年,德国立法者对《德国刑法典》总则加以修改,将未认识到自己行为违法性的情形,作为排除责任的事由,而将未能认识到自己行为符合构成要件的情形,独立地认定为排除故意的事由。此即《德国刑法典》第 16 条和第 17 条规定,当事人在行为时没有认识到法定的构成要件所规定的情状,那么,该行为不具有故意。但对过失犯罪仍然要予以处罚;若当事人实施行为时,未能认识到行为的不法,且该认识错误无法避免,那么,其行为不具有罪责(责任——引者注)。若当事人可以避免该认识错误,则可以根据第 49 条第 1 款减轻处罚。① 这在立法形式上明确地表态:缺乏违法性认识时,采“责任说”,弃“故意说”。在当时德国理论界讨论故意究竟属于构成要件要素,抑或责任要素的背景下,立法者这一“修法动作”,自然就对这场争论间接地做出了回答:应当避免法淡漠者援引“不知法”以排除故意,从而不受处罚;即便他真的“不知法”,也只在不可避免的情况下才(例外地)排除责任。②

立法者的定调,在实际效果上促成了针对欺诈者的威慑、使法淡漠者在刑事诉讼中的处境更为严苛,但却从另一面维护了人们崇法、信法的法治信赖。与此同时,在刑法法理上,如此立法也更明确地使得教唆、帮助法淡漠者实施不法行为的情形,没有疑问地成立共同犯罪。反过来说,倘若遵循旧例,将故意和违法性认识并列安排地视为责任的要素,此时虽然也可通过主张“不知法律”不会排除责任上的故意要素,而只会独自地排除责任的认定,③但是,在刑法这种需要尤其保障公民

---

① 参见甘添贵总主编、林东茂主编:《德国刑法翻译与解析》,台北,五南图书出版股份有限公司 2018 年版,第 23 ~ 24 页。与此类似的立法例,还有《奥地利刑法典》第 8 条和第 9 条,行为人错误地认为一事实排除行为的违法性的,不得以故意行为处罚。行为人的认识错误因过失造成,且该过失行为应当受刑罚处罚的,以过失行为处罚;行为人因法律上的认识错误而未认识到行为不法,如果该错误认识不可避免,则对其行为不负责任(参见《奥地利联邦共和国刑法典》,徐久生译,中国方正出版社 2004 年版,第 4 页)。

② 参见[德]乌尔斯·金德霍伊泽尔:《刑法总论教科书》,蔡桂生译,北京大学出版社 2015 年版,第 46 页。

③ 日本刑法学犯罪论体系之中有时会做这样的安排,参见[日]西田典之:《日本刑法总论》(第 2 版),王昭武、刘明祥译,法律出版社 2013 年版,第 180 页以下。

预见性的基本法律中,如此安排毕竟容易引发误会:“既然缺乏违法性认识能排除责任,而故意又是责任的要素,‘不知法’不就没有故意吗?”或者引发这样的误会:“缺乏故意可排除责任,不受处罚;‘不知法’也能排除责任,那么,‘不知法’不也应免除处罚吗?”倘若刑法之意思容易引起如此的误会,岂不是会有悖于公共利益且大幅增加国家普法工作的成本?越是无知,越是不关心法律,就在法律上越容易获得优待,这与依法治国的方向已经完全背道而驰了。在改动一下故意的位置,即可明显减轻误会的前提下,将故意和违法性认识明确区隔开,就是顺理成章之事了。如此改动,也就促成了刑法理论上的犯罪论体系从古典方案向综合方案的演变(见图 1)。

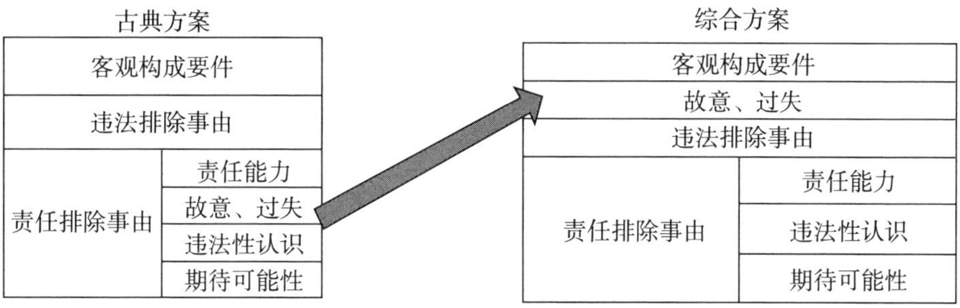


**图 1　犯罪论体系从古典方案向综合方案的演变**

诚如兰克史学之言,史料本身会说话。对于故意位置的这一改动,值得特别关注的是德国法上的相关史料。1956 年,德国联邦法院刑二庭即已采纳“责任说”的立场。[①] 到 20 世纪 60 年代,该国立法者开启了将违法性认识剥离出故意的立法进程。1962 年,其《刑法草案》即规定了类似于现今《德国刑法典》第 16 条和第 17 条的条文,并提供了如下理由:“草案采纳罪责论。尽管故意论有一点是对的,即有意实施不法者和未认识到不法而实施相应行为者之间存在不同(有违法性认识和无违法性认识两种情形存在不同——引者注),但是,那些未认识却有可能认识到不法,尤其是有‘知’和‘欲’地实现了可罚行为之构成要件的人,和连自己在做什么甚至都不知道的人这两者之间,至少也存在同样显著的区别(应当区分缺乏但有可能认识到违法性的情形和无事实性认识的情形——引者注)。在缺乏可能的不法意识的条件下有意地实现构成要件(有事实性认识但却无违法性认识——引者注),

① BGHSt 9, S. 375.

在理论上可视作故意和过失的中间形态。倘若需在法律上将该中间形态作为故意、过失之外的第三种形式,那将使刑法变得过于复杂。这(第三)种形式要么必须成为故意的内容,要么融入过失之中。假使采纳后一方案,则会出现难以克服的困难。人们要么必须将过失犯罪的处罚推广到目前只以故意形式加以处罚的犯罪上,以避免处罚漏洞;要么必须创设一个关于法律过失的堵截式构成要件……对于这种过失行为的参与,也会变得可以处罚。同时,还会出现过失的盗窃、过失的诈骗这样一些没有生命力的东西。再者,学术上几乎无人支持纯粹的故意论;有人支持的,只是所谓罪责阶段论(Schuldstufentheorie),即在出现法冷漠和法敌对的场合下,(特别地)不再将不法意识作为故意的组成部分。即使在这种情形下会出现令人满意的结果,但这种做法使得该理论(罪责阶段论——引者注)失去了内在一贯性和说服力。"[①]由此可见,《德国刑法典》第 16 条和第 17 条不属于技术性的誊录错误,而是立法者主动写入法典的产物。它使"连自己在做什么甚至都不知道的"人的"构成要件错误"与有"知"和"欲"地实现了可罚行为的仅仅发生"违法性认识错误"的情形有了明确的区别。前者应该直接得到无罪处理,而后者只在难以避免之时才能无罪。

1975 年,德国宪法法院进一步确认了《德国刑法典》第 17 条在该国的合宪性:"在这两种刑法学说(故意论和责任论——引者注)之间,刑事立法者希望以何者作为法律规则之基础,完全取决于立法者自己。宪法法院并无必要对立法者之决定再行考察,究竟其所选之方案是否属于可想到的'最为正义'的方案。……除非立法者接受的区分不再具有实质的说服力,以至于维持该立法区分可视作一种恣意,才需对立法者的决策加以考究。立法者之所以要为可避免的构成要件错误和禁止错误分别创设不同的规则,主要是出于刑事政策上的考虑:较之于不法性上的认识错误,对于事实情况的认识错误应受更缓和的评价。于 1962 年官方《刑法草案》释义中,即可见之。……如此决定,属立法者职权范围内之事,不可视为恣意。……亦不可认为第 17 条违反了罪责原则。罪责原则要求任何刑罚均以罪责作为其前提。依正义之观念,构成要件和法律后果须合理地予以划定。若在设置刑罚法规时需考虑罪责的程度,那么,此点已体现于第 17 条第 2 款中,因为依照该款,(可遣责地)缺乏不法意识的作案人,可依《刑法典》第 49 条第 1 项处以比故意行为的刑

---

① Entwurf eines Strafgesetzbuches, 1962, Drucksache IV/650, S. 135.

罚威吓更轻的刑罚。”①德国宪法法院的判决，进一步稳定了此二条文在德国法律体系中的位置。根据这些新的史料，“不知法律者不能排除故意，而只能在不可避免之时才排除责任”的认识，在德国语境下已经得到了明确的肯定。

## 三、后“修法”时代：综合的责任要素论的最后抵抗

1975 年后，德国刑法学究竟应如何安排故意的位置这一争议性问题，在其正式修法采“责任说”，弃“故意说”的影响之下，终于告一段落。德国的刑法总论教科书也纷纷改弦更张：不再将故意作为责任的要素，而是将之作为构成要件的内容。在近 30 年的德国，除鲍曼、韦伯、米奇的《刑法总论》一例坚持将故意视作只是责任的内容外，其他将故意理解为责任要素的主张，均已成了明日黄花。② 这使我们注意，该教科书为何持该主张。其提供的理由如下：③目的行为论的罪责概念的结论是，罪责不存在于行为人，而是在评价者（亦即法官）的脑袋里。其实罪责概念不是只能评价性地存在，它总是还需要事实—内容性的要素。……将罪责单纯地理解为价值评价是难以想象的。我们认为，人们处罚行为人不是因为他人（法官——引者注）脑袋里如何评价，而是因为行为人自己恶意或草率行事。当然，罪责判断是纯评价性的，但行为人的罪责却离不开其心理因素。……在审查罪责能力和免除罪责事由时也不例外。例如，在认定免除罪责的紧急避险时，先得确定行为人所处的紧急情形，后将该紧急情形评价为具有免除罪责性，这样，被评价的东西和评价就不是分置于不同的犯罪要素中。……刑法典中的罪责概念包含的是评价的对象（罪责事实）和评价本身（可责难性），故罪责概念是综合的。

针对这种将故意视为责任中事实内容的“综合责任概念”，可以作出如下回应。首先，构成要件的内容关乎当事人对于入罪的不法事实的理解，为保证一般预防的功能，它是当事人在认识到相关事实时，必须予以避免的内容；而正当化事由和免除责任事由皆属于出罪性质的抗辩事由，是当事人说明自己无法遵守行为规范时所提出的出罪依据。入罪事实关乎法律的普遍贯彻，出罪事实则是由法官认定的

---

① BVerfG，Beschluß vom 17. 12. 1975 - 1 BvL 24/75.

② Vgl. Roxin，Strafrecht AT I，Aufl. 2006，§ 10，Rn. 62，Fn. 196 的文献列举。在 20 世纪 70 年代，施密特霍伊泽尔教授也主张故意和过失作为可责难性评价的基础，是在责任中加以讨论的。Vgl. Schmidhaeuser，Strafrecht，AT，Lehrbuch，2. Aufl.，1975，S. 154 f.，179，364，391. 但这种观点未得到普遍支持。所以，在目前立法框架下，不可能要求德国学者将构成要件故意和构成要件过失撤回到责任阶层。

③ Baumann/Weber/Mitsch，Strafrecht AT，11. Aufl. 2003，§ 18，Rn. 18 - 21.

予以正面评价和不加以谴责的相反情形。以故意具有事实性的内容为由,将故意安排入责任阶层,有忽视入罪事由和出罪事由二者在功能上的区别之嫌。其次,责任阶层的欠缺责任能力、存在排除责任事由等内容,固然要考虑评价对象问题,但这些出罪性质的内容,可以由法官相对独立地判断,如同正当化事由一样,而不需如入罪性质的内容那样需借助具有一般预防功能的构成要件予以定型化、类型化。再次,将故意安排入构成要件,虽由目的论体系者所倡导,但目的行为论以后的体系皆承认主观构成要件,社会行为论者也是如此,①故承认主观构成要件,与是否贯彻目的行为论本身并无必然关联。主观构成要件只是表明,在构成要件上需借助主观部分来确定相关事实的不法意义。最后,论者支持所谓的“新古典的体系”(认为故意只属于责任的要素),却在“力图”②犯罪上违反其体系逻辑地承认构成要件故意为主观不法要素。③ 他写道:“只有着手实现构成要件时同时产生的故意,亦即‘确定的’决意,是符合构成要件的。力图故意和客观上符合构成要件的力图行为是同步的。”④“正如既遂犯那样,故意在力图犯时也是主观构成要件的最起码的组成部分。”⑤此皆系论者书中之原文。这无异于论者自己推翻了自己的论述和结论。令人瞩目的是,到2016年,该教科书也不再坚持故意为责任之要素,而是将之改为构成要件的要素。⑥ 至此,德国理论界已经不存在将故意视为责任要素的支持者。

## 四、“不知法者仍有故意”在我国的认识现状

“不知法者仍有故意”这一原则,在我国的语境下,不仅存在刑法理论上的可能性,而且在现实的社会生活中,也已有相关案例表明了贯彻这种认识具有时代性的意义。以下我们便先介绍20世纪和21世纪我国刑法理论在该问题上的现状,然后论述我国司法实务中对于该问题的处理。

首先,进入21世纪以后,我国刑法学中已经有人注意到刑法释义学中“责任

---

① 认为不借助构成要件故意,便根本无法确定行为的不法内容,便会使行为失去意义,即为社会行为论者的观点。Vgl. Wessels/Beulke, Strafrecht AT, Aufl. 2012, Rn. 139.

② “力图”大致相当于我国刑法中的“未遂”,但是,德国刑法学中的“力图”(英文为“attempt”),只是尝试、试图之意,尚未言及结果,与之不同,我国刑法中的“未遂”则指结果未出现,试图或尝试已经失败。

③ Vgl. Baumann/Weber/Mitsch, Strafrecht AT, 11. Aufl. 2003, § 12, Rn. 5; § 26, Rn. 24.

④ Baumann/Weber/Mitsch, Strafrecht AT, 11. Aufl. 2003, § 26, Rn. 24.

⑤ Baumann/Weber/Mitsch, Strafrecht AT, 11. Aufl. 2003, § 12, Rn. 5; § 26, Rn. 24.

⑥ Vgl. Baumann/Weber/Mitsch/Eisele, Strafrecht AT, 12. Aufl. 2016, S. 248 ff.

说"的优势,并进行了有见地的论述。对此,读者可以自行阅读笔者所引用的文献。[①] 同时,将对于刑法规范的认识排除出故意的认识范围,也属于20世纪以来国际上的刑事立法例和我国刑法草案中的常见做法,例如,《法国刑法典》第122-3条、《奥地利刑法典》第8条、第9条、《日本刑法典》第38条第3款[②]皆有类似规定。在我国,1928年《中华民国刑法》第28条、1956年《刑法草案(草稿)》(第13次稿)第18条、1957年《刑法草案》(第22次稿)第16条、台湾地区"刑法"第16条亦采"责任说",1937年《伪满洲国刑法典》第16条更是明确指出,"不得以不知法律为无故意"。因此,不宜断然地认为,我国《刑法》第14条、第15条中的故意,就是有违反法条含义的责任的形式。"故意、过失是责任要素说"的观点声称,德国刑法学中的故意是"形式的故意",与我国《刑法》规定不符。[③] 这同样是建立在误解之上的,因为《德国刑法典》第16条中的故意是以认识到法定构成要件的(事实性)情况为其内容的,这只是不要求当事人从规范上认识到违法性而已(此为《德国刑法典》第17条的内容),而并未否定当事人对于社会危害性(或法益损害)的认识。鉴于违法性认识在理论上和解释上的重要意义,我国学者也建议在修改我国《刑法》时,参考联邦德国刑法所采取的立法解释,在有关故意、过失的条文之后,明确设置专条规定:"行为人由于不可避免的原因不知或误解了其行为的违法性时,不负刑事责任。在能够避免时,应当从轻或减轻处罚"。[④]

其次,在我国刑法学中,尽管现今"故意是责任要素说"仍在声称:我国《刑法》

---

① 参见周光权:《违法性认识不是故意的要素》,载《中国法学》2006年第1期;于洪伟:《违法性认识理论研究》,中国人民公安大学出版社2007年版,第192页。

② 《日本刑法典》第38条第3款规定,即使不知法律,也不能据此认为没有犯罪的故意,但可以根据情节减轻刑罚。我国有观点认为,日本刑法之该款不妨碍日本刑法通说采"故意说"(参见陈兴良:《违法性认识:中国刑法语境下的探讨》,载冯军主编:《比较刑法研究》,中国人民大学出版社2007年版,第73页);但是,这并不符合日本刑法学之实情。在日本,不仅多数判例采"违法性认识不要说",而且释义学之主流也采"责任说"[参见[日]野村稔:《刑法总论》,全理其、何力译,法律出版社2001年版,第311~314页;[日]川端博:《刑法总论二十五讲》,余振华译,中国政法大学出版社2003年版,第61~64页;[日]大谷实:《刑法总论》(新版第2版),黎宏译,中国人民大学出版社2008年版,第309页以下;[日]西田典之:《日本刑法总论》(第2版),王昭武、刘明祥译,法律出版社2013年版,第210页以下;[日]松宫孝明:《刑法总论讲义》,钱叶六译,中国人民大学出版社2013年版,第137~138页]。至于大塚教授声称,该款属于"嵌入的错误"("涵摄错误")不影响故意[[日]大塚仁:《刑法概说》(总论),冯军译,中国人民大学出版社2003年版,第182、392、398、518页],乃是误解了第38条第3款之文义。

③ 参见张明楷:《刑法学》(第5版),法律出版社2016年版,第248页。

④ 参见冯军:《刑事责任论》,法律出版社1996年版,第228页。

第14条、第15条属于实质的故意、过失概念,故不宜否定故意、过失是责任的形式。换言之,故意和过失是表明非难可能性的两种责任形式。行为人具有故意时,就会唤起违法性认识;行为人具有过失时,就意味着可能唤起违法性认识。① 但是,这种观点值得商榷。我国《刑法》第14条、第15条中"实质"内容是行为的社会危害性(更准确地说,是法益损害),②这与规范意义上的刑法的认识,存在明显的区别,我国学者早已明确地指出:"犯罪故意的认识因素表现为行为人'明知自己的行为会发生危害社会的结果',这显然是只要求行为人明知其行为及行为结果的危害性,而没有再要求行为人明知行为及结果的刑事违法性。……如果把认识因素要求为明知刑事违法性,要求行为人明确知道其行为和结果触犯刑法哪一条文,应怎样定罪判刑,这就不现实、不合理……也容易使有些人钻空子,借口不懂法律来实施犯罪并逃避罪责"。③ 由于现行《刑法》第14条在文字表述上原封不动地继承自1979年《刑法》第11条,故《刑法》修订前后关于"故意"的理解,可以认为是连续而统一的。当时,人们针对1979年《刑法》中的"故意"就指出:"如果要求犯罪故意不仅具有社会危害意识,而且具有违法意识。这既缺乏法律根据,实践中也有不妥之处。我国刑法关于犯罪故意的定义并未要求行为人具有违法意识,而且,我国刑法对类推的规定进一步证实了违法意识不应是犯罪故意的要件。可见,把违法意识视为故意的认识内容是不现实的,强调违法意识,意味着否定类推故意犯罪的可能性。所以只要行为人具有社会危害意识,即使其没有违法意识,也成立犯罪故意"。④ 尽管在前述观点中,人们尚不是从"责任说"的角度,将违法意识排除出故意范围,但该观点已经明显地表达出了"不知法,仍有故意"的认识。值得注意的是,当时有观点提到,在"大义灭亲""为民除害"等案件中,当事人缺乏针对社会危害性的认识,但有违法性认识,仅凭后者就可以认定当事人的主观恶性,从而在没有社会危害性认识的条件下成立故意犯罪。⑤ 但是,这种观点不无问题。在"大义灭亲"等案件中,当事人对于"结束他人生命"以及违反"禁止杀人"之禁令是明知的,他们并没有希望他人来一般性地效仿他们的行为,此即针对生命法益遭受损害或者行为之"错

① 参见张明楷:《刑法学》(第5版),法律出版社2016年版,第248~249页。

② 从"社会危害性"到"法益损害"的用词转换,参见陈兴良:《社会危害性理论:一个反思性检讨》,载《法学研究》2000年第1期。

③ 高铭暄、马克昌主编:《刑法学》(第7版),北京大学出版社2016年版,第108页。

④ 高铭暄主编:《刑法学原理》(第2卷),中国人民大学出版社2005年版,第36页。

⑤ 参见高铭暄主编:《刑法专论》(第2版),高等教育出版社2006年版,第264~265页。

误”存在认识(若有第三人帮助其“大义灭亲”,无疑应当成立杀人之帮助犯),他们只是提出“特殊理由”以寻求个别性的“免罪处理”,所以,他们认为自己“犯了法”,只是他们执着于“大义”,以为“大义”乃是超越禁止杀人之禁令的更高律令,这是类似于“良心犯罪”的超法规的排除责任事由问题。前述观点没有考虑到,这种案件可以在肯定不法的前提下,只减轻其责任,并不会造成无罪,因此,出于对“不当出罪”的担忧,退而认为此时仅凭借“违法性认识”,无须“社会危害性(或法益损害)的认识”,就可以借助主观恶性成立故意犯罪,殊不知在该类案件中,当事人其实既有针对行为的“社会危害性(或法益损害)”的认识,又有实定法规范意义上的“违法性认识”,完全不需在否定“社会危害性(或法益损害)的认识”的情况下,仅凭“违法性认识”入罪。

最后,法律虽是人定的,但它更是社会形势的产物。我国现行《刑法》之所以未规定违法性认识的条款,是因为立法之时“考虑到实际工作中很难辨别犯人是否知道法律,而且,这一规定(即《草案》第 22 稿第 16 条‘对于不知法律而犯罪的,不能免除刑事责任;但是根据情节,可以从轻或者减轻处罚’——引者注)也容易成为犯人推卸责任的借口,因此,第 33 稿删去了这一条”。[①]《刑法草案》(第 33 稿)出台于 1963 年,当时主要担忧的,乃是该条后一分句“根据情节,可以从轻或者减轻处罚”会沦为当事人推卸责任的借口,然而,这其实是由于“立法技术不成熟”的缘故因噎废食:由于无法找到限制当事人推卸责任之借口的恰当方法,而在“宜粗不宜细”的立法思想支配下,放弃了本该规定的前一分句“对于不知法律而犯罪的,不能免除刑事责任”。时至今日,刑法理论的发展已经推动“刑法上的错误论”之立法技术走向逐步成熟:我们已有“只有不可避免地发生对法律的认识错误时才可排除责任;认识错误可以避免时,得减轻处罚”的这种旨在严格限制当事人推卸责任之借口的方案,可以用来替代《刑法草案》(第 22 稿)第 16 条中曾经引发人们担忧的后一分句(“根据情节,可以从轻或减轻处罚”)。因此,在采纳该种方案以严格限制当事人推卸责任之借口的前提下,今天我们完全可以从容地认定“不知法律而犯罪的,不能免除刑事责任”或者“不知法者仍有故意”,从而将违法性认识排除出故意的范围。并且,在像汽枪案、癞蛤蟆案等当事人表示不知案情性质从而质疑主观故意的所谓“奇案”频出的时代,也有必要将“不知法”的欺诈性借口予以适度排除。在当

① 马克昌主编:《犯罪通论》(第 3 版),武汉大学出版社 1999 年版,第 374 页。

事人缺乏正当理由时，对其“不知法”的欺诈性借口予以排除，在一定程度上也与当前的“积极的刑法观”有契合之处。假使如“故意是责任要素说”那般，坚持将故意划入责任的范畴，而在本体论层面，违法性认识又经常被认为与故意具有一体性，那么，法律就容易给出如下的错误信号：没有不法意识就没有故意，进而也就不需要承担刑事责任。这对于国家法令的贯彻是非常不利的。在我国司法实践中，如下案件即为适例。①

2015 年 12 月 8 日晚，被告人吴某乘坐他人驾驶的汽车，与王某某驾驶的汽车发生交通事故。双方下车查看情况时，吴某用手打了王某某一巴掌，致后者右耳挫伤，右耳震荡伤。王某某即报警。出警民警向双方了解情况后，将双方带至派出所继续调查。因吴某涉嫌殴打他人，值班副所长傅某、民警吕某某等人要求吴某到公安局巡特警大队配合调查，吴某即给其父亲打电话声称派出所欺负他，并用手机逐一拍摄民警、协警的警号，同时以“除非将其拷翻抬走”等言语拒绝配合民警的执法活动。随后，民警吕某某等上前对吴某进行强制传唤，吴某突然挣脱控制，往大厅外跑去，在场警察于大厅外将其按倒在地，并抬至警车附近，其间，吴某用手甩打、用双脚蹬踢民警、协警，致后者手部等处受伤。

在案件审理过程中，被告人吴某对公诉机关指控的事实无异议，但认为不清楚自己的行为有无触犯法律。辩护人认为被告人不构成妨害公务罪，指出：“被告人没有以暴力方法妨害公务的主观故意。被告人吴某因交通事故后打人一巴掌被传唤至诸暨市公安局城东派出所，后认为被打的人能走，其不能走致情绪激动，不听从派出所警察口头传唤，在警察强制传唤时有挣脱的动作，但没有以暴力方法妨害公务的行为和故意。”

该案被告方在对甩、打、蹬、踢民警和协警有明确认识的条件下，却提出了缺乏主观故意的辩解，很明显是在运用“缺乏违法性认识”的欺诈性借口以谋求故意的排除。如果立法或判例将违法性认识从故意中剥离，进而降低“不知法”在出罪中的作用，即只有不可避免地欠缺违法性认识才可以免除责任，那就可以阻止欺诈者或者冷漠者不合理地援引这种出罪事由。这不仅是在法律政策上保障守法、崇法者对法律的信赖，更是我国《刑事诉讼法》第 2 条中“教育公民自觉遵守法律”之晓谕功能的现实要求。至于在欠缺违法性认识可以避免时，也可以减轻处罚。这并

① 浙江省诸暨市人民法院刑事判决书，(2016)浙 0681 刑初 159 号。

不会导致对当事人的苛求。

## 五、“不知法者仍有故意”带来的疑问及其解决

笔者于前文阐述了“不知法者仍有故意”之原则在刑法理论和实务上贯彻的理由。当然,对于该原则以及其带来的将故意安排为构成要件要素的法律效果,会有一些质疑的地方,归纳言之,主要有如下几处。

第一,在司法实践中确实也存在当事人确实不知刑事法律的情况。例如,某种行为一向不为刑法所禁止,后在某个特殊时期或某种特定情况下为刑法所禁止,这时,就有可能不知道自己的行为违反了法律,我国理论界早已有观点指出,在此种情况下,应当承认“例外”,不能认定当事人属于故意违反刑法,进而不成立故意犯罪(此作为通说的“限制否定说”)。[①] 然而,依据本文研究,这种“例外说”或“限制否定说”其实是未对不法和责任加以区分所致,因此,这种观点未能注意到,此时可以通过“不可避免地缺乏违法性认识”以排除责任,而且,这种“例外地”否认故意犯罪,也会不适当地导致教唆者和帮助者的“共犯处罚漏洞”。因此,只要区分不法和责任,就仍然可以在此种“例外”情形下,仍然贯彻“不知法者,仍有故意”,承认当事人有故意的不法,而仅是例外地排除责任。毕竟此时若他者教唆或帮助当事人实施犯罪,仍然是应当成立共同犯罪的。换言之,“确实不知道违反了刑事法律”,只能是对不知情者予以“宽恕”的事由(排除责任),而不是值得他人效仿的“正确的”事项(此时仍成立不法)。在依法治国的背景下,不宜鼓励人们不学习法律、漠视法律,而且只要人们从事相应的活动、业务,其实也是基本知道刑法所规定的事项的,否则他便不至于去从事这类业务。“知法推定”不是对于公民的苛求和“不教而诛”,也不是片面强调国家权威,从而轻视个人的价值,因为只要有正当理由导致对法律的不知悉,也是可以被原谅和免除责任的。

第二,另一种可能构成“不知法者仍有故意”之例外的情形,乃是针对规范的构成要件要素的法律认识错误,例如,某甲误以为属于某乙的财物已经合法转让给自己,因而将之“拿走”的行为,便属于针对所有权归属的法律认识错误,该种法律认识错误使得某甲没有认识到其行为对于财产法益之损害,所以,应当成立排除故意的构成要件错误。恰是因此之故,人们通常将针对刑事法律的“违法性认识错误”

---

① 高铭暄、马克昌主编:《刑法学》(第7版),北京大学出版社2016年版,第108页。

称作“禁止错误”,以免与“规范的构成要件要素”的刑事法律认识错误相混淆。[①]必须出现针对法益损害的认识错误,才能排除不法之故意;若对法益损害有认识,只是误以为自己在刑法上有权实施该法益侵害,则是禁止错误,其排除的是责任。对此,我国学者也已区分非刑事法律的认识错误和刑事法律的认识错误:“当行为人缺乏违法性认识并直接影响到他对自己行为的社会危害性认识时,鉴于社会危害意识属于犯罪故意的基本要件,这种非刑事法律的错误可能影响行为人的罪过心理,起码排除了犯罪故意……行为人关于刑事法律的认识并不是犯罪故意的认识要件,所以,刑事法律的错误不影响行为人的罪过心理”。[②] 将该处的“社会危害意识”改为“法益损害意识”,也就符合本文的观点。至于 2018 年最高人民法院第 19 批指导案例中的内蒙古王某军非法收购玉米案,王某军提出的“不知法”有两种含义:一种是不知收购玉米要办证(不知违反《粮食流通管理条例》),另一种是自己的行为违反刑事法律。原审法院也是认定其有罪判处有期徒刑 1 年,缓刑 2 年(之后只是因为原收购粮食条文失效而于 2017 年年初通过再审程序改判[③]),原审有罪判决意味着法院否认了其“不知收购要办证”的说辞,而肯定有不法,而后判处轻刑。

第三,有心人也许还会提出,贯彻“不知法者仍有故意”会使故意成为构成要件的要素,倘若真的如此安排,那么在假想防卫等正当化前提事实认识错误的案件中,在检验并认定构成要件故意成立之后,由于有主观的正当化要素,需要倒回头否定故意,才能排除故意犯罪的认定,这样,不是会出现检验层次的紊乱(所谓“回旋飞碟”问题)?同时,针对该类认识错误者进行帮助和施加教唆者,不是也难以成立共犯吗?此种担忧实在是对犯罪论体系的演变史缺乏把握所致,其实该种检验层次之紊乱,只会在新古典与目的论相结合体系中早期的所谓“限制责任说”那里才会出现,在该犯罪论体系后来的“法律效果转用之责任说”那里,该检验层次紊乱的问题已经得到解决:在正当化前提事实错误的案件中,认识错误者仍然成立构成要件故意,针对其加以帮助或施以教唆者,仍然可以成立共犯,认识错误者只是因

① 参见周光权:《刑法总论》(第 3 版),中国人民大学出版社 2016 年版,第 240 页。

② 姜伟:《罪过形式论》,北京大学出版社 2008 年版,第 352、353 页。

③ 《粮食流通管理条例》(2013 年修订,已被修改)第 10 条规定:“取得粮食行政管理部门粮食收购资格许可的,应当依法向工商行政管理部门办理设立登记,在经营范围中注明粮食收购;已在工商行政管理部门登记的,从事粮食收购活动也应当取得粮食行政管理部门的粮食收购资格许可,并依法向工商行政管理部门办理变更经营范围登记,在经营范围中注明粮食收购”。该条已于 2016 年 2 月 6 日废除。

为缺乏针对法律的敌对(或冷漠)意思而缺乏故意责任而已,如果他就误以为有正当化前提事实存在过失,仍然可以肯定其针对法律存在疏忽(或草率)的意思,从而具备过失之责任。① 因此,正当化前提事实认识错误也不妨害将故意视为构成要件要素。

最后,剩下的问题是,如果故意是构成要件的要素,那么过失是否也是构成要件要素呢?对此,应当予以肯定的回答,理由是过失同故意一样,既具有区分罪与非罪、此罪与彼罪的功能,也是区分不同种类之不法以及不法之轻重程度标准。不过,由于过失涉及注意义务、认识能力和个别化理论等延伸性问题,对于这些延伸性问题的全面处理,在本文篇幅下是无法完成的,还请容笔者另撰文对此加以论述。

## 六、结语

古今中外的法律,除非出现技术性的誊录错误,几乎是时势和社会发展的产物,具有各自相应的社会背景与意义。将缺乏对于危害事实的认知和缺乏对于违法性本身的认知加以区别对待,也同样具有相应的功能和意义。将违法性认识融入故意加以处理,当然有其利于"不知法"者出罪的一面,但这种"不知法律即无故意"的安排,也容易为法敌对者和法冷漠者利用,成为其借助"不知法"实施欺诈从而推卸刑事责任的借口,这与法治国家尊崇法律,主张适用法律实现秩序的初衷是背道而驰的。给予法冷漠者和法敌对者以此种优待,不仅易使排斥法律和不知法律的做法成为效仿样本,无助于保障崇法、守法者的合理信赖,而且该种优待也与刑事司法实践追究惯犯、激情犯和确信犯之刑罚乃至加重其处罚的做法存在抵牾之处。我国 1963 年《刑法草案》删除"不知法律不免除刑事责任"之规定,乃是立法技术不成熟所致。如今,由于刑法理论的进步,重新确认"不知法者,仍有故意"原则之立法技术已经成熟。该原则在刑事立法上的贯彻,将推动人们在故意的犯罪论体系地位上达成共识:故意不再是责任的要素,而是应当成为构成要件的要素。将故意安排为构成要件的内容,使欠缺违法性认识仅在难以避免之时才成为排除责任事由(认识错误可以避免时,亦得减轻处罚),不仅激活了刑法条文本身的教育

---

① 参见蔡桂生:《论故意在犯罪论体系中的双层定位——兼论消极的构成要件要素》,载《环球法律评论》2013 年第 6 期。"故意责任"不等于"责任故意",参见蔡桂生:《刑法中假想正当化的责任效果:法律效果转用之责任说的辨析、质疑及回应》,载《中国社会科学院研究生院学报》2021 年第 1 期。

功能，顺应了依法治国的公益需求，而且符合构成要件和犯罪构成的术语本义，保障了文字表述的准确性，降低了不同知识背景者的理解难度。

针对“不知法者仍有故意”原则及其带来的将故意安排为构成要件要素的法律效果，存在“当事人确实不知法律”、“规范的构成要件要素的法律认识错误”以及“正当化前提事实认识错误带来的检验层次紊乱”的疑问，但是，在区分不法和责任的条件下，“当事人确实不知法律”只能算是减免责任而非排除不法之理由，它是宽恕、原谅之事由，而非值得他人效仿的“正确”的事由；在“规范的构成要件要素的法律认识错误”问题上，仍然必须出现针对法益损害的认识错误，才能排除不法，该种错误属构成要件错误，与作为禁止错误的缺乏（刑事法律的）违法性认识仍存在区别；至于“正当化前提事实认识错误”所带来检验层次紊乱的疑问，已经由“法律效果转用之责任论”予以解决，此时仍然承认构成要件的故意，但缺乏故意之责任。在故意属于构成要件的要素之后，过失也同样应属于构成要件的要素。

# 违法性认识可能性的司法认定

杭　程*

**摘　要**　在违法性认识问题上，我国司法实践的传统立场是违法性认识不要说，认为违法性认识错误不影响定罪量刑。不过，随着法定犯时代的到来以及责任主义的深入讨论，这一立场逐渐有所松动，部分法院开始接受违法性认识可能性说。对于司法裁判不统一的问题，一种合理的违法性认识可能性认定方法亟须构建，以缓解刑法规制与责任主义的内在紧张。在认定行为人是否不具有违法性认识可能性时，应以社会一般人的认识能力为基础，兼顾行为人的个人认识能力，从法律规范固有认识错误的避免可能性、行为人主观认识障碍的避免可能性、行为人查法契机缺失的避免可能性、不合理信赖的避免可能性四个方面综合认定。

**关键词**　认识错误　违法性认识可能性　责任主义

## 一、违法性认识问题的司法实践考察

违法性认识与违法性认识错误属于一体两面，违法性认识问题在司法实践中具体表现为违法性认识错误问题。违法性认识错误一般指行为人认识到构成要件，但未认识到行为的违法性，误以为不法行为系合法的情形。近年来，不少广受关注案件的争议焦点都直指违法性认识错误，从兰草案到鹦鹉案，再从天津赵某华非法持有枪支案到内蒙古王某军非法收购玉米案。尽管大部分案件最终的处理结果差强人意，但不免担忧案件最终的裁判结果是否仅是社会舆论的产物，仅实现个

* 北京国枫（上海）律师事务所律师，法学硕士。

案正义,尚不能为类似案件提供一种合理的一般化的解决方案,更无法从根本上解决类似案件在司法实践中出现的问题。笔者以“违法性认识”为关键词,通过威科先行数据库检索相关案例,发现违法性认识错误相关案件在司法实践大体上呈增加趋势。截至 2023 年 10 月 20 日,初步检索到 1431 份裁判文书,经过人工审查,剔除掉不相关的以及重复的案例,共得到了 1398 份有效判决和裁定(见表 1)。

**表 1　违法性认识相关案件数量分布**

| 时间 | 案件数量/件 | 占比/% |
|---|---|---|
| 2013 年及以前 | 10 | 0. 72 |
| 2014 年 | 40 | 2. 86 |
| 2015 年 | 59 | 4. 22 |
| 2016 年 | 79 | 5. 65 |
| 2017 年 | 138 | 9. 87 |
| 2018 年 | 209 | 14. 95 |
| 2019 年 | 316 | 22. 60 |
| 2020 年 | 360 | 25. 75 |
| 2021 年 | 151 | 10. 80 |
| 2022 年 | 25 | 1. 79 |
| 2023 年 | 11 | 0. 79 |

根据检索到的案件情况可以发现,历年来相关案件大体上逐步增加,尤其是自 2014 年来,违法性认识错误越来越为刑事辩护律师所青睐,成为重要的辩护理由。2016 年至 2020 年,违法性认识案件数量显著增加,这可能与天津赵某华非法持有枪支案等典型案例以及学术界对违法性认识错误问题的再关注相关。我国实定法中并无违法性认识的相关规定,违法性认识理论在司法实践中的适用离不开德日刑法教义学在我国的发展以及重大司法案例的推动。而 2021 年后案件数量有所减少可能与裁判文书公开数量整体减少有关。在罪名分布上,位列前三的罪名分别是非法吸收公众存款罪,组织、领导传销活动罪以及非法经营罪。涉违法性认识案件中非法吸收公众存款案件数量如此多的原因在于前几年互联网金融的野蛮生长,尤其是 P2P 平台以及小额贷款公司的爆发式增长,大部分金融平台业务模式不合法,主要涉及的犯罪就是非法吸收公众存款罪。P2P 平

台已于2020年11月全部被清除,在清理过程中,很多公司员工认为自己也是受害者,以违法性认识错误为由进行辩解,但极少获得法院支持。笔者仅检索到1则获得法院支持的判例,行为人得以定罪免罚。① 组织、领导传销活动罪的情况与非法吸收公众存款罪类似,相当多的行为人成为传销中的一环,认为自己也是受害者,在主观上存在缺乏正确的违法性认识。至于非法经营罪数量多则是因为该罪名带有“口袋罪”的特征,犯罪的行为方式复杂多样,行为人难以正确把握自己行为的法律性质。

在相关裁判文书中,半数以上的法官未予回应辩护人提出的违法性认识错误或违法性认识不足的辩护意见,或者说未充分回应,仅是笼统地称律师的辩护意见与事实不相符或者缺乏法律依据,不予采纳,未对行为人的违法性认识错误及错误回避可能性进行具体分析。法官的这一文书说理方式有待商榷,无论对违法性认识错误采取何种态度,都不应不予回应。当然,法院不予回应可能也与违法性认识错误辩护意见的泛化现象相关。在部分案件中,行为人明显存有违法性认识,但辩护律师仍提出行为人缺乏违法性认识的意见,例如,在典型的诈骗案件中称行为人缺乏正确的法律认识。在回应辩护意见的裁判文书中,多数法院认为这样的错误不影响定罪量刑,坚持“不知法不免责”的司法立场。

从检索到的判例中观察法院对违法性认识问题的回应情况可以看出,德日刑法教义学在对司法实践不断地渗透中,“违法性认识可能性”“责任阻却”等明显带有大陆法系刑法理论色彩的概念越发频繁出现在裁判文书中。部分地区法院观点也有所转变,不仅采取违法性认识必要说,甚至直接采用域外的通说“责任说”进行司法裁判。② 总体上,绝大多数的法院的认定仍过于含混,笼统地“结合被告人的犯罪事实,性质、情节,以及主观违法性认识等因素”对行为人定罪量刑。面对这样的判决,难以考察违法性认识错误在实质上是否影响了量刑,难以做更为细致的量化分析。我国当前司法实践中对于违法性认识态度尚不统一,主流观点仍坚持“不知法不免责”的立场,但局部有所松动,形成多种学说并存的局面。这也导致司法裁判不一致,认定方法较为混乱,相关问题有待进一步讨论。

---

① 四川省眉山市东坡区人民法院刑事判决书,(2015)眉东刑初字第00448号。

② 浙江省绍兴市柯桥区人民法院刑事判决书,(2015)绍柯刑初字第959号。

## 二、“不知法不免责”的司法困境

### （一）知法推定的动摇

在司法实践中，法院支持违法性认识不要说的重要原因之一是知法推定。在金某某、傅某某、宋某某寻衅滋事案中，法院明确表示任何法律一旦公布实施，即视为广大民众已经知晓。① 应承认的是，知法推定在“不知法不免责”法谚诞生之初确有其内在的合理性。以法制史视角观察，法律是一个不断与宗教、道德相分离，并最终独立的行为评价体系。法律最初与宗教、道德相混合，行为的评价不完全借助于违法性认识。换言之，行为的评价主要借助前法律的伦理性认识或宗教戒律认识，而非法律本身。② 但步入现代社会后，知法推定的现实基础不复存在，法律的正当性不再完全依赖于宗教、道德等，法律评价的独立性得以凸显。此时，再一味坚持知法推定难免对公民施加过于严苛的知法义务。

知法推定当前面临的首要难题是法定犯。随着社会的发展，社会管理日益复杂精细，法定犯的增设也越来越多，有观点认为我们已经步入一个法定犯的时代。③ 现代意义上的法定犯概念源于19世纪犯罪学家加罗法洛，“指那些与行为人的道德异常无关，而是立法者根据时代、社会发展的需要所规定的犯罪”。④ 与1979年刑法相比，现行刑法中法定犯所占比例越来越大，涌现出超出核心刑法领域的规范，而修法也日渐频繁，普通民众难以凭借“常情、常识、常理”进行违法性判断。⑤ 法定犯相关案件的裁判结果时常也与普通大众朴素的正义感相违背，如天津赵某华非法持有枪支案的一审判决。这种现象不仅会导致刑法的道德信誉降低，更会导致公民与法之间关系紧张。诚如伯尔曼所言，“一种难以唤起民众对法律忠诚的东西，是不可能有能力使民众普遍愿意遵从于法律的”。⑥

此外，现在司法中法律解释广泛运用也在实质上消解了知法推定。法律规范

① 浙江省金华市中级人民法院刑事判决书，（2017）浙07刑终1166号。

② 参见李涛：《违法性认识的中国语境展开》，法律出版社2016年版，第3~4页。

③ 参见车浩：《法定犯时代的违法性认识错误》，载《清华法学》2015年第4期。

④ ［意］加罗法洛：《犯罪学》，耿伟、王新译，中国大百科全书出版社1996年版，第50~53页。

⑤ 参见胡业勋、郑浩文：《自然犯与法定犯的区别：法定犯的超常性》，载《中国刑事法杂志》2013年第12期。

⑥ ［美］伯尔曼：《法律与宗教》，梁治平译，商务印书馆2012年版，第59页。

的表达依赖于语言文字,而语言文字本身具有一定的模糊性,易导致错误认识的出现。18 世纪、19 世纪时,人们曾热衷于法典化运动,法律被认为是确定的、可知的,法官的工作仅是依照法律裁判,无须对法律进行解释。直到 20 世纪后,人们才发现,立法机构产出的法律只是半成品,且语言文字的不确定性本身具有积极意义,法律经由法官的解释才真正拥有生命。法律解释的广泛运用缓解了法律滞后性与社会快速发展的内在冲突,但与此同时也增加了公民不知法的风险。立足现代社会,知法推定已经丧失了合理性基础,不知法不完全是公民自身的过错,也不再具有绝对的可谴责性。①

## (二)责任主义的诘问

责任主义系违法性认识不要说被批判的重要理论依据。责任主义原则是现代刑法的基本原则之一,要求犯罪的成立不仅考虑行为人是否存在不法的行为,还需考虑行为人在行为人是否具有责任,即行为人具有他行为可能性才能够对其进行非难。而"不知法不免责"认为即便行为人无法做出正确选择,缺乏犯罪避免可能性,仍应对其施以刑罚,被认为残存结果责任的影子。在近代之前,刑法采用的是结果责任,只要造成客观危害即追究相应的责任。后随着启蒙运动的兴起,与报应刑论、道义责任论在本质上相联结的主观责任论逐步壮大。报应刑论认为,对基于自由意志的行为进行非难是刑事责任的基础。道义责任论则基于"刑法是将最低限度的社会伦理予以实行法化"的见解将法的本质理解为"道义"本身,认为违法性的本质在于违反了国家秩序的精神,谴责行为人在知法犯法中表现出来的对国家法秩序的漠视态度。②

目前,在责任论中,德日刑法学界的通说是规范责任论,强调对行为人与其行为的内在联系的评价,要求不仅仅以能够自由判断为前提,而且以能够作正确判断为前提。规范责任论提出,只有共通于故意、过失的作为其上位概念的规范性的谴责可能性才是责任的本质。即便实定法上并无规定,也应该存在超法规的责任阻

① 参见劳东燕:《风险社会中的刑法》,北京大学出版社 2015 年版,第 404 页。

② 参见[日]前田雅英:《刑法总论讲义》(第 6 版),曾文科译,北京大学出版社 2017 年版,第 129 页。

却,在并无违法性意识的可能性的场合,可肯定基于责任阻却的不可罚性。[①] 责任主义的宗旨在于通过对国家刑罚权进行限制来为惩罚的正当化提供依据从而保护个人的自治。而在行为人因不可避免的违法性认识错误而受到刑罚严厉惩治之时,行为人的自治并未得到有效保护,且这种刑罚与其本身的功能目的相悖,不能产生良好的预防效果,行为人的"犯罪"成为单纯的不幸。

### (三)风险分配的失衡

违法性认识必要与否的问题折射出一般正义的刑法规制与个体正义的责任主义间的紧张关系。"不知法不免责"之所以在司法实践中广受支持,重要原因系实务界基于刑事政策的考量,顾虑对违法性认识错误予以减轻或免除责任会减损刑法的规制机能。毕竟行为人常会以违法性认识错误为借口企图逃避责任,而行为人不存在违法性认识错误又难以证明。在反对者看来,知法推定的神话已然破灭,"不知法不免责"的司法立场将不知法的风险完全归责于行为人,这种"国家权威主义"的倾向不仅会导致刑法的道德信誉降低,更会加剧公民与法之间的紧张关系。当然,这并不意味着绝对化的责任主义可以完全贯彻。尽管个体正义是种极为重要的价值,但法律有诸多价值考量,其应与秩序、自由等其他价值相统一。绝对化的责任主义过于注重刑法保障人权的机能从而忽视了刑法规制犯罪的需要,在风险不断扩散的社会背景下,责任主义不断向刑事规制进行妥协。

违法性认识问题的核心在于不知法的风险如何在国家与个人间分配,即如何平衡好功利主义与责任主义间的矛盾。尽管各国对于"不知法不免责"的态度有所不同,但都力图寻求"公益"与"私权"的平衡点。"不知法不免责"源于英美法系的严格责任,虽然英美法系对该立场一再坚持,但在个案中也不断突破此准则。[②] 英美法系试图通过司法技术在个案上平衡二者的紧张关系。大陆法系国家则在持久的理论讨论后,将教义学成果转化为成文法,在立法上实现二者的统一。[③] 我国实务部门在立法尚未明确的情况下采用迂回方式平衡刑法不同的功能诉求,通过酌

---

① 参见[日]西田典之:《日本刑法总论》(第3版),刘明祥、王昭武译,中国人民大学出版社2007年版,第162页。

② 参见1965年Surrey CC *v.* Battersby案、1982年Secretary of State for Trade and Industry *v.* Hart案等。

③ 参见劳东燕:《风险社会中的刑法》,北京大学出版社2015年版,第411~414页。

定量刑情节处理违法性认识错误问题,认为不可避免或难以避免的违法性认识错误表明行为人对法律的遵从,不存在敌视法律秩序的情况,以减轻行为人的责任。

## 三、违法性认识可能性的引入及展开

### (一)违法性认识可能性的比较法流变

近代以来,随着"风险社会"的发展,法定犯日益增多,刑法体系也越来越庞大,出现违法性错误的范围随之扩大。如何对待违法性错误,各国理论上存在各种争议,主要学说有违法性认识不要说、严格故意说、限制故意说以及责任说。日本判例传统上坚持违法性认识不要说,认为成立故意责任无须存在违法性,也无须存在违法性认识的可能性,不问何种理由,违法性的错误均不阻却故意责任。例如,关东大地震之际,行为人违反《暴利取缔令》,高于市价出售石油罐。但当时由于交通中断,行为人无法知道三天前刚颁布的该敕令。对此,日本大审院认为,虽然行为人不知道也无从知道该敕令的发布,但不能就此说并不犯意,对违反法令的认识如何,并不能对犯罪的成立带来消长。其后,日本最高裁判所承袭了大审院的这一立场,指出"无论是自然犯还是行政犯,对于犯意的成立并不以违法的意识为必要,这已为本裁判所的判例所表明"。[①] 但违法性认识不要说完全背离了责任主义,故其后的很多日本下级裁判所认为,要认定承担故意责任,至少必须存在违法性认识的可能性。如"黑雪事件",被告人放映的是已通过伦理审查的电影,其未认识到电影存在淫秽性具有相当的理由,因而缺少犯意。[②] 目前,违法性认识不要说在学术界支持者较少。

在放弃违法性认识不要说后,日本不少刑法学者开始转向了必要说。日本刑法学者小野清一郎与佐伯千仞主张"严格故意说",认为违法性认识是故意的内容,违法性错误可阻却故意。支持者指出,行为人具有违法性认识,却仍然实施了违法行为,因而有理由作为故意犯施以更严重的谴责。但根据该说,仅凭轻率地相信是法律所允许的就否定故意犯的成立,其结论的妥当性存在疑问。后鉴于严格故意

---

① 参见[日]西田典之:《日本刑法总论》(第 3 版),刘明祥、王昭武译,中国人民大学出版社 2007 年版,第 191 页。

② 参见[日]松原芳博:《刑法总论重要问题》,王昭武译,中国政法大学出版社 2014 年版,第 198 ~ 199 页。

说在实践中会出现各种不当,限制故意说应运而生,该说将作为故意的要件的“违法性认识”缓和至“违法性认识可能性”。在限制故意说中主要有两种思考方法。第一种是宫本英修教授所认为的,违法性认识是必要的,但如果对欠缺违法性认识具有过失,则追究故意责任。第二种则是团藤重光教授所坚持的,不需要具有违法性认识,但对于违法性认识的可能性是必要的。[①] 其实这两种见解本质上并无区别,无异于说违法性认识是可能的。限制故意说之所以在日本学界得到很多支持,主要原因在于其基于违法性认识的可能性而确定的故意犯的成立范围被认为是妥当的。

目前,主流学说除了限制故意说还有责任说。该论认为违法性认识不是故意的内容,而是独立的罪责要素。责任说主张需要在不考虑可能的不法认识的情况下,单独确定故意。并且,即便没有不法认识,也不影响故意的成立。西田典之教授认为犯罪事实的认识可以区分行为人反规范性人格态度的直接性与间接性,因而可以给责任谴责带来质的差异,然而,只要存在对犯罪事实的认识即为故意,本就该认识行为的违法性,这并不能带来责任谴责上的差异。但若是行为人的认识错误具有相当且合理的理由,缺乏正确认识的可能性,由于对此不能进行责任谴责,因而可根据《日本刑法典》第 38 条第 3 款但书[②]的类推解释超法规性地阻却责任。[③] 目前,限制责任说已经成为日本刑法学界的通说,并且德国联邦法院也已推翻帝国法院所认为的罪责原则上不需要不法意识的主张,认可了责任说。

### (二)违法性认识可能性的本土化展开

违法性认识理论随着违法性认识故意说与违法性认识责任说间的二元对立逐步走向了缓和与共识。限制故意说与责任说均引入了“违法性认识可能性”这一概念,其都可被归纳为“可能性说”。可能性说通过认识的可能性去判断行为人违法性认识错误是否具有相当的理由,着眼于该错误是否不可避免,以缓和责任主义与刑法规制之间的紧张关系。违法性认识可能性不仅与责任主义相契合,而且与罪

---

① 参见[日]前田雅英:《刑法总论讲义》(第 6 版),曾文科译,北京大学出版社 2017 年版,第 146 页。

② 《日本刑法典》第 38 条第 3 款规定了违法性认识错误具有可以减轻刑罚的效果,“不得因不知法律而认为没有犯罪的故意,但根据情节可以减轻刑罚”。

③ 参见[日]西田典之:《日本刑法总论》(第 3 版),刘明祥、王昭武译,中国人民大学出版社 2007 年版,第 193 页。

刑法定的晓谕功能相呼应。在耗费了人们漫长的时间和巨大的辛劳后，大多学者青睐于可能性说，目前各国的司法实践也越来越接近可能性说。

违法性认识可能性这一概念随着德日刑法教义学知识一同被引入。张明楷教授认为，“违法性认识的可能性，是故意与过失之外的独立的责任要素”。[①] 周光权教授则主张，“对于故意犯罪的成立而言，违法性认识的存在是必要的。但是，对于违法性认识，不能理解为具体的、现实的认识，而要扩大解释为违法性认识的可能性”。[②] 尽管引入了违法性认识可能性这一概念，但我国刑法学界在违法性认识问题上仍着眼于违法性认识的体系定位问题，即故意说与责任说之间的争论。[③] 在我国，该争论因与犯罪论体系之争相联系而变得更为复杂。传统的四要件犯罪构成体系之中不存在“责任”这一犯罪构成要件，所以在四要件犯罪构成体系中，违法性认识属于“故意”的认识要素。而在阶层犯罪构成体系中，学者们多认为违法性认识属于“责任”的要素。犯罪论体系之争目前仍在持续，两种犯罪论体系现处于并存的局面。由于犯罪论体系之争并未得到一致结论，“故意说”与“责任说”间存有较大争议。有趣的是，我国司法实践中在犯罪构成体系上多采用四要件犯罪构成体系，但在违法性认识相关案件多却采取了“责任说”，认为行为人缺乏违法性认识是责任减轻事由。

笔者无意着眼于故意说与责任说之争，二者间的争论自宾丁与威尔泽尔时期就开始，只是联邦最高法院最终选择了责任说。在我国，两种学说依赖于特定的犯罪构成体系，均有合理之处。而在司法实践中违法性认识必要说受到冷遇并非源于二者间的对立，劳东燕教授曾一针见血地指出，“违法性认识问题的关键并不在于其究竟是故意要素还是责任要素，而是何种情况下对行为人不予追究才是妥当的。学界应聚焦于在此类制度技术或裁量机制的构建或完善上，而不是对违法性认识在犯罪论体系中的位置问题坐而论道”。[④] 批评虽有些严厉，却不无道理。相比刑法理论界热火朝天的讨论，司法实务部门对此问题相当冷淡。事实上，我国传统刑法理论也认为，“在某些特殊情况下，如果行为人确不了解国家法律的某种禁

① 张明楷：《刑法学》（第5版），法律出版社2016年版，第321～322页。

② 周光权：《违法性认识不是故意的要素》，载《中国法学》2006年第1期。

③ 参见陈兴良：《违法性认识研究》，载《中国法学》2005年第4期；周光权：《违法性认识不是故意的要素》，载《中国法学》2006年第1期。

④ 劳东燕：《责任主义与违法性认识问题》，载《中国法学》2008年第3期。

令,从而不知道行为社会危害性的,就不能让其承担故意犯罪的刑事责任”,[①]但究竟是哪些“特殊情况”可阻却故意犯罪却并未具体论述。如果刑法理论无法消除人们基于功利主义提出的肯定违法性认识错误会妨碍刑法规制的顾虑,同时,在司法技术上又无法提出可供接受的违法性认识可能性认定的方法,那么一直倡导的违法性认识必要说难以在司法实践中落地生根。

## 四、违法性认识可能性的认定规则

行为人在何种情况下不具有违法性认识可能性本应是一个规范评价问题,但规范的标准过于模糊。《德国刑法典》第 17 条规定,行为人在实施行为时没有认识其违法性,如该错误不可避免,则对其行为不负刑事责任;《法国刑法典》第 122 - 3 条规定,能证明自己系由于其无力避免的对法律的某种误解,认为可以合法完成其行为的人,不负刑事责任。[②] 概言之,这些规范认为行为人存在违法性认识错误的情况下,评价行为人是否有罪责的标准在于错误是否“不可避免”或“无力避免”。[③]在各国司法实践中,对“不可避免”的认定比较严格,如德国最高法院判决认为对此需要进行“良心紧张”的判断,即“行为人有义务运用他的全部认识能力和整个伦理世界观,如果这样能够形成对某一特定举止的合法或违法性的判断的话”。[④] 但认定违法性认识错误避免可能性的标准不能过于严苛,否则就会回到违法性认识不要说的立场。因而只要行为人的违法性认识错误不可避免具有“相当的理由”就阻却故意或责任。不过为鼓励公民知法,缓和责任主义与刑法规制间的关系,对于违法性认识的考察可以一般人的认识为基础,同时兼顾行为人个人认知能力。具体而言,认定行为人是否具有违法性认识可能性可从以下四个方面综合考虑。

### (一)法律规范固有认识错误的避免可能性

义务与权利是相对等的,公民在承担守法义务的同时应有权获得清晰明确的规范信息。在有权机关未提供清晰明确规范,甚至提供相互冲突的规范时,不应轻

---

① 高铭暄、马克昌:《刑法学》(第 7 版),北京大学出版社、高等教育出版社 2016 年版,第 124 页。

② 参见孙国祥:《违法性认识错误的不可避免性及其认定》,载《中外法学》2016 年第 3 期。

③ [美]乔治・弗莱彻:《反思刑法》,邓子滨译,华夏出版社 2008 年版,第 540 页。

④ [德]克劳斯・罗克辛:《德国最高法院判例:刑法总论》,何庆仁、蔡桂生译,中国人民大学出版社 2012 年版,第 96 页。

易认定行为人具有违法性认识可能性。意大利宪法法院曾于1988年作出判决,认为《意大利刑法典》中"任何人都不得以不知道刑法作为自己辩护的理由"这一规定部分违宪,主张不可避免的违法性认识错误是辩护理由之一。在判决中,宪法法院解释称,"在法律规范本身内容不够明确,或者对法律规范没有明确的解释,因而公民客观上存有认识障碍,难以认识到法律规范的真实含义时,行为人的认识错误不可避免"。[①]《美国模范刑法典》规定,"当法律的公开有瑕疵时,如行为人难以通过合理途径知晓规范的内容,或合理信赖官方的法律声明,但后来此法律被宣告无效或存在谬误时,就认可法律的公示有瑕疵并承认该瑕疵是免除刑责的辩护理由"。[②]公民知晓法律是国家与公民共同努力的结果,在认定违法性认识可能性时须考量法律规范本身的明确性以及规范在传播中的客观障碍,即考虑法律规范本身是否易引起错误认识,关注规范的公布时间、公布程序、语义明确性等内容。

### (二)行为人主观认识障碍的避免可能性

在一般人标准判断之外,行为人个人的认识能力、教育职业背景等情况也是判断认识错误回避可能性的重要素材。[③] 个人的先天智力与后天教育等客观因素会导致法律认识能力的不同,这是无法回避的现实,一味以一般人标准进行判断会造成实质上不正义。而且,部分行业或职业要求参与者具有特定的知识或相比普通人而言更高的认识能力。也正因如此,这些活动才能建立起社会信任,为社会所允许。在郭某丹、高某学等非法吸收公众存款案中,法院指出行为人入职互联网金融公司,作为实际帮助吸收存款的人,主观上应当明知未经批准个人不允许擅自吸收公众存款。[④] 在杨某非法购买珍贵、濒危野生动物案中,法院也考察了被告人的职业经历,指出被告人曾担任森林管理员,具有清晰辨别野生动物的能力,不予采纳辩护人提出的违法性认识缺失的辩护理由。[⑤] 还应注意的是,在全球化的背景下,国家内部的法律认识差异会逐渐被抹平,法律认识越来越趋同,但短期逗留的外国

---

① 参见[意]杜里奥·帕多尼瓦:《意大利刑法学原理》(注评版),陈忠林译,法律出版社1998年版,第231页。

② [美]道格拉斯·胡萨克:《刑法哲学》,姜敏译,中国法制出版社2015年版,第384页。

③ 参见[德]乌尔斯·金德霍伊泽尔:《刑法总论教科书》,蔡桂生译,北京大学出版社2015年版,第272页。

④ 上海市第二中级人民法院刑事判决书,(2018)沪02刑终第889号。

⑤ 云南省贡山独龙族怒族自治县人民法院刑事判决书,(2016)云3324刑初17号。

人或外地区人的违法性认识问题逐渐显现。一般认为,对于非同一法律共同体的人而言,可以采用更为宽松的标准去判断行为人的错误避免可能性。例如,在阿某走私淫秽物品案中,法院就充分考虑了该案被告人为马里籍人,由于在其国内销售购买成人光碟并不构成犯罪,所以主观恶性小,最后予以从轻处罚。[①] 在高某某、徐某某等非法吸收公众存款案中,法院就没有认可我国台湾地区的行为人的违法性认识错误抗辩。[②] 法院经审理发现,行为人在大陆生活多年,能够了解当地的相关规定。在实践中,法院一般通过考察行为人的职业经历以及生活文化环境,以判断行为人真实的法律认识情况。

### (三)行为人查法契机缺失的避免可能性

行为人若有查法的契机,便有机会查明真相,避免不法行为的发生。有观点认为,公民在行为前应审慎考察自己行为的法律性质,"对自己正要做的一切,都应当意识到是否与在法律上应当做的原理保持一致"。[③] 这一观点认为每个人在行为前都负有查明真相正确认识法律的义务,但这显然是一种不现实的要求。若公民在行为前都需要进行合法性审查,那么个人的行为自由将会受到阻碍,社会生活将难以维系下去。此外,现代法律与道德伦理的联系越来越稀薄,尤其在法定犯中,行为在价值评价上具有一定的中立性,缺乏传统犯罪的反道德性,行为人可能会因笃信行为合法而缺乏查法的契机。尽管有学者质疑法定犯与自然犯间的界限过于模糊,但二者间的区分仍是必要的。越是接近传统的具有强烈道德色彩的犯罪越能够肯定行为人具备查法的契机,而在法定犯中则需要谨慎考察行为人对行为认识错误的避免可能性。当然,对行为人查法的契机的认定并不严格要求行为人确切知道行为的社会危害性,行为人只要对行为的不法产生了疑惑即具备了查法的契机。例如,在"王某某等扰乱无线电通信管理秩序案"中,法院认为行为人在明知使用"伪基站"可强行向不特定手机用户发送广告短信的情况下,应当认识到此行为会对他人或者社会造成干扰是不当行为,行为人对行为是否具有合法性应该具备

---

① 广东省广州市中级人民法院刑事判决书,(2009)穗中法刑二初字第193号。

② 江苏省苏州市吴江区人民法院刑事判决书,(2015)吴江刑二初字第00480号。

③ 参见[德]克劳斯·罗克辛:《德国刑法学总论》(第1卷),王世洲译,法律出版社2005年版,第625页。

谨慎判断义务。[①] 行为人具备查法契机的可能性越大,其违法性认识错误避免的可能性也就越小。

### (四)不合理信赖的避免可能性

在具备查法契机后,行为人应真诚努力地查明法律,而不是轻易地做出有利于自己的选择。张明楷教授认为,“行为人对法的状况产生疑问,意味着对行为的违法性产生疑问,但其没有真正地考虑该疑问,而是轻率地相信行为具有合法性时,存在违法性的错误,而且该错误是可能避免的,行为人具备有责性”。[②] 当然,这种探寻不是无限度的。一般认为,从可信赖处寻求的结论能够阻却犯罪故意或责任,例如,行为人信赖有权机关而产生错误认识,这种错误不具有避免可能性。在闫某等非法经营案中,法院认为闫某与淮南市公墓管理所签订了《共同合作墓地协议书》,其因信赖有权机关而陷入的违法性认识错误具有不可避免性。[③] 不过,也有法院对行为人的信赖提出更高的要求。在李某、姜某非法采矿案中,行为人在行为前咨询了相关行政机关,行政机关工作人员进行口头答复称可以进行采矿。但法院认为这一违法性认识错误具有回避可能性,因为工作人员的口头答复不属于主管机关的正式答复。[④] 法院的这一观点有待商榷。第一,行政机关在工作时间工作地点正式对外做出的与工作相关的答复理应被归为行政机关的意见,具有合法的权力外观,这并不是工作人员私下的个人意见。第二,口头意见并不能成为效力否定的理由,意见不一定需要以书面的形式对外作出,即使要求书面形式,这也是行政机关的失责,而不是行为人的过错,行为人的信赖是合理的。第三,对行政机关的意见不应做如此严格的解释,这种观点将行为人置于两难的境地。而且在日常生活中,行政机关一般不会就某一问题对外作出书面的意见回复,若否认工作人员的口头正式回复的效力,将使违法性认识可能性理论再次虚置。

## 五、结语

违法性认识必要说已成为我国刑法学界的通说,但理论对实务的影响存在一

---

① 上海市闵行区人民法院刑事判决书,(2016)沪 0112 刑初 2087 号。

② 张明楷:《刑法》(第 5 版),法律出版社 2016 年版,第 323 页。

③ 安徽省淮南市中级人民法院刑事判决书,(2016)皖 04 刑终 208 号。

④ 内蒙古自治区呼伦贝尔市中级人民法院刑事裁定书,(2020)内 07 刑终 118 号。

些“时差”,违法性认识必要说在司法实践中尚未得到充分认可。事实上,仅凭违法性认识必要性的理论宣扬终究是难以打消实务部门出于刑事政策的顾虑。“司法过程是一种妥协,一种矛盾与矛盾之间、确定性与不确定性之间、崇尚书面文字的拘泥字义与破坏规律及有序的虚无主义之间的妥协。”①违法性认识问题的核心在于如何在惩治犯罪的现实需要与责任主义原则之间进行妥协,违法性认识可能性给该问题提供了一条路径。引入“违法性认识可能性”后,行为人对行为的违法性认识不再是简单的是与非的二元对立,法院可以考察行为人违法性认识可能性的大小,从而确定与之相适应的刑事责任。在具体认定上,可以以社会中一般人的认识能力为基础,兼顾考虑行为人个人的认识能力,从法律规范认识错误的避免可能性、行为人主观认识障碍的避免可能性、行为人查法契机缺失的避免可能性、不合理信赖的避免可能性四个方面综合认定行为人对违法性认识错误的避免可能性。

① [美]本杰明·N.卡多佐:《演讲录法律与文学》,董炯、彭冰译,中国法制出版社2005年版,第31页。

# 期待可能性理论的功能定位与超法规事由的适用

钱叶六*

**摘　要**　在刑法教义学上，期待可能性理论不仅具有对实定法中的相关规范（法定的责任减免事由）的解释功能，在特定场合下，还能对超越实定法之外的期待可能性事由（超法规的责任减免事由）的具体适用提供理论根据。区分违法要件和责任要件之阶层犯罪论体系在我国刑法学中的确立和发展，为期待可能性理论的引入及其应用扫除了体系上的障碍。基于刑法安定性的要求，应严格超法规的期待可能性事由的适用条件，以合理限定其适用范围。在实践中，可以考虑适用超法规的期待可能性事由的情形主要限于针对生命的紧急避险、安乐死、执行上级违法命令、本犯单纯妨害作证、近亲属妨害司法、单纯脱逃、妇女不堪长期家暴而杀夫、迫于生活困难而出卖子女以及妇女因生活所迫而重婚等一些极为特殊的案件。

**关键词**　期待可能性　阶层式犯罪构成体系　超法规的期待可能性事由　限定适用

## 一、期待可能性理论的域外叙事与本文问题意识

根据德、日通行的构成要件符合性、违法性和有责性（责任）三阶层犯罪构成体系，要成立犯罪，行为仅仅具有构成要件符合性、违法性还不够，还必须是能够运用刑罚这一手段对行为人给予法的非难。这种法的非难可能性就是“责任”。从规范责任论的视角来看，对责任的把握不能仅仅限于行为人对行为的心理事实或者关

* 华东师范大学法学院教授，博士研究生导师。

系的层面,或者说单纯地根据行为人在心理上存在认知或者意欲,就令人对违法现象负责是不全面的。因此,应从与法律规范的关系上来把握责任。具言之,守法义务是法律规范上段要求,但是,就行为人而言,只有在能够遵从这种命令、禁止即能够守法的情况下而不守法,才会被谴责或者非难。简言之,这是指对能守法而不守法的行为人给予的谴责或者非难。所以,责任的判断,除了要考虑责任年龄、责任能力、故意或过失等因素之外,还要判断行为人是否具有违法性认识的可能性以及合法行为的期待可能性。所谓"期待可能性",是指根据行为时的具体情况,能够对行为人提出避免实施违法行为而实施合法行为的意志期待。一般而言,行为人具有责任能力,具有故意或过失及违法性认识的可能性,就可以加诸非难。但也不排除在一些场合,由于行为人行为时所处的情境异常,即便其认识到或者可能认识到符合构成要件的违法事实,却依然不能对其提出遵从法律规范、实施合法行为的意志期待,那么就不得对行为人加诸非难。此时,纵使不能找到明文规定的排除罪责的事由,也可以根据规范责任论所明确的"守法不可能者不受非难"的原理,承认责任的阻却(超法规的责任阻却)。①

从刑法学说史来看,期待可能性理论发轫于19世纪末德国刑事司法中的癖马案判决。② 德国刑法诸家以该判决为契机,创造性地将所谓责任不只是"单纯的主观上的心理事实或者状态,而是在此基础上进一步地就行为当时可否期待行为人实施合法行为的规范判断"之见解予以确立、发展并使之通说化,进而实现了由以往的以故意、过失为重心之心理责任论向以期待可能性为重心之规范责任论的转向。规范责任论的本质在于意志形成和意志动作的可谴责性和可非难性,是在心理责任论的基础上,坚持从规范的角度对心理事实予以价值判断。③ 这种对责任的

① 期待可能性不只是有无的问题,而且还存在程度的差别,这就决定了期待可能性不仅涉及行为人责任有无的一面,而且,在决定行为人责任之轻重的程度方面也发挥着重要的作用。考虑在通常情况下都能期待行为人弃恶择善,实施合法行为,因而并非任何案件都需要去积极地证明期待可能性的存在,而仅仅是在一些特殊的案件中,才需要考察期待可能性的有无和大小。正因如此,才一般性地将无期待可能性或者期待可能性低视为例外的阻却责任的事由或者减轻责任程度的事由。这样的理解方法,符合责任判断的"原则—例外"的构造类型,同时具有思考经济和诉讼程序处理上的优越性,因而为本文所主张。

② 关于该案案情及裁判情况,参见[德]克劳斯·罗克辛:《德国最高法院判例:刑法总论》,何庆仁、蔡桂生译,中国人民大学出版社2012年版,第113~114页。

③ 参见[德]约翰内斯·施特拉滕维特:《德国刑法总论》,李昌珂译,法律出版社2008年版,第219页。

规范判断的理论,充分彰显了对异常事态下所暴露出的人性弱点的关切,体现了"法不强人所难"古朴法谚的基本思想。

正因为期待可能性理论有着与生俱来的人文关怀价值,自其创立以来,一度受到德、日刑法学者的青睐和赞誉,并在司法上获得了广泛的应用。但后来,随着德、日社会经济的迅速发展,法制的日益缜密、完备,国民守法意识的增强,尤其是现行刑法将现实生活中能够运用期待可能性原理而减免责任的情形基本上都做了类型化的规定,①德、日实务界对承认超越实定法的超法规的责任阻却事由逐渐表现出了消极的态度。② 尽管如此,这并不意味着期待可能性理论在德、日刑法教义学中已毫无存在的价值,相反,在为实定法上的诸多规定提供理论诠释根据这一点上,期待可能性理论仍发挥着其独特的功用。

众所周知,我国传统刑法教义学采取的是平面式四要件犯罪构成体系。由于该体系未对犯罪构成要件进行违法阶层和责任阶层之区分,从而难能为作为责任阻却事由之无期待可能性事由提供容身之处。正因如此,作为"舶来品"之期待可能性理论在我国以往的刑法教义学中一直鲜有论及。但近年来,受德、日刑法理论的影响,尤其是随着德、日阶层式犯罪构成体系逐渐被引介至国内,学界关于期待可能性理论的研究日趋升温,并达成了中国刑法教义学应引入期待可能性理论的基本共识,近年来有关引入或者借鉴期待可能性理论的大量成果问世便是最为有

---

① 如在德国,刑法中关于期待可能性事由的规定有:(1)因慌乱、恐惧或者惊吓过度导致的防卫过当之免刑(《德国刑法典》第33条);(2)阻却责任的紧急避险之免刑(《德国刑法典》第35条);(3)为犯罪亲属或者本人作伪证之免刑(《德国刑法典》第157条);(4)为犯罪亲属包庇之免刑(《德国刑法典》第258条);等等。参见张明楷:《期待可能性理论的梳理》,载《法学研究》2009年第1期。在日本,体现期待可能性思想的实定法规定有:(1)在抢劫犯、盗窃犯侵入的场合,即使其未对自己或者他人的生命、身体或者贞操产生现实的危险,但基于恐惧、惊愕、兴奋、狼狈而在现场杀伤了犯人,不罚(《关于防止及处分盗犯等的法律》第1条第2款);(2)防卫过当的刑罚任意免除(《德国刑法典》第36条第2款)、避险过当的刑罚任意免除(《德国刑法典》第37条第1款但书);(3)为了亲属利益而藏匿犯人、隐灭证据的刑罚的任意免除(《德国刑法典》第105条);(4)亲属间实施赃物犯罪的刑罚的任意免除(《德国刑法典》第257条)。另外,对于紧急避险中所谓的法益等价值的场合,宜理解为因缺乏期待可能性而阻却责任;虽然刑法对于收受伪造的货币后知情使用(《德国刑法典》第152条)、孕妇自己实施堕胎罪(《德国刑法典》第211条)、单纯脱逃罪(《德国刑法典》第97条)等情形未明确减轻或者免除刑罚,但其刑本身轻这一点,也可以说是期待可能性的减少。参见[日]内藤谦:《刑法讲义总论》(下)(Ⅰ),有斐阁2001年版,第1187~1188页。

② 参见[德]汉斯·海因里希·耶塞克、托马斯·魏根特:《德国刑法教科书(总论)》,徐久生译,中国法制出版社2001年版,第603页;[日]大谷实:《刑法讲义总论》(新版第2版),黎宏译,中国人民大学出版社2008年版,第322页。

力的明证。① 但与此同时,亦有一些学者发出了"中国不宜引入期待可能性理论"的声音。尤其是,与理论上一片喧腾的景象形成鲜明对照的是,期待可能性理论在司法界备受冷落,在实践中鲜见有正面运用期待可能性理论处理刑事案件的判决。问题由此而生:我国刑法中是否存在期待可能性的规定以及哪些规定体现了期待可能性的思想;是否确如有些学者所主张的,我国刑法教义学没有必要引入期待可能性理论;如若需引入,又该如何解决期待可能性理论所面临的犯罪论体系障碍;特别是,作为超法规的期待可能性事由,其适用条件是什么;一般在哪些情况下,可以考虑适用超法规的期待可能性事由;等等。这些都需要在理论上做进一步体系化研究和阐释。本文立基于期待可能性理论在中国刑法教义学中应有其一席之位的立场,拟对上述问题作出具体回答,期冀能为司法实务中准确适用彰显人性之光的期待可能性理论提供理论上的参考或支持。

## 二、期待可能性理论的引入及功能定位

### (一)期待可能性事由在我国刑法中的具体表现及其规范解释功能

当下,在我国刑法学是否需要引进期待可能性问题的讨论中,首先必须澄清的一个问题就是,我国现行刑法中是否存在所谓的期待可能性的规定。一旦明确了这一前提性问题,对于我国刑法是否需要引入期待可能性理论这一点也就不言自明。

期待可能性理论是规范责任论的核心要素,②是责任论从心理责任论转向规范责任论的必然产物。但众所周知,我国传统刑法通说并没有主张规范责任论,而是主张心理责任论,一般是在主体要件和主观要件部分讨论德、日犯罪构成体系之中的"责任"范畴,其中,主体要件部分讨论刑事责任年龄、刑事责任能力;主观要件部分讨论行为人的心理事实活动或者状态,具体包括故意、过失、目的和动机,而不包

---

① 较具代表性的成果主要有童德华:《刑法中的期待可能性论》,中国政法大学出版社 2004 年版;肖晚祥:《期待可能性理论研究》,上海人民出版社 2012 年版;陈兴良:《期待可能性的体系性地位——以罪责构造的变动为线索的考察》,载《中国法学》2008 年第 5 期;张明楷:《期待可能性理论的梳理》,载《法学研究》2009 年第 1 期;刘艳红:《调节性刑罚恕免事由:期待可能性理论的功能定位》,载《中国法学》2009 年第 4 期;付立庆:《期待可能性的体系地位》,载《金陵法律评论》2008 年第 1 期。

② 参见[日]大塚仁:《刑法概说(总论)》(第 3 版),冯军译,中国人民大学出版社 2003 年版,第 403 页。

括对责任的规范判断和评价。这或许正是我国以往的刑法教义学及司法实践排斥、反对期待可能性理论的缘由所在。但是,传统通说的解释或者观点未必就是合理的。实际上,我国刑法并非否定规范责任论,相反,刑法中的一些规定恰恰反映了期待可能性理论的思想。对于这些规定,如果不运用期待可能性理论,就难以做出妥当的解释和说明。

例如,我国《刑法》第 16 条规定:“行为在客观上虽然造成了危害社会的结果,但是不是出于故意或者过失,而是由于不能抗拒或者不能预见的原因所引起的,不是犯罪。”所谓不能抗拒,是指行为人虽然认识到自己的行为会发生损害结果,但由于受到当时主客观条件的限制,不可能排除或者防止结果的发生。显然,不可抗力就是所谓的无期待可能性思想的体现。①

又如,依照我国《刑法》第 20 条第 2 款、第 21 条第 2 款的规定,防卫过当或者避险过当的,应当减轻或者免除处罚。《刑法》之所以如此规定,除了考虑防卫或者避险行为虽然过当,但依然具有防卫或者避险的价值这一点之外;同时还考虑,人都具有自我防卫、自我保护或者趋利避害的本能,当不法侵害或者危险突然来临之际,人们往往都是基于一种恐惧、紧张、惊愕、狼狈、愤怒之心理而本能地加以反击或者实施避险。在这种状态下,期待行为人冷静、合理地实施防卫或避险,并将行为的“度”拿捏到恰到好处,这显然是强人所难。由此看来,刑法对防卫过当、避险过当予以减免处罚的重要根据就是期待可能性低。②

再如,我国《刑法》第 28 条就胁从犯及其处罚作了如下的规定:“对于被胁迫参加犯罪的,应当按照他的犯罪情节减轻处罚或者免除处罚。”立法上对胁从犯予以减免处罚的缘由在于,胁从犯兼有“从犯”和“受胁迫”双重属性,亦即,一方面,考虑其在共同犯罪中所起的作用较小;另一方面,则是考虑了行为人受他人胁迫这一情节,而“受胁迫”这一点正是表明了行为人的期待可能性低。

还如,我国《刑法》第 307 条规定的“帮助毁灭、伪造证据罪”、第 310 条规定的“窝藏罪”、第 312 条规定的“掩饰、隐瞒犯罪所得、犯罪所得收益罪”,一般都将本犯(犯罪嫌疑人、被告人本人)排除在犯罪主体之外。从妨害司法犯罪的保护法益在

① 参见张明楷:《期待可能性理论的梳理》,载《法学研究》2009 年第 1 期;黎宏:《刑法学》,法律出版社 2012 年版,第 174 ~ 175 页。

② 参见张明楷:《期待可能性理论的梳理》,载《法学研究》2009 年第 1 期;黎宏:《刑法学》,法律出版社 2012 年版,第 222 页。

于司法活动的公正性或者司法秩序这一点来看,相关妨害司法的行为无论是由本犯抑或本犯以外的第三人实施,其违法性并无二致。那么,刑法何以将本犯事后故意实施的妨害司法行为不规定为犯罪呢?一般认为,唯一可能的解释就是欠缺期待可能性(在此意义上说,本犯属于阻却责任的身份犯)。① 析言之,自我防御乃是犯罪人的本能,考虑一旦被抓获归案或犯罪事实被查证属实,将要面临财产、自由乃至生命被剥夺的严厉后果,因而也就很难对犯罪人提出遵从法规范而不实施妨害司法、不逃避刑罚制裁的行为之期待。

基于上述分析,一个不争的事实就是我国刑法中已然存在一些有关期待可能性事由的具体规定,既然如此,就应认为我国刑法实际上是采取了规范责任论的。但采取规范责任论,并非说我们要放弃心理责任论,而是要在坚持心理责任论的基础上进一步地对行为人是否具有可非难性、可谴责性进行规范性的判断或者评价。就期待可能性的功能定位而言,应当认为上述表现于刑法规范之中的期待可能性事由,因已为实定法所明定,因而属于法定的责任阻却事由或者减轻事由("法定的责任减免事由"),在此,期待可能性理论所担负的是对实定法中的具体规范提供解释根据的功能(规范解释功能)。

### (二)我国刑法教义学有必要承认超法规的期待可能性事由

在我国,期待可能性理论不应只是限于刑法有规定时的解释原理,在一些特殊的情形下,还有必要承认超法规的期待可能性事由("超法规的责任减免事由")的适用,借此救济我国刚性立法供给不足之缺陷。具体理由如下。

第一,符合罪刑法定原则所蕴含的保障人权的旨趣。众所周知,罪刑法定原则的基本要义在于"法无明文规定不为罪、法无明文规定不处刑",其旨趣在于防止司法机关恣意发动和适用刑罚权,以保障被告人人权。质言之,罪刑法定原则旨在限制无正当理由的入罪,而非限制有正当理由的出罪。正因如此,在类推解释或适用问题上,刑法只是禁止不利于被告人的类推解释或适用,而不禁止有利于被告人的类推解释或适用;在溯及力问题上,刑法禁止的是重罚溯及既往,而对被告人有利的"新法",则允许溯及适用。依此法理,既然期待可能性理论主要解决的是一些特

① 参见张明楷:《刑法学》(第4版),法律出版社2011年版,第958、964、967页;钱叶六:《共犯论的基础及其展开》,中国政法大学出版社2014年版,第128页以下。

殊个案中的违法行为的例外免责问题,那么,纵使没有刑法的规定,也应予以承认。实际上,如同刑法不可能将所有的违法阻却事由毫无遗漏地穷尽规定一样,刑法也无法穷尽规定全部应考虑适用责任阻却事由的情形。但如后文所述,作为责任阻却事由之超法规的无期待可能性,虽是一种开放性的责任排除要件,并非意味着我们在实践中可以无限制地加以运用,相反,其适用有着严格的条件限制。如此说来,有条件、有限度地适用超法规的期待可能性事由与罪刑法定原则所蕴含的保障人权的基本精神是相契合的。

第二,彰显刑法的人道性价值。人道性乃是刑法不可或缺的价值意蕴。刑法的人道性要求刑法的制定与适用都要符合一定的道义要求,以此限制与匡正刑法,使刑法与人性相一致。① 人性是人类行为的内在驱动力,当人们身陷某种异常困境或者恶劣环境之时,往往都会基于趋利避害、自我保护的本能放弃对法规范的遵守和忠诚而做出利己的选择,以最大限度地实现自我利益的保全,应当说,这是人类所普遍共有的脆弱之人性。而期待可能性理论正是一种"想对在强有力的国家法规面前喘息不已的国民的脆弱人性倾注刑法的同情之泪的理论",②充分反映了刑法的人道性。但很显然,刑法的这种人道性精神或价值不应只是表现于实定法的规范之中,同时也应当在能动的司法适用中得到彰显。所以,即便刑法没有规定,在特定的情势下(如后文所述的妇女因受客观条件或者生活所迫而与他人形成事实婚、执行上级违法命令等情形)也有必要承认该理论的适用,从而能够把那些不幸陷入一种具体的恶劣环境中的行为人从责任的桎梏中解救出来,以实现刑法的人道性和宽容性。

第三,我国刑法关于期待可能性事由的规定尚不完备。从刑法规范性应当具有明确性和科学性这一点来看,作为对人类所普遍共有的人性弱点掬下些许同情之泪,从而展现人性光辉的期待可能性理论应尽可能详尽、全面地体现和规定在实定法中,方是最为理想的。但"法有限,情无穷",企图用有限之法来穷无尽之情似乎是一种奢望。尤其是,与德、日基本上已将期待不可能或者期待可能性低的情形较为完备地类型化在刑法中,因而实务中对于超法规的无期待可能性事由持谨慎甚至消极态度的情况不同,一些明显属于缺乏期待可能性的情形(如后述的亲属为

① 参见陈兴良:《刑法的价值构造》,中国人民大学出版社1998年版,第431页。

② [日]大塚仁:《刑法论集》(1),有斐阁1978年版,第240页。

了犯罪人的利益而实施妨害司法的行为、以牺牲他人生命保护自己生命的紧急避险行为等)尚未在我国刑法中得以体现,既然如此,我们就必须承认超法规的期待可能性事由在实践中有适用的余地。

由上分析可见,关于期待可能性理论,中国刑法所面临的并非是否需要引入的问题,而是在引入之后如何准确、合理地解释和运用该理论的问题。

### (三)反对引入期待可能性理论的主要理由及辩驳

在我国刑法学应否引入期待可能性理论问题的讨论中,一些学者明确持反对态度,认为期待可能性理论于中国刑法而言具有“不可期待性”。在此就论者所提出的理由做一简要整理,并逐一加以辩驳。

反对引入期待可能性理论的第一点理由在于,在实践中一些需要运用所谓的期待可能性理论加以解决的问题,可以置于犯罪动机范畴下解决。如有论者认为,我国犯罪构成中的主观方面要件,是指行为人对其实施的危害行为和危害结果所抱有的心理事实和意志状态,而不包括对形成该种心理、意志状态的规范评价。对于我国刑事立法和司法实践中遇到的一些需要用期待可能性理论解决的问题,完全可以在犯罪动机的范畴内解决,并将之看作主观方面的酌定的量刑事由①或者酌定减免责情节(事由)。②

上述观点显然不能被赞同。理由在于:其一,犯罪动机只不过是刺激和推动行为人实施危害行为的内心起因,属于主观心理事实的范畴,而期待可能性是针对心理事实的规范评价,主要考量的是在行为当时的情况下能否对行为人提出遵从法律规范,实施合法行为的意志决定的期待,二者之间存在本质上的不同。其二,犯罪动机的意义只是在于考量行为人主观责任的轻重进而对行为人的量刑产生影响,而非决定责任的有无进而导致罪与非罪的差异。简言之,犯罪动机仅仅是一种影响量刑轻重的事由,而与犯罪的成立与否无关。例如,在基于大义灭亲的动机杀人和基于仇恨的动机杀人之间,在故意地非法剥夺他人生命即构成故意杀人罪这一点上并无不同,只不过基于动机善恶的差异而导致刑罚适用上的轻重有别而已。在此意义上说,在犯罪动机中讨论期待可能性的问题实际上是在犯罪构成体系之

① 参见龙长海:《期待可能性理论之否定》,载《北方法学》2010年第2期。

② 参见冯亚东、张丽:《期待可能性与犯罪动机》,载刘远主编:《全国中青年刑法学者专题研讨会文集——期待可能性》,北京大学出版社2009年版,第53页。

外讨论期待可能性的地位,[1]但这明显背离了期待可能性理论创立之初所明确的"欠缺期待可能性时,应排除行为人的罪责"之初衷,因而不妥当。其三,犯罪动机不能解释所有的可以考虑适用期待可能性事由而减免责任的情形。能够考虑行为人的犯罪动机而予以减免责任的,一般都是行为人基于善良动机而实施犯罪行为的情形,但能够适用无期待可能性而免责的情形,行为人的动机未必善良。例如,在后述的为保全自己生命而不得已牺牲他人生命的案件中,行为人并非基于善良的动机而是基于自私自利的动机实施的,但这并不影响无期待可能性的认定。其四,一般认为,犯罪动机只能存在于故意犯罪当中。如若将期待可能性理论置于犯罪动机范畴中加以讨论,实际上就等于否认了过失犯罪中有适用期待可能性理论的可能。但这显然不妥当,因为,期待可能性的有无不只是故意犯罪的问题,更主要是过失犯罪的问题。[2]

反对引入期待可能性理论的第二点理由在于,随着罪责内容的客观化,期待可能性理论已经走向衰落。持此一主张的是劳东燕教授,其在梳理近代罪责理论发展史的基础上指出,以期待可能性作为判断标准的规范责任论,是基于意志自由论而构建起来的具有规范评价意义的主观归责理论,其核心是行为人的内心选择自由。但晚近随着罪责的要求从行为人的内心选择自由落到行为人的外在控制能力时,主观罪责论已经开始出现客观化趋势,亦即,选择自由已经不再是罪责的认定基础,行为人是否存在可谴责的主观心理已经不再重要,重要的是他是否存在客观控制事态发生的能力(一般人标准),相应地,期待可能性理论在罪责的判断中也就失去了用武之地,进而渐渐走向衰落。[3]

笔者认为,劳教授的上述观点或结论尚有如下可商榷之处。第一,罪责判断的客观化趋向,是与期待可能性理论(规范责任论)的问世桴鼓相应,并相伴相生的。如前所述,从学说发展史来看,在规范责任论问世之前,占据学说统治地位的是心理责任论,亦即所谓的责任,仅指单纯的主观上的心理事实或者状态。但自癖马案之后,刑法诸家们逐渐认识到,仅仅基于故意或者过失之心理事实这一点,并不足以对行为人进行非难;非难性的认定,需要进一步地借助"期待可能性"这一规范性的评价标准,而这种规范性评价标准的具体判断素材或实体便是"客观的附随状

① 参见付立庆:《期待可能性的体系地位》,载《金陵法律评论》2008 年第 1 期。
② 参见张明楷:《犯罪构成体系与构成要件要素》,北京大学出版社 2010 年版,第 61 页。
③ 参见劳东燕:《罪责的客观化与期待可能性理论的命运》,载《现代法学》2008 年第 5 期。

况”。由此可见,在责任论完成了从心理责任论到规范责任论转向之时,罪责判断中渗入了客观要素这一现象就已经存在了。第二,对作为罪责实体之控制能力的判断采用一般人标准,并非就表明以期待可能性为实体的责任规范论之衰落。一方面,自近代责任主义确立以来,控制能力一直都是罪责内容的重心,至于是采用行为人标准还是一般人标准,那是关于控制能力的判断标准认知上的差异。另一方面,在通常情况下,从一般人的见地出发,行为人具有对违法事态的控制能力,却没有控制而令其发生,就应承担刑事责任。但是在一些极为例外的个案中,在行为人所处的情况异常,如果不实施某种违法行为,其将会面临法益尤其是生命、健康等涉及生存权的重大法益之严重不利时,行为人因此不得已选择了违法行为的,即便认为行为人当时可以控制事态,也应认为其不具有可谴责性。当代各国或在立法上规定或在学理上承认针对生命的紧急避险属于缺乏期待可能性而免责这一点,便是最为有力的例证之一。由是观之,劳教授所得出的有关期待可能性理论的命运已经趋于衰落的结论并不符合实际情况。第三,即便认为罪责判断渗入了客观要素,但不能就此得出“可谴责的主观心理不再重要”“期待可能性理论在罪责的判断中也就失去了用武之地”的结论。这是因为,众所周知,自近代刑法提倡责任主义以降,基于自由意志论的主观责任从来都是责任主义的前提或者核心。所以,无论责任理论如何发展,以故意或者过失这种心理事实为基础,例外地考察客观附随情状,以判断期待可能性的有无之归责理论的牢固地位始终是不可撼摇的。

反对引入期待可能性理论的第三点理由在于,该理论具有用个人主义破坏公共利益和安全之危险。如有论者认为,癖马案所确立的价值取向是个人利益高于公共利益,其基本思路无非是,在明知有危害后果的情况下,为了保住自己的饭碗,可以牺牲他人的生命权。这是典型的个人利益至上,这种“以大利换小益”的思路违背社会效益原则,①并有鼓励弱者犯罪之负面效应,②因而不能被提倡。

诚然,德国癖马案判决在一定程度上有鼓励“以大利换小益”之弊,但是,期待可能性理论是一种在不正常的社会中或者在正常社会中出现异常的情况下才被适用的理论。当一个国家或者社会不能为其成员提供维持基本生存的物质条件或者其他救济途径时,相对于个人的生存权,他人或者社会法益只能退居其次。就癖马

① 参见高艳东:《期待可能性理论的不可期待性》,载《金陵法律评论》2008 年春季卷。

② 参见陈娜:《期待可能性之悖》,载《黑龙江政法管理干部学院学报》2012 年第 1 期。

案来说,正是一起在不正常的社会(当时的德国经济发展不景气,劳苦大众生活艰难,尤其是失业率高)中发生的具有时代性的个案。在当时,指望或期待马车夫以失去职业为代价而违抗雇主的命令,无疑是强人所难。由此,对于癖马案,我们不能无视当时的社会现实情况去讨论判决的是与非,更不能仅凭具有时代性的个案判决的不可复制性而否定期待可能性理论的价值,我们可能需要关注的是由癖马案判决所衍生出的规范责任论的合理内核和现实意义。

反对引入期待可能性理论的第四点理由在于,所有犯罪人在犯罪时都存在一定程度的不可期待性。例如,因儿子被绑架而被迫按照歹徒要求去炸毁重要的民用设施;因吸毒而丧失就业机会被迫以贩养吸的贩卖毒品;一些经济性、贪利性犯罪;亲属之间的窝藏、包庇、作伪证;大义灭亲、妻子受丈夫虐待后杀夫;等等。稍作思考都会发现:在犯罪时,行为人可期待性低甚至缺乏。如果按照期待可能性理论,对于上述行为都不应成立犯罪或者应当减免处罚。①

笔者认为,上述的"所有犯罪人在犯罪时都存在一定的不可期待性"的见解,是对期待可能性理论旨趣之严重误读。期待可能性理论作为规范责任论的核心,关注行为人行为时所面临的异常的客观情况,即所谓的"附随情状"。这种附随情状使行为人陷入两难选择的境地,选择实施合法行为的话,自己或者近亲属将会遭遇生命、健康等重大利益损害的严重危险。在此种情况下,行为人基于趋利避害、求乐避苦、求生怕死等人性弱点而不得已实施了违法行为的,应当得到刑法的宽宥。②换言之,只有行为人当时所面临的情势的异常程度高,并足以使一般人的守法意识或者动机受到强烈的冲击,才有适用期待可能性的余地。在此意义上说,上述论者所认为的所有犯罪人在犯罪时都存在一定的不可期待性的主张,无疑是严重误读了期待可能性理论的意涵。而就论者所列举的一些情形(如因儿子被绑架而被迫按照歹徒要求去摧毁重要的民用设施;亲属之间的窝藏、包庇、作伪证;长期受虐的妻子不得已杀夫自救;等等),都是人在特定困境的压力下基于人性的弱点所做出的不得已的抉择,对于这些情形,可以视具体案情考虑责任的减免。但是仅仅以人性的弱点为由给予犯罪人宽宥显然是充分的,还需要进一步地考虑这种基于人性弱点而做出的违法行为选择是不是万不得已。在此意义上说,对于上述论者所提

---

① 参见高艳东:《期待可能性理论的不可期待性》,载《金陵法律评论》2008 年春季卷;陈娜:《期待可能性之悖》,载《黑龙江政法管理干部学院学报》2012 年第 1 期。

② 参见夏尊文:《许某案中的期待可能性问题研究》,载《云梦学刊》2009 年第 4 期。

到的因吸毒而丧失就业机会,被迫以贩养吸的行为人,我们需要做的是,在依法惩治其贩毒行为的同时,应强制实施戒毒,并尽可能地对其进行改造或帮教,而非随意地适用期待可能性理论给予其宽宥。对于实施侵财犯罪、经济犯罪、贪贿犯罪的行为人,同样不能以人具有追求财富或者官员难以抵制巨额财富的诱惑之人性弱点而减免行为人责任。理由再简单不过,追求财富虽是人之本性,但法律仅仅支持和鼓励人们通过诚实劳动获得财富,对于基于贪欲而借由不法手段获取财富者,刑法的功能不是基于行为人难抵诱惑而给予宽宥,相反,应通过惩罚帮助其抑制贪欲。

## 三、期待可能性的基础:阶层犯罪体系与规范责任论

众所周知,我国传统刑法理论采取的是犯罪客体、犯罪客观方面、犯罪主体、犯罪主观方面四要件犯罪论体系。一方面,在该体系之下,对于行为人的责任的有无及其轻重的判断只能采取心理责任论;另一方面,该体系在思维模式上重视入罪,而轻视入罪,所以,在出罪事由特别是责任阻却事由的建构上缺乏体系性和完整性。可见,在我国四要件体系之下,期待可能性事由不仅缺乏理论根基,而且找不到栖身之处。[①] 但这并非意味着期待可能性理论本身不合理因而需要我们舍弃,而是因为我国既有的犯罪构成体系所存在的结构性缺陷导致其无法接纳期待可能性理论,因而有必要改革乃至重构我国传统的犯罪构成体系,以为期待可能性理论的引进奠定体系前提或者基础。

笔者认为,关于我国犯罪构成体系的改革问题,可行的思路就是:对我国传统四要件犯罪构成体系中的诸要件(或要素),分别根据说明法益侵犯性的违法要件

---

① 于是,个别主张四要件体系的学者试图在体系之外讨论无期待可能性事由的体系地位。论者认为,《刑法》第 13 条“但书”中的“情节显著轻微危害不大”就包含了期待可能性的表述,其判断与犯罪构成体系相并列,是根据犯罪构成理论判断后的一种例外情形。参见刘源:《论期待可能性在刑法中的表达与体系性地位——对刑法第十三条“但书”规定的另一种解读》,载《北京理工大学学报(社会科学版)》2010 年第 1 期。笔者认为,上述观点不能获得赞同。理由在于,犯罪构成或者犯罪成立条件是犯罪成立与否的唯一性、终局性的标准。《刑法》第 13 条“但书”规定只是对犯罪只能是严重危害社会的行为这一点的反向规定或者重申,而非宣告无罪的直接的、具体的标准。所以,行为符合《刑法》第 13 条“但书”的规定,不认为是犯罪的情形,应通过不符合犯罪构成的某一要件来加以解释。在此意义上说,上述主张行为齐备犯罪构成但因欠缺期待可能性,因而属于“情节显著轻微危害不大”,应根据《刑法》第 13 条“但书”的规定认定为无罪的观点,不仅在论证逻辑上自相矛盾,而且,还会冲击犯罪构成作为犯罪成立的唯一、终局性标准的观念。

和说明对行为人的非难可能性的责任要件加以重新整合。比如,我国刑法中的犯罪客观要件(行为、结果、行为对象、因果关系、行为的时间、地点或方法等情状)和犯罪主体要件中的构成身份,基本上相当于德、日刑法中的构成(违法)要件;犯罪主体要件中的责任年龄、责任能力和犯罪主观要件中的故意、过失等则相当于责任要件。在对四要件犯罪构成体系下的诸要件重新进行上述对应和整合之后,犯罪的评价就完全可以贯彻在犯罪成立的不同阶段进行出罪审查的阶层性思维,并将期待可能性有无或者轻重问题置于罪责阶层加以讨论。

令人欣喜的是,刑法教义学的最新发展景象表明,越来越多的学者逐渐接纳阶层论犯罪体系,并采取规范责任论,进而在责任阶层中讨论包括欠缺合法行为期待可能性在内的责任阻却事由。例如,陈兴良教授在其《规范刑法学》(第2版)一书中,就以"罪体(积极的罪体构成要素—消极的罪体排除事由)—罪责(积极的罪责构成要素—消极的罪责排除事由)—罪量"作为犯罪构成的基本架构,其中,在罪责构造中,故意、过失、目的、动机等作为积极的罪责构成要素而成立。责任年龄、责任能力、违法性认识错误和无期待可能性则作为消极的罪责排除事由。具备罪责构成要素的,可以推定罪责的成立;但若存在未达责任年龄、无责任能力,违法性认识错误和期待不可能等事由,则否定罪责的成立。[①]

又如,张明楷教授在其《刑法学》(第4版)一书中,则采取了区分违法要件和责任要件之两阶层犯罪构成体系,并在违法阶层中讨论违法阻却事由、在责任阶层中讨论责任阻却事由。就责任构造而言,故意、过失、目的、动机等属于积极的责任要素,而责任能力、违法性认识的可能性、缺乏期待可能性属于责任的阻却事由。[②]

再如,周光权教授在《刑法总论》(第2版)一书中构建了犯罪客观要件、犯罪主观要件和犯罪排除要件体系,其中,犯罪客观要件和犯罪主观要件属于犯罪的一般要件,是积极证明犯罪成立的要件;犯罪排除要件属于阻却犯罪成立的要件,具体可分为违法排除事由(如正当防卫、紧急避险等)和责任排除事由(如未成年、精神障碍、缺乏期待可能性)。[③]

付立庆教授在《刑法总论》一书中确立了"构成要件符合性—违法性—有责性"三阶层构成体系,其中,在违法性阶层讨论违法阻却事由,在有责性阶层讨论责任

① 参见陈兴良:《规范刑法学》(第2版),中国人民大学出版社2008年版,第107~108页。
② 参见张明楷:《刑法学》(第4版),法律出版社2011年版,第97页以下。
③ 参见周光权:《刑法总论》(第2版),中国人民大学出版社2011年版,第67页以下。

阻却事由，具体包括无罪过时间、责任无能力、欠缺违法性认识的可能性和欠缺期待可能性。①

不难看出，上述学者所采取的犯罪构成体系虽然形式不尽一致，但在构造逻辑上却有异曲同工之妙——均确立了层层过滤，重视在犯罪成立的不同阶段，予以出罪审查的阶层式、立体式犯罪构成体系，同时，采取规范责任论，为作为责任阻却事由之期待可能性的引入和司法运用扫除了体系上的障碍。

## 四、超法规的期待可能性事由的限定性适用

如前所述，就期待可能性理论的功能定位而言，首先是为实定法上的责任阻却（减轻）事由提供解释根据。我国刑法关于不可抗力不成立犯罪、防卫过当、避险过当减免处罚、胁从犯减免处罚以及本犯事后为了逃避罪责而单纯妨害司法不受罚等的规定，都蕴含着丰富的期待可能性思想，在司法上可以径直将之作为办案的法律依据。但就超法规的期待可能性事由而言，由于属于开放性的消极责任构成要素，所以，在司法上，应严格限定其适用条件及其范围，以维护刑法的安定性和司法运行的有序性。以下，本文试图根据该理论的本来旨趣，明确超法规的期待可能性事由的适用条件，并在学理上就可以适用超法规事由的情形予以类型化。

### （一）超法规的期待可能性事由的适用条件

一般而言，能够考虑以期待可能性的欠缺或者减弱作为超法规的责任减免事由的情形，应具备以下几个方面的条件。

1. 客观上存在足以动摇或摧毁一般人遵从法规范、放弃自我利益保全的意志之异常情势

期待可能性理论的初衷，是要“把那些不幸陷入某种具体的恶劣环境中的行为人从责任的追究中解救出来，是为了在法律上对人类普遍脆弱人性表示尊重”。② 所以，只有在行为时存在的异常情势使行为人或者近亲属的重大利益陷入严重不利境地，行为人基于保全自己或者近亲属利益的私利动机或者人性弱点而选择了损及他人或者社会利益的违法行为的场合，才值得刑法的同情或者宽宥。

---

① 参见付立庆：《刑法总论》，法律出版社 2020 年版，第 124 页以下。

② 冯军：《刑事责任论》，法律出版社 1996 年版，第 247～248 页。

具言之：

首先，必须存在使自己或者近亲属的重大利益陷入严重威胁或不利困境而不得已实施违法行动的异常情势或恶劣环境。析言之，这种客观存在的“异常情势”或恶劣环境使得行为人身处“遵守法规范，自我重大利益将遭遇严重威胁或不利”（如生命或者健康不保、自由丧失、生存陷入严重困难等）与“实施违法行为，损及他人或者社会利益，进而实现自我利益保全”之两难境地，并且这种异常情况的存在，足以动摇、摧毁一般人遵从法规范、舍弃自我利益保护的意志决定。如果行为时并不存在使自己或者近亲属重大利益陷入严重困境的异常情势，行为人只是基于纯粹的人性弱点或者私欲弃善从恶、实施违法行为，损及他人或者社会利益的，就不存在考虑适用期待可能性事由予以减免责任的余地，纵使行为时的环境对其人性弱点或者私欲在客观上有强烈的激发或催生作用，亦纵使社会上的一般人可能理解或者宽恕行为人当时所为的违法之举。

在此，有必要重新审视曾经轰动一时，引发社会各界热议的许某案。有论者认为，需要运用期待可能性予以解释的大多是利益两难的情况，但也并不尽然。在少数情况下，行为人虽然没有陷入利益两难的境地，但是行为人所面临的情况非常异常，一般人处于这种情况下均难以作出符合刑法规范的选择，此时，行为人的期待可能性减弱。这种情况一般是行为人面临的客观环境为其实施违反刑法规范的行为创造了极其便利的条件，多数人都会难以抵制该诱惑，因而实施不法行为。基于以上认识，论者在分析许某案时指出，尽管最高人民法院对许某减轻处罚没有直接引用期待可能性理论，但其减轻处罚包括期待可能性理论的考量是毋庸置疑的。所以，期待可能性的弱失不限于利益冲突的情形，有时尽管不存在利益冲突，也可能发生期待可能性弱失的问题。①

对于上述观点，笔者不敢苟同。如前所述，要适用期待可能性理论，仅有人性的弱点是不够的，还要看这种人性弱点因何而来。此即要看是不是因外在的环境或者压力催生了行为人身上存在的、人类所普遍具有的趋利避害、求乐避苦、求生怕死等脆弱的人性或本能。具体到许某案，虽然说，自动取款机出错所产生的巨大诱惑催生了许某贪婪侵财之人性弱点，并成为其后续通过170多次取款，金额达17万余元的动因，但是这种动因不属于值得刑法同情、宽宥的重大不利，不可归入期

① 参见肖晚祥：《期待可能性理论研究》，上海人民出版社2012年版，第183页以下。

待可能性消失或者显著减弱的动因之列。这是因为,自动取款机出现异常这种情况并没有使许某的重大利益陷入不利境地。质言之,在该案中,自始至终都不存在迫使许某一定要反复取款的外在压力和客观环境,所以,要求许某在第一次不当得利之后停止后续的恶意取款行为,并非"强人所难"。所谓的人性弱点更多的是反映了许某身上所具有的贪婪本性,而与期待可能性理论无关。① 在这一意义上说,以"情有可原""法律不悖人情""任何人在当时都不能保证自己能抵挡得住这种诱惑而不犯相同的错"为由主张应予免除或者大幅度地减轻许某罪责的见解都是非常荒谬的。所以,在许某不具备相关法定减轻处罚情节的情况下,终审判决对许某适用特别减轻处罚规定将一审判决的无期徒刑改为5年有期徒刑的做法值得反思,而包括上述论者在内的一些法律诸家试图运用期待可能性理论诠释许某案的做法无疑是对该理论的误读和滥用,有纵容犯罪之嫌,今后的理论研究和司法实践应当引以为戒。②

其次,行为人在异常情况下通过违法行动予以保全的利益应限于自己及近亲属的生命、健康、生计或者人格尊严等涉及个人生存权之重大利益。启蒙思想家霍布斯曾言,"如果一个人是由于眼前丧生的恐惧而被迫做出违法的事情,他便可以完全获得宽宥,因为任何法律都不能约束一个人放弃自我保全。……如果任何一个人缺乏食物或其他生活必需品,除非犯法没有任何其他方法保全自己;……那么他就可以获得完全的宽宥"。③ 诚如斯言,基于刑法安定性的要求,超法规的期待可能性事由作为一种实定法之外的责任减免事由,不能被恣意地加以适用。唯有在为了保全自己或者近亲属的生命、健康或者人格尊严等关涉个人生存权的重大利益而不得已实施违法行动的场合,才有被宽宥的余地。从本文后述的可以考虑适用期待可能性事由而减免责任的具体情形来看,无论是针对生命的紧急避险,还是安乐死,抑或近亲属妨害司法、妇女因生活所迫而与他人形成事实婚、迫于生活上的严重困难而出卖子女、妇女不堪长期家暴杀夫等情形,无一不关乎生命、健康及

① 当然,考虑银行有过错这一诱因的存在,在处罚时可以酌情对许某从宽处罚。

② 至于学界有观点认为,在实践中一些腐败分子贪贿数百万元甚至上千万元,才可能被判处无期徒刑,而许某只不过盗窃了不到20万元的银行金钱,却要最低判处无期徒刑的重罚,这显然有失公正。但诚如黎宏教授所说的,这并非对许某案的定性错误的问题,而是司法适用上的官民处罚不平衡的问题。参见谢望原、付立庆主编:《许霆案的深层解读——无情的法律与理性的诠释》,中国人民公安大学出版社2008年版,第25页。

③ [英]霍布斯:《利维坦》,黎思复等译,商务印书馆1985年版,第234~235页。

人格尊严等涉及人的生存权之重大利益。

2. 行为时行为人无其他行为选择的可能性或者可能性低

即便行为人所处的情势十分异常，但如果在行为人所属处境的一般人看来，[①]行为时行为人尚有实施他行为的可能性或者可能性高时，就不能考虑适用超法规的无期待可能性事由予以免责，至多只能考虑责任的适度宽恕。在此，首先以受强令违章冒险作业因而发生重大责任事故场合下的工人之罪责为例进行分析。

有观点认为，《刑法》第 134 条第 2 款规定的强令违章冒险作业罪的犯罪主体是强令违章冒险作业的人，而对于受强令违章冒险作业的工人，则不能以犯罪论处。其所持的理由在于，工人虽然认识到违章冒险作业可能造成的后果，但在“强令”“强迫”之下，不能期待工人不去实施此行为。这个原理和德国癖马案的判决理由如出一辙。[②] 但如既述，癖马案的时代一去不复返，我们不可再用癖马案的思维，以“被强迫”“迫于生计”“保饭碗”为由而为行为人开脱罪责。易言之，不能总是停留在对弱势群体的谅解、关怀以及纵容之中而漠视他人利益、社会利益。要不然，就是“奖懒罚勤”，纵容犯罪。这是因为，期待可能性的判断，除了要考虑行为时的客观情况之外，有时还要考虑行为时的社会环境（如政治环境、经济环境、法律环境等）。当今时代，日益发展的社会经济为人们提供了充分的就业机会，日益完备的法律制度为劳动者提供了良好的就业保障，所以，服从雇主的违章冒险作业的命令不是工人唯一的选择，其完全可以以违章作业存在重大安全隐患为由拒绝服从命令，哪怕是以遭克扣薪水、解雇为代价。所以，结论是，不能认为受强令的工人“无期待可能性”而免除其罪责，相反，应以重大责任事故罪追究刑事责任，只是考虑到“受强令”这一情节，可以以期待可能性低为由对犯罪人予以减轻责任。

在因生活所迫、学习、治病急需而实施侵财犯罪的场合，由于尚存在“他行为的可能性”，如可以通过努力工作、向亲友借款乃至向政府、社会保障机构、慈善机构申请救济等来解决困难，所以不能免除行为人的罪责。但考虑行为时行为人的生

---

① 关于期待可能性有无的判断标准，即以谁为标准来判断能够期待行为人实施合法行为。对此，学说上存有行为人标准说、一般人标准说和国家标准说的对立。笔者认同黎宏教授所主张的应以行为人所属的一般人为标准的观点，亦即，如果行为人所属处境的一般人都会如此，就难以说能够期待其实施合法行为；相反，如果说其所属处境的一般人都不会如此，就应当说也能够期待其实施合法行为。具体分析详见黎宏：《刑法学》，法律出版社 2012 年版，第 223 ~ 224 页。

② 参见高一飞：《期待可能性理论中国化的困境与出路》，载《人民检察》2010 年第 5 期；肖晚祥：《期待可能性理论研究》，上海人民出版社 2012 年版，第 246 页。

活确实存在特定困难的客观情况，因而在处罚上可以给予适度的宽宥。

**【张某、张某亮涉嫌盗窃被不起诉案】**被害人朱某某丢失社保卡，卡内余额被盗刷共计4286元。该卡被犯罪嫌疑人张某、张某亮父子拾得并使用该社保卡消费购买药品累计4200余元。虽然本案中的被告人父子二人已经触犯了盗窃罪，但其二者均系进城务工农民工，家庭条件艰苦，张某亮的孙子3岁，有糖尿病，案发前家中为此花去大量金钱去北京等地看病。

检察院审查起诉意见认为，在犯罪嫌疑人生活较为困顿的情形下，要求其二人面对“天上掉下来的馅饼”而不为所动是缺乏期待可能性的，因此作出不起诉决定。

3.异常情势下的违法行动不得超出一般人的宽宥限度，造成对原本无须侵犯的其他法益之损害

如既述，可以考虑适用期待可能性事由的情形，一般是在存在利益冲突的异常情势之下，行为人基于保全自身的利益而不得已损及他人或者社会利益的情形。但必须注意的是，行为人在特殊情势下不得已采取的违法行动必须是为了实现自我利益的保全所必需、能为社会上的一般人所容忍、谅解或宽宥的行动。但如若行为人在异常情势下所选择的违法行为超出了社会上一般人所容忍、谅解或宽宥的范围，另外地造成了对原本无须侵犯的其他法益之损害的，就应排除期待可能性事由的适用。

在此，拟就我国《刑法》第307条第1款关于妨害作证罪的规定的具体适用作分析。该款规定：以暴力、威胁、贿买等方法阻止证人作证或者指使他人作伪证的，处3年以下有期徒刑或者拘役；情节严重的，处3年以上7年以下有期徒刑。这里的问题是，本犯采取暴力、胁迫、贿买等方法阻止证人作证或者指使他人作伪证的，是否构成妨害作证罪？从法条的表述来看，刑法并没有像规定窝藏、包庇罪，掩饰、隐瞒犯罪所得、犯罪所得收益罪那样将本犯排除在犯罪主体的范围之外（本犯属于法定的阻却责任身份），所以，本犯是否构成妨害作证罪的主体，就不可一概而论，而宜进行实质的解释：对于本犯采取嘱托、教唆、指使、请求、劝诱等单纯的干预他人作证或者指使他人作伪证的，可以考虑因欠缺期待可能性而不认定成立犯罪（本犯系超法规的阻却责任身份）。同样地，为了使自己的近亲属逃避罪责而采取嘱托、教唆、指使、请求、劝诱等单纯的干预他人作证或者指使他人作伪证的，宜认定为超法规的责任阻却事由。但是，在本犯或者本犯的近亲属通过诸如暴力、威胁或者贿买等非法、恶劣的手段阻止他人作证或者指使他人作伪证的场合，由于该种妨

害作证的行为不仅仅提高了妨害作证行为的违法性,而且还另外地造成了对原本无须侵犯的其他法益(如他人的人身权或者国家工作人员公务行为的不可收买性)的损害,所以应排除超法规的期待可能性的适用,依法认定成立妨害作证罪(但可以从轻处罚)。

为了使犯罪的近亲属逃避罪责而单纯地实施毁灭罪证行为的,可以考虑以超法规的无期待可能性事由而免除行为人之罪责,但如果该种妨害司法的行为使不必要侵犯的其他法益受到侵犯(如防止被害人告发而杀人灭口的,或者以放火、爆炸等危及公共安全的方式毁灭罪迹的),就不能认为该妨害司法的行为欠缺期待可能性而阻却责任,而应依法认定成立故意杀人罪或者放火罪、爆炸罪等罪。基于同样的道理,驾车运送犯罪的近亲属逃往外地的,不承担窝藏罪的刑事责任。但如果在帮助逃匿过程中,违章驾车,发生交通事故的,则应依法承担交通肇事罪的刑事责任。

### (二)可以考虑适用超法规的期待可能性事由的情形

1. 针对生命的紧急避险

**【李某牺牲他人生命保全本人生命案】**被告人李某,女。某日,李某骑自行车下乡办事,途中遇一男青年张某企图抢车,她环顾四周,旷无人烟,又天近黄昏,要反抗只会招来横祸。于是便主动对张某说,“如果要车,只管推走,但打气筒是向别人借的,要还人家”。张某表示同意,李某便卸下打气筒。就在张某弯下身子检查自行车是否好用时,李某当即用打气筒猛击张某的后脑勺,将其击倒在地,尔后赶忙骑车去报案。当李某骑到最近的一个屯子时,四周一片漆黑,仅见一户人家门缝里露出一线灯光,李某便投奔光亮而去,屋内只有50多岁的老太太和其女儿两人。李某便向母女二人说明了遭抢经过。母女对李某的遭遇深表同情,便对李某说,现在天色已晚,公安派出所还在较远的大屯子,路途不安全,不如先和我女儿同住一晚,明天再报案。李某思量再三,表示同意。不巧的是,李某所借宿的人家正是抢劫犯张某家,主人正是他的母亲和妹妹。待入夜时分,张某苏醒后回家,一进门就发现自己抢过的自行车停在院内,便问母亲这是怎么一回事。母亲便将投宿人的遭遇叙说了一遍。张某听后十分惊慌,担心李某天亮后报案,于是萌生杀意,便急忙问明李某睡觉的位置和方向。母亲告诉他,李某睡外侧,女儿睡内侧,头朝北。张某摘下窗上铡草用的铡刀,悄悄拨开房门,走进房间,在黑暗中摸索到床边,对着睡在床外侧的人头猛砍。杀人之后,张某将杀人的原因、过程告诉了母亲。老太太为了保护儿子,忙从柜子里拿出翻新的被絮,和儿子一起悄悄地将尸体包起,抬到田间扔进深枯井湮灭罪证。但事实上,李某在张某的妹妹陪同睡下后,一直惊魂未定,未能入睡。夜深人静,张某母子的谈话和张某摘铡刀的声音都被她听得一清二楚。她在极度恐慌之下,急中生智,悄悄将睡得很死的张某妹妹推到床的外侧,自己睡到里侧。结果导致张某杀死的实际上是其妹妹。李某趁张某与其母亲抬尸体外出之机,骑车回县公安局报案。①

上述案件在性质上属于针对生命的紧急避险。如若该案发生在立法上或者学说上区分“阻却违法的紧急避险”和“阻却责任的紧急避险”的德国或者日本,应认定行为人于行为时缺乏合法行为的期待可能性而不认定成立犯罪。但由于我国主流刑法理论在紧急避险的性质问题上,向来采取的是“违法阻却事由说”或者“正当化事由说”,因而,要成立紧急避险,只能是“两害相权取其轻”,亦即,在两种法益产生冲突,只有在牺牲较小法益、保护较大法益的情况下,才阻却实质的违法性。按照通说的这一逻辑,在本案中,李某利用张某的不知情或者说认识错误,以牺牲其妹妹生命的方法保护自己生命的做法不符合避险限度条件,属于避险过当,应构成故意杀人罪的间接正犯。

然而,笔者认为,生命的尊严至高无上,且无贵贱之分,不能进行法益大小的衡量,因而法秩序不允许将他人的生命作为实现任何目的的手段。在此意义上说,针对生命的紧急危险是违法的。但是,行为违法未必是有责的。这是因为,任何一个人在性命攸关的生命法益发生冲突的紧急关头,均有不择手段实施自救的本能,法律应为国民这一与生俱来的人性弱点洒下些许同情之泪。这正如法国刑法学者卡斯东·斯特法尼所认为的那样,在发生冲突的利益之间两者价值相等时(如两个人的生命),从社会的角度来看迫不得已的违法行为可以在所不问,因为,社会并无任何理由袒护这一生命,而轻视另一生命。迫不得已的违法行为是一种“超法规”的行为,刑法既不强迫人们做出牺牲,也不将英雄主义强加于人。② 基于此,在紧急的状态下,当牺牲他人生命成为保全自己生命的唯一办法之时,避险者基于求生的本能通过牺牲他人来保全自己的,应认为避险者缺乏适法行为的期待可能性,构成超

---

① 参见陈兴良主编:《刑事法判解》(第1卷),法律出版社1999年版,第313~314页。

② 参见[法]卡斯东·斯特法尼:《法国刑法总论精义》,罗结珍译,中国政法大学出版社1998年版,第367页。

法规的阻却责任的紧急避险,不成立犯罪。①

亲属之爱,是基于人性而生的最基本,最原始之爱。在自己的至亲身陷困境或者利益受到威胁时,尽可能地去保护他们则是人之常情、人之本能,这在几千年以来就非常重视家庭亲情、人伦的我国,尤是如此。所以,对于为了保护自己近亲属的生命,在紧急状况下不得已牺牲特定他人生命的行为,同样可以考虑成立阻却责任的紧急避险。②

2. 安乐死

安乐死(具体指"积极的安乐死")③作为一种基于身患绝症、处于生命末期的患者同意而直接剥夺其生命、终结其痛苦的仁慈杀人行为,刑法上该做如何评价,一直以来都是一个备受关注且争议十分激烈的问题。中国安乐死案(陕西汉中王某成安乐死案)④的曝光曾经引发了学界乃至广大社会民众对安乐死这一生命伦理问题的广泛关注和深度讨论。多数赞成安乐死者在痛陈禁止安乐死的不人道性、不经济性以及不尊重患者的人格尊严和自决权的同时,极力主张应在立法上将安乐死行为予以非犯罪化甚至合法化。但在当今世界,仅有荷兰、比利时等少数国家或地区有条件地承认了安乐死的合法化,而包括中国在内的绝大多数国家或者地区,基于"生命法益是人的一切权利或价值的本源和物质载体,因而应当给予厚重保护"的理念,否认个人对自己生命的自决权。鉴此,在我国当下,安乐死具有违法

① 参见张明楷:《期待可能性理论的梳理》,载《法学研究》2009 年第 1 期;陈兴良:《教义刑法学》,中国人民大学出版社 2010 年版,第 374 页。

② 参见张明楷:《期待可能性理论的梳理》,载《法学研究》2009 年第 1 期。

③ 学理上,除了积极的安乐死(杀害型安乐死)之外,安乐死还包括:(1)不伴随缩短生命的,消除、缓和患者极端病痛的措施之纯粹安乐死;(2)为消除、缓和患者极端病痛而伴有缩短患者生命的副作用的措施之间接安乐死(治疗性安乐死);(3)为缩短患者极端病痛时间而不采取延长生命措施的消极安乐死(不作为的安乐死)。纯粹安乐死因不提前患者的死期,而仅仅旨在消除、患者痛苦,作为一种治疗行为,当然是合法的。而对于间接的安乐死,一般认为因具有"医学的适应性"(为了消除、缓和病患的极度痛苦)、"医术的正当性"(方法符合现代的医术标准)及得到了患者的同意,因而阻却违法性;就消极安乐死而言,通行观念认为,在患者基于某种原因拒绝继续治疗的场合,医生并不具有违背患者意愿,采取对健康恢复毫无作用而只不过是延长患者痛苦措施的义务,所以不能认定构成故意杀人罪的不真正不作为犯。参见[日]内藤谦:《刑法讲义总论》(中),有斐阁 1986 年版,第 535 页以下。

④ 该案基本案情及判决如下:1986 年,陕西省汉中市居民夏某文因长期患肝癌,于 6 月 23 日入住汉中市传染病医院,6 月 27 日,夏某文病情加重,极度痛苦,只求一死,后陷入昏迷状态。在夏某文的儿子王某成的再三请求之下,该医院医生蒲某升于 6 月 29 日给夏某文注射了大量冬眠灵(氯丙嗪),致其死亡。陕西省汉中市中级人民法院终审认为,被告人蒲某升、王某成的行为虽属故意杀人行为,但是,情节显著轻微,危害不大,不构成犯罪。参见王可:《全国首例安乐死终审结案被告蒲连升、王明成无罪》,载《中国医学伦理学》1992 年第 4 期。

性便是自然的逻辑归结。

安乐死当下在我国不能被合法化，是不是就意味会构成犯罪呢？笔者认为，从缺乏责任阶层、无法容纳期待可能性事由的四要件犯罪构成体系出发，由于安乐死客观上符合杀人罪的构成要件，行为人主观上具有剥夺患者生命的故意，因而安乐死构成故意杀人罪便是自然而然的结论。但很显然，这只是看到法律所保护的生命权受到了侵害的一面，却漠视了危重患者饱受极度病痛折磨的处境及近亲属当时心灵所遭遇的极度折磨的一面，因而所得出的结论势必有悖人性、人道和情理，难以获得法律家乃至社会民众的认同。正因如此，汉中市中级人民法院就中国安乐死案中的被告人所做的无罪判决具有“里程碑”的意义，明确了此类案件应以无罪处理的基本司法方向。但在出罪的理由上，法院依据的是《刑法》第13条“但书”规定，而非行为人适法行为的期待可能性的欠缺，明显失当。但如若我们采行区分违法和责任的阶层式犯罪构成体系，同时引入期待可能性理论，则所得出的结论更合乎情理。具体说来，对于身患绝症、濒临死亡且饱受极度病痛折磨的危重患者来说，其不外乎面临两种选择：一是在不堪忍受的病痛中继续接受无望的治疗，徒耗大量人力、物力和财力，这无疑会让那些经济十分困难的家庭不堪重负，甚至倾家荡产；二是选择安乐死，让自己安详地、有尊严地迎接生命的提前终结。而无论是选择哪一种方式，对于患者来说，死亡是早晚的事情。但选择安乐死，患者不仅能够即时地从极度病痛中得以彻底解脱，而且还可以为家庭减少不必要的经济支出，因而为多数危重患者所意愿，这从支持安乐死的民意超过六成这一点就可窥见一斑。[①] 另外，从行为人一方是否具有期待可能性这一点上来分析，对于治愈无望而又极端痛苦的危重患者所提出的“安乐死”的请求甚至哀求，恐怕任何一个有同情、恻隐心的人都难能做到无动于衷。如此说来，对于在经过严格、必要的诊断与会诊程序之后，确诊病人所患实属濒临死亡的绝症，且痛苦难忍，医生或者近亲属基于患者的真实请求而为其积极实施安乐死的，虽然不能排除其行为的违法性，但考虑是为了缓和危重患者的极端痛苦而不得已为之的，一般应以欠缺适法行为的期待可能性为由（超法规的责任阻却事由）而使之出罪。即便要作为犯罪处理，也要考

① 参见何庆仁：《论安乐死出罪的刑法路径》，载《山西高等学校社会科学学报》2008年第8期。

虑行为时适法行为的期待可能性低这一点，予以大幅度地减轻行为人的责任。①

与安乐死相关的便是协助他人安乐死的问题，对此，同样可以考虑适法行为的期待可能性的欠缺或者减弱而减免行为人的责任。案例如下。

**【冯某故意杀人案】**2014年9月，被害人刘某美（1934年12月24日出生）不慎摔伤，导致右侧股骨颈骨折，瘫痪在床，且疼痛万分，遂产生轻生念头，多次向照料其生活的孙女纪某娥、孙女婿冯某索要安眠药。2014年10月3日，刘某美又向被告人冯某夫妇索要安眠药，被告人冯某在明知刘某美欲自杀且过量安眠药会导致其死亡的情况下，将一瓶阿普唑仑安眠药交给刘某美服用，直至10月7日被告人冯某才迫于其他亲属压力对刘某美进行救治，次日刘某美因救治无效死亡。经法医鉴定，被害人刘某美系阿普唑仑中毒合并肺部感染死亡。另查明，被害人刘某美的亲属对被告人冯某表示谅解，请求对被告人从轻处罚。

山东省武城县人民法院判决认为，被告人冯某对于被害人自杀的行为提供帮助，且未及时救助被害人，其行为与被害人的死亡之间具有刑法上的因果关系。但与此同时，被告人的行为是在家庭生活特别困难、被害人非常痛苦且无有效治疗手段，经被害人主动要求提供安眠药等情况下实施的，其目的主要在于帮助被害人彻底解除痛苦，因而具有安乐死的性质。根据我国目前的普遍伦理、社会舆论和立法实践，尚不能认可安乐死行为的合法性，故而认定被告人冯某的行为属于情节较轻的故意杀人，同时考虑被害人其他家属对被告人冯某表示谅解，判决被告人构成故意杀人罪，判处有期徒刑3年，缓刑4年。②

显而易见，法院判决被告人冯某的行为属于"情节较轻"的故意杀人的主要理由在于，被告人冯某协助被害人安乐死这一违法行为是在患者的反复、执拗的要求下，为了帮助其彻底解脱病痛而不得已为之的。由此，这里的"情节较轻"不仅包括被害人同意的因素，同时，还包括行为人于行为时适法行为期待可能性低而导致其主观上非难性降低的因素。只是稍感遗憾的是，本案判决未就期待可能性理论的

---

① 参见钱叶六：《参与自杀的可罚性研究》，载《中国法学》2012年第4期。在国内外学界，以期待可能性理论为根据主张安乐死可以考虑作为超法规责任阻却事由或者减轻事由的见解，还可参见［日］内藤谦：《刑法讲义总论》（中），有斐阁1986年版，第540页；［日］大谷实：《刑法讲义总论》（新版第2版），黎宏译，中国人民大学出版社2008年版，第324页；梁根林：《刑事政策视野中的安乐死出罪机制》，载《政法论坛》2003年第4期；何庆仁：《论安乐死出罪的刑法路径》，载《山西高等学校社会科学学报》2008年第8期。

② 山东省武城县人民法院刑事判决书，（2015）武刑初字第10号。

运用予以正面承认。

3. 执行上级违法命令

所谓执行上级命令,是指国家机关工作人员执行其所属上级发布的命令的行为。服从并执行上级命令是国家公职人员履行职责的基本要求,也是保证国家机器高效运转的前提,因而为我国相关法律、法规或者规章、条令等所明确规定。如我国《人民警察法》第32条规定:“人民警察必须执行上级的决定和命令。”对于包括人民警察在内的公务员拒不执行上级决定和命令,不履行法定职责的,依情节或后果受到相应的行政处分或者刑事处罚。

但问题是,如果上级所做的决定或者命令错误甚至明显违法,下级应否必须执行?如果下级因执行这种命令或者决定,造成了危害社会后果,该如何处理?无疑值得研究。

**【何某韬玩忽职守案】**2005年7月,时任廉江市国土局副局长的何某韬,在开发商金都公司未缴足土地出让金的情况下签发土地证。何某韬称在此前曾多次以口头意见的形式向市政府领导反映此举违反规定。出于招商引资等考虑,市政府修改会议纪要,允许“暂收40%土地出让金办证”。何某韬称自己是被迫执行上级命令签发土地证。2009年1月9日,廉江市人民检察院对何某韬一案立案侦查,同年7月28日,廉江市国土局通过民事诉讼,追缴金都公司所欠110多万元土地出让金和滞纳金,又以修建市政道路的形式返款。湛江市人民检察院于2010年7月6日正式向廉江市法院起诉。2011年2月22日,湛江市国土局向廉江市委、市政府发函,力证何某韬的行为不构成职务犯罪。2011年4月8日,廉江市政府向廉江市法院和检察院发函,称何某韬虽有“工作失误”,但其目的是配合政府工作,建议从轻判处。

2011年4月15日,廉江市人民法院针对何某韬涉嫌职务犯罪一案作出一审判决,认为何某韬作为廉江市国土局分管地籍的副局长,工作严重不负责任,在明知受让人金都公司没有足额缴清土地出让金、不符合登记发证条件的情况下,不认真审核报批材料,仍在审核意见栏出具了“同意报批登记发证”的意见。在给金都公司发证后,没有追收金都公司尚欠的土地出让金,致使国有资产流失110余万元,给国家造成重大经济损失,已经构成玩忽职守罪,判处何某韬有期徒刑6个月。何某韬不服一审判决,向湛江市中级人民法院提起上诉。2011年5月24日,湛江市中级人民法院认为,原审判决所依据部分事实不清,裁定撤销原判发回重审。2011年

5 月 25 日，廉江市人民法院另组合议庭重新审理该案，并决定对何某韬采取取保候审强制措施。2011 年 5 月 27 日，廉江市人民检察院以事实不清申请撤回起诉，廉江市人民法院准许撤诉，并解除对何某韬的取保候审这一强制措施。①

何某韬案"一波三折"，最终以检察院撤回起诉，何某韬重获自由而告终结，这于被告人及其家属来说，无疑是理想的结局。但本案所涉的"执行上级违法命令或者决定"该如何承担罪责之问题，却是我们需要深入思考的问题。

笔者认为，下级虽有服从并执行上级决定或者命令的义务，但对于上级的违法决定或者命令，下级则没有服从的义务，要不然，下级也就在事实上成为上级违法犯罪行为的执行者。我国《公务员法》第 60 条规定，公务员执行公务时，认为上级的决定或者命令有错误的，可以向上级提出改正或者撤销该决定或者命令的意见；上级不改变该决定或者命令，或者要求立即执行的，公务员应当执行该决定或者命令，执行的后果由上级负责，公务员不承担责任；但是，公务员执行明显违法的决定或者命令的，应当依法承担相应的责任。《人民警察法》相关规定同样体现了上述精神，该法第 32 条第 2 款规定，人民警察认为决定和命令有错误的，可以按照规定提出意见，但不得中止或者改变决定和命令的执行；提出的意见不被采纳时，必须服从决定和命令；执行决定和命令的后果由作出决定和命令的上级负责。第 33 条规定，人民警察对超越法律、法规规定的人民警察职责范围的指令，有权拒绝执行，并同时向上级机关报告。从上述相关法律规定来看，实际上确立了"条件责任"或者说是"例外免责"的原则。析言之，法律并未授权下级可以对抗或者拒绝执行上级错误命令的权利，相反，只是赋予了下级对上级的建议权。对于上级不听从建议或者意见的，下级应当予以执行，由此造成的后果由上级承担，下级则不承担责任。但是，对于上级作出的明显违法的决定或者命令，则下级有权拒绝执行。明知上级决定或者命令明显违法仍予执行的，则不能以执行上级命令为由主张免责。但是，基于上下级之间权力上的不对等关系，一般难以对下级提出对抗上级违法命令或者决定的意志之期待（尤其是在上级强令下级执行违法命令的场合，更是如此），从而可以考虑适用超法规的期待可能性事由予以减轻下级的责任。

---

① 参见祝桂峰：《广东廉江何耘韬案始末》，载百度文库 2022 年 4 月 30 日，https://wenku.baidu.com/view/f4471ecf514de518964bcf84b9d528ea81c72f9b.html?_wkts_=1715235442154&bdQuery=%E5%B9%BF%E4%B8%9C%E5%BB%89%E6%B1%9F%E4%BD%95%E8%80%98%E9%9F%AC%E6%A1%88%E5%A7%8B%E6%9C%AB。

基于上述，假若在何某韬玩忽职守案中，公诉机关所指控的犯罪事实及被告人何某韬的供述、辩解均为真实的话，那么，就可以认为：何某韬是在明知上级所做的为开发商金都公司签发土地证的决定或者命令明显违法的情况下仍加以执行，因而造成了国有资产严重流失，应当构成玩忽职守罪。当然，考虑何某韬曾多次拒绝执行为开发商签发土地证的决定，只是后来顶不住上级的强令而屈从，据此可以考虑以适法行为的期待可能性低为由减轻其责任。在此意义上说，一审法院在被告何某韬拒不认罪的情况下判处6个月有期徒刑，应当说是已经考虑了这一因素的。

4. 受虐女性不堪长期家暴杀夫

在实践中，妇女因不堪忍受丈夫长期施加的暴力残害而不得已采用极端方式"自救"、造成命案的现象较为常见。在刑法上，如何分析和处理此类案件，值得研讨。

**【姚某香故意杀人案】**被告人姚某香，与被害人方某丙系夫妻关系并育有4名子女。方某丙与姚某香结婚十余年来，在不顺意时即对姚某香拳打脚踢。2013年下半年，方某丙开始有婚外情，并在日常生活中变本加厉地对姚某香实施殴打。2014年8月17日凌晨，被告人方某丙在浙江省温州市瓯海区发达鞋厂三楼员工宿舍内因琐事再次殴打姚某香，当晚还提出离婚，并要求姚某香独自承担两个未成年子女的抚养费用。次日凌晨，姚某香在绝望无助、心生怨恨的情况下产生杀害方某丙的念头。尔后，姚某香趁方某丙熟睡之际，持宿舍内的螺纹钢管猛击被害人方某丙头部数下，又持菜刀割其颈部，致其当场死亡。

浙江省温州市人民法院经审理认为，被告人姚某香在婚姻生活中长期遭受家暴，终因方某丙在发生婚外情后逼其离婚并让其独自抚养两个未成年子女而杀夫，其杀人动机并非卑劣；姚某香属于受虐妇女，其杀人主要还是为了防止被害人日后对其实施更加严重的暴力，故认定属于"情节较轻的故意杀人"。同时，考虑被告人有自首情节，并且被害人方某丙的父母表示谅解等从宽情节，判处姚某香有期徒刑5年。①

众所周知，正当防卫的成立"以不法侵害正在进行，法益处于紧迫的危险之中"为时间要件，所以，倘若丈夫严重家暴的实施正在严重地危及妇女的人身安全，妇

---

① 参见浙江省温州市中级人民法院刑事判决书，(2015)浙温刑初字第4号。

女因此奋起抗争,杀死丈夫的,当然可以依据《刑法》第 20 条第 3 款的规定,认定成立特殊防卫,无须承担刑责。但在实践中,受虐妇女杀夫行为往往都是在某次严重家暴结束以后、找到合适时机才实施的,这自然谈不上“不法侵害”正在进行。如此看来,对于妇女不堪家暴,而后寻找合适时机杀人的,就难以从正当防卫或者防卫过当这一点寻求出罪或者减免处罚的根据。从犯罪构成的角度来分析,妇女不堪长期家暴杀夫的行为在客观上是对丈夫生命法益的侵害,因而具有杀人罪的违法性。

尽管如此,但并非就意味着要对其科加刑责甚至不惜使用重刑。综观社会上发生的一起起惨烈的受虐妇女杀人案,多数是妻子在丈夫家暴成性,寻求公权救济无果(司法部门一般认为是“家庭纠纷”而不予介入),走投无路、忍无可忍的情况下才愤而杀害家中“暴徒”,因而将之简单地归结为“以暴制暴”或者认为妇女“没有拿起法律武器来保护自己”,于被告人而言,是不公平的,也是不负责任的。笔者认为,对于长期遭受家暴、求助无门的妇女,为了避免日后无休止的严重家暴而不得已杀人的,应视案情认定属于“缺乏守法的期待可能性”或者“期待可能性低”的行为。因为这种情况下的“犯罪行为”,乃属人之自我保护的本能表现,因而司法上可从常情、常理出发,确认该行为不具有刑法上的非难性或仅具备较小的刑罚可谴责性,进而阻却或者减轻其(刑事)责任。① 在实践中,对于此类案件的被告人,民众联名请求“枪下留人”“从轻发落”的呼声便是有力的注解之一。

由上分析,在上述姚某香故意杀人案中,法院——以被告人姚某香杀人动机并非卑劣,因而属于“情节较轻的故意杀人”(法定刑为 3 年以上 10 年以下有期徒刑),并综合考虑自首、被害人谅解等情节——对被告人所作出的 5 年有期徒刑的判决是合适的。笔者认为,该案判旨及结论对于实践中就此类案件有时处以重刑的做法具有纠偏作用,但在判决理由上,法院如果能“再向前迈出一步”,正面地承认期待可能性理论的运用,理由将会变得更加充分,结论也会因此更令人信服。

5. 近亲属妨害司法

本犯的近亲属基于使本犯逃避刑事制裁的目的而妨害司法,或者与本犯一起共同妨害司法(如伪证,窝藏、包庇,帮助毁灭、伪造证据,掩饰、隐瞒犯罪所得、犯罪

---

① 参见屈学武:《死罪、死刑与期待可能性——基于受虐女性杀人命案的法理分析》,载《环球法律评论》2005 年第 1 期。

所得收益,等等),如何处理是个问题。

域外刑法一般规定,为使犯罪的近亲属逃避刑事制裁而实施相关妨害司法行为的,免除刑罚。教义学上一般认为,刑法之所以如此规定,在于行为人欠缺适法行为的期待可能性。在这种立法模式下,为使犯罪的近亲属免于刑事制裁而妨害司法的,便属于法定的责任阻却事由。然而,由于我国刑法只是一般性地将本犯排除在妨害司法犯罪的主体之外,而并没有将本犯的近亲属排除在此类犯罪的主体之外。再加上,期待可能性理论目前虽为我国学界广泛接受,但于实务界而言,尚是一种新生事物,要在观念上接受该理论并自觉地运用到司法实践中还需要一个过程。正因如此,对于为使犯罪的近亲属免受刑事制裁而妨害司法的,我国司法实务界多是从四要件体系出发将之作为犯罪处理。

**【冉某超等包庇案】**2001 年 4 月 10 日,被告人冉某成(系重庆市黔江区金洞乡人民政府林业站站长),与本乡杨家村村民何某均因赌博纠纷发生斗殴,冉某成被何某均打伤,遂怀恨之心,伺机报复。同年 9 月 11 日 23 时许,冉某成与冉某超(与冉某成系胞兄弟)、冉某雁在其家中喝酒时,接到有人非法贩运木材的电话,冉某成立即前往查处。当时,冉某成突发杀害何某均的念头,便携带一把砍刀,邀约冉某超、冉某雁陪同执行查处任务。冉某超询问其为何带刀,其含糊搪塞。执行完任务后,三人到乡政府外小吃摊吃夜宵时,冉某成借故离开,潜入在附近居住的何某均的卧室,持随身携带的砍刀向熟睡中的何某均猛砍 20 余刀,致其当即死亡。同时,冉某超感到情况不妙,便与冉某雁赶到现场。冉某成便指使冉某超和冉某雁将其所使用的作案工具即砍刀藏匿起来。同时,冉某超授意冉某成将作案时所穿的血衣和鞋子等物烧毁,并安排冉某雁用乙醇将冉某成杀人所用的砍刀上的血迹烧掉,但冉某雁还未来得及行动,公安人员已闻讯赶来抓捕。冉某超藏好砍刀之后,逃回家中与冉某成共商对策,表示冉某成是“国家干部,还有前途”,决定由自己代为顶罪,并和冉某成订立攻守同盟后外逃。当日,三被告人均被抓获。

重庆市第四中级人民法院审理认为,被告人冉某成因赌博与被害人何某均发生纠纷,蓄意报复杀人,其行为构成故意杀人罪。判处死刑,剥夺政治权利终身。被告人冉某超明知被告人冉某成杀死何某均后,仍受其指使,与冉某雁一起转移、隐匿冉某成的作案工具,并与冉某成共谋逃避处罚的对策,故意制造是其本人杀人后畏罪潜逃的假象,转移侦查视线,同时,授意被告人冉某雁及冉某成本人毁灭冉某成杀人的罪证,其与冉某雁构成包庇罪的共同犯罪,系主犯,故判处其有期徒刑 4

年。被告人冉某雁明知被告人冉某成是犯罪的人而帮助其逃离犯罪现场，并在冉某成的指使下，转移其作案工具，其行为亦构成包庇罪，考虑其系从犯，且认罪态度较好，有悔罪表现，对其适用缓刑不致再危害社会，故判处其有期徒刑3年，缓刑4年。①

笔者认为，从期待可能性理论的旨趣出发，在上述案件中，法院对被告人冉某超所做的有罪判决的合理性值得讨论。这是因为，但凡"凡夫俗子"，无不有"护短"、保护至亲的心理，因而要求他们在自己的近亲属犯罪以后，不去窝藏、隐匿犯罪人、不帮助其毁灭、伪造证据，任其被抓获、审判，尔后轻者面临财产、资格或者一定期限的人身自由的剥夺或者限制，重者会被长期或者终身剥夺自由，这显然是强人所难。鉴于此，对于类似本案中的冉某超为了使犯罪的近亲属免受刑事制裁而实施相关妨害司法行为的，宜以欠缺适法行为的期待可能性为由免除其责任。值得一提的是，近些年，我国司法实务中已出现了近亲属妨害司法的行为被不起诉的案件。

**【泽某某窝藏案】**2018年8月20日22时许，被不起诉人泽某某接到弟弟陈某某的电话称其参与打架并受了伤，泽某某在得知消息后乘坐邻居的车子接回陈某某，并将陈某某的作案工具藏刀藏在门口木箱下，向其提供隐匿处所、床上用品及通信工具，后被公安机关抓获。检察院认为，泽某某明知陈某某是犯罪的人而为其提供隐匿处所和财物，帮助其逃避法律的制裁。根据《刑法》第310条的规定，泽某某构成窝藏罪，但被不起诉人泽某某与陈某某、桑某某为亲兄弟关系，在得知其两个弟弟与人发生打架并受伤的消息后，将寻求帮助的陈某某窝藏，属于"亲亲相隐"，在法理上缺乏做出合法行为的期待可能性，可以不以犯罪论处。②

6. 迫于生活困难而出卖子女

近年来，我国一些拐卖妇女、儿童的犯罪活动猖獗，并呈发展蔓延趋势，更有甚者，一些地方还出现了出卖亲生或收养子女的案件。

**【郑某甲拐卖儿童案】**2013年年初，被告人郑某甲在得知妻子郑某乙怀孕第六胎后，由于家庭经济困难，经与妻子商量，待孩子出生后卖给他人抚养。2013年9月14日早上，郑某乙在自家生产一男婴。当晚，郑某甲夫妇经郑某格(另案处理)介绍，将该男婴卖给福建省云霄县火田镇黄某甲、林某乙夫妇抚养，郑某甲夫妇得

① 参见陈兴良、张军、胡云腾主编：《人民法院刑事指导案例裁判要旨通纂》(下卷)，北京大学出版社2013年版，第928~929页。

② 参见云南省曲靖市人民检察机关不起诉决定书，曲检公刑不诉(2019)3号。

赃款人民币 4 万元。

福建省云霄县人民法院经审理认为，郑某甲以非法获利为目的，伙同妻子出卖自己刚出生的儿子，其行为已经构成拐卖儿童罪，属共同犯罪。鉴于郑某甲有自首行为，且系因家庭经济困难才出卖自己的儿子；另外，其家属积极代其退缴违法所得并预交罚金，可以酌情从轻处罚。故判处有期徒刑 3 年，缓刑 5 年，并处罚金人民币 5000 元。被告人郑某甲已退缴的违法所得人民币 4 万元予以没收，上缴国库。①

一般认为，拐卖妇女、儿童罪在性质上属于侵犯妇女、儿童的人身自由与身体安全的犯罪，只要是将儿童作为商品出卖的，纵使出卖者与被出卖的儿童之间存在父子（女）、母子（女）关系，也不影响对被出卖者人身自由与身体安全的侵害，从而也就不影响拐卖儿童罪的成立。但值得一提的是，我国相关司法解释明确规定，对那些迫于生活困难、受重男轻女思想影响而出卖亲生子女或者收养子女的，可不作为犯罪处理。② 笔者认为，司法解释中关于“迫于生活困难而出卖子女的，可不作为犯罪处理”的规定正是期待可能性理论的具体体现。析言之，“因迫于生活困难而出卖子女的”属于一种超法规的期待可能性事由。在具体适用时，应综合案情情节，或以无期待可能性为由不作为犯罪处理，或以期待可能性低为由减轻责任。在本案中，被告人郑某甲虽系家庭经济困难而出卖子女，但由于其主观上具有非法获利的目的，且获利较大，因而没有认定其无罪，而是在认定成立拐卖儿童罪的基础上予以处罚上的宽宥，笔者认为，本案判决是适当的。

7. 妇女因受客观条件所迫而重婚

根据我国《刑法》第 258 条的规定，有配偶而又与他人结婚的，或者明知他人有配偶与之结婚的，构成重婚罪。例外的是，从我国司法实践经验来看，由于以下几种情况而重婚的，可以认为不构成重婚罪：（1）对主动解除或经劝说、批评教育后解除非法婚姻关系的；（2）因自然灾害、被拐卖或者其他客观原因而流落外地，为生活所迫而与他人结婚的；（3）因强迫、包办婚姻或因遭受虐待，与原配偶没有感情，无法继续维持夫妻生活而外逃，由于生活无着，又与他人结婚的；（4）因配偶长期外出下落不明，造成家庭生活严重困难，又与他人结婚的。③ 一般认为，上述的后三种妇

① 参见福建省云霄县人民法院刑事判决书，（2015）云刑初字第 41 号。

② 参见 1999 年 10 月 27 日最高人民法院《全国法院维护农村稳定刑事审判工作座谈会纪要》。

③ 参见 1986 年 3 月 24 日《最高人民检察院关于〈人民检察院直接受理的法纪检察案件立案标准〉的规定（试行）》。

女重婚的情形,都系因受客观条件或者生活所迫,而不具有选择的自由,行为人在主观上具有可宽恕之处,因而阻却责任,不宜以犯罪论处。但是,如若上述妇女又与他人前往婚姻登记机关登记结婚,则不能认为不具有期待可能性。[①]

除上述情形之外,虽然还可能存在可适用超法规的期待可能性事由而减免行为人责任(如原本无罪的人被司法机关错误关押后单纯脱逃[②])的情形,但基于刑法的安定性和法益保护的要求,不可随意地扩大其的适用范围,而必须从期待可能性理论的本来旨趣出发,严格地予以适用。

## 五、结论

综上所述,在我国虽存在一些有关期待可能性事由的具体规定却未能对实践中可以考虑适用期待可能性事由的情形予以类型化的现行刑法框架下,有必要引入彰显人性之光辉的期待可能性理论,借此为刑法中的相关规定提供合理的诠释根据;同时,在司法上,还应承认超法规的期待可能性事由的例外适用,以达弥补刚性立法供给不足之缺陷。

对于期待可能性理论所存在的与我国传统的犯罪论体系"不相兼容"的问题,其症结不在于期待可能性理论本身不可取因而需要我们舍弃,而是因为我国传统犯罪构成体系所存在的结构性缺陷而导致其无法接纳期待可能性理论。是故,有必要采行区分违法阶层(讨论违法阻却事由)和责任阶层(讨论责任阻却事由)的犯罪论体系,以为期待可能性理论的全面引进奠定体系前提或者基础。

为了维护刑法的安定性和司法运行的有序性,有必要严格限定超法规的期待可能性事由的适用条件及范围,以避免法律对人性弱点所掬的"同情之泪"泛滥成灾。在实践中,可以考虑适用超法规的期待可能性事由予以减免行为人责任的情形主要限于针对生命的紧急避险、安乐死、执行上级违法命令、本犯单纯妨害作证、近亲属妨害司法、单纯脱逃、妇女不堪长期家暴而杀夫、迫于生活困难而出卖子女以及妇女因生活所迫而重婚等一些极为特殊的案件。

---

① 参见张明楷:《刑法学》(第 4 版),法律出版社 2011 年版,第 831 页。

② 参见张明楷:《期待可能性理论的梳理》,载《法学研究》2009 年第 1 期。

# 期待可能性理论的司法适用

## ——基于522份刑事司法文书的实证分析

翟宇航*

**摘　要**　实证分析表明，在我国，涉及期待可能性适用的案件在逐年增多，期待可能性理论正在逐渐得到司法实务部门的认可。在司法实践中，审判机关和检察机关主要在被告人确有经济生活上的困难、被害人一方具有过错、近亲属和特殊关系人之间的妨害司法行为、行为人确有理由相信自己的行为是合法的、因公务人员的过失指令而违法，以及犯罪后为逃避抓捕妨害公务等情况下，适用期待可能性理论作为出罪或罪轻事由。整体来看，期待可能性的司法适用呈现一种谨慎的扩张态势。但是，目前在司法实践中，期待可能性的司法适用，尚存在无法与旧有犯罪体系兼容、期待可能性被滥用等问题和风险。期待可能性的司法适用需要立足于阶层式的犯罪构成体系中，从预防必要性的角度出发，赋予期待可能性更为实质的内涵，重视缺乏期待可能性作为刑罚宽缓事由的情形。

**关键词**　期待可能性　规范责任论　责任阻却事由　预防必要性

规范责任论认为，判断行为人是否具有责任，应该从刑法的规范目的出发，只有在能够期待行为人可以按照刑法规范的要求进行作为或者不作为，而行为人没有实施相应的作为或者不作为的情况下，该行为人才能够被认为具有非难可能性，该行为人的侵害行为才能够被认为是犯罪。行为人能够实施一定合法行为的可能

* 珠海市司法局科员，法学硕士。

性,被称为期待可能性。期待可能性理论最早发轫于19世纪末期德国的癖马案中,之后经过德国刑法学者的不断丰富与展开,成为德国刑法学中重要的责任阻却事由;[①]并广泛存在于适用大陆法系的国家和地区之中,如日本、意大利等。

20世纪90年代以来,我国学者开始将德日刑法理论介绍进入我国的刑法理论中,期待可能性理论也是由此引起了广泛的讨论。对于是否应当引入期待可能性理论这一问题,诸多学者的意见并不统一。赞同引入期待可能性理论的学者多认为,期待可能性理论是规范责任论的核心构成,如果赞同我国刑法引入了规范责任论,那么就应当赞同引入期待可能性理论。不赞同引入期待可能性理论的学者多认为,引入期待可能性理论实质上是对罪刑法定原则的一种突破,过于追求实质合理性而忽略了形式合理性,在期待可能性的发源地德国,超法规的期待可能性理论事实上已经走向没落,既少学术讨论,也缺乏实践运用,变得无足轻重了。[②] 同样地,日本的司法实践也并未完全接受期待可能性理论,日本的最高审判机关就从来没有在刑事判决中正面认可超法规的期待可能性理论可以作为责任阻却事由。[③]

诸多法律学者对于期待可能性理论的激烈讨论,既有助于期待可能性理论在我国的传播,也有利于厘清期待可能性理论本身所应有的含义。但遗憾的是,由于实证研究的缺乏,我国对于该理论的研究始终没有真正深入到司法实践当中去。脱离于实践现状的纯粹理论探讨,并不能完全反映一种理论存在的现实状况与发展轨迹。为了弥补实证研究在期待可能性理论研究版图中的长期缺失,本文试图以近年来涉及期待可能性理论的刑事裁判文书与刑事检察文书为样本,分析刑事司法实践中期待可能性的适用情况,发现其中的内在规律和存在的问题,并结合当下已有的期待可能性研究成果,明确期待可能性理论中国化的基本立场,为期待可能性理论的司法适用提出自己的看法。

---

① 德国学者M. E. 迈耶于1901年写出了论文《有责行为与其种类》,认为包含故意与过失行为的有责行为必须含有违反义务的意思活动,而行为人是否认识违法,仅仅是责任分类的标准。其后,从弗兰克的附随情状论到戈登修米特的义务规范论、弗洛登塔尔的伦理责任要素论进而到戈登修米特的规范责任论,成功确立了以期待可能性为核心概念的规范责任论。参见童德华:《刑法中的期待可能性论》(修订版),法律出版社2015年版,第9页。

② 参见[德]汉斯·海因里希·耶塞克、托马斯·魏根特:《德国刑法教科书》,徐久生译,中国法制出版社2017年版,第676页。

③ 参见[日]松宫孝明:《刑法总论讲义》(第4版补正版),钱叶六译,中国人民大学出版社2013年版,第276页。

## 一、期待可能性理论的司法适用情况

以“期待可能性”作为关键词,在中国裁判文书网和中国检察网上进行检索,分别得到涉及“期待可能性”的相关刑事案件裁判文书527份和刑事检察文书34份。① 为了确保收集的刑事司法文书能够准确体现期待可能性理论在司法适用情况,本文剔除了重复的刑事司法文书以及部分决定书和通知书。共有刑事一审判决书、二审判决书、二审裁定书等刑事审判文书491份以及刑事不起诉决定书、抗诉决定书等刑事检察文书31份作为本文的分析样本。

### (一)期待可能性理论的司法适用概况

1. 涉及期待可能性的刑事司法文书数目在逐年增多

我国裁判文书网记录了自2011年以来所有审判机关的裁判文书,其中,在2014年及以前的年份里涉及期待可能性的裁判文书寥寥无几,2011年有1篇,2012年有2篇,2013年有1篇,2014年有5篇。而涉及期待可能性的检察文书历史则更为短暂,最早出现在2016年。可以说,在2014年以前,如果想要去分析期待可能性理论在司法实践中适用的具体情况,几乎是不可能的。因此,有学者曾经感慨:“与学界的热络景象形成对照的是,期待可能性理论在司法实务界备受冷落,实践中鲜见正面运用期待可能性理论处理案件的判决。”②但从2015年以来,这种情况逐渐发生了变化,2015年涉及期待可能性的刑事裁判文书有19篇,2016年有35篇,2017年有43篇,2018年有70篇,2019年有115篇,2020年有131篇,2021年截至7月1日有69篇。而在中国检察网上,涉及期待可能性的检察文书最早出现在2016年,有1篇,虽然涉及期待可能性的检察文书在2016年之后的增长缺乏明显的规律,2017年0篇,2018年2篇,2019年5篇,2020年16篇③,2021年截至7月1日有5篇。但这也反映出了期待可能性理论正在慢慢地被检察人员所接受。综合涉及期待可能性理论的刑事裁判文书与刑事检察文书历年来的数目状况,我们可以看

① 检索时间为2021年7月1日。

② 钱叶六:《期待可能性理论的引入及限定性适用》,载《法学研究》2015年第6期。

③ 2020年之所以适用期待可能性的刑事检察文书较多,主要因为在一起集团诈骗案中,涉及的被告人较多,其中工作时间较短,参与业务程度有限的行为人都被检察机关认定为属于期待可能性较低不构成犯罪的情形。该案中一共有7份不起诉文书。

出，虽然期待可能性理论的具体实践依然较少，但这种理论正在司法实践中缓慢成长，并逐渐被司法实务人员所接受。

2. 裁判文书中的期待可能性多由辩护方作为辩护事由提出

在涉及期待可能性的 491 份刑事裁判文书中，由辩护人提出的案件有 421 件，由检察机关提出的案件有 4 件，由审判机关自身提出的案件有 66 件。期待可能性作为责任阻却事由，辩护人作为刑事诉讼中被告人权利的维护者，二者具有天然的切合性。在所有涉及期待可能性的裁判文书中，有 421 件是由辩护人所提出来的，所占比例高达 85.7%。而作为刑事诉讼公诉方的检察机关，虽然也起着司法监督的作用，但其主要发挥出罪功能的环节是在审查起诉阶段，即检察机关认为被告人不构成犯罪的案件，并不会进入最终的审判流程。因此，在审判阶段，检察机关通常并不会主动提出被告人无罪或罪轻的意见。在刑事裁判文书中，由检察机关提出期待可能性的案件只有 4 件。而审判机关作为刑事诉讼中的居中裁判者，也是刑事裁判文书的最终执笔者，既要站在保障社会稳定安全的立场上对被告人进行定罪量刑，也要从保障人权的角度出发，考虑被告人罪轻或无罪的依据。这就使审判机关在审判阶段提出期待可能性理论时，虽然要比辩护人更加慎重，不会随意地提出期待可能性理论，但相较于检察机关而言，审判机关更愿意用期待可能性理论为被告人出罪或减轻罪责。

3. 期待可能性理论能否发挥应有的作用取决于审判机关和检察机关

首先，在刑事裁判文书中，由辩护人提出的涉及期待可能性的案件共有 421 件，但其中没有被审判机关认可的案件多达 397 件，最终被审判机关认可作为责任免除事由或责任减轻事由的案件却只有 24 件，所占比例只有 5.7%。其次，由检察机关提出期待可能性的有 4 件，但其中有 3 件是作为入罪的说理而出现的，剩下的 1 件也没有被审判机关认可。而由审判机关自身提出的有 66 件，除去将具有期待可能性作为入罪事由和错误理解期待可能性的，正确适用期待可能性理论并将被告人缺乏期待可能性作为责任免除事由或责任减轻事由的案件有 43 件，比辩护人提出且被采纳的案件还要多出 19 件，所占比例达到了 65.2%。

在期待可能性的司法适用中，最主要的支持者和参与者毫无疑问是刑事审判中的辩护人和被告人一方，但在这些案件中，辩护人提出的涉及期待可能性的辩护理由往往流于表面，被审判机关最终的认可概率很低。同时，在被审判机关最终认可辩护人的观点的 24 起案件中，也有部分是审判机关并未直接认可期待可能性理论,而是根据其他缘由对被告人从轻或减轻处罚。与审判机关极低的认可率相对应的是,审判机关即使在辩护人一方没有提出期待可能性作为辩护意见的情形下,也愿意由自身提出期待可能性理论,直接将期待可能性作为无罪或罪轻事由来适用。以尹某宏诈骗、盗窃案为例,本案的辩护人只是就案件事实做了辩护,并无适用期待可能性理论,而审判机关则直截了当地认为被告人事后处分赃物行为是缺乏期待可能性的,因而不另构成犯罪。① 从这个角度看,在司法实践中,期待可能性理论能否得到普遍的接受,居中审判的审判机关起着关键的作用。

其次,在检察文书中,期待可能性主要是出现在不起诉文书当中,极少数出现在因人民法院量刑过重而提出的抗诉书中。而在审查起诉阶段,刑事辩护律师相对较少发挥辩护作用,因此,在检察文书中几乎不存在辩护律师意见的身影。可见在当下的司法实践中,由于法检双方的强势地位,期待可能性能否发挥应有的作用关键还是在于法检机关自身。

4. 司法实践中涉及期待可能性的罪名情况较为复杂

在德国,由于《德国刑法典》已经将期待可能性的典型适用情形直接做出了规定,因此德国可以适用期待可能性的罪名仅局限于法律规定的场景,如《德国刑法典》第 35 条规定的减免责任的紧急避险等。在日本,主要适用期待可能性理论的案件也主要以法律明文规定的情形为主。我国学者钱叶六教授也曾经提出超法规的期待可能性事由主要包括以下七类:牺牲他人生命保全自己生命的紧急避险;安乐死;执行上级的违法命令;受虐女性不堪忍受长期家庭暴力而杀夫;近亲属妨害司法;迫于生活困难而出卖子女;妇女因受客观条件所迫而重婚。②

不过,在司法实践中涉及期待可能性的罪名情况相对而言更为复杂,在司法实践中涉及期待可能性罪名较多,2011 年至 2021 年涉及期待可能性的刑事司法文书中共涉及刑法罪名 72 个。其中既有被认为是易于适用期待可能性的罪名,也有这些罪名以外的罪名。其中,有窝藏、包庇罪(出现 34 次)、滥用职权罪(出现 16 次)、妨害作证罪(出现 13 次)等出现次数较多的罪名,可以算作是上文提到的近亲属妨害司法和执行上级的违法命令等主要情形,也有如盗窃罪(出现 25 次)、诈骗罪(出现 34 次)、交通肇事罪(出现 25 次)、故意伤害罪(出现 32 次)等这些并不属于上文

① 参见广东省清远市清新区人民法院刑事判决书,(2019)粤 1803 刑初 240 号。

② 参见钱叶六:《期待可能性理论的引入及限定性适用》,载《法学研究》2015 年第 6 期。

所提及主要情形的罪名。这些罪名之所以出现的次数较多,主要是因为它们本身就是司法实践中常见的罪名,有着各种各样纷繁复杂的适用情形,从而有广泛的期待可能性适用空间。

除此之外,由于我国司法实践中对于安乐死的否定,相关规范文件也已经对迫于生活困难而出卖子女等情形作出了直接规定,只是并未采用“期待可能性”一词。① 在钱叶六教授所提到的上诉七类情形中,有部分情形在司法实践中往往不会直接与期待可能性产生关联。

5. 既存在于故意犯罪案件也存在于过失犯罪案件的裁判中

虽然通说认为期待可能性是属于责任阻却事由,但期待可能性究竟是应当归于故意的构成要素还是过失的构成要素,或者应当独立于故意和过失,是与故意和过失相并列的构成要素并没有统一的答案。② 在司法实践中,则更倾向于认定期待可能性是独立于故意和过失的构成要件要素。刑事司法文书出现次数较多的罪名中,既有滥用职权罪(出现 16 次),窝藏、包庇罪(出现 34 次),诈骗罪(出现 34 次),妨害公务罪(出现 23 次)等故意犯罪,也有玩忽职守罪(出现 16 次)、交通肇事罪(出现 25 次)等过失犯罪。

当然,期待可能性在故意犯罪和过失犯罪中的适用情形也是有所区别的。在故意犯罪中,辩护方往往以被告人主观上不具有充分的辨别能力和受人指使为由进行辩护。以诈骗罪为例,辩护人多以辩护人主观上缺乏法律意识,没有认识到自己的行为构成犯罪,或是在共同犯罪中难以拒绝上级的命令等为辩护理由。而在过失犯罪中,辩护人则多以被告人已经履行了相应的注意或防护义务作为辩护理由。以交通肇事罪为例,被告人已经尽到了审慎义务,并没有触犯道路交通管理法规的主观故意这样的辩护理由出现的次数较多。

陈兴良教授曾提出:“可以说,期待可能性作为超法规的免责事由,主要适用于过失犯。”③然而,通过罪名对涉及期待可能性的案件进行分类,我们可以看出,在司法实践中,缺乏期待可能性并不仅仅在过失犯中性作为责任阻却事由,而是在故意犯和过失犯中都有所适用。

---

① 《全国法院维护农村稳定刑事审判工作座谈会纪要》第二部分之(六)规定:“对那些迫于生活困难、受重男轻女思想影响而出卖亲生子女或收养子女的,可不作为犯罪处理。”

② 参见张明楷:《刑法学》(第 6 版),法律出版社 2021 年版,第 423 页。

③ 陈兴良:《刑法中的责任:以非难可能性为中心的考察》,载《比较法研究》2018 年第 3 期。

## （二）期待可能性作为出罪或罪轻依据的主要事由

在司法实践中主要有以下几种情况，审判机关和检察机关较为偏向于适用期待可能性理论作为被告人的出罪或罪轻依据。

1. 确有经济生活上的困难

这里的经济生活困难必须要与加害行为人的加害行为具有因果关系。只有在因被告人经济生活确有生活困难，而不得不实施违法犯罪行为时，才能以被告人缺乏期待可能性作为出罪或罪轻依据。以张某艳诈骗案为例，被告人张某艳因治病急需而实施医疗保险诈骗，辩护人称被告人是因生活困顿而不得已实施的诈骗，其行为不具有期待可能性。这种观点最终得到了审判机关的部分认可，审判机关对被告人予以了从轻处罚。①

在张某、张某亮涉嫌盗窃被不起诉案中，本案被害人朱某某丢失社保卡，卡内余额被盗刷共计 4286 元。该卡被犯罪嫌疑人张某、张某亮父子拾得并使用该社保卡消费购买药品累计 4200 余元。虽然本案中的被告人父子二人已经触犯了盗窃罪，但其二者均系进城务工农民工，家庭条件艰苦，张某亮孙子 3 岁，有糖尿病，案发前家中为此花去大量金钱去北京等地看病，因此，本案的检察官认为，在犯罪嫌疑人生活较为困顿的情形下，要求其二人面对“天上掉下来的馅饼”而不为所动是缺乏期待可能性的，因此作出不起诉决定。② 在这部分案件中，审判机关与检察机关的处理方式不尽相同。检察机关直接做出不起诉的决定，而法院全都只是对被告人从轻或减轻处罚，而没有直接为其出罪。这或许是因为如上文中的张某艳一般，这部分案件中的当事人并非完全没有选择适法行为的余地，单纯的经济生活上的困难最多只能减轻被告人的责任，却无法完全将其阻却。在司法实践中也还存在着若干辩护人以被告人具有经济生活上的困难缺乏期待可能性作为辩护理由的案件，大部分也都没有被审判机关所认可。

2. 受害人一方具有相应过错

以受害人一方具有过错为缺乏期待可能性的缘由，通常是出现在故意伤害和互相斗殴的案件中，被害人一方事先对被告人予以挑衅或者攻击之后，被告人再予

---

① 参见内蒙古自治区齐齐哈尔铁路运输法院刑事判决书，(2018)黑 7104 刑初 79 号。

② 参见《张卫、张国亮涉嫌盗窃案》，载中国检察网，https://www.12309.gov.cn/12309/gj/nmg/bts/btskdlq/zdajxx/201912/t20191211_7437408.shtml。

以反击。以梅某初故意伤害案为例，本案的被害人找年过 60 岁的被告人梅某初理论时，先用拳头打被告人的腹部和肩膀，后被告人梅某初才用羊角锤还击。法官认为，年过 60 岁的被告人梅某初面对年轻、身体较为强壮的被害人打击时，其选择合法行为的期待可能性会极大地降低，因而可以从轻处罚。[①] 这个案件还有一定的特殊性在于本案的被告人与被害人之间的力量关系存在相当程度上的不对等，在强势一方存在明显过错的情形下，如果再要求弱势一方完全实施适法行为则显然有违正常人的法伦理观。

在罗某文涉嫌故意伤害罪案中，被告人罗某文与被害人潘某酒后发生口角，继而互殴，过程中潘某持刀砍向罗某文，罗某文夺得刀后将刀甩向潘某，导致潘某脸部受伤，双方系互殴行为，双方都有伤害故意，都不具有正义性，被告人罗某文不成立正当防卫，被告人罗某文在夺得刀后将刀甩向潘某，导致潘某脸部受伤，构成轻伤一级。本案的法官认为，被告人罗某文虽然不构成正当防卫，但综合全案案情，在刀砍向被害人潘某之前，刀系被害人拿出持有，是被害人最终被砍伤的重要原因，被害人具有重大过错，被告人罗某文在夺刀后并非砍向被害人，而是甩向被害人潘某，其主观心态为“放任”的间接故意，在这连贯的过程中，被告人罗某文故意伤害的主观意图事出有因（被害人具有重大过错，被告人罗某文不实施故意伤害的期待可能性大为降低），应当免予刑事处罚。[②] 除此之外，在赵某浩故意杀人案中，虽然最终没有以被告人缺乏可能性或期待可能性降低为其出罪或减轻罪刑，但也认可被害人过错是行为人期待可能性降低的条件之一。该案的法官认为，刑法意义上的过错是指被害人实施了侵害被告人合法权益的先行不当行为，该行为使得被告人在当时情况下选择合法行为解决冲突的期待可能性极大地降低。被告人具有从轻或减轻处罚的可能性。[③]

3. 妨害司法活动的当事人之间存在近亲属或其他特殊关系

这里的近亲属妨害司法活动，既包括是近亲属之间的妨害司法活动，也包括以近亲属名义在一起生活，具有与近亲属相似感情行为人之间的妨害司法活动，前者如在泽某某涉嫌窝藏罪被不起诉案中，被不起诉人泽某某与犯罪人陈某某系亲兄

---

① 参见四川省安岳县人民法院刑事判决书，(2017)川 2021 刑初 56 号。

② 参见贵州省紫云苗族布依族自治县人民法院刑事判决书，(2020)黔 0425 刑初 105 号。

③ 参见山东省德州市德城区人民法院刑事判决书，(2020)鲁 1402 刑初 164 号。

弟关系，检方认为泽某某不为陈某某提供隐匿处所和财物的行为是缺乏期待可能性的，因而决定不起诉。[①] 以及邓某甲涉嫌窝藏罪被不起诉案也是如此。[②] 范某霞窝藏包庇案[③]与初某窝藏案[④]等都是父母为自己的孩子逃脱抓捕而实施了窝藏包庇行为，最终都被法官认可是期待可能性大大降低因而可以从轻处罚的行为。“亲亲相隐”在我国自古以来便被认可是正当行为，我国传统上虽然一直对“大义灭亲”的行为持褒扬和赞赏的态度，但正是因为这种行为是正常人难以做到的，才被人所传颂赞美。要求正常人不窝藏包庇自己的近亲属尤其是父母子女是缺乏相应的期待可能性的。无论是德国还是日本也都认可近亲属之间的妨害司法是期待可能性的典型适用情形之一。对近亲属之间的互相包庇从轻处罚实际上也体现了法律的人性化色彩。不过在实务中，法院与检察机关之间也存在一定区别，法院在大多数情况下并没有直接以此为由宣告被告人无罪，而只是认为可以从轻或减轻处罚。而检察机关直接不予起诉。

近亲属之外的特殊关系，主要包括具有长期同居关系、曾以夫妻名义生活的人之间的妨害司法和同案犯之间的妨害司法。前者以徐某甲涉嫌窝藏罪被不起诉案为例，本案中的徐某甲与犯罪人易某某是男女朋友关系，长期以夫妻名义共同生活，在易某某杀人后，徐某甲便和易某某离开深圳市逃往山西省闻喜县生活，长期隐姓埋名共同生活。检察机关认为，徐某甲和易某某虽然没有进行过婚姻登记，但曾长时间以夫妻名义共同生活并育有一子，双方之间具有和近亲属相似的感情，因此徐某甲对窝藏罪侵犯的法益缺乏期待可能性。[⑤] 本案中的检察机关事实认为判断行为人是否具有期待可能性，应当从实质层面上进行判断，而不是仅从是否具有形式上的特殊关系进行判断。

后者如在王某某涉嫌窝藏罪被不起诉案中，检察机关认为被不起诉人王某某在实施犯罪后，虽然实施了向司法机关作虚假证明掩盖同案犯犯罪行为的包庇行为，但其在掩盖同案犯犯罪行为的同时，也是为了掩盖自己的部分犯罪行为，减轻自己的罪责，降低了期待可能性，因而决定不起诉。[⑥] 就同案犯而言，由于在共同犯

---

① 参见云南省曲靖市人民检察机关不起诉决定书，曲检公刑不诉(2019)3 号。

② 参见黑龙江省大庆市让胡路区人民检察机关不起诉决定书，庆让检诉刑不诉(2016)15 号。

③ 参见山东省荣成市人民法院刑事判决书，(2018)鲁 1082 刑初 462 号。

④ 参见吉林省前郭尔罗斯蒙古族自治县人民法院刑事判决书，(2019)吉 0721 刑初 333 号。

⑤ 参见广东省人民检察机关刑事申诉复查决定书，粤检刑申复决(2018)9 号。

⑥ 参见云南省红河哈尼族彝族自治州人民检察机关不起诉决定书，红检一部刑不诉(2020)1 号。

罪中,违法是连带的,共犯需要对共同犯罪中所有犯罪事实负责,因此,同案犯之间的互相包庇掩盖实际上也是为了掩盖自己的罪行,自然缺乏相应的期待可能性。

4. 行为人确有理由相信自己的行为是合法的

这主要有两种情形。一是现行法律尚不完善,没有理由要求加害行为人承担法律不完善的风险。如在张某周交通肇事案中,被告人张某周虽没有驾驶电动车的相关证件,但目前国家有关电动车的生产标准及管理尚不完善,要求普通消费者去承担不可预见的法律风险,明显缺乏期待可能性,不能认定张某周属于无证驾驶机动车的情形,因此,不能构成交通肇事罪。① 在陈某某涉嫌危险驾驶罪被不起诉案中,检察机关也做出了相同的决定,陈某某醉酒驾驶电动三轮车致使发生交通事故,并承担全部的事故责任。陈某某因此涉嫌危险驾驶罪。本案的关键在于,能否期待被告人认识到醉酒驾驶电动三轮车与醉酒驾驶机动车具有相同的危险性。本案检察机关认为,国家既然未对超标电动车的法律属性作出明确规定,又未对其按照机动车进行管理,在此情况下,无法要求普通公众认识到超标电动车属于机动车。因而陈某某不构成危险驾驶罪。②

二是加害行为人已经尽到了查询是否违法的义务,并得到有关公权力机关的背书,不能再要求其对犯罪结果具有期待可能性。在钟某福、吕某兴非法采伐、毁坏国家重点保护植物案中,被告人已依法申领了相关区域的广东省商品林采伐许可证、木材运输证、植物检疫证,且相关行政管理部门没有提出明确要求,所以本案法官认为要求被告人一方识别涉案香樟树并不予砍伐是缺乏期待可能性的。③ 同样地,在冯某某涉嫌生产销售假药罪被不起诉案中,被告人冯某某以某公司的名义与某制药厂签订某药品文号转让合同时,未发现该药品适应症由在陕西省食品药品监督管理局备案的三项变为五项,致使后期生产的价值数亿元的该药品被认定为假药,被告人冯某某和该公司也都涉嫌触犯了生产销售假药罪。本案的检察机关认为,该公司花费正常对价受让了涉案药品的相关技术及文件,且在陕西省药品监督管理局网站上公开的药品注册信息并未包含说明书、适应症具体内容。有关适应症的具体只以纸质版形式在该药品管理监督局备案,同时,法律、法规未规定接收企业须到药监部门进行核实药品文号和注册文件真实性的强制义务,具体情

---

① 参见河南省新乡市中级人民法院刑事裁定书,(2017)豫07 刑终457 号。

② 参见云南省玉溪市红塔区人民检察机关不起诉决定书,玉红检一部刑不诉(2020)198 号。

③ 参见广东省高级人民法院刑事判决书,(2016)粤刑再9 号。

况由药企双方自行决定。因此,在其无法通过药监部门公开网站核实资料具体情况真实与否,同时也无强制核实真伪义务的情况下,要求其必须到陕西省药品监督管理局或国家药品监督管理局对相关资料予以核实缺乏期待可能性。检察机关决定对被告人冯某某不起诉。[①]

在这部分案件中,审判机关和检察机关都是直接将被告人缺乏期待可能性作为其出罪的理由,直接阻却被告人的刑事责任。这部分案件中的行为人都已经尽到了其应尽的注意义务,对自己行为的合法性具有充分的信任。致使行为人实施违法行为的过错并不在于行为人自身,而是源于法律本身的不明确、不完善,以及权威公权力机关的错误背书。在这两种情形下,如果再对被告人进行刑事处罚则未免过于苛刻。

5. 因公务人员过失指令违法

在哈某某涉嫌危险驾驶罪被不起诉案中,因被告人与其所拥有车辆信息不符,当地交警在不知被告人饮酒的情形下,要求其驾车至警务部进行检查。检察机关认为,被告人的酒后驾驶行为是依照执行公务的警务人员要求实施的,此情况下要求被不起诉人实施适法行为的期待可能性大大降低,并由于该行为的社会危害性较小,最终决定不起诉。[②] 在刑法理论中,公务人员的命令行为被认为一种违法阻却事由,本案情形与命令行为具有相似性,但与通常意义上的命令行为并不完全一致。其主要不同在于:第一,命令行为的阻却违法要求命令人是具有直接故意;第二,命令行为通常情况下是为了保护更为重要的法益。在因公务人员过失指令违法这一情形中,公务人员的主观上是过失,也不存在更为重要的法益需要保护。出于对于公务人员命令的畏惧与信任心理,同时也是从人性的侥幸心理出发,本案被告人受公务人员命令而醉酒驾驶的可期待性有所降低,检察机关因此决定不予起诉。

6. 犯罪后为逃避抓捕而实施的妨害公务行为

在王某湖盗窃、妨害公务案中,被告人王某湖所犯盗窃罪事实清楚,证据充分,没有可以争论的地方。但其在被公安机关抓捕的过程中,作为被抓捕对象的被告人王某湖在被民警按住的时候,出于本能为拒捕而对民警所实施了轻微暴力,公诉

---

① 参见吉林省松原市宁江区人民检察机关不起诉决定书,宁检二部刑不诉(2020)1 号。

② 参见新疆维吾尔自治区阜康市人民检察机关不起诉决定书,阜检一部刑不诉(2020)1 号。

机关因此以妨害公务罪将其起诉至人民法院。[①] 本案法官认为，刑事案件中的被逮捕方所实施的一般暴力、威胁行为，是人之常情，是缺乏期待可能性的。被告人王某湖为拒捕而对民警实施的轻微暴力行为实际上是为了其第一个犯罪行为即盗窃而服务的，不能够分开评价。因此，不能将被逮捕方所实施的摆脱、挣脱行为认定为妨害公务罪。

对于犯罪人来说，我们无法期待其在犯罪后就立马束手就擒，等待着被公安人员抓捕。事实上，如果每一个犯罪人在犯罪后都束手就擒，那么也就不需要公安机关存在了。同时在刑法条文中，自首这一从宽情节也失去了其存在的必要性。公安机关之所以重要，自首之所以被写入刑法中，正是因为从常理上看，犯罪后逃避抓捕乃人之常情，这也是刑法所应当允许的人性弱点之一。

### （三）谨慎的扩张——期待可能性理论的司法适用态势

结合检察机关和审判机关在具体案件中对于期待可能性理论的运用和接纳情况来看，其二者对于期待可能性的理解是相对准确的。相较于辩护人，检察机关和审判机关对于期待可能性的适用要更加地谨慎克制，也更加地类型化。从目前涉及期待可能性的司法案例来看，期待可能性理论的司法适用整体上呈现一种扩张的态势。适用期待可能性作为出罪事由或罪轻事由的案件在逐年增多，期待可能性理论作为独立的责任阻却事由也在被逐渐被检察机关和审判机关所认可，不过，这种扩张更多的是一种审慎而克制的扩张。

第一，即使最终并未用期待可能性理论出罪，越来越多的检察官和法官也愿意去阐述期待可能性理论。以解释犯罪嫌疑人和被告人为什么具有期待可能性，来为自身的判决和起诉提供合理的依据。这应当是一个值得令人欣喜的变化。这既体现出检察官和法官在撰写司法文书时更加注重论证说理，使自身的司法文书不再是结论的简单堆砌；也意味着检察官和法官对于期待可能性出罪功能的了解与认可，开始逐渐重视期待可能性作为刑事责任论中核心要素的地位。

第二，检察机关和审判机关适用期待可能性作为出罪事由，具有相当程度的重合度和相似性，如近亲属之间的妨害司法、行为人确有经济和生活上的困难、确有理由相信自己的行为是合法的，等等。检察机关和审判机关适用期待可能性理论

① 参见广东省汕头市龙湖区人民法院刑事判决书，（2019）粤 0507 刑初 454 号。

的重合性,说明在司法实践中对于期待可能性的适用有着相当程度的共识。这意味着期待可能性的司法适用体现了类型化的特点,相关人员可以更好地总结期待可能性理论的适用经验,而不至于完全的杂乱无章。检察机关和审判机关在应当适用期待可能性理论的案件中,也能够更好地合作与配合。

第三,期待可能性通常适用于情节较轻的犯罪中。检察机关和审判机关适用期待可能性的犯罪绝大多数都是通常意义上社会危害性较轻,主观恶性较小的犯罪。而极少有通常意义上的重罪,如故意杀人罪、强奸罪、抢劫罪、贩卖毒品罪等。这些犯罪虽然在少部分案件中有辩护律师以缺乏期待可能性为之辩护,但最终都没有审判机关所认可。笔者认为主要有以下两个原因。一方面,对于检察机关来说,我国刑事诉讼法规定了三种不起诉情形,即法定不起诉,酌定不起诉和证据不足不起诉。在前两者中,情节显著轻微、危害不大和情节轻微都是不起诉的必要条件之一,在一些损害结果较为严重,社会危害较大的案件中,显然并不能以缺乏期待可能性为由,对其做出相对不起诉和酌定不起诉的决定。而对于证据不足不起诉来说,涉及证据是否充分的问题,很难牵涉期待可能性的层面。另一方面,可能是由于我国尚缺乏明文规定期待可能性的条文,在很多情形下,检察机关和审判机关适用期待可能性的规范依据是我国《刑法》第 13 条但书的规定,以但书为依据的出罪同样要求满足情节显著轻微危害不大的条件,这就使期待可能性作为超法规的责任阻却事由的适用存在局限性,在通常情况下只适用于客观损害较小的案件。

第四,审判机关比检察机关更加谨慎地适用期待可能性作为出罪事由。例如,同样是近亲属妨害司法,在不起诉案件中,检察机关可以直接以行为人缺乏期待可能性为由不予起诉,法官审判的案件则往往只是为被告人减轻一定的处罚。在这些案件中,对于期待可能性的缺失,应当是作为出罪事由还是作为刑罚减轻事由,检察机关和审判机关并没有形成共识。具体说来,可能是因为以下原因:其一,可能是出于预防犯罪的必要,如在近亲属妨害司法的案件中如果认定这种行为无罪,则会加大刑事犯罪的侦破难度,显然不利于惩治犯罪和预防犯罪;其二,在审查起诉阶段,刑事诉讼还没有完全推进下去,检察机关拥有相对独立的决定权,而较少受到其他力量的干预与监督。最高人民检察机关所倡导的"少捕慎诉"的检察理念也使在司法实践中不起诉的案件逐年增多。而在审判阶段,虽然法官独立行使审判权,不受其他机关团体和个人的干扰,但事实上,办案者在刑事审判过程中也会受到来自各方面的制约。同时,检察机关也为刑事案件的出罪把了第一道关,将大部分不构成犯罪的刑事案件化解在审查起诉阶段。法官在审判过程中的无罪判决与检察官在审查起诉阶段决定不起诉所受到的压力并不可同日而语。2021 年,在刑事案件中被判处无罪的被告人只有 511 人;而检察机关不起诉的犯罪嫌疑人却有 34.8 万人之多。① 对比无罪判决的人数和不起诉的人数可以看出,在司法实践中,审判机关的无罪判决相对于检察机关的不起诉要困难得多。同时,期待可能性的适用具有一定的模糊性,缺乏期待可能性应当在怎样的程度上阻却或减轻责任,在很大程度上依赖于法官的自由裁量权。因此,在刑事裁判文书中,法官多将缺乏期待可能性作为刑罚减轻事由来看待,以避免无罪判决的压力。而在刑事检察文书中,检察官不起诉的压力相对较小,也就更倾向于直接将缺乏期待可能性作为出罪事由。不过,在行为人确有理由相信自己的行为是合法的这类案件中,法检双方对于其是否应当认定为无罪呈现了一致性。这也符合期待可能性在日本的发展趋势。在日本,裁判机关直接认定欠缺期待可能性的判例较少,有关期待可能性的无罪判例实质上都集中在欠缺违法的意识的可能性的案件中。② 如何处理违法认识可能性与期待可能性或者至少说狭义的期待可能性之间的关系,也是一个需要解决的问题。

在我国当下,期待可能性虽然逐渐在得到认可,但相较于浩如烟海的司法案例,期待可能性的适用依然是极少数的。同时,在这极少数适用期待可能性的案件中,由辩护人所提出的具有误区的期待可能性依然占有多数。在我国,期待可能性理论的司法适用过程依然有较长的路要走,还有众多问题需要解决。

## 二、适用期待可能性理论所存在的问题及风险

### (一)与旧有犯罪构成体系存在冲突

1. 旧有犯罪构成体系中的责任并非作为犯罪构成要件的责任

“不管是支持还是反对期待可能性概念的学者,都意识到中国的犯罪构成理论

① 参见《2021 年最高人民检察院工作报告》和《2021 年最高人民法院工作报告》。

② 参见[日]前田雅英:《刑法总论讲义》(第 6 版),曾文科译,北京大学出版社 2017 年版,第 262 页。

是引进期待可能性理论的最大障碍。”[①]有关犯罪构成体系的争论是我国刑法学界近年来的主要学术争论点之一。我国传统的犯罪构成体系是传承自苏联的四要件体系,包括犯罪主体、犯罪客体、犯罪主观要件和犯罪客观要件四个犯罪构成要件。四要件的犯罪构成体系认为,四个犯罪构成要件是一荣俱荣,一损俱损的,其并没有对违法和责任进行区分,任何犯罪的成立都是同时满足所有的四个构成要件,一旦缺少了某一构成要件,其他的三个构成要件也是不可能存在的。

这样会带来问题。一方面,否定了只满足某一构成要件的行为在刑法上的意义,但这显然与司法实践不符合。例如,15 岁的青少年与 20 岁的成年人相约去实施盗窃行为,由 20 岁的成年人为 15 岁的青少年望风,即 20 岁的成年人为 15 岁的青少年实施帮助行为。在这种情形下如果坚持四要件的犯罪构成体系,由于帮助犯的刑事违法性有赖于正犯的刑事违法性,可能会出现由于正犯即 15 岁的青少年不构成犯罪,20 岁的成年人作为帮助犯也不构成犯罪的情况。同理,在四要件的构成体系中也无法解决对无期待可能性的正犯实施帮助或教唆行为的犯罪人的刑事责任问题。

另一方面,四要件犯罪构成体系中的责任与三阶层犯罪构成体系中的责任不同。四要件犯罪构成体系中的责任是处在四要件之外的,它并不是犯罪构成的具体要件,而是指作为犯罪法律后果的刑事责任,是犯罪人应当被处以刑罚的前提。三阶层犯罪构成体系中的责任,则是指与违法对应意义上的罪责,是指作为犯罪成立条件之一的非难可能性。在德日刑法理论中,责任这一构成要件是指,在确定被告人的行为满足符合构成要件行为的可罚的违法性之后,进一步分析被告人是否需要对其本人违法行为负责的概念。责任的基础,事实上是具有辨认控制能力的人,具有接受法律规范的要求、实施合法行为的可能性,却不接受法律规范的要求,实施了符合客观构成要件的违法行为。[②] 而期待可能性理论是作为德日刑法上的一项免责事由提出的,其所免的“责”是指犯罪构成要件之一,即“有责性”的“责”,是作为非难可能性的“责”。也就是说,它与我国刑法中刑事责任的“责”是不同的概念。[③] 因此,如果不对违法与责任进行区分,则意味着在四要件的构成体系中没

---

① 王钰:《适法行为期待可能性理论的中国命运》,载《政治与法律》2019 年第 12 期。

② 参见陈兴良:《刑法中的责任:以非难可能性为中心的考察》,载《比较法研究》2018 年第 3 期。

③ 参见丁银舟、郑鹤瑜:《期待可能性理论与我国犯罪构成理论的完善》,载《法商研究(中南政法学院学报)》1997 年第 4 期。

有责任论的存在，也就没有期待可能性的栖身之地。

2. 旧有犯罪构成体系中缺乏关于出罪事由的规定

我国《刑法》规定了某种出罪事由，这是法定的出罪事由，包括正当防卫、紧急避险等。但除了法定的出罪事由以外，还存在非法定的出罪事由，可以说。出罪事由是一个开放性的体系。[①] 但在四要件的犯罪构成语境中，正当防卫、紧急避险、意外事件等免罪事由，都是独立于四个犯罪构成要件之外进行讨论的。这种情况会带来出罪逻辑上的混乱，如果认为犯罪构成要件是一个行为构成犯罪所需要的全部要素，那么只需要根据一个行为是否满足已有的犯罪构成要件即可判断是否构成犯罪，如果不满足就不构成犯罪。将正当防卫等出罪事由额外规定，会存在仅仅从构成要件出发还无法判断一个行为是否构成犯罪的情况，这无疑虚化了犯罪构成体系这一概念的实质作用。

同时，在四要件的犯罪体系中，并不存在消极的构成要件要素这一概念。即使说，可以在构成要件之外，讨论正当防卫、紧急避险等出罪事由，但这些四要件中的出罪事由显然是无法完全涵盖刑事司法中所有的出罪情况。固守四要件的犯罪体系，显然不利于刑事出罪的需要。期待可能性理论本质上是作为责任阻却事由也就是出罪事由而存在的，将期待可能性纳入责任论中，就是要让其作为刑事责任的消极因素或是例外因素，统领我国的阻却责任事由。具体到一个案件中，首先应对犯罪人的行为进行犯罪构成评价，即是否构成犯罪，构成犯罪的则进入刑事责任评价。[②] 期待可能性的作用就是检验该行为是否可基于期待可能性阻却责任以及阻却的程度，同时结合刑事责任的其他要素来确定行为人的最终的刑事责任。[③] 故而，将期待可能性引入我国一个关键问题在于如何处理出罪事由在我国犯罪体系中的地位，而传统的四要件体系无法妥善地解决这一问题。期待可能性本身作为一个舶来的概念，在与中国具体的司法实践相结合时往往需要一个漫长的时间，也会受到长期的质疑，部分法律学者经常会以期待可能性不符合我国国情、在我国现行刑法中也并不存在对于期待可能性的直接规定为由，对期待可能性理论进行驳斥。他们认为即使在我国的司法实践中存在少部分可能涉及期待可能性的案件，

---

① 参见陈兴良：《罪刑法定主义的逻辑展开》，载《法制与社会发展》2013 年第 3 期。

② 这里的犯罪指的是客观层面上的犯罪，并非最后定罪量刑层面上，主客观相一致的犯罪。

③ 参见舒洪水：《期待可能性理论的哲学基础与本土化思考》，载《法律科学（西北政法大学学报）》2008 年第 3 期。

也完全可以运用我国《刑法》第 13 条但书来加以解决。但如果频繁地用但书来解决完全符合犯罪构成要件,却不进行处罚,则无疑将虚化犯罪构成要件的作用。更何况,但书本身也缺乏承载所有出罪事由的能力。

在我国,由于旧有四要件犯罪体系中并无期待可能性的相关规定,使司法实务人员难以为期待可能性理论寻找一个合适的栖身之处,期待可能性理论难以在实践中充分地发挥其出罪事由的功能。因此,合理改造旧有的犯罪构成体系,对于期待可能性的司法适用至关重要。

### (二)适用标准较低致使期待可能性被滥用

关于期待可能性的适用标准,现在较为普遍的观点为:“适法行为的期待可能性,应当通过对之可以期待到何种程度,也就是期待一方与被期待一方的紧张关系加以判断,可以说这是一个规范的问题。”①换句话说,只有在具体案件中,我们根据具体的案件事实进行有价值取向的规范判断才能得出最终的结论。这是因为,由于不同法律规范所保护的法益和对公民所提出的期待和要求存在区别,不同犯罪人的身份、境遇也有所不同。如果采取法规范标准说和通常人标准说,问题在于难以得出统一的法规范标准和通常人标准,而如果采取行为人标准说,则又会背离了法秩序的统一要求,可能导致对于犯罪行为人的过于宽宥。因此,我们应当从期待可能性理论的本质——法不强人所难出发,判断行为人在实施犯罪行为时,是否与现行法律规范之间存在足以实施犯罪行为的那种紧张关系,这种判断应当是一种规范的、具体的、有价值取向的判断。

但是,在司法实践中,辩护人所依据的判断标准却往往过分低于正常人的伦理道德标准,加害行为人与法秩序之间的关系也并没有达到一定的紧张程度。如(1)余某雨开设赌场罪、敲诈勒索罪案。辩护人辩称:余某雨不识字,对开设赌场没有期待可能性。② (2)吴某林、林某荣销售假冒注册商标的商品案。辩护人辩称:被告人吴某林文化程度低,不具备期待可能性。③ (3)朱某、熊某强迫交易案。辩护人辩称:被告人学历和法律意识决定了他对此事违法性不具备基本认知,犯罪期待可

① [日]山口厚:《刑法总论》(第 3 版),付立庆译,中国人民大学出版社 2018 年版,第 272 页。
② 参见浙江省永嘉县人民法院刑事判决书,(2012)温永刑初字第 1004 号。
③ 参见广东省广州市番禺区人民法院刑事判决书,(2017)粤 0113 刑初 641 号。

能性非常小。[1] 在这些案件中,辩护人多以外在环境恶劣和侵害行为人内在知识水平不够为由进行辩护。这种辩护意见看似采取了行为人标准说,但实际上远远偏离了通常人的道义观念,不足以作为判断行为人在实施犯罪行为时,与现行法律规范之间存在足以实施犯罪行为的那种紧张关系的依据,更有违国家法秩序对于公民作出适法行为的要求,即便是从加害行为人自身的角度上看,恐怕也并非没有期待可能性。虽然在刑事辩护的过程中辩护人享有广泛的辩护权,可以较为自由地提出辩护意见,但这种以较低的适用标准作为行为人不具有期待可能性的辩护理由,实际上是错误运用了期待可能性理论。事实上,期待可能性是否应当引入我国这一问题之所以广受争议,其重要的一点就是,在实践中,期待可能性的适用标准往往过分低于正常人的感情,由此存在期待可能性被滥用的风险。过低的期待可能性的适用标准,无疑会使期待可能性理论滥用于刑事辩护之中,既流于表面,也无助于帮助犯罪行为人。

当下一个不争的事实是,我国刑法正在向积极预防式的刑法迈进,重视预防的刑法理论也尤其强调不可能滥用出罪事由和出罪理论,否则势必将削弱刑法的预防功能,从而使期待可能性成为包庇犯罪分子的理论"保护伞"。当然,在我国,目前的司法环境依然是重入罪轻出罪,重视期待可能性等出罪事由具有十分重要的理论与实践价值,但这也需要对出罪事由的滥用有着必要的警惕。如当下展开得如火如荼的企业合规制度,就需要平衡好出罪与入罪之间的天平。重视并大胆使用出罪事由并不意味着就可以滥用出罪事由,尊重刑法的谦抑性也并不意味着放纵犯罪,强调宽严相济的刑事政策也不意味着只重视以宽为先的刑事政策。期待可能性也正是如此。对于期待可能性的司法适用来说,如何防范其不被滥用,或许是最为关键的问题之一。

## 三、适用期待可能性理论的基本立场

### (一)立足于阶层式的犯罪构成体系中

在受到传统四要件学说影响的律师与法官的眼中,期待可能性不过是虚无缥缈之语,自然鲜少有具体适用的情形。即使说有部分坚持四要件的学者认识到期

[1] 参见湖北省武汉市新洲区人民法院刑事判决书,(2018)鄂0117刑初586号。

待可能性理论作为规范责任论核心内容的重要性,建议将期待可能性理论融入四要件体系中犯罪主观方面,也还是没有解决四要件体系本身固有的弊端。因为期待可能性的适用,是建立在犯罪人已经实施了违法行为和满足了其他责任构成要件的基础之上的。在阶层论的语境中,期待可能性的有无必然是放在最后进行考察的。但这在四要件犯罪构成体系中是不分先后的,如果将期待可能性归入四要件体系之中,可能会使期待可能性成为首先需要进行判断有无的对象,从而出现司法逻辑判断上的混乱。

事实上,期待可能性理论在中国刑法学界的引入与"不法—责任"的二分的确立是分不开的。车浩教授指出,在德国学术史上,由心理责任论向规范责任论转变是发生在"不法—责任"的犯罪论基本结构已经确定之后,在责任阶层内部发生的变革。而在当代中国,这一转变则要复杂得多。责任的内部结构和外部的犯罪论语境,以及责任的体系性地位,都在发生着深刻的改变。① 在我国传统上占主导地位的四要件的构成体系中,并没有责任论的容身空间,而从 20 世纪开始将德日刑法理论介绍进我国的时候,期待可能性理论也随之引入。我国学者最初在提出我国刑法理论和构成要件体系可以借鉴期待可能性时,也都敏锐地发现了期待可能性理论所立足的责任背景与我国刑法中原有的刑事责任概念有所不同。如果要引进期待可能性理论就必须对我国原有的犯罪构成要件进行改进与修正。如丁银舟教授和游伟教授等最初介绍期待可能性进入我国的学者们都认为,若要引进期待可能性,四要件中的主观方面就应当存在消极的犯罪构成要素。② 在基本的构成要件之外,构建消极的构成要素已经是与阶层式的犯罪构成中规定责任阻却事由极为相似了。期待可能性的引入,对于消解并重构我国原有刑法体系中与刑罚相对应的责任概念起到了重要作用。可以说,我国学者在为我国引进介绍期待可能性的过程中,潜移默化地对我国犯罪体系进行了改变。

在我国,如果赞同引入规范责任论,赞同引入期待可能性理论,那么势必需要合理地改造我国原有的四要件犯罪构成体系,将违法与责任进行区分,建立起与违法概念相对应的责任阶层,将刑事上的出罪事由也纳入进犯罪构成体系之中。只

① 车浩:《责任理论的中国蜕变——一个学术史视角的考察》,载《政法论坛》2018 年第 3 期。

② 参见丁银舟、郑鹤瑜:《期待可能性理论与我国犯罪构成理论的完善》,载《法商研究(中南政法学院学报)》1997 年第 4 期;游伟、肖晚祥:《"期待可能性"与我国刑法理论的借鉴》,载《政治与法律》1999 年第 5 期。

有这样,期待可能性作为重要的责任阻却事由才有存在的余地。德日阶层式的构成要件论之所以优于四要件的构成理论,关键不在于是采取两阶层还是三阶层抑或四阶层,也并不在于对于犯罪构成要件要素应当采取什么样的称谓,而是在于对违法与责任进行区分。如果将我国四要件的构成体系中的犯罪客体、犯罪客观与犯罪主体中除了刑事责任能力的方面放在第一层次进行讨论,将犯罪主体中的刑事责任能力这一部分放在第二层次上,并贯彻客观优先的阶层递进理念,也就有了阶层论的雏形了。

随着近几年来阶层式的构成要件论逐渐得到司法实务人员的认可与接受,司法实务人员也开始尝试运用阶层式的思维去处理案件,如在齐某东、李某、何某章等组织、领导、参加黑社会性质组织罪案中,被告人杜某作为犯罪集团齐某东的司机,负责齐某东出行等事宜,其组织成员帮助组织领导者逃避打击,就被人民法院认为同案犯之间的该行为不具有期待可能性,不应另构成窝藏罪。① 无疑,对于本案的当事人杜某来说,其客观行为也就是在违法层面上已经实施了为其犯罪团伙的领导者逃避打击的妨害司法行为。但从“违法是连带的,责任是个人的”这一认定共同犯罪的根本原则出发,共同犯罪者需对其同案犯所犯的其他罪行都需要负责。因此帮助组织领导者逃避抓捕事实上也是为了能够自己的犯罪行为,因而另不构成犯罪。本案的司法机关将犯罪客观事实与被告人的主观责任进行了区分,实际上体现了鲜明的阶层化立场。只有坚持违法与责任的二分法,才能真正地发挥期待期待可能性理论的出罪功能,才不至于将缺乏期待可能性与其他出罪事由混同。

### (二)从预防必要性出发判断期待可能性理论适用的边界与标准

1. 规范责任论的不足与功能责任论的提出

规范责任论认为,责任的本质终究要从与法律规范之间的关系出发,即责任的实质是可责难性,是指犯罪人违法地实现了构成要件,明确地表现了行为人对于法律规范的错误态度。规范责任论也并非没有可以质疑的地方,其本身也存在着内涵较为模糊不够明确,无法妥善解释何为究竟法律规范等问题。例如,冯军教授指出,规范责任论的问题在于,它没有回答是什么决定了行为人能够按照法律的要求

① 参见四川省仁寿县人民法院刑事判决书,(2020)川1421刑初18号。

去行动。[①] 作为规范责任论核心要素的期待可能性理论,也面临同样的诘难。在可以适用期待可能性理论作为出罪事由的案件中,关键是需要结合具体的客观附随情状,以判断在什么情形下可以宽恕加害行为人。但期待可能性内涵的模糊使得期待可能性理论的适用标准往往难以把握。尤其是作为超法规的责任阻却事由时,缺乏刑法规范的相应制约,内涵模糊的期待可能性理论会适用起来"谦抑有余,而计较不足"。[②] 这也是在当今德国已经极少出现将缺乏期待可能性作为超法规的责任阻却事由的原因之一。

在这种情形下,刑法学者普遍认为只有进一步对规范责任论的概念实质化,才能够解决规范责任中所面临的众多问题。其中,较为有代表性是雅各布斯教授的功能责任论。雅各布斯教授认为,责任的根据在于预防的目的,所谓罪责是指一般预防的负责。刑罚是由目的决定的,只有目的才能为责任概念赋予内容,而刑罚的目的则是积极的一般预防,即是通过维持刑法规范或者法秩序本身在公众心中的效力而预防犯罪。[③] 雅各布斯教授深受卢曼系统论的影响,认为在一个社会系统中,每个个人,无论是行为人、受害人还是法官,都通过规范集合起来构成社会,任何人实施的犯罪都应该被看作违反了个人在社会系统中应该扮演的角色,而跟行为人可能具有的主观情节并没有关系。在系统理论的意义上,犯罪人可罚的行为在系统上并没有直接的意义,重点在于通过对这个实施可罚行为的犯罪人进行处罚,来巩固这个社会的内在秩序。[④]

在功能责任论者看来,责任与预防具有共同的本质,或者说责任的存在就是为了预防而存在,责任和预防只是同一个事物的不同侧面。行为人曾经是否忠诚于法规范是责任问题,行为人将来是否忠诚于法规范还是责任问题,但是,行为人是否忠诚于法规范也决定了行为人将来是否犯罪,还会影响一般公众今后对法规范的态度,因此也是预防问题。由于功能责任论过于强调社会预防的重要性,我国学者对此批评道,功能责任论实际上是将公民作为维护社会安定的手段,有违人是目的不是手段这一基本原则,使责任丧失了对刑罚的限制功能,而不当地扩张了刑法

---

① 参见冯军:《刑法中的责任原则 兼与张明楷教授商榷》,载《中外法学》2012 年第 1 期。

② 曲新久主编:《刑法学》(第 5 版),中国政法大学出版社 2016 年版,第 284 页。

③ 参见陈家林:《外国刑法理论的思潮和流变》,中国人民公安大学出版社、群众出版社 2017 年版,第 374 页。

④ 参见王珏:《功能责任论中责任和预防的概念 兼与冯军教授商榷》,载《中外法学》2015 年第 4 期。

的惩罚范围。[①] 在我国,功能责任论并没有成为通说。

笔者认为,虽然功能责任论或许尚无法成为刑法责任理论的通说,预防概念也不能完全等同于责任概念,但其将预防概念引入责任领域内的尝试却是值得借鉴和尝试的,对于期待可能性的司法适用来说,应当在宏观层面上重视预防必要性。结合客观预防的必要性对期待可能性进行判断,是限制其适用的边界和标准的关键因素。

2. 在风险刑法的背景下,刑法理论需要强调预防的重要性

德国学者贝克认为,当代人类社会正处于风险社会时代,生态、金融、军事、恐怖主义、食品、核电站和信息等方面的各种风险,在当今时代以一种压倒性的方式存在着。[②] 社会风险的增大要求刑法理论对其进行合理的回应,需要刑法从消极预防转向积极预防。晚近以来的刑事立法也证明了这一点,如《刑法修正案(十一)》增加高空抛物罪、非法植入基因编辑、克隆胚胎罪等抽象危险犯便是如此。而在刑法责任领域中,对风险社会的回应则主要体现在罪责观念的客观化与罪责观念的社会化。判断行为人是否具有罪责不单单只从被告人的主观上进行判断,而是强调从客观外在的角度判断,突出社会的要求与利益,也即强调从预防犯罪的角度来把握责任的本质。[③] 在德国,功能责任论中对于刑事责任应当强调社会预防的观点,得到了较为普遍的认同。德国学者罗克辛教授提出了答责性(也称负责性)的概念以重构传统三阶层中的责任阶层,同样主张一种功能论的视角。罗克辛教授认为答责性必须取决于两种现实才能加到不法上去:行为人的罪责即传统意义上的罪责和应当从法律中提取出来的刑法威胁的预防必要性。并且,传统意义上的罪责与预防必要性也存在判断的逻辑顺序,即在大部分案件中,只需要审查被告人是否具有传统意义上的罪责即可判断是否构成犯罪,但在少部分案件中在确定被告人是否具有传统意义上的罪责之外,还需要审查被告人是否缺乏预防性刑事惩罚的必要性,也即在缺乏罪责之外,如果缺乏预防刑事惩罚的必要性,也能够导致

---

① 参见张明楷:《责任论的基本问题》,载《比较法研究》2018 年第 3 期。

② 参见[德]乌尔里希·贝克:《世界风险社会》,吴英姿、孙淑敏译,南京大学出版社 2004 年版,第 102 页。

③ 参见劳东燕:《罪责的社会化与规范责任论的重构——期待可能性理论命运之反思》,载《南京师范大学学报(社会科学版)》2009 年第 2 期。

排除责任。[①] 除了雅各布斯教授的功能责任论和罗克辛教授的答责性理论之外,在德国刑法学界具有一定影响力的商谈责任论、法律罪责论等也都与一般预防理论存在一定的关联。

3. 期待可能性与预防必要性并非对立关系

从本质上说,虽然期待可能性理论的存在是为了给特殊情况下的公民出罪,但并不意味着期待可能性理论与预防必要性截然对立。或许有一种观念认为,预防必要性是功能责任论中的要素,而功能责任论与规范责任论存在冲突,自然如果赞同期待可能性理论,那么就不应当再强调从预防必要性的角度判断期待可能性的适用标准。但期待可能性与预防必要性并非对立关系,例如,功能责任论的主张者雅各布斯教授也承认期待可能性在责任论中的重要地位。[②] 对于预防必要性这一概念而言,不应当仅仅将其当作入罪的要素而理解。又如,罗克辛教授也将被告人是否具有预防必要性放在答责性阶层的最后一步进行判断,使预防必要性的判断成为防止错误定罪的"最后一道防线"。强调从预防必要性理解期待可能性的内涵,与期待可能性的出罪功能并不存在矛盾。

4. 有助于统一期待可能性的适用标准

虽然在司法实践中,期待可能性的适用需要在具体的案件中依据具体的情况予以分析。但个案的审判也必须具有一定的类型化,这就要求不能完全从犯罪行为人的主观意图判断当事人是否具有期待可能性。如果仅从单个犯罪行为人主观上的想法和困境来进行判断被告人是否具有期待可能性,不仅难以被客观事实所认定,也不具有普遍的适用性。从根本上说,期待可能性的有无并非仅是由行为人本人对行为与结果的评价来决定的,而是必须结合客观附随情状来作判断,期待可能性虽然是针对个人的,但人是所有社会关系的总和,"在期待可能性的法律规则中,行为人根本不是独立生活的,而是生活在一个被确定设立的社会之中和一个被确定设立的国家之中,这就使得行为人不得不接受某种强制,和不能减轻对这种强制所程度的责任"。[③] 相较于完全依赖于行为人主观方面,从预防必要性出发,更有

---

① 参见[德]克罗斯·罗克辛:《德国刑法学总论》(第 1 卷),王世洲译,法律出版社 2005 年版,第 557~558 页。

② 参见[德]格吕恩特·雅各布斯:《行为、责任、刑法——机能性描述》,冯军译,中国政法大学出版社 1997 年版,第 314 页。

③ [德]格吕恩特·雅各布斯:《行为、责任、刑法——机能性描述》,冯军译,中国政法大学出版社 1997 年版,第 45 页。

助于统一期待可能性的适用标准。

5. 强调从客观预防性理解期待可能性并不意味着对于个人利益的忽略

意志决定论认为,国家对于在可以选择不去犯罪的情况下,而去选择犯罪的行为人实施处罚是一种尊重,反之,以期待可能性为迫不得已行为人出罪也更是对人格的尊重。但一方面,期待可能性的概念来自对人格权的尊重,而此人格权的尊重在具体落实时实际上无法不兼顾其他人(国家或者社会)的利益。① 另一方面,与预防必要性紧密相连的是一个国家的司法意志或者说刑事政策,但国家的意志并不仅仅在于惩治犯罪,国家的面孔也不仅仅只有冷漠的一面。党的十八届四中全会制定的《中共中央关于全面推进依法治国若干重大问题的决议》提出了“良法善治”的法治理想,即“法律是治国之重器,良法是善治之前提”。我国是人民民主专政国家,法律是人民意志的体现,尊重特殊情况下的弱势群体始终是我国法律制度所欲追求的目标之一,也是良法善治题中所应有之义。在这个层面上,在我国,重视预防必要性的存在并非只是为了预防犯罪而是兼顾了预防犯罪和尊重人权。

6. 我国刑法条文中存在强调预防必要性的规范依据

首先,我国《刑法》第 5 条规定:“刑罚的轻重,应当与犯罪分子所犯罪行和承担的刑事责任相适应。”这里的刑事责任显然与德日刑法中作为犯罪阶层的责任并不相同。虽然从三阶层的犯罪构成要件出发,我国《刑法》第 5 条中的责任也可以部分理解为犯罪构成要件中的责任,因为刑罚成立的前提必然是存在犯罪,刑罚裁量的依据必然是根据犯罪行为客观危害性和主观恶性的大小。但是,我国传统意义上的刑事责任是与刑罚相对应的责任,我国《刑法》第 5 条中所规定的责任除了指的是责任主义的责任外,也包含了预防必要性考虑的责任。因为刑罚的目的是预防犯罪,那么与刑罚相适应的责任也需要考虑预防犯罪。因此在我国,在行为有无期待可能性和期待可能性大小的意义上,我国《刑法》第 5 条中的“刑事责任”是犯罪的成立要件。在预防必要性大小的意义上,我国《刑法》第 5 条中的“刑事责任”恰好可以起到指导刑罚裁量的功能。我国刑法中的“刑事责任”,既具备理论内涵,也具备指导量刑的理论功能,可以说是我国刑事立法的一大优越之处。② 其次,虽然本文认为但书无法直接作为出罪的依据,但其依然可以为刑事司法实践提供指

---

① 参见黄荣坚:《基础刑法学》(第 3 版),中国人民大学出版社 2009 年版,第 367 页。

② 参见姜涛:《责任主义与量刑规则:量刑原理的双重体系建构》,载《政治与法律》2014 年第 3 期。

导。我国《刑法》第13条但书规定,“情节显著轻微危害不大的,不认为是犯罪”,这可以理解为行为虽然已经满足了违法层面上的基本构成要件,但由于情节显著轻微,危害较小缺乏可罚的必要性也就是缺乏预防的必要性因而不构成犯罪。这表明违法没有达到可罚的程度就无法构成犯罪,同样地,责任与违法相对应,当责任没有达到可罚的程度也是不应当被认定为犯罪。因而这也强调了在作为构成要件的责任需要结合预防必要性的考量。

7. 符合时代发展的现实需求

从预防必要性出发,意味着同一行为在不同时代的预防必要性是不同的。随着时代的变迁,期待可能性在个案中的适用标准会发生变化,期待可能性的适用标准需要根据当时整体的社会环境来决定。以癖马案为例,该案虽然是期待可能性成为刑法中一个重要理论的发源点,但如果以现今的眼光来审视该案,则很难得出无罪的结论,原因在于随着德国相关劳工保护法律制度的完善,被雇用者在雇佣关系中所处的地位早已不可同日而语,当被雇佣者遇到来自雇佣者的不当要求,被雇佣者有充足的理由去拒绝,并且有法律武器为其护航。同样地,在过去物质不富裕的社会中,人民群众因生活所迫而不得已实施的犯罪行为预防必要性较低,而在当今中国,广大人民群众具有较为完善的社会保障,即使还存在部分人民群众生活困顿,也可以通过寻求社会保障的方式解决基本的衣食住行的问题。因而在当下,因生活所迫而实施的犯罪行为,自然相较于物质不富裕的社会中预防必要性较高。

再以自洗钱罪为例,《刑法修正案(十一)》第14条将原《刑法》第191条洗钱罪中的明知要件删除,这意味着,洗钱罪的上游犯罪本犯实施洗钱行为也即自洗钱行为也被归入洗钱罪之中。在通常情况下,犯罪人在犯罪后为避免自己的犯罪事实被发现,对自己的犯罪所得进行掩饰隐瞒的行为不再另构成犯罪。《刑法修正案(十一)》出台之前洗钱罪便是如此,但随着时代的变迁,自洗钱行为的预防必要性也随之改变,由于各种新型金融犯罪的不断出现,防治金融犯罪,维护金融秩序的难度不断加大,同时,也为了履行加入国际组织和有关国际公约承诺的打击洗钱犯罪的义务,我国对金融秩序的严加管控的需求也随之增强。[①] 在这种大环境下,对于洗钱犯罪的从严惩处成了大势所趋,对自洗钱行为的处置不仅打击了洗钱行为,也对上游犯罪进行了打击。可见,随着客观预防必要性的改变,期待可能性的司法

① 参见刘艳红:《洗钱罪删除“明知”要件后的理解与适用》,载《当代法学》2021年第4期。

适用也随之发生改变。

“期待不可能性所说的是个人的困境,这种困境所指的不是应为(亦即合法的行为的问题)而是基于不作为者所面临的个人情状,是否可以宽恕他。”①这种宽恕的背后事实上正是不具有预防必要性的体现。“法律上的宽恕主要是从刑罚目的出发,判断该行为有无刑事政策意义上的预防的必要性,从而认定该行为是否属于责任阻却事由。”②从根本上说,期待可能性所反映的是法律对于公民行为的期待,而这种期待也是通过预防必要性来体现的。从预防必要性理解期待可能性,赋予了期待可能性更为实质的内涵,从而可以帮助限缩期待可能理论在司法实践中的适用。

① [日]山口厚:《刑法总论》(第3版),付立庆译,中国人民大学出版社2018年版,第371页。

② 姜涛:《行为不法与责任阻却:“于欢案”的刑法教义学解答》,载《法律科学(西北政法大学学报)》2009年第1期。